C0-AKC-504

Guide to U.S. Coins, Prices & Value Trends

Written by
William T. Gibbs

with
Trends Values by Keith M. Zaner

Designed by
P. Bradley Reed

Edited by
Beth Deisher

**FIRST EDITION
1989**

Published by Amos Press Inc., Post Office Box 150, Sidney, Ohio 45365. Publishers of Coin World, the weekly newspaper of the entire numismatic field; Linn's Stamp News, the world's largest weekly stamp newspaper; Cars and Parts, the magazine serving the car hobbyist; and the Scott Publishing line of philatelic catalogs and albums.

This book is available at special quantity discounts for bulk purchases.
For details, write Amos Press Inc.
Coin World Products
P.O. Box 150, Sidney, Ohio 45365
or call (513) 498-0800

For book trade distribution contact
New American Library, New York, New York

ISBN: 0 451 15888 1

Photographs from COIN WORLD files
and courtesy of Stack's and
Bowers and Merena Galleries Inc.

Foreword

The information included in *The 1989 Coin World Guide to U.S. Coins, Prices and Value Trends* has been compiled by William T. Gibbs, news editor, and Keith M. Zaner, Trends editor.

Coin World, the weekly newspaper of the entire numismatic field, is considered the numismatic newspaper of record. For more than 28 years, *Coin World* has reported on the people, laws, new issues, auctions, pricing trends — all the elements that affect the hobby and business of numismatics.

In *The Coin World Price Guide* the *Coin World* editors have presented in an easy-to-use format a wealth of information and insights developed from experiences accumulated during the past quarter century. The Trends retail value guide and Trends Index charts included in *The Coin World Price Guide* are regular features in *Coin World*. The value of the information included in both Trends and the Trends Index charts has been proven over time.

To contact the editors of *Coin World* or request subscription information, write to Coin World, P.O. Box 150, Dept. 02, Sidney, Ohio 45365.

Contents

1 Introducing the book

Welcome to the world of coins.

Coin World's 1989 Guide to U.S. Coins, Prices and Value Trends is about United States coins. It is designed for the collector, whether neophyte or advanced. However, it should also be useful to the non-collector who has inherited some old coins, or has just become interested in coins, and to the history buff interested in facets of American history virtually ignored in most history textbooks.

These pages reveal such interesting bits of numismatic trivia as the three denominations of coins that have been nicknamed "nickels" since 1857 in "U.S. Coinage History," what happened during the 19th century when the federal Mints were unable to keep pace with coinage demand in "Necessity Money," why so many of the most valuable and famous U.S. coins are deemed "fantasies" in "Classic Rarities," and what four men's portraits appeared on coins while they were still living, in direct violation of federal law in "Souvenirs of History."

Did you know, for example, that the first Philadelphia Mint was the first new building erected by the federal government? That postage stamps served as emergency money substitutes during the Civil War? That the United States has struck coins in unusual denominations such as 2 cents, 3 cents, 20 cents, $3 and $50? That the Mormons struck their own gold coins in Utah in the 19th century? This book discusses these topics and much, much more.

"U.S. Coinage History" details the history of U.S. coins from the viewpoint of denominations, designs and specifications, and "Grading" discusses the art of determining a coin's "level of preservation."

The book also contains complete mintage figures for all U.S. coins, based on years of study by various numismatists (one who studies the science of numismatics, a field involving coins, paper money, medals, tokens and similar objects). "Values of U.S. Coins" contains complete pricing information, and capsule descriptions of every coin issued for circulation in the United States.

Two chapters discuss coins struck by the Mint exclusively for collectors, Proof coins and Uncirculated Mint sets and commemorative coins. "Errors" and "Building a Type Set" discuss alternative areas of collecting, with an examination of error coins and how to collect a type/variety set.

"Classic Rarities" discusses the "wonder coins," ranging from the 1804 Draped Bust silver dollar to the 1894-S Barber dime, including those pieces struck under less than official or legal sanction. "Necessity Money" discusses the emergency moneys of the United States, struck by enterprising private individuals to meet the coinage needs not met by the federal government. The third chapter briefly discusses the history of the United States Mint, and how new facilities sprang up across the country as the population moved westward.

Why do people collect coins?

There are as many different reasons for collecting as there are collectors. Some collect coins because of their historical significance. Coins reveal much about a nation. For example, the word LIBERTY, appearing on every United States coin, says volumes about Americans' love of freedom. The motto E PLURIBUS UNUM, Latin for "one out of many," defines the nation's character, forged from 50 states and the many peoples who make up such a diverse country.

Some collect coins for their artistic beauty. While many contemporary collectors think the coins currently circulating in the United States have little to offer in the way of artistic beauty, it hasn't always been that way. The United States entered a golden age of coinage design in the first two decades of this century. The country's greatest sculptor at the turn of the century, Augustus Saint-Gaudens, sculptured classical designs for the gold $10 and $20 coins.

Some people collect for financial reward. This book is not an investment advisory. There are many authors willing to give you their personal recommendations. However, this book would be remiss if it did not point out that many individuals have profited from collecting U.S. coins. As is true for any investment, investing in rare coins is a calculated risk. It is essential that the investor knows exactly what he is buying and understands the risks. The risks may be great, but so may be the rewards.

And then there are those who collect simply for the love of collecting. A true collector can't explain to the uninitiated the inner joy that comes from owning a 160-year-old half cent that cost him less than $25, or a misstruck coin pulled from circulation at face value that is unique, or an 1861 half dollar, identical to every other half dollar struck that year but which may have been struck by the Confederate States of America after it took control of the three U.S. Mints located south of the Mason-Dixon Line.

This book is dedicated to ALL these collectors, regardless of their vantage points. We hope they will find this book useful, educational and entertaining.

Beginning collectors soon learn that there are right ways and wrong ways, for just about everything. But there are no "wrong" ways or "right" ways to collect coins and related numismatic items. No one way or method of collecting is objectively better than another. However, some ways of collecting are discussed in separate sections of the book.

There are wrong ways to hold coins, and wrong ways to store coins that can damage them irrevocably.

First, never hold a coin by placing your fingers on the coin's surfaces. Instead, hold the coin by its edge, as shown in the accompanying photograph. The human skin contains contaminants which can damage a coin's surfaces.

Hold your coins properly

Second, never speak or sneeze while bending over a coin. While this advice may sound silly, it's practical. Saliva and mucus can also damage a coin's surfaces if contact is made.

Third, avoid the natural impulse to clean your coins. There are chemicals which can be used safely to remove dirt and other substances from a coin; however, these are best left to the expert. Cleaning coins with abrasive cleaners like scouring powder or pencil erasers will also damage them. Coins which have been naturally toned should be left alone; the patina — the film which builds up on the surfaces of the coin — forms on copper and silver coins as a natural result of the chemical reaction of the coinage metal to the environment, and actually helps protect the metal from further reactions. Many collectors and dealers find natural toning attractive, and will even pay a premium for attractively toned coins.

Fourth, store your coins properly. In recent years, hobbyists have found that certain types of plastic used in coin holders and flips (plastic holders creased in the middle, with the coin housed on one side) actually damage the coins placed in them. Avoid storage materials made of polyvinylchloride (PVC); ask your dealer what is safe. Also, some forms of paper envelopes and albums contain high amounts of sulphur, a substance particularly damaging to copper coins. Do not leave your coins exposed to sunlight, high heat or high humidity for very long; all can damage a coin.

Learn about grading. Chapter 4 discusses grading in more detail. Even a basic knowledge of what grading represents is important if you begin to buy coins from others. The higher the grade or condition a coin is in, the more it is worth.

Enough warnings.

Collecting can be fun for the individual and for the entire family. It can be as easy as getting a couple of rolls of cents from the banks and placing the coins into folder-style albums, or a family trip to a local coin show (there are coin shows every weekend in some part of the United States; there's probably one in your area within the next few months).

One way to start collecting is to decide how to collect, and what to collect. This book offers some guidelines.

A good place to start is with the Lincoln cent, particularly for the Lincoln Memorial design struck since 1959. It takes little effort to go to the bank, buy $5 (10 rolls) worth of cents and put individual dates and Mint marks into the holes of an inexpensive album or holder. Your local coin dealer or newsstand probably has them. Then, after going through the rolls and saving the dates needed, take the unwanted coins back to the bank and get some more.

Sorting pocket change and searching new rolls from the bank brings enjoyment to many beginners. It's inexpensive and doesn't take a lot of time or effort. You may want to substitute Roosevelt dimes for the cents, or maybe Washington quarter dollars, or Indian Head cents (the latter necessitating a trip to a coin show or your local dealer), but the goal is still the same — collecting an example of each date and Mint mark for any given series.

As noted earlier, several chapters discuss other collecting

opportunities: error coins, Proof coins, commemorative coins and a type/variety set.

Coin collecting opens many doors: economics, history, art and technology, both old and new. Welcome to the world of numismatics and U.S. coins!

Glossary:

Numismatics (pronounced nu-mis-mat-iks) has a language of its own, like any science, spoken by its practitioners and students. New collectors unfamiliar with terms like obverse, reverse, Mint mark and double eagle may feel confused by a bewildering lexicon. But the language need not be confusing.

We can define only a handful of terms here. A 22-page pamphlet, part of *Coin World's* Hip Pocket Reference Guide series and titled "Glossary of Numismatic Terms," defines hundreds of terms. It is priced at $1 and may be ordered from *Coin World*, Dept. 02, P.O. Box 150, Sidney, Ohio 45365.

Alloy: Mixture of more than one metal.

Altered: A coin that has been deliberately changed to make it resemble a rare or more valuable piece.

Clad: Composite coinage metal strip composed of a core, usually of a base metal such as copper, and surface layers of more valuable metal like copper-nickel. The U.S. dimes, quarter dollars and half dollars struck since 1965 are a clad coinage.

Coin: Usually a piece of metal, marked with a device, issued by a governing authority and intended to be used as money.

Coronet: A style of Liberty Head used on U.S. copper and gold coins for much of the 19th century. Liberty wears a coronet (usually marked with the word LIBERTY).

Denomination: The face value of a coin; the amount of money it is worth as legal tender.

Device: The principal design element, such as a portrait, shield or heraldic emblem, on the obverse or reverse of a coin.

Die: A hardened metal punch, the face of which carries an intaglio or incuse mirror-image to be impressed on one side of a planchet.

Double eagle: A $20 gold coin of the United States.

Eagle: A $10 gold coin of the United States.

Edge: Often termed the third side of a coin, it is the surface perpendicular to the obverse and reverse. Not to be confused with the rim. Edges can be plain, reeded or lettered.

Fantasy: An object having the physical characteristics of a coin, issued by an agency other than a governing authority (or without official sanction) yet purporting to be issued by a real or imagined governing authority as a coin.

Field: The flat part of a surface of a coin surrounding and between the head, legend or other designs.

Flow lines: Microscopic striations in a coin's surface caused by the movement of metal under striking pressures.

Frost: Effect caused by striking a coin with sandblasted dies, often used in reference to Proof coins.

Half dimes, half dismes: A silver 5-cent coin of the United States. The Mint Act of April 2, 1792, authorized "half dismes." The "s" in "disme" was probably silent.

Half eagle: A $5 gold coin of the United States.

Hub: A right-reading, positive punch used to impress wrong-reading, mirror-image dies.

Large cent: Refers to the U.S. cents of 1793-1857, with diameters between 26-29 millimeters, depending on the year it was struck.

Lettered edge: An incused or raised inscription on the edge of a coin.

Minor coin: A silver coin of less than crown weight, or any coin struck in base metal.

Mint mark: A letter or other symbol indicating the Mint of origin.

Money: A medium of exchange.

Nickel: A silver-white metal widely used for coinage. It is factually incorrect to use "nickel" for the copper-nickel 5-cent coin. In the mid-19th century, copper-nickel cents and 3-cent coins were also nicknamed "nickel," like the modern 5-cent coin. The Mint has never struck a coin officially called a "nickel."

Numismatics: The science, study or collecting of coins, medals, paper money, tokens, orders and decorations and similar objects.

Numismatist: A person knowledgeable in numismatics, with greater knowledge than a collector.

Obverse: The side of a coin which bears the principal design or device, often as prescribed by the issuing authority. In informal English, the "heads."

Pattern: Coin-like pieces designed to test coin designs, mottoes or denominations proposed for adoption as a regular issue and struck in the metal to be issued for circulation, but which were not adopted, at least in year of pattern issue. The 1856 Flying Eagle cent is a pattern; the coin was not struck for circulation or authorized until 1857.

Penny: The nickname given the 1-cent coin. The United States Mint has never struck a penny for use in the United States. The nickname derives from the country's English origins; England still uses a denomination called a penny.

Pioneer gold: Gold coins, often privately produced, struck in areas of the United States to meet the demands of a shortage of coins, generally in traditional U.S. coin denominations. Often called "private gold," which is correct for many but not all of the issues, and "territorial gold," which is incorrect since none of the coins were struck by a territorial government.

Planchet: The disc of metal which when placed between the dies and struck becomes a coin. Also called flan or blank.

Restrike: A numismatic item produced from original dies at a later date. In the case of a coin, the restrike usually occurs to fulfill a collector demand and not a monetary requirement.

Reverse: The side opposite the obverse, usually but not always the side with the denomination. The side opposite the side containing the principal design.

Series: Related coinage of the same denomination, design and type, including modifications and varieties.

Type: A basic coin design, regardless of minor modifications. The Indian Head and Jefferson 5-cent coins are different types.

Variety: The difference between individual dies or hubs of the same basic design or type. The Bison on Mound and Bison on Plain are two varieties of the Indian Head 5-cent coin. The basic design was slightly modified, but otherwise unchanged.

2 U.S. coinage history

The history of United States coinage is a fascinating subject involving economics, politics, artistic expression, personal rivalry, technological breakthroughs, gold and silver discoveries and more. In short, the history of the country's coinage is the history of the United States.

Prior to the Revolution and the ratification of the U.S. Constitution, coinage in the British Colonies was a mixed bag (see Chapter 14) of foreign coins, privately minted tokens and a few pieces authorized by the crown, and later, individual states.

Leading thinkers of the United States — Benjamin Franklin, Robert Morris and Thomas Jefferson, among them — suggested coinage systems. Franklin is even credited with the design concepts for the first true United States coin, the 1787 Fugio cent, struck under the provisions of the Articles of Confederation.

It was Alexander Hamilton, the country's first Secretary of the Treasury (later killed in a duel with former Vice President Aaron Burr), however, who suggested a decimal coinage plan similar to what would be adopted in 1792. Hamilton's proposal, submitted to Congress in January 1791, recommended six denominations: gold $10 and $1 coins, silver $1 and 10-cent coins, and copper cents and half cents. Congress considered Hamilton's proposal, wrestled over the desires of many in Congress to place George Washington's portrait on U.S. coins (Washington vehemently opposed it), tinkered with weights and finenesses and finally arrived at the famous act that, to this day, still exerts controls over U.S. coinage.

The American coinage system was authorized under the Mint Act of April 2, 1792. The act also authorized the construction of a minting facility, and provided for the positions that would be required and outlined the responsibilities of the officers and set their salaries.

The 1792 act authorized 10 coinage denominations, eight of them legal tender. The two smallest denominations, the copper cent and half cent, had no legal tender status, unlike the silver and gold coins. Five silver denominations were authorized: half disme (pronounced with a silent S, as in "dime"), disme, quarter dollar, half dollar and dollar. Three gold denominations were authorized: quarter eagle, or $2.50 coin; half eagle, or $5 coin; and eagle, a $10 coin. The act even outlined what design elements should appear on the coins.

Since coinage began at the Philadelphia Mint in 1793, 21 denominations have appeared on the circulating and commemorative coins of the United States. In gold, the denominations have been $50 (commemorative and bullion coins only), $25 (the American Eagle bullion coin), $20, $10, $5, $3, $2.50 and $1. Among silver coins (many later changed to copper-nickel by the Mint Act of 1965), there have been the silver dollar, the Trade dollar, the half dollar (50 cents), the quarter dollar (25 cents), 20-cent coin, dime (10 cents), half dime (5 cents) and 3-cent coin. There have also been copper-nickel 5-cent, 3-cent and 1-cent coins; a bronze 2-cent coin; cents in six different alloys; and a copper half cent. (The gold dollar, standard silver dollar and Trade dollar are counted as separate denominations, as are the two 3-cent and two 5-cent coins. They did not replace each other and for a period, circulated alongside each other; also, separate laws authorized the various coins. However, the changes in alloy for the minor coins are not counted as separate denominations, since the changes followed one another.)

Denominations
Gold
$50
$25
$20
$10
$5
$3
$2.50
$1
Silver
$1
Trade dollar
Half dollar
Quarter dollar
20 cents
Dime
Half dime
3 cents
Base metal
$1
Half dollar
Quarter dollar
Dime
5 cents
3 cents
2 cents
Cent
Half cent

Production of U.S. coinage began in earnest in 1793 with the production of copper half cents and cents. However, the striking of the two copper denominations came several months after the 1792 half disme was struck in small quantities for circulation, according to a report by George Washington. Silver coinage began on a somewhat more regular basis one year after copper coinage production began. The Mint began striking silver half dimes, half dollars and dollars in 1794; and silver dimes and quarter dollars in 1796. Gold coinage began in 1795 with the $5 half eagle and the $10 eagle, followed by the $2.50 quarter eagle in 1796.

During the earlier years of the U.S. Mint, not all denominations were struck in all years. In 1804, coinage of the silver dollar ceased with the striking of 1803-dated coins; dollar coinage was not resumed until 1836. A few gold eagles were struck in 1804, but coinage of the $10 coin then ceased until 1838. No quarter eagles were struck from 1809 through 1820. Production of the other denominations was sporadic except for the cent; a fire prevented any 1815-dated cents from being produced. Otherwise the cent series has been issued without interruption since 1793.

Meanwhile, as the country's borders and population grew, the monetary system grew with them. The denominations authorized in 1792 were no longer sufficient to meet the country's monetary needs at the midpoint of the 19th century. New denominations were authorized at the century's halfway

mark. Congress authorized a gold dollar and a gold $20 double eagle, both under the Act of March 3, 1849. Two years later, a silver 3-cent coin was authorized to facilitate the purchase of 3-cent postage stamps (Act of March 3, 1851). A gold $3 coin was introduced in 1854 (Act of Feb. 21, 1853), again to help in the purchase of 3-cent stamps (in sheets of 100). A smaller, copper-nickel cent was approved in 1857, replacing the pure copper large cent. The half cent was eliminated, also in 1857.

Two 1857 cents

The American Civil War erupted in 1861, causing massive hoarding of coinage and the necessity of coinage substitutes like encased postage stamps, privately produced copper-alloy cent-like tokens and finally, the first federal paper money (see Chapter 14). More changes to U.S. coins began in 1864, when the composition of the cent was changed to 95 percent copper and 5 percent tin and zinc, and when a bronze 2-cent coin was introduced (both under the

Act of April 22, 1864). A copper-nickel 3-cent coin was issued beginning in 1865 (Act of March 3, 1865) to circulate alongside the silver 3-cent coin (which was struck in decreasing numbers until the last coins were produced in 1873). In 1866, a copper-nickel 5-cent piece was introduced (Act of May 16, 1866); the silver half dime was eliminated after 1873.

In a bit of numismatic trivia that might be surprising to most non-collectors, the first coin to be called a "nickel" was the copper-nickel cent issued from 1857-64. The copper-nickel 3-cent coin was also called a "nickel" by 19th century users of the coin, with the copper-nickel 5-cent coin introduced in 1866 finally appropriating the nickname. The nickname persists to this day although the term "nickel" appears in none of the legislation authorizing the 5-cent coin. The nickname is based on the copper-nickel alloy that composes the coin, although ironically, the alloy used in the 5-cent coin since its inception has been 75 percent copper and 25 percent nickel.

The year 1873 brought significant, unprecedented changes to the U.S. coinage system, under a law called by some the "Crime of '73." The Act of Feb. 12, 1873, is called by numismatic historian Don Taxay "the most exhaustive [coinage act] in our history." Four denominations were abolished by the act: the 2-cent coin, the silver 3-cent coin, the half dime and the standard silver dollar. A Trade silver dollar was authorized for use by merchants in the Orient; in 1876 Congress revoked the coin's legal tender status in the United States. The weights of the silver dime, quarter dollar and half dollar were increased. In addition, the act, in effect, demonetized silver and placed the United States on a gold standard, triggering a national debate that would last for the next quarter century.

Another new denomination was authorized under the Act of March 3, 1875 — the silver 20-cent piece. The coin was struck for circulation in 1875-76, setting the record for the shortest-lived silver denomination in U.S. coinage history. Coinage of Proof 20-cent pieces continued for collectors only in 1877-78.

Meanwhile, the powerful silver interests in the United States, faced with the demonetization of silver left by the Crime of '73, fought in Congress. The resulting Act of Feb. 28, 1878, reinstituted the standard silver dollar abolished by the Act of Feb. 12, 1873. The specifications were unchanged from the silver dollar of 1837-73: an alloy of 90 percent silver and 10 percent copper, weighing 26.73 grams. Obverse and reverse designs created by Mint Engraver George T. Morgan were selected for the dollar, today generally called the Morgan dollar (it was also called the Bland-Allison dollar, after the names of the congressmen responsible for the bill). Coinage of the Morgan dollar continued through 1904.

Coinage denominations in use continued unchanged through 1889, when the gold dollar and gold $3 denominations were struck for the last time.

The silver dollar was resurrected twice for circulation: in 1921, to continue through 1935; and in 1964, although the 1964 Peace silver dollars were all destroyed before entering circulation. After government support for the 1964 Peace dollars was withdrawn, the coins were destroyed, in part to ensure that none entered circulation or collector circles inadvertently. The copper-nickel dollar was introduced in 1971, and a smaller dollar (the Anthony dollar) was issued briefly from 1979-81. The standard silver dollar lives on in commemorative coinage, with five different dollars struck since 1983.

Since the Mint Act of 1875, only two new denominations have been authorized, neither for circulation. In 1915, a gold $50 coin was approved to commemorate the Panama-Pacific Exposition being held in San Francisco that year. More than 70 years later, in 1986, the $50 denomination was revived for the American Eagle bullion program. That same legislation (Act of Dec. 17, 1986, Public Law 99-185) also approved the United States' first $25 coin, the American Eagle half-ounce coin.

The last gold denominations were struck for circulation in 1933, when coinage of the eagle and double eagle ceased under President Franklin Roosevelt's anti-gold executive orders. The gold quarter eagles and half eagles were last struck in 1929.

Designs

The story behind the designs of U.S. coinage is one of artistic experimentation and drone-like uniformity; of political necessity and political favoritism; of beauty tempered by the realities of the coining process.

The senators and representatives who approved the U.S. monetary system created design parameters that affect new U.S. coin designs even today, nearly 200 years after that initial legislation. The Mint Act of April 2, 1792, specified that certain design features and legends appear on the coins which were authorized. On one side of all coins was to be an impression symbolic of Liberty, plus the word LIBERTY and the year of coinage. For the silver and gold coins, an eagle and UNITED

STATES OF AMERICA were to appear on the reverse. The denomination was to appear on the reverses of the half cents and cents.

For more than 115 years in the history of U.S. coinage, Liberty was portrayed by allegorical female figures, appearing either as a bust or a full-length portrait. Liberty's changing face through the years says a lot about the artistic abilities of the craftsmen employed on the Mint staff and the artists hired from outside to design certain coins. Some of the most attractive U.S. coins were designed by non-Mint employees, often in opposition to a jealous Mint engraving staff who seemed more concerned about whether the coin would stack than its physical beauty. Beautiful designs created by Mint staff engravers never went beyond the pattern stage in favor of the period of drone-like uniformity that characterized U.S. designs from the mid-1830s into the early 20th century.

The changing portrait of Liberty also reveals the embodiment of the "ideal woman" by the physical standards set by the American men of the time, and men had always dominated U.S. coinage design until the 1980s. (The Mint engraving staff was exclusively male until the Reagan administration appointed Elizabeth Jones Chief Sculptor-Engraver.) The first coinage portraits of Liberty are "Rubenesque" by modern standards. The most recent allegorical figure of Liberty to appear on U.S. coins is on American Eagle gold bullion coins — depicting a reproduction of an 80-year-old design, "slimmed down" to resemble the trimmer woman championed by American advertising and dietary standards in the 1980s — and the 1988-W Olympic half eagle, featuring Elizabeth Jones' rendition of the Greek goddess Nike as Victory.

The 1793 half cents and cents introduced the allegorical

themes used on U.S. coins: The half cent depicts a bust of Liberty with her hair flowing free. A Liberty Cap on a pole, a familiar symbol of Liberty in the American and French revolutions of the latter 18th century, rests on her right shoulder, giving the design its name: the Liberty Cap. On the first cents of 1793, another Flowing Hair Liberty appears. Contemporary reports claimed Liberty looks frightened on the cent. The designs are

Liberty Cap

somewhat crude by modern standards. However, the Liberty busts were cut directly into steel by hand. Mint technicians had no access to the modern equipment and techniques available to their counterparts today.

Since the Mint Act of 1792 required only the denomination to appear on the reverses of the copper coins, the Mint engravers had a free rein. The first half cents have a wreath on the reverse, a device used as late as

Flowing Hair Liberty

1958 on the reverse of the Lincoln cent in the form of two "ears" of wheat. The reverse device on the first cents lasted only months. A 15-link chain meant to represent the unity of the 15 states appears on the first 1793 cents. The chain was believed by the public to be a symbol of enslavement perceived to represent "a bad omen for Liberty." Changes in the design of both sides of the cent came rapidly. The Chain reverse was replaced by a wreath, then the obverse design of the "frightened Liberty" was replaced with a Liberty Cap design similar to that on the half cent. Thus, three distinct cents were struck with the 1793 date: the Flowing Hair Liberty, Chain cent; the Flowing Hair, Wreath cent; and the Liberty Cap, Wreath cent.

Additional design changes were instituted for the cent in 1796, when a Draped Bust design was introduced and used through 1807. Liberty appears without a cap, her hair falling

Chain reverse

Wreath

over bare shoulders. Loose drapery covers Liberty's bust. Another Liberty Head design called the Classic Head design was used on the cent from 1808-14. It differs considerably from the earlier allegorical motifs, with Liberty wearing a ribbon inscribed with LIBERTY around her hair.

The Coronet design was introduced in 1816 on the large cent. This design would prove one of the more versatile of the 19th

Draped Bust

century. A variation of the Coronet design would appear on both copper coins until 1857, and on most of gold denominations from the 1830s to the first decade of the 20th century.

The design is similar on all of the coins, depicting Liberty wearing a coronet inscribed with the word LIBERTY.

Designs for the half cent were generally similar to the cent's designs, although the timetable for introduction was often different. The half cent used a Liberty Cap design until 1797, and from 1800-08 a Draped Bust design was used. The Classic Head design was used on the half cent from 1809-36 and the Coronet design was introduced in 1840.

Classic Head

The silver coins of the 18th century feature designs similar to those on the copper coins. The silver coins used a Flowing Hair design in 1794-95, and in 1795-96 a Draped Bust design was introduced on all silver coins. The Capped Bust design was used first for the half dollar in 1807, with the dime following in 1809, the quarter dollar in 1815 and the half dime in 1829. The eagles

Coronet cent

Capped Draped Bust

appearing on the reverse of the silver coins appeared in several forms, first in a Small Eagle design that some critics likened to a pigeon; then, a Heraldic Eagle which was used on the dollar beginning in 1798, the half dollar in 1801 and the quarter dollar in 1804.

Allegorical Liberty figures with similar themes but somewhat different details were used on the early gold coins. A Capped Bust, Heraldic Eagle design was used from 1796-1807 for the quarter eagle, then replaced in 1808 with the one-year-only Capped Bust type. The Capped Head quarter eagle was struck between 1821-34. On the half eagle, the Capped Bust design was used from 1796-1807; the Small Eagle reverse was used from 1796-98, and a Heraldic Eagle design was used from 1795-1807, concurrently with the Small Eagle at first. The Capped Draped Bust was used on the half eagle from 1807-12, and the Capped Head, from 1813-29. The Classic Head design was used briefly, from 1834-38. For the $10 eagle, the Capped Bust design was used from 1795 to 1804, when the denomination ceased. On the reverse of the $10 coin, the Small Eagle was used from 1795-97, and the Heraldic Eagle design was used from 1797 to 1804.

Small Eagle

Several events took place in the mid-1830s that were to affect coinage designs for decades. Among them was the Act of Jan. 18, 1837, which eliminated the need for an eagle on the reverses of the half dime

Heraldic Eagle

Seated Liberty   **Coronet gold**

and dime. The other event was the resumption of coinage of the silver dollar in 1836, and the adoption of a new design that eventually would appear on six different denominations, on some of them for more than half a century.

Production of the silver dollar resumed in 1836 with the Gobrecht dollar. The obverse depicts a Seated Liberty figure on a rock, her body wrapped in robes. The reverse depicts a Flying Eagle design. The Seated Liberty dollar was the first of four coins which would use a similar Flying Eagle theme.

With the creation of the Seated Liberty design, a new age of uniformity ensued on U.S. coins. The Seated Liberty obverse design was introduced on the half dime and dime in 1837, the quarter dollar in 1838 and the half dollar in 1839. Wreaths were placed on the half dime and dime in 1837; eagles appeared on the new quarter dollar and half dollar; and the dollar received a new eagle design in 1840, with the Flying Eagle replaced by an eagle similar to those on the quarter and half dollar.

Gold coins, too, entered the uniform age of coin designs when the Coronet (sometimes called Liberty Head on gold coins) design was introduced in 1838 for the eagle, 1839 for the half eagle and 1840 for the quarter eagle. When the gold dollar and double eagle were introduced in 1849 and 1850, the Coronet design was used for both. Like the silver coins, the gold coins would not break out of uniformity until the early 20th century, except for the dollar.

A new theme was introduced in 1854 on the gold dollar, replacing the Coronet figure. An Indian Head portrait by James B. Longacre was introduced, the first in a series of medallic tributes to the first native Americans that would last until shortly before the beginning of World War II. Ironically, the

Flying Eagle cent

Indian was being used as a symbol of Liberty even as the American movement to push the Indians into increasingly smaller portions of the West grew. However, the gold dollar portrait was not a true Indian; Longacre simply placed an Indian headdress on the same Liberty figure he would use in many different versions of the design. A slightly larger Indian Head was used beginning in 1856 on the gold dollar. The gold $3 coin depicts an Indian Head portrait, and the reverse depicts not an eagle but a wreath.

When the large cent was abandoned in 1857 for a smaller cent (see section titled "specifications"), a Flying Eagle design was placed on the obverse (the 1856 Flying Eagle cents are patterns, struck before Congress authorized a change in composition). This was the first non-human portrayal of Liberty, and the only time an eagle would appear on the cent. The obverse design was changed to an Indian Head design in 1859. Wreaths of various types appear on the reverses of both.

Several non-allegorical designs began to appear on U.S. coins in the 1850s. On the silver 3-cent piece, a six-point star appears as the central obverse design; the reverse depicts the Roman numeral III inside what resembles a large letter "C." Shields appear on the obverses of the 2-cent piece and the first copper-nickel 5-cent piece. A Liberty Head design replaced the Shield design on the 5-cent coin in 1883. The silver dollar, abandoned in 1873 and reinstated in 1878, depicts a Liberty Head and an eagle (called the Morgan dollar).

The Seated Liberty coinage design was dusted off and placed on the short-lived 20-cent coin of 1875-78. However, the Seated Liberty design, used on most of the silver coins since 1836, was finally abandoned at the end of 1891. By this time, it was in use only on the dime, quarter dollar and half dollar, the other denominations having been repealed. It was replaced in 1892 with a Liberty Head design by Chief Mint Sculptor-Engraver Charles Barber, who also created a Heraldic Eagle for use on the reverse of the quarter dollar and half dollar; the reverse wreath appearing on the Seated Liberty dime was maintained on the reverse of the "Barber" dime. The Barber designs remained in use through mid-1916.

The first two decades of the 20th century resulted in two major design trends for U.S. coins. One, beginning in 1907, resulted in what can be called the "Golden Age of U.S. Coin Designs." The other, beginning in 1909, was the first step away from the allegorical depictions that had characterized U.S. coins since 1793 in favor of medallic tributes to prominent political figures from American history.

The "golden age" began with the election of Theodore Roosevelt as president of the United States. Roosevelt, best-known among non-numismatists as a vibrant president who built the Panama Canal and advocated the carrying of a "big stick," did more to improve the aesthetics of U.S. coins than any other politician since Washington. He invited Augustus Saint-Gaudens, the premier U.S. sculptor of the day, to create coin designs Roosevelt hoped

Saint-Gaudens high relief

would relive the beauty of ancient Greece. Saint-Gaudens submitted designs for the cent, $10 eagle and $20 double eagle. Roosevelt choose from the submissions the designs for the two gold coins: The $10 coin depicts an allegorical Liberty Head wearing an Indian headdress on the obverse, and a standing eagle on the reverse; the double eagle depicts a Standing Liberty facing

Saint-Gaudens low relief

the viewer on the obverse, and a Flying Eagle design for the reverse.

The Mint engraving staff, led by Barber, was not happy with the hiring of outside talent, even though Saint-Gaudens' double eagle design is considered by many collectors to be the finest ever portrayed on a U.S. coin. The first $20 coins struck in 1907 feature high relief features, an artistic creation that caused problems in production. The coins required too many strikings of the press for efficient production, so the relief was lowered later in 1907. Saint-Gaudens, who had been in ill-health for some time, was dead by this time and unable to protest the changes in the design.

The "golden age" continued in 1908, with new designs for the $2.50 quarter eagle and $5 half eagle: an American Indian on the obverse, and a Standing Eagle on the reverse. These were the first true Indians to appear on U.S. coins. What made the designs so unusual, however, was their placement on the coin. The designs were created in the oxymoronic "incused relief." Often incorrectly referred to as incused, the designs are raised, but sunken into the fields so the highest points are level with the flat fields. This design feature was criticized, with some suggesting that the "incused" portions would permit enough germs to accumulate to prove a health hazard. The experiment also did not please Barber.

Indian Head 5 cents

In 1913, the designs for the 5-cent coin were changed. An American Indian was placed on the obverse, and an American bison was placed on the reverse. The coin, known variously as the Indian Head, Bison or Buffalo 5-cent coin (also nicknamed the Buffalo nickel), is considered the most American of U.S. coin designs because of the two themes portrayed on the coin. The Indian design appearing on the obverse is probably the finest to be placed on a U.S. coin. Three Indians, Iron Tail, Two Moons and Chief John Tree, posed for designer James Fraser, who created a composite portrait. The model for the bison was Black Diamond, a resident of the New York Zoological Gardens.

More design changes were made in 1916, when the Barber designs for the dime and quarter dollar were replaced in mid-year. (No 1916 Barber half dollars were struck.) The dime features a Winged Liberty Head on the obverse. The

Standing Liberty Bare Breast and Mailed Breast

design is often called the "Mercury" dime. However, Mercury was a Roman male god with wings on his ankles who wore a winged hat, while the figure on the dime is female and wears a winged cap. The artist never intended the figure to represent Mercury. The reverse depicts a fasces.

The quarter dollar design introduced in 1916 proved controversial. The Standing Liberty figure had an exposed right breast, an anatomical feature which had also appeared on the allegorical figure of Electricity on the Series 1896 $5 silver certificate until it was replaced in 1899 with a less prurient American Indian vignette. Some citizens of the period deemed the design too revealing on the quarter dollar as well, so in 1917 the offending breast was covered with a coat of mail (both varieties of the 1917 coin exist). The reverse depicts a Flying Eagle; its position was modified slightly in 1917 when Liberty was given additional clothing. Amusingly, correspondence between Mint officials and designer A.A. Weinman refer to changes in the placement of the eagle but apparently do not mention the unclad Liberty. The coat of mail was added very quietly.

Walking Liberty

The Walking Liberty half dollar was also introduced in 1916. The obverse depicts a Walking Liberty figure, while the reverse depicts one of the most attractive eagles placed on a regular issue of U.S. coins.

In 1921, the Peace dollar replaced the Morgan, which had been briefly resurrected in 1921 (coinage ceased in 1904). The Peace dollar commemorates the peace which followed the end of World War I. Coinage of the dollar ceased at the end of 1935 when the denomination was abandoned.

The second coinage trend to begin in the early 20th century occurred in 1909 when a portrait of Abraham Lincoln replaced the Indian Head on the cent. For the first time, a historical, non-allegorical figure was used on a circulating coin of the United States. Lincoln's 100th birthday was celebrated in 1909. His 150th birthday in 1959 resulted in the Lincoln Memorial replacing the two "ears" of wheat found on the Lincoln cents of 1909-58.

The trend continued in 1932, when the Standing Liberty quarter dollar was replaced with the Washington portrait on the bicentennial of Washington's birth. A portrait of Thomas Jefferson replaced the American Indian in 1938 on the 5-cent coin (the Treasury Department held a design contest), and Franklin Roosevelt's portrait was placed on the dime in 1946, a year after his death. A portrait of Benjamin Franklin was placed on the half dollar in 1948, replacing the Walking Liberty designs. Franklin was replaced in turn in 1964 by a portrait of John F. Kennedy in a numismatic tribute to the assassinated president.

In 1971, a copper-nickel dollar coin was introduced bearing President Dwight D. Eisenhower's portrait on the obverse and an allegorical figure of an eagle landing on Earth's moon, commemorating the Apollo moon landings.

The Bicentennial of the Declaration of Independence in 1976 brought changes to the reverses of the quarter dollar, half dollar and dollar. The reverse of the 1976 quarter dollar depicts a Revolutionary War drummer; the half dollar depicts Independence Hall in Philadelphia; and the dollar depicts the Liberty Bell superimposed over the moon. The designs reverted to their original versions in 1977.

In 1979, a new copper-nickel dollar sized between the quarter dollar and half dollar was introduced, replacing the Eisenhower dollar. The new design depicts feminist Susan B. Anthony and a reduced version of the moon-landing design. Anthony was the first non-allegorical U.S. woman to appear on a circulating coin. The choice was not a popular one, since many collectors had hoped a reincarnation of the Flowing Hair Liberty, designed by Chief Sculptor-Engraver Frank Gasparro especially for the smaller dollar, would appear. Many letters from collectors focused on the supposed unattractiveness of

Anthony, who was shown in her later years on the coin. However, those same writers apparently had never criticized the physical attributes of Lincoln (who, after all, was referred to as an ape in the press of his time, before he achieved martyrdom upon his assassination) and Washington, another of the American presidents not known for his appearance. Ironically, a descendant of Anthony was critical of an early version of Gasparro's Anthony portrait as too "pretty" and not at all indicative of the woman's strong character; Gasparro modified the design before it was placed on the coin. However, the coin did not circulate well, mainly because of its similarity in size to the quarter dollar (many found the two coins too close to each other in diameter). Poor public usage of the smaller dollar resulted in none being struck after 1981 (the 1979-80 coins were struck for circulation, and the 1981 coins were struck for collectors only).

The reintroduction of commemorative coins and the American Eagle bullion coins have brought renewed interest in coinage designs, and renewed controversy. Collectors and others have been critical of some of the designs on the commemorative coins (the two torchbearers on an early version of the 1984 Olympic $10 eagle were lampooned as "Dick and Jane running" by congressional members). Others, most notably the obverse of the 1986-W Statue of Liberty half eagle, designed by Chief Sculptor-Engraver Elizabeth Jones, have been praised.

The reintroduction of two older designs on the American Eagle coins has proven controversial. The obverse of the silver dollar depicts the Walking Liberty half dollar obverse, enlarged for placement on the larger coin. A new Heraldic Eagle appears on the reverse.

Saint-Gaudens' Liberty slimmed down in 1986

The designs chosen for the gold bullion coins were even more controversial. Saint-Gaudens' obverse Liberty for the double eagle was chosen, but not until Treasury Secretary James A. Baker III ordered Liberty on a diet in 1986. The Mint engraver assigned to the project was ordered to reduce Liberty's apparent weight, by giving her slimmer arms and legs. Members of the Commission of Fine Arts decried the changes to what is considered

Family of Eagles

a classic design. Members were also critical of the reverse, a Family of Eagles design by Dallas sculptor Miley Busiek. The legislation authorizing the gold coins mandated the Busiek design. Busiek had been an untiring champion of her design, which shows two adult eagles and two younger birds. She lobbied in Congress and the Treasury Department for months in a politically successful attempt to have her design placed on the bullion coins. She says the design reflects the values of the American family.

Currently, hobbyists and others are calling for new designs on circulating coins, which the Treasury Secretary may change without congressional approval after they have been in use 25 years. The 25-year limitation was placed on the coinage system in the Act of Sept. 26, 1890. Until then, there were no limitations concerning the life of a coin design. This act is now a part of Title 31 of the U.S. Code.

The Lincoln cent has been in use since 1909 (the reverse, since 1959). The Jefferson 5-cent coin has been around since 1938, and the Roosevelt dime, since 1946. The Kennedy half dollar celebrates its 25th birthday in 1989, having been introduced in 1964.

For decades, Mint officials have publicly opposed changes to U.S. coinage designs, stating that to change coinage designs would cause hoarding of the old designs, thus generating a coinage shortage. However, that policy changed in April 1988 when Mint Director Donna Pope, appearing before the Senate Banking Committee, reported that the Treasury had no major objections to a bill calling for the redesign of all circulating U.S. coins.

Specifications

The physical specifications of U.S. coins — metallic content, weights, diameters — have been ever changing. Changes were in response to increases and decreases in the prices of the metals contained in them; public rejection of large-diameter coins; and other factors.

Even before the first copper coins were struck in 1793, their weights were reduced under the Act of May 8, 1792. The modified weights are 6.74 grams for the half cent, and 13.48 grams for the cent (weights are given in grams for modern convenience; the early coinage laws specified the weights in grains). Weights for both copper coins were reduced in 1795, to 5.44 grams for the half cent, and to 10.89 grams for the cent.

The 1794-95 silver coinage was struck in a composition of 90 percent silver and 10 percent copper, according to some sources. When additional silver denominations were added in 1796, the composition for all five coins was changed to 892.427 silver and 107.572 copper, until additional change came in 1836-37.

Composition of the first gold coins is 916.667 gold and 83.333 copper and silver.

Arrows signify change

The only changes made to U.S. coins between the first decade of the 19th century and 1834 were to the designs. Then, on June 28, 1834, the weight of gold coins was reduced and the alloy changed for two years to 899.225 percent gold and 100.775 copper and silver. In 1836, the gold alloy was changed again, to 90 percent gold and 10 percent copper and silver, an alloy unchanged until 1873. Changes were made to silver coins in 1836 as well, when the silver content was changed to 90 percent silver and 10 percent copper, an alloy not abandoned until the mid-1960s.

The rising price of silver resulted in a reduction in weights for the silver coins during 1853 (except for the silver dollar). Arrows were added to both sides of the dates on the reduced weight half dimes, dimes, quarter dollars and dollars, a design feature used for 1853-54. The arrows were removed in 1855 although the weights of the silver coins remained the same.

Major changes to the country's copper coinage were made in 1857. The half cent was eliminated and the large copper cent was replaced during the year with a smaller cent composed of 88 percent copper and 12 percent nickel (Act of Feb. 21, 1857). Diameter of the old cent is approximately 29 millimeters; the new cent has a diameter of 19mm.

The weights of the Seated Liberty silver coinage increased in 1873, and once again arrows were placed at either side of the date for two years to signify the increased weight. At the same time, silver was dropped from the gold-coin alloy; the coins were now composed of 90 percent gold and 10 percent copper.

The next major compositional changes in U.S. coins were made during World War II. At the beginning of the United States' entry into World War II, several metals used in coinage became in critical supply. The first to change was the 5-cent

coin, which had nickel removed in mid-1942 after some copper-nickel specimens were struck. The new composition was 56 percent copper, 35 percent silver and 9 percent manganese. The old alloy was resumed in 1946.

Also during the war, the composition of the cent changed. First, tin was removed late in 1942. Then, in 1943, a zinc-plated steel cent was introduced to conserve copper. The brass alloy of 95 percent copper and 5 percent zinc was resumed in 1944 through 1946. The 95 percent copper, 5 percent tin and zinc composition resumed in 1947 and continued until late 1962. Once again, tin was removed from the bronze alloy, turning the alloy into the same composition that some call brass used in 1944-46.

Zinc-plated steel cent

The 175-year-old history of United States coinage was changed with the stroke of a pen on July 23, 1965. On that day President Lyndon Johnson signed into law the Coinage Act of 1965, the most sweeping changes to the U.S. coinage system since the Mint Act of 1873. The 1965 act eliminated silver in dimes and quarter dollars and reduced the silver content of the half dollars to 40 percent.

Special congressional hearings relative to the nationwide coin shortage were first held in 1964. Coin shortages had continually worsened in the decade prior to 1965 as a result of the population growth, expanding vending machine businesses, popularity of Kennedy half dollars and the worldwide silver shortage.

In the face of the worldwide shortage of silver, it was essential that dependence on silver for the production of coins be reduced. Otherwise the country would be faced with a chronic coin shortage.

As a result of studies conducted by both the Treasury and the Battelle Memorial Institute, a clad metal composed of three layers of metal bonded together was selected for the new composition. Battelle examined and tested various alloys to determine their suitability for coinage. (Battelle is a Columbus, Ohio-based company which specializes in high-tech experimentation and research.)

The dimes and quarter dollars were to be composed of two layers of 75 percent copper and 25 percent nickel bonded to a core of pure copper. The half dollars were to be composed of two layers of 80 percent silver and 20 percent copper bonded to a core of approximately 20 percent silver and 80 percent copper, such that the entire coin is composed of 40 percent silver.

The combination of copper-nickel and copper gave the new coins the required electrical conductivity, a necessary property for vending machines. The copper-nickel surfaces also continued the traditional silvery color of the coins. In addition, a clad metal would be much harder to counterfeit.

The legal weights of the coins were affected by the change in alloy. The new clad dime weight is 2.27 grams, the quarter dollar weighs 5.67 grams and the half dollar weighs 11.5 grams. With the elimination of silver from half dollars in 1971 and the introduction of a copper-nickel clad version, the weight was changed to 11.34 grams. The cladding of all coins constitutes approximately 30 percent of the coin by weight.

At first all of the strip (coinage metal rolled out into the proper thickness) was produced at the Olin Brass Division of Olin Mathison Chemical Corp. in East Alton, Ill. From there it was shipped to the U.S. Mints at Philadelphia and Denver and to the San Francisco Assay Office. As time had passed and the Mints built new facilities, more and more of the cladding was produced at the Mints. However, the Mint currently buys all strip from outside manufacturers. Mint officials claim it is more efficient and less expensive to do so. In addition, the Mint buys some of its planchets from private contractors, including all of the copper-plated zinc cent planchets and all of the precious metals planchets for special programs like commemorative coins and the American Eagle bullion coins.

In an effort to maximize production of coinage, 1964-dated silver coins were struck into 1965. The Coinage Act of 1965 also made it mandatory that clad coins be dated not earlier than 1965. Therefore, all clad coins actually made in 1965 bear that date. The first clad dimes were struck in late December 1965 and were released March 8, 1966. The first clad quarter dollars were struck Aug. 23, 1965, and released Nov. 1, 1965. The first silver-clad half dollars were released March 8, 1966, but were struck starting Dec. 30, 1965.

The 1965 date was retained until July 31, 1966, when the date was changed to 1966. Normal dating was resumed on Jan. 1, 1967.

The last great compositional change to U.S. circulating coinage came in mid-1982, when the brass cent was replaced with a cent of nearly pure zinc, plated with a thin layer of pure copper to retain its copper appearance. Rising copper prices were the cause. The switch over to the copper-plated zinc cent was made with few non-numismatists noting the difference.

When the American Eagle bullion coins were introduced in 1986, some numismatists were critical of the .9167 gold content, a composition they deemed "non-traditional"; there was some preference for a .900 gold content. However, the chosen composition is virtually identical to the alloy first used for U.S. gold coins, from 1795 to 1834. A new silver composition was introduced with the production of the .999 fine silver American Eagle dollar.

Future changes in the specifications of U.S. coins will depend on metals markets and politics. As this book was being written in mid-1988, one piece of numismatic legislation was under consideration in Congress that would authorize a palladium commemorative coin. Palladium is a member of the platinum family of metals. There is also a movement to persuade Congress to authorize a golden-colored, virtually pure copper dollar coin. Only time will tell what happens to the ever-changing makeup of U.S. coins.

3 Mints and Mint marks

The United States Mint built in Philadelphia in 1792 has the distinction of being the first building constructed by the federal government. The importance of a federal coinage was widely recognized by national leaders following the ratification of the Constitution. The newly elected president, George Washington, had spoken about coinage issues and the need for a national Mint in his first three addresses to Congress, in 1789, 1790 and 1791. Congress passed a resolution March 3, 1791, saying, "That a Mint shall be established under such regulations as shall be directed by law." That law came a little more than a year later, with passage of the Mint Act of April 2, 1792, the same legislation which set denominations, specifications and legal tender status for the first U.S. coins. The Mint Act specified, "That a Mint for the purpose of a national coinage be, and the same is established; to be situate[d] and carried on at the seat of the Government of the United States, for the time being. ..."

The 1792 Mint Act also specified which officials would be required to conduct operations at the Mint, including the chief position, that of Director. David Rittenhouse, widely considered America's top scientist at the time, was selected as the nation's first Mint Director. He was an astronomer, who built

First Philadelphia Mint

Current Philadelphia Mint

the first telescope and observatory in the Colonies, and was educated in many other scientific fields. He became Director in April 1792, and wasted little time in beginning construction on a new Mint. Two lots of land were purchased July 18, 1792, in Philadelphia, and demolition of the existing buildings began the next day. Rittenhouse laid the foundation stone of the new Mint at 10 a.m. July 31. Construction moved promptly, with the building completed Sept. 7. However, much of the minting equipment was beyond the capabilities of America, and had to be ordered from aboard.

The first U.S. coins struck under the provisions of the Constitution were the 1792 half dismes. (The act called for half dismes and dismes, and those spellings appear on the 1792 pieces. By the time coinage of both denominations in earnest began several years later, the "s" was dropped from the spelling.) Research by numismatic researcher Walter Breen indicates the 1792 half dismes were struck outside of the Mint facility on presses newly arrived from Europe. The striking of coins within the walls of the Philadelphia Mint for circulation began in 1793, with copper half cents and cents the first coins to be struck. Silver and gold coins followed.

The first Philadelphia Mint was primitive by modern standards. The coining presses were hand-operated, with all of the other equipment either powered by human or horse. For example, the typical coining press in use at the Mint, called a screw press, was powered by human muscle. While one individual placed by hand planchets on the bottom die, two other men grasped ropes tied to the two arms of the press and pulled quickly, causing the upper die to descend and strike the coin. The individuals who placed the planchets on the bottom die of each press usually lacked one or two fingers, the result of being too slow to remove a newly struck coin and placing a new planchet on the die. Muscle power, in fact, would power most of the machinery throughout the existence of the first Philadelphia Mint. The first steam-powered equipment was not installed until June 24, 1816; it powered the machines that rolled the coinage metal strip into the proper thickness, as well as the punching press used to produce planchets. Further mechanization, however, did not come until 1833, when the second Philadelphia Mint was opened. The man-powered screw presses were replaced with steam-powered coining presses. Other equipment once powered by muscles — human or equine — was also mechanized.

The growth of the United States Mint was inexorably linked to the westward expansion of the nation. Despite the improved output of the second Philadelphia Mint, it became clear by the mid-1830s that additional coining facilities were needed. Gold discoveries in the Appalachian Mountain chain triggered America's first gold rush.

The Eastern gold rush was not the only pressure on the Mint. America's western borders had moved past the Mississippi River, thanks to the Louisiana Purchase in 1803. To meet the growing coinage needs of an ever-expanding country and population, Congress authorized the first branch Mints in 1835: Dahlonega, Ga.; Charlotte, N.C.; and New Orleans. All three of the Southern branch Mints opened for coining in 1838. The Dahlonega and Charlotte Mints were never prolific; they struck gold coins only, generally in smaller numbers than struck at Philadelphia. The New Orleans Mint, situated on the nation's great Southern port, was a better match for the Philadelphia Mint, striking both silver and gold coins.

Meanwhile, eyes turned toward California. William Marshall's discovery of gold on the American River in 1848 triggered the biggest gold rush in U.S. history. Ever larger and larger numbers of men with visions of unlimited wealth undertook the hazardous journey west. California became a

Current San Francisco Mint

Current Denver Mint

state of the Union in 1850. The population grew, as did the need for coinage. However, the closest Mint was the one in New Orleans. To fill the need for coinage, a number of private mints sprang up in California, striking native gold and fulfilling a need for coinage the U.S. Mint was unable to fill. Congress authorized the San Francisco Mint in 1852. It began operations in 1854, striking both silver and gold coins, becoming the first national Mint to be built west of the Rocky Mountains.

Even as thousands moved West to seek their fortune, the nation moved ever closer to war. California had entered the Union a free state, without slavery, the result of the Compromise of 1850. However, the Compromise only postponed the inevitable. The sectional troubles that had been tearing the country apart for decades burst into full, horrible bloom with the election of Abraham Lincoln as president in 1860. One-by-one, the Southern states seceded from the Union. As Louisiana, Georgia and North Carolina left the Union, the federal Mints in those states changed hands. There was no need for Southern troops to use force to capture the facilities; the majority of Mint officials and employees at the three facilities were sympathetic to the Confederate cause. All three facilities struck small quantities of coins in early 1861, the New Orleans facility even striking four half dollars with a special Confederate design on one side. However, coinage at all three Mints ended in 1861 due to dwindling resources. The Dahlonega and Charlotte Mints never reopened following the war; however, New Orleans resumed coining activities from 1879 to 1909.

Gold discoveries were not the only reason additional Mints were built. The silver discoveries in the West, particularly in Nevada, triggered the need for an additional Mint. The Carson City, Nev., Mint opened in 1870 and closed in 1893. Carson City struck silver and gold coins only.

Another Mint was built in Denver at the turn of the century, opening for coining in 1906. Denver has struck coins

Current West Point Mint

of all alloys: copper, copper-nickel, silver and gold.

The San Francisco Mint closed after striking 1955 coinage; its presses were not needed to keep up with the national demand for coinage. Congress revised its status in 1962, naming it the San Francisco Assay Office. However, a growing coin shortage struck the country shortly after its change in status and in 1965 the Assay Office began striking coins once again. The facility regained Mint status in 1988.

Currently, there are four federal Mints in operation in the United States. The Philadelphia Mint is the fourth to bear that name; it strikes all denominations of coins for circulation and some collectors' coins; the Chief Sculptor-Engraver and engraving staff work there; and the Mint produces all coining dies used at all four Mints. The Denver Mint is in its original 1906 building, although there have been recent additions; it, too, strikes a combination of circulation issues and collectors' coins. The San Francisco Mint is in its third building, opened in 1937; today, it strikes coins for collectors only, although in recent years it has struck coins for circulation. The West Point Mint is the newest facility, having gained Mint status in early 1988; previously, it had been the West Point Bullion Depository (opening in 1938) although its coining facilities have been used since 1974. West Point is currently used only for collectors' programs and bullion coins although it has struck coins for circulation in the recent past.

History of Mint marks

A Mint mark on a United States coin is a small letter (or letters) placed on the field (the flat, featureless areas surrounding the designs and lettering) of the coin to show which Mint manufactured it. Mint marks on U.S. coins were authorized by the act of March 3, 1835, establishing the first branch Mints: in New Orleans, La., Charlotte, N.C., and Dahlonega, Ga.

Mint marks:

"C" for Charlotte, N.C., (gold coins only), 1838-1861
"CC" for Carson City, Nev., 1870-1893
"D" for Dahlonega, Ga. (gold coins only), 1838-1861
"D" for Denver, Colo., 1906-present
"O" for New Orleans, La., 1838-1861; 1879-1909
"P" for Philadelphia, Pa., 1793-present
"S" for San Francisco, Calif., 1854-1955; 1968-present
"W" for West Point, N.Y., 1984-present (gold coins only)

With one four-year exception, U.S. coins struck at the Philadelphia Mint bore no Mint marks until 1979. The initial use of the "P" on a U.S. coin appears on the Jefferson, Wartime 5-cent pieces, struck from 1942 to 1945 in a silver alloy. The "P" Mint mark on these issues was designed to distinguish the silver alloy issues from regular copper-nickel 5-cent pieces.

With the passage of the Coinage Act of 1965, which gave the United States copper-nickel clad coinage, Mint marks were not used on coins dated 1965 through 1968. The move was designed to help alleviate a coin shortage by removing the distinction between coins struck at branch Mints and those struck in Philadelphia so collectors could not determine which were the more limited strikes.

With the announcement Jan. 4, 1968, that Mint marks would return to coins, Mint Director Eva Adams made several changes in Mint mark application. First, to achieve uniformity, she directed that all Mint marks be placed on the obverse of the coins.

Second, she announced Proof coin sets would be manufactured at the San Francisco Assay Office and would bear an "S" Mint mark. Previously, all Proof sets were produced at Philadelphia and so had no Mint mark, except for some 1942 5-cent pieces. Proof sets were discontinued altogether after 1964 because of the coin shortage and revived in 1968.

Mint marks were again omitted from certain U.S. coins when cents were struck at the West Point Bullion Depository in 1974 and later, and when dimes were struck in San

Francisco in 1975.

Major changes were made in Mint mark policy beginning in 1978. Mint officials in 1978 announced that the 1979 Anthony dollar would bear the "P" Mint mark for Philadelphia business strikes. The list of coins to bear the "P" Mint mark grew in 1980, when all other denominations but the 1-cent piece received the new Mint mark.

A new Mint mark, a "W," the eighth, was added to the U.S. inventory in September 1983, when the West Point Bullion Depository (now the West Point Mint) began striking 1984-dated $10 gold eagles commemorating the Los Angeles Olympic Games.

Additional changes were placed in effect beginning in 1985, when the Mint mark was placed on the master die instead of the working dies for all Proof coinage. This was to forestall production of missing Mint mark errors.

In 1986, Mint officials decided to add the Mint marks on all commemorative and Proof coins at the plasticene model stage. Thus, on these special collectors' coins, the Mint mark appears on all stages of models, hubs and dies.

Location of Mint marks

Following is a list of all regular U.S. coin issues and where the Mint mark on these coins is located.

Half cents — All coined at Philadelphia, no Mint mark.
Large cents — All coined at Philadelphia, no Mint mark.
Flying Eagle cents — All coined at Philadelphia, no Mint mark.
Indian Head cents — 1908 and 1909, under the wreath on reverse side.
Lincoln cents — Under the date.
Two cents, 3 cents (copper-nickel) — All coined at Philadelphia, no Mint mark.
Three cents (silver) — All coined at Philadelphia, except 1851 New Orleans Mint, reverse side, at right.
Shield 5-cent pieces — All coined at Philadelphia, no Mint mark.
Liberty 5-cent pieces — All coined at Philadelphia except 1912-S and -D, reverse side to left of word CENTS.
Indian Head ("Buffalo") 5-cent pieces — Reverse side under words FIVE CENTS.
Jefferson 5-cent pieces until 1964 — Reverse side at right of the building.

Jefferson 5-cent pieces (1942-1945, silver) — above dome on the reverse side.

Jefferson 5-cent pieces from 1968 to present — on obverse under Jefferson's queue (pig tail).

Half dimes — Reverse side either within or below the wreath.

Dimes — Seated Liberty and Barber types, on reverse side below or within wreath; Winged Liberty Head type (1916-1945) on the reverse to left of base of fasces (bundle of rods); Roosevelt type to 1964, left of bottom of torch on reverse; Roosevelt type from 1968 to present, on obverse above date.

Twenty cents — Reverse side under the eagle.

Quarter dollars — Old types, on reverse side under eagle; Standing Liberty type, on obverse to left of date; Washington type to 1964, on reverse under eagle; Washington type from 1968 to present, on obverse to right of Washington's queue.

Half dollars — 1838 and 1839, "O" Mint mark above date; other dates to 1915 on reverse under eagle; 1916 on obverse below motto, 1917 on obverse below motto and on reverse. After 1917 on lower left reverse. Franklin type, above bell beam; Kennedy type in 1964, near claw and laurel at left on reverse; Kennedy type from 1968 to present, on obverse under Kennedy portrait.

Dollars — Old types, on reverse under eagle; Peace type, on reverse at lower tip of the eagle's wing; Eisenhower, on obverse above the date. Anthony, on obverse to left of bust. American Eagle, Proof version only, on reverse to left of eagle's tail.

Trade dollars — On reverse under eagle.

Gold dollars — On reverse under wreath.

Quarter eagles — 1838 and 1839, over the date; other dates prior to 1907, on reverse under the eagle; Indian type (1908-1929), on reverse lower left.

$3 pieces — Reverse under the wreath.

Half eagles — Same as quarter eagles.

Eagles — Reverse under eagle; after 1907 at left of value.

Double eagles — Old types on reverse under eagle; Saint-Gaudens (after 1907) above the date.

American Eagle $25 — gold bullion coin, Proof version only, on obverse below date.

American Eagle $50 — gold bullion coin, Proof version only, Mint marks found on obverse between second and third rays at right, below date.

4 Grading

Grading.

Probably no other subject has been more hotly debated in American numismatics by collectors, dealers and investors. Since the dealer first charged more for one specimen of a coin than for another of the same type, date and Mint mark simply because the second had less wear than the other, there has been controversy.

What is grading and why the controversy?

The grade of a coin (note, medal or token) represents what professional numismatist and researcher Dr. Richard Bagg aptly called its "level of preservation." The grading controversy arises both from disagreements over the grade of a coin and often the enormous differences in price between two specimens of the same type and date of a U.S. coin, even when the only difference lies in the placement of one or two marks or surface abrasions from contact with other coins, commonly referred to as "contact marks."

The grade measures the amount of wear, natural mishaps and other surface degradation a coin has received after leaving the coining press. The more wear and surface marks a coin has received, the less it is worth compared to other specimens of the same coin with less surface degradation.

However, not all coins have received circulation wear since they were struck. These coins are called Uncirculated or Mint State. Rather than being easier to grade because there are no points of wear to determine, Uncirculated coins become much harder to grade.

A non-collector unexposed to the intricacies of grading might be expected to show surprise at this last statement. After all, he might think, it seems logical that a coin which has received less wear is worth more than one which has received more wear. But if a coin hasn't received any wear, how can it be different from other unworn specimens of the same coin? Suffice to say, there are graduated levels of Mint State, as many as 11 (from Mint State 60 to Mint State 70), determined by such factors as contact marks, luster and — depending on the grading standard being used — the strength of the strike and toning. Therein lies the heart of the controversy.

For decades, the controversy lay mainly in the differences between the dealer's grade for a specific coin and that of the collector. As grading became more complicated and values increased in greater increments between coins of different grades, third-party grading services began operation.

The first third-party grading agency, the International Numismatic Society Authentication Bureau, began grading coins in December 1976, several months after it began authenticating coins. It laid the groundwork for third-party grading services, all of which provide an opinion about a coin's grade for a fee. INSAB was followed March 1, 1979, when the American Numismatic Association Certification Service began grading coins for a fee. Both INSAB and ANACS are operated by major coin organizations, the International Numismatic Society and the American Numismatic Association.

Another major step in third-party grading services was taken by the Professional Coin Grading Service, a private business founded in February 1986. PCGS is responsible for two firsts. It was the first grading service to encapsulate the coins it graded into hard plastic holders, nicknamed "slabs," and it was the first grading service to use 11 levels of Mint State (the term for a coin with no wear), from Mint State 60 to MS-70. It rapidly overtook ANACS, until then the most active of grading services in terms of numbers of coins graded.

Although there are a number of other private grading services in operation today, the major ones are PCGS, the Numismatic Certification Institute and the Numismatic Guaranty Corporation of America. Both NCI and NGC also use 11 levels of Mint State and encapsulate coins in "slabs." This chapter discusses the grading of U.S. coins in two parts: a background section about grading, and written descriptions of grading levels.

Grading: What's involved?

Dr. Richard Bagg, in *Grading Coins: A Collection of Readings* which he co-edited in 1977 with James J. Jelinski, described the grade of a coin as its "level of preservation." It is not entirely accurate to call grading the charting of wear on a coin, since the very definition of an Uncirculated coin (also called Mint State) is "a coin which has seen no circulation" (in *Official American Numismatic Association Grading Standards for United States Coins*) and a coin with "no wear" (in

New Photograde: A Photographic Grading Guide for United States Coins). However, Uncirculated coins are subject to other forms of surface degradation other than circulation wear.

A coin becomes subject to external factors affecting its surface from the moment it leaves the press. The moment a coin is struck, it is pushed from the surface of the lower die. (Prior to 1836, the coin was removed manually by a nimble-fingered press operator; after the widescale mechanization of the Mint, mechanical fingers have shoved the newly struck coin from the die.) The coin then falls into a bin of other coins. When the coin hits the previously struck coins lying in the bin, the portion of its surface coming into contact with the other coins will probably be marred. Then, as the coins are bundled into bags for shipment to banks, the coins will scrape, scratch and bump each other.

Contact marks

The collisions between coins create a variety of surface marks called "contact marks" or "bag marks," the first factor concerning grading to be discussed. A contact mark may range in severity from a light, minor disruption of the coin's surface, to a large, heavy scrape. Generally, the bigger and heavier the coin, the larger and more unsightly the contact marks, due to the heavier weight of the coins.

The location of contact marks plays a major role in determining at what level of Mint State a coin may be categorized. For example, marks that are clearly visible in the field of a coin, or on the cheeks, chin or forehead of a Liberty Head device, are more distracting than marks of equal severity hidden in curls of Liberty's hair or the wing feathers of the eagle found on the reverse of many U.S. coins.

The size of contact marks also plays a role in determining the proper Mint State level. Larger marks, of course, are more distracting than smaller marks. Remember, however, that a contact mark 1 millimeter long is less distracting on a large coin such as a silver dollar (diameter of 38.1mm) than it is on a smaller coin such as a silver half dime (diameter of 15.5mm).

The number of contact marks also play a significant role in determining the proper level of a Mint State coin. A coin with numerous contact marks is less appealing to the eye than a coin with one or two distracting marks. The diameter of the coin plays a role here too. A silver dollar with five contact marks scattered across its surfaces may be judged appealing; a much smaller half dime with five contact marks may be judged less appealing, since the half dime has a smaller surface area in which the marks appear.

Luster

Another factor involved in determining the level of Mint State and high-level circulated grades is luster. "Luster is simply the way light reflects from the microscopic flow lines of a coin," according to American Numismatic Association grader-authenticator Michael Fahey in "Basic Grading," a reprint from his series of articles in the American Numismatic Association's *The Numismatist*. James L. Halperin, author of the Numismatic Certification Institute's *The NCI Grading Guide*, defines luster as, "The brightness of a coin which results from the way in which it reflects light."

Luster is imparted to the surfaces of a coin at the moment of striking. The immense pressures used in the coining process create flow lines, the microscopic lines that trace the paths the metal took while filling the crevices of the die that compose the designs.

A coin with full luster is generally one which has a bright, shiny surface (although toning, to be discussed later, may obscure full luster), caused by the light reflecting off the surface of the coin. If the luster has been disturbed, the light reflects from the surface of the coin differently; the coin may appear dull.

Circulation wear erases the microscopic flow lines which cause the luster. Heavy cleaning, or cleaning with a substance that removes a microscopic layer of the surface metal, will also damage the flow lines and disrupt or eliminate the luster of a coin.

A Mint State coin cannot be lackluster. At best, an Uncirculated coin without full luster can be no higher than Mint State 63 under the American Numismatic Association grading standards. Under NCI grading standards, lackluster coins can be graded Mint State but must be described as being lackluster. Also, high-level circulated coins may show small patches of luster in protected areas.

Wear vs. friction

Once a coin enters the channels of commerce, it begins to receive wear. An individual reaches into his pocket to pull out some change and his fingers rub across the surfaces of the coin, creating wear. A coin is thrown into a cash register drawer where it bumps against other coins, creating more wear. A dime is used as an impromptu screwdriver, damaging the edge and creating more wear.

The amount of wear a coin receives determines its grade

among the circulated grade levels. The high points of a design are usually the first to depict wear, since they are the most exposed. Then the raised inscriptions and date depict wear, and finally, the flat fields.

Circulation wear erases design details, ultimately to the point where the design features are only slightly visible to the naked eye. The separate curls of hair tend to merge, the eagle's feathers are rubbed away and the inscriptions begin to disappear into the fields.

Coins with only the slightest hint of wear are called About Uncirculated, a term which, if studied closely, defies logic. A coin is either Uncirculated or it is not. Then, in descending order, are Extremely Fine, Very Fine, Fine, Very Good, Good, About Good, Fair (and many years ago, Poor). Some of the higher circulated grades are broken into several levels to denote, for example, an Extremely Fine coin of higher quality than another legitimate Extremely Fine coin.

Many hobbyists differentiate between circulation wear and another form of wear labeled "friction." According to Halperin in *NCI Grading Guide*, friction is "A disturbance which appears either on the high points of a coin or in the fields, as a result of that coin rubbing against other projections." It is often referred to as cabinet friction, a term applied to the minute wear a coin received when sliding back and forth in the drawer of a cabinet used for storage by earlier numismatists.

According to some grading services, friction does disturb the luster of the coin, but it should not disturb the metal underneath. If it does, the disturbance falls into the category of wear, they believe. However, John Albanese of the Numismatic Guaranty Corporation of America says NGC graders make no distinction between circulation wear and friction. Steve Mayer of the Professional Coin Grading Service said PCGS graders do not consider cabinet friction to be wear unless it is heavy.

Some grading standards permit coins with friction to be Mint State. For example, the ANA's Certification Service distinguishes between a coin with circulation wear and one with friction wear, permitting Mint State coins to possess small amounts of friction wear. NGC, however, would consider a coin with just the slightest amount of friction to be no better than About Uncirculated, according to Albanese.

Strike

Strike is "The sharpness of detail which the coin had when it was Mint State," according to Halperin; Fahey defines it as "the evenness and fullness of metal-flow into all the crevices of a die."

The amount of pressure used to strike a coin controls the sharpness of a strike. Design elements may also affect the strike; if two large design features are centered on both sides of the same coin, there may not be enough metal to flow into every little crevice of the design, thus leaving some details weak and ill-defined

A coin with a sharp strike has sharp design details. For example, the curls of hair on Liberty's head are strong and distinct. The feathers on the eagle's wings and breast are clearly visible. All of the other design details, legends and other elements are sharp and well defined.

A coin with a weak strike has weak and ill-defined design details. It may look worn, since design details are missing from the high points of a coin. However, luster is unimpaired. Lower striking pressures may not force the metal into the deepest crevices on the die (the highest point on the coin), thus the weaker design details.

ANACS does not take strike into consideration when determining the grade of a coin. ANACS uses a technical grading system, which considers only those factors taking place after the strike.

However, Albanese of the Numismatic Guaranty Corporation of America says that strike is a part of the grade. Most other grading services — such as the Professional Coin Grading Service and the Numismatic Certification Institute — and dealers consider strike an important part of a coin's grade. An Uncirculated coin relatively free of marks and with full luster may still be placed at the lower end of the Mint State scale if it has a weak strike.

Strike does affect the value of a coin. A coin with a sharp strike will generally have a higher value than a coin with a weak strike, all other factors being equal. ANACS graders acknowledge that while strike does not affect the grade under the ANA standards, it does affect the value.

Toning and color

As coins age, the original color changes in reaction to the environment. The original red of copper coins becomes brown (or green; witness the copper of the Statue of Liberty, which once had a deep copper color). Silver coins may tone into any color of the rainbow, depending on environmental factors. Gold is a more stable metal and even when immersed in seawater for centuries, generally shows little change in tone and color.

Many years ago, toned coins, particularly silver coins, were judged unattractive. Silver coins were "dipped," placed into a chemical solution that removed the toning and restored the shiny surface by stripping away the outer surface of the silver or the dirt.

However, in the last decade in the United States, attractively toned coins are more appreciated from an aesthetic viewpoint. A silver dollar with rainbow toning may bring a considerable premium because of its coloration. Still, coins which exhibit unattractive tarnish (a form of toning) are still considered to be lesser specimens.

Because attractively toned coins bring higher prices, some unscrupulous individuals have devised ways of artificially toning coins. Some use the bluing materials used by gunsmiths. Others bake their coins in ovens using various substances to impart different colors. Some chemically treat coins.

Novices will find it difficult to judge between natural toning and artificial toning. Experience is important here. An individual who has looked at a large number of coins will find that he can determine at a glance whether the toning is natural or whether it looks "odd." The value of an artificially toned coin is less, since the treatment is considered altering the coin.

Other factors

There are other factors involved in grading that under some grading standards, do not affect the grade but may affect the value. Under other standards, those same factors affect both the grade and the value of the coin.

Among these factors are die scratches, not to be confused with "hairline" scratches. Die scratches are thin raised lines on a coin, resulting from minute scratches in the surface of the die. A hairline is a thin scratch scraped into the surface of a coin inflicted after the coin is struck.

A close examination of a coin's surface through a magnifying glass should indicate whether a line on a coin is raised, and thus a die scratch, or incused, making it a hairline scratch.

Hairlines tend to affect the value more than die scratches. ANACS will not lower the grade of a coin for die scratches, since the scratches took place before the striking. Other grading services, however, will lower the grade of a coin for more extensive, distracting die scratches. For example, NGC considers die scratches when determining a coin's grade.

Adjustment marks are often found on older U.S. silver and gold coins. Planchets (unstruck coins) were individually weighed before striking. If found to be a little overweight, the excess gold or silver was filed away.

The striking pressures often did not obliterate the adjustment marks, which may resemble a series of parallel grooves. Under ANA standards, adjustment marks do not affect the grade, although they may affect value. Under NGC standards, adjustment marks may affect both the grade and the value.

Eye appeal

All of the factors mentioned earlier are ultimately considered when hobbyists decide on the "eye appeal" of a coin. Eye appeal relates to the overall attractiveness of a coin, and ultimately determines its value. A potential buyer, whether he is a dealer, collector or investor, decides just how attractive he believes the coin to be.

Judging eye appeal is a purely subjective action. For example, a coin could have a strong strike and full details, possess full luster and have few large, distracting contact marks and still not have eye appeal if it has toned to an unattractive color.

When examining a coin, a buyer must decide for himself just how "pretty" the coin is and whether its attractiveness warrants the price being asked. Only the buyer can decide the eye appeal, for aesthetic judgments differ from person to person.

Grading guides

The following guides are not presented as grading standards, but as introductions to the terminology of grading and its usage.

A few words regarding grading usage. When two grades are linked together by a virgule — as in Mint State 65/63 — it means that the coin has two grades; the first grade represents the obverse and the second, the reverse. When two grades are linked by a hyphen — as in Mint State 65-63 — it means that the grade for both sides is indeterminate and lies somewhere between the two grades given. Sometimes, a combination of both usages will appear, as in MS-60/60-63, meaning the obverse grades MS-60 and the reverse somewhere between MS-60 and MS-63.

Plus signs are used by many to indicate a coin slightly better than the numerical grade indicated, but not as good as the next numerical grade. A coin graded MS-60+ is better than an

MS-60 coin, but not as good as an MS-61 coin.

Many dealers and collectors use adjectives instead of numerals, or combine adjectives and numerals when speaking about Mint State coins. A superb or superb gem coin is generally MS-67, and a gem coin is usually MS-65. Some dealers use choice to describe an MS-63 coin, and others use choice for an MS-65 coin. Mint State 60 coins are generally referred to as Uncirculated or Brilliant Uncirculated; sometimes an MS-60 coin is called typical Uncirculated. Collectors should determine what adjectival "system" the dealer uses when no numerals are present because of the disagreement over what the adjectives represent numerically.

Buyers should remember that different dealers and different collectors or investors use different grading systems. Even though various grading services use an 11-point Mint State system, this does not necessarily mean they use the same criteria for assigning grades. In fact, there is no universally-accepted standard for determining grades for U.S. coins.

Proof: Traditionally, Proof describes a method of manufacture only, and not a grade. However, since numerals are often assigned to Proof coins, there are different qualities of Proof coins; in effect, different grades. A circulated Proof is often called an "impaired Proof." Proof is rarely abbreviated.

Brilliant Proof coins are struck on highly-polished planchets, using slower, high-pressure presses; coins are struck two or more times to bring up greater detail in the design. (See Pages 279-300 for additional information about the manufacture of Proof coins.)

Mint State and Uncirculated: The two terms are interchangeable and describe a coin which has no wear. To qualify as Mint State, a coin may not have any level of wear. Even the slightest amount of wear will drop the coin into the About Uncirculated level. (Also, coins described by some dealers as "Borderline Uncirculated" have wear and are actually About Uncirculated.) Mint State is most often used with numerals.

The numerical Mint State system so widely used in the current rare coin market is based on a system created by Dr. William H. Sheldon for the U.S. large cents of 1793-1814. When the numerical system began to spread to other series, three levels of Mint State were used: Mint State 60, for an Uncirculated coin of average luster, strike and marks; MS-65, an Uncirculated coin of above average quality; and MS-70, a perfect coin as regards luster, strike and marks.

As prices of rare coins began to rise in the later years of the 1970s, dealers began paying more for certain Mint State coins than for others; the price range between an MS-60 coin and an MS-65 coin grew. To account for the rising prices, two additional levels of Mint State were created: MS-63, for a coin located between MS-60 and MS-65; and MS-67, for a coin better than MS-65, but not perfect.

In the mid-1980s, the price gap between MS-63 and MS-65 grew. Coins that were superior MS-63 specimens were bringing better prices than an "average" MS-63 coin, but still less than an MS-65 coin. Thus was born the MS-64 grade, first used for Morgan and Peace silver dollars. The National Silver Dollar Roundtable, an organization of dealers specializing in silver dollars, was an early supporter of MS-64.

As noted earlier, the Professional Coin Grading Service was the first to adopt an 11-point Mint State grading system for all series of U.S. coins: MS-60, -61, -62, -63, -64, -65, -66, -67, -68, -69 and -70. PCGS has not published the details of its grading standards, but PCGS officials say they plan to do so in the future when PCGS can "do it properly." It maintains what Director of Operations Steve Mayer calls a "tangible group of coins" as a grading reference set.

The ANA Board of Governors recognized all 11 levels of Mint State in June 1986, but stipulated that ANACS could not use the new intermediate grade levels until reference grading sets containing the coins were built. In July 1988, the ANA Board said ANACS no longer had to wait to obtain examples of the coins before using all 11 levels of Mint State.

The ANA did not codify the 11 levels until the April 1987 publication of the third edition of its *Official ANA Grading Standards for United States Coins*. The differences between one level of Mint State and the next on the ANA system involve such factors as placement, size and number of contact marks, numbers and severity of hairlines, and level of luster.

The Numismatic Guaranty Corporation of America uses all 11 levels of Mint State, although as this book was being written, NGC had not published its grading standards. However, NGC official John Albanese said in

August 1988 that his firm planned to publish its grading standards in a written form of by the end of 1988. NGC maintains a grading reference set of coins.

James L. Halpern, in *The NCI Grading Guide* published by the Numismatic Certification Institute, Dallas, discusses the standards used by that private grading service. NCI uses all 11 levels but does not explicitly describe them in its grading guide but instead assigns grades based on a numerical ranking derived by adding numbers assigned to such factors as surface preservation, strike and luster.

Uncirculated is usually abbreviated as Unc.; it often appears as Brilliant Uncirculated, abbreviated as BU. Sometimes used with numerals, generally as Unc. 60, and so on. Some dealers use a plus sign to indicate a coin better than one level of Mint State, but not as good as the next level.

About Uncirculated: This is a coin with only the barest traces of wear on the highest points of the design. It is abbreviated AU and often appears with numerals as AU-50, AU-55 and AU-58. The term has gained acceptance despite seeming inconsistency. Some people in the hobby still say that no coin can be About Uncirculated — it is either Uncirculated or it's not. Some use Almost Uncirculated, although all major U.S. grading guides use "About."

The AU-58 grade has been described as an MS-63 coin with just the slightest hint of wear. It should have fewer contact marks than lower level Mint State coins: MS-60, MS-61 and MS-62.

Extremely Fine: Light overall wear on highest points, but with all design elements sharp and clear, distinguishes this grade. It is abbreviated by most hobbyists as EF, although a few use XF. It appears as EF-40 and EF-45.

Very Fine: The coin has light to moderate even wear on surface and high points of design. Abbreviated VF, it appears with numerals as VF-20 and VF-30. The abbreviations VF-25 and VF-35 are infrequently used.

Fine: The wear is considerable although the entire design is still strong and visible. It is abbreviated as F-12.

Very Good: The design and surface are well worn, main features are clear but flat. Abbreviated as VG, it is used with numeral as VG-8 and VG-10.

Good: Design and surface are heavily worn, with some details weak and many details flat. It is abbreviated only when used with numeral, G-4; G-6 is infrequently used. Ironically, a coin in Good condition is not a "good" coin to collect; a Good coin is generally the lowest collectible grade.

About Good: The design is heavily worn with surface fading into rim, many details weak or missing. Abbreviated as AG, it is used with a numeral as AG-3. Few coins are collectible in About Good condition. Dealers also use the terms Fair and Fair 3 to describe a coin in this state of preservation.

5 Coin market analysis

Many coin collectors collect for the sheer joy of collecting or because of their interest in the numismatic history and artistic beauty of U.S. coins. And virtually all hope their coins will increase in value.

It's a fact that rare coin prices rise and fall based upon the interest of collectors, investors and dealers, the overall economy, changes in precious metals prices, changing collector habits and a host of other factors.

The rare coin market has been in something of a slump for several years. However, as this chapter is being written (in the summer of 1988), market indicators suggest better times ahead for U.S. coin collectors and investors. Auctions are generating record prices, particularly for pieces considered to be collectors' coins as well as Mint State 65 and above investor pieces. Many people attending coin shows and conventions are in buying moods.

In 1979-80, rare coins enjoyed immense popularity and prices soared. Rare coins became a very popular investment commodity as investors who had never considered coins turned to the numismatic hobby. That market peak coincided with higher precious metals prices, high inflation rates, interest rates that were six to eight points higher than they are today, oil prices that were much higher than they are currently and an otherwise weak national economy.

The rare coin boom was good for dealers, many of whom found themselves making more money than they had ever made before. The average collector, on the other hand, found himself locked out of the booming market by prices which were too high. Coins that just a few years earlier were well within the budget of the average collector suddenly were being offered at prices that in many cases exceeded the collector's total annual budget for coins. Numismatic publications of the boom period were filled with letters from disgruntled collectors, angry over the high cost of collecting and many saying they were leaving the hobby, possibly forever.

However, interest in rare coins as investments waned as

inflation seemed to be tamed and the national economy improved. Other, more traditional investments like the stock market began bringing higher returns than rare coins, and precious metals prices dropped. Common-date gold double eagles — $20 coins struck from 1850-1933 — that were worth $774 in precious metals value alone when gold was worth $800 an ounce dropped in value intrinsically as the price of gold lost half of its value in the early to mid-1980s.

Most market observers place the bottom of the rare coin market at a point coinciding with the recession in the summer of 1982.

Problems in the numismatic market also helped lessen investor interest in rare coins. As prices dropped, dealers and others sought to maintain the values of their holdings. Grading standards tightened; in order to keep a value of a Mint State 65 coin, for example, a specimen would have to grade at a level that a few months earlier would have been called Mint State 67. Collectors, dealers and investors found that their holdings would have to pass stricter scrutiny. What would have been accepted as one grade level in 1979 — Mint State 65, for example — may have been accepted as only a Mint State 63 several years later, with a corresponding drop in price. Investors who were already losing money because of falling prices lost even more money as a result of the new grading standards which made their coins worth even less.

Changing

From 1982 to 1987, grading standards changed and the market wavered. Some years were better than others, but the market never approached the levels achieved in 1979-80. That's not to say the market was dead. Indeed, many major collections entered the market through public auctions. Collections built over the span of decades by such collector greats as Virgil Brand, Emery May Norweb, Amon G. Carter Jr. and Robinson Brown were sold, often in auctions spaced over 18 months to three years. Prices for the classic rarities — coins such as the 1804 silver dollars and 1913 Liberty Head 5-cent coins — generally did not reach the lofty levels generated in 1979-80. In fact, some of the same pieces selling for record highs in those two years realized much lower prices when they reappeared at auction from 1981-87.

However, a "new" force began to emerge beginning in late 1987. The collector, who had all but abandoned the rare coin field since the boom period, began to return. Collector rarities became the most sought-after pieces, as well as common-date coins in top-notch conditions preferred by investors. Such pieces as large cent varieties (distinguished as having been struck from different die combinations), early-date gold coins in circulated condition and low-mintage coins of the 19th century caught the eyes of many collectors.

Meanwhile, investors were also re-examining the rare coin market. Coins that many collectors have always considered common suddenly became "rare" in the eyes of some dealers and investors. Franklin half dollars, struck from 1948 to 1963, became a "hot" item. Specimens in the higher levels of Mint State and sharply struck began realizing prices that only a few years earlier would have been unthinkable.

Difficult to define

It is difficult to define what is a collector's coin and what is an investor's coin, since there is a great deal of overlapping. However, to generalize, investors — some of whom know little about numismatics — prefer high-grade coins, usually graded by a grading service and housed within that service's permanently sealed plastic holders (the sealed holders, investors believe, will prevent any future disagreement over a coin's grade). In many cases, the coin is a common-date piece; it is the high quality of the coin that attracts the investor because high profits can be made quickly.

Collectors, on the other hand, pride themselves on their advanced knowledge. While grade is important, the rarity of the coin or the variety is important (a variety is the difference between individual dies or hubs of the same basic design type). Many true collectors dislike the concept of permanently sealed holders because they cannot physically handle their coins.

The philosophies between the two groups differ as well. Investors purchase rare coins for one reason: to make a profit. Collectors, on the other hand, collect out of the sheer joy of collecting (although most would not mind if the value of their collections increases through the years).

We make no predictions in these pages about what the future may bring for rare coins. We provide the reader with information. The Trends listings give a guide as to retail value. The *Coin World* Trends Index charts in the next chapter provide a look at performance by quarterly increments over the past few years. Such charts reflect the past, and some use them as a tool for spotting undervalued series and as a means of projecting the future.

There are numerous investment newsletters which offer advice and predictions of the future of the rare coin market. Many dealers, too, have their own opinions about the years ahead.

We will note that historically, the rare coin market appears to move in cycles. Q. David Bowers, a longtime and well-respected dealer, was one of the first in the hobby to write about price cycles. The overall market moves in cycles, with peaks in 1973-74 and 1979-80, and slumps in 1975-76 and 1981 to late 1987. In 1979-80, the cycle peaked, with prices and interest higher than ever before.

Individual series also experience cyclical movements, with gold coins popular in some years, Proof sets and rolls in other years, and silver dollars at other times.

How high the latest upward trend will move remains to be seen.

How coins become rare

How does a coin become rare?

The first factor that makes a coin rare is its mintage. The term "mintage" means the number of specimens struck for any given date at a specific mintage. However, mintage figures are often deceptive. For example, the United States Mint struck a total of 312,500 1933 Indian Head eagles, a $10 gold coin. However, price records indicate that the coin is much rarer than the mintage would indicate. David Akers, a coin dealer who wrote a series of books about U.S. gold coins, estimates no more 30-40 pieces exist.

What happened? The coins were struck shortly before President Franklin D. Roosevelt signed an executive order forbidding Americans to own gold coins. The only gold coins not banned from private ownership were those with numismatic value held by collectors and dealers. Only a few of the 1933 Indian Head eagles struck were released into circulation; the rest were melted before they ever left the Mint. (The 1933 Saint-Gaudens double eagle, a $20 gold coin, was never released into circulation. However, a few pieces turned up in dealers hands, only to be confiscated or withdrawn from circulation. Treasury officials deem it illegal to own the coin since it was never officially released.)

Another case of how mintage figures can be misleading is raised by the 1883 Liberty Head 5-cent varieties. Two distinct varieties were struck that year. The first bears the denomination on the reverse in the form of the Roman numeral V; the word "cents" does not appear. After larcenous individuals began gold-plating the Liberty Head, No CENTS 5-cent coin and passing it off as the similarly sized $5 gold half eagle, a new variety was struck. The second variety bears the word "cents" in addition to the Roman numeral V. Approximately three times as many of the second, with CENTS variety were struck (mintage: 16,026,200) as the first, no CENTS variety (mintage: 5,474,300). However, prices for the "more common" variety are much higher than for the lower mintage piece.

In this example, the sudden replacement of the 1883 Liberty, No CENTS 5-cent variety led to the quick withdrawal of the coin by the public, certain they had a rarity. The much more common variety entered circulation and stayed there, with many more pieces eventually consigned to the melting pot as they became too worn and were withdrawn by banks. Thus, many more specimens of the first variety were saved by collectors than were saved of the second variety.

As noted, most coins end up in the melting pot. As coins circulate, they become worn, scratched and otherwise damaged. Eventually, they are withdrawn and returned to the Mint for melting. Coins made of gold and silver have been melted in large quantities by the government and by private individuals. When gold surpassed $800 an ounce and silver reached $50 an ounce in January 1980, many common-date gold and silver coins were melted for their precious metal content. A worn 1964 quarter dollar, for example, worth a dollar or less to a collector in 1978 had a bullion value of $9.04 when silver hit $50 an ounce! Millions of silver coins were melted then for their precious metals value.

In recent years, some researchers have studied the survival rates by grade, publishing the information in book form. One author traced the appearances of all U.S. gold coins sold at auction by grade. Several grading services now publish "population reports" of the coins they grade, another indicator of the survival rate for a particular coin in a particular grade.

Unexpected supplies of coins turning up on the market can also have an impact on the rare coin market. For example, a 1903-O Morgan silver dollar in Uncirculated was listed in a popular price guide published in 1962 as being valued at $1,500, and a 1904-O Morgan dollar, also in Uncirculated condition, was priced at $350. A year later in the next edition of the same price guide, the 1903-O dollar was priced at $30 in the same grade, a loss of more than $1,400, and the 1904-O dollar was worth just $3.50, one-hundredth of its value a year earlier!

What had happened was that the Treasury Department cleaned out some of its vaults as citizens turned in ever-increasing numbers of silver certificates in exchange for silver dollars. Numerous bags of the 1903-O and 1904-O dollars, in storage for nearly 60 years, were suddenly dumped onto the market at face value. Prices plummeted.

It is extremely unlikely that such extreme examples will occur again. The Treasury Department sold the last of its silver dollar holdings beginning in 1972 in a series of seven sales, through the General Services Administration. However, some private hoards of certain coins may still exist.

Demand can also make a coin rare. If a dealer has two coins of equal mintages and equal survival rates, but one is more popular than the other, the price will be higher for the popular coin than the piece less popular. The more people seeking a finite supply of coins, the higher the price will go.

Dealer promotion can also affect the price of a coin. For example, certain types of error coins (see Chapter 9) are promoted as part of the regular series although in actuality, they are not. For example, the 1955 Lincoln, Doubled Die cent is heavily promoted, as is the 1972 Lincoln, Doubled Die cent. Activity is high for both coins, collector albums often have a space reserved for them, and they are heavily promoted by dealers. However, other doubled die cents, available in much smaller quantities than the 1955 and 1972 coins, are promoted only by a few dealers specializing in error coins. Their prices are often much lower than the heavily promoted pieces. That is because the existence of the coins is known only to a relatively few specialists, and the supply is greater than the demand.

6 Values of U.S. coins

The values in this price guide were compiled by *Coin World* Trends Editor Keith M. Zaner through July 1988. *Coin World's* Trends is a comprehensive retail value guide of U.S. coins, published consecutively in a two-week cycle in *Coin World*. Many different sources — including dealer price lists (both buy and sell), prices quoted on two dealer trading networks, public auction prices, realistic private transactions and any additional information acquired by the staff — are used in determining the Trends. Also, demand and rarity are key considerations in compiling Trends. Values are for problem-free, original and uncleaned coins with attractive color.

Coin World neither buys nor sells coins. Trends values are published as a reader service and may or may not be the same as an individual's or a firm's buy or sell prices.

Unless otherwise noted, condition (grade) designations are for the lowest possible level of each grade range. See Chapter 4 for additional information concerning grading.

Reading a Trends listing

It is not possible to configure each line of Trends to the market peculiarities of each date and variety of every series of U.S. coin. As a result, holes may appear in the listing. In the sample below, the dashes under the F-12 heading indicate that not enough market activity occurs to achieve an accurate Trends value for the varieties at the left in the grade Fine 12. The asterisks in the right-hand column under Prf-65 indicate that no Proof coins of these varieties were issued.

A dash listed among the values usually indicates a coin for which accurate market information is not available due to rarity or lack of activity in the marketplace. An asterisk indicates no coins issued.

	F-12	VF-20	EF-40	AU-50	MS-60	MS-63	MS-65	Prf-65
1954 S/D	—	6.00	9.85	14.00	22.50	35.00	50.00	*
1955	.23	.25	.30	.35	.45	.60	2.15	8.00
1955-D	.07	.08	.10	.15	.19	.28	1.25	*
1955 D/S var 1	—	6.10	10.75	19.00	32.50	45.00	72.50	*

— Insufficient pricing data	* None issued

About the Index charts

The *Coin World* Index charts in this book track the movement of individual series on a quarterly basis from December 1983 through June 1988. The Index charts show the upward and downward movements of the series in various grades. All information is garnered from *Coin World's* Trends.

December 1983 is the base month and is assigned the value 100. Price movement from that date is depicted as a percentage of the base value — a price rise of 10 percent is depicted as 110; a decrease of 10 percent, 90. These are not actual dollar amounts; a circulated grade in a particular series may have risen dramatically, while the Uncirculated values have remained steady. However, the actual dollar values of the Uncirculateds may be much higher than the circulated pieces.

Values do not exist in all grades for all series. Therefore, for the purpose of consistency, three value ranges for each series are depicted in the charts. The series line traces the movement of the series as a whole, across all available grade ranges. The highest available circulated grade is shown, as is the highest available Uncirculated grade. The exception is for charts depicting the currently circulating series. Here, the highest available Uncirculated grade and the highest available Proof grade are depicted, usually Mint State 65 and Proof 65.

The Index charts visually depict information from *Coin World* Trends. While no one has a lock on predicting the future, past performance is one of the tools market analysts watch carefully for indications of the future. But, past performance is no guarantee of future performance.

Changes in grading standards may also affect future price movements, as they have done in the past.

Overall Trends Index chart

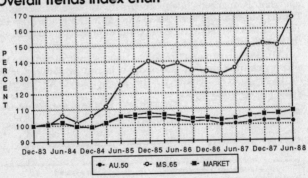

Half cent

Half cent index chart

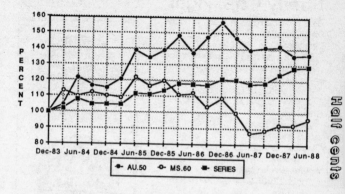

Liberty Cap, Left

Date of authorization: April 2, 1792
Dates of issue: 1793
Designer
    Obverse: Adam Eckfeldt
    Reverse: Eckfeldt
Engraver
    Obverse: Eckfeldt
    Reverse: Eckfeldt
Diameter (Millimeters/inches):
    23.50mm/0.93 inch
Weight (Grams/ounces):
    6.739 grams/0.21666 ounce
Metallic content:
    100% copper
Edge:
    Lettered (TWO HUNDRED FOR A
    DOLLAR)

	AG-3	G-4	VG-8	F-12	VF-20	EF-40
1793	665.	1300.	1700.	2700.	3650.	8500.

— Insufficient pricing data	* None issued

Values of U.S. coins — 63

Half cent
Liberty Cap, Right

Date of authorization: April 2, 1792
Dates of issue: 1794-1797
Designer
    Obverse (Large Head): Robert Scot
    Obverse (Small Head): Scot-John
      Gardner
    Reverse (Large Head): Scot
    Reverse (Small Head): Scot-Gardner
Engraver
    Obverse: Scot
    Reverse: Scot
Diameter (Millimeters/inches):
    23.50mm/0.93 inch
Weight (Grams/ounce):
    1794-1795: 6.739 grams/0.21666
      ounce
    1795-1797: 5.443 grams/0.17500
      ounce
Metallic content:
    100% copper
Edge:
    1794-1797: Plain
    1797: Lettered (TWO HUNDRED FOR A DOLLAR)
    1797: Gripped

	AG-3	G-4	VG-8	F-12	VF-20	EF-40
1794	85.00	245.	400.	635.	1250.	2500.
1795	80.00	220.	300.	515.	1000.	2350.
1796 With Pole	3250.	4850.	7000.	9250.	14500.	—
1796 No Pole	5600.	7500.	10000.	15000.	19500.	—
1797 Plain Edge	145.	285.	340.	585.	1025.	2450.
1797 Lettered Edge	310.	485.	750.	1500.	3900.	—
1797 Gripped Edge	1300.	2250.	5000.	—	—	—

— Insufficient pricing data	* None issued

Half cent
Draped Bust

Date of authorization: April 2, 1792
Dates of issue: 1800-1808
Designer
    Obverse: Gilbert Stuart-Robert Scot
    Reverse: Scot-John Gardner
Engraver
    Obverse: Scot
    Reverse: Scot
Diameter (Millimeters/inches):
    23.50mm/0.93 inch
Weight (Grams/ounces):
    5.443 grams/0.175 ounce
Metallic content:
    100% copper
Edge:
    Plain

	G-4	VG-8	F-12	VF-20	EF-40	AU-50	MS-60
1800	25.50	41.00	60.00	110.	265.	550.	850.
1802/0	250.	515.	975.	2450.	—	—	—
1802/0 Reverse of 1800	9750.	14500.	19000.	—	—	—	—
1803	26.50	39.50	65.00	165.	450.	900.	—
1804	24.25	31.50	45.00	85.00	240.	425.	800.
1804 Spiked Chin	22.00	29.00	37.50	90.00	250.	450.	1000.
1805	24.25	32.50	50.00	90.00	265.	435.	825.
1805 Small 5, Stars	175.	335.	675.	—	—	—	—
1806	24.25	31.50	45.00	85.00	240.	425.	800.
1806 Small 6, Stars	135.	285.	450.	725.	1200.	—	—
1807	24.25	33.50	55.00	100.	280.	525.	875.
1808	24.25	33.50	55.00	115.	375.	—	—
1808/7	95.00	150.	330.	665.	1075.	—	—

— Insufficient pricing data   * None issued

Half cent
Classic Head

Date of authorization: April 2, 1792
Dates of issue: 1809-1835
Designer
  Obverse: John Reich
  Reverse: Reich
Engraver
  Obverse: Reich
  Reverse: Reich
Diameter (Millimeters/inches):
  23.50mm/0.93 inch
Weight (Grams/ounces):
  5.443 grams/0.175 ounce
Metallic content:
  100% copper
Edge:
  Plain

	G-4	VG-8	F-12	VF-20	EF-40	AU-50	MS-60
1809	22.00	27.50	31.50	38.50	80.00	150.	300.
1809/6	22.00	27.50	31.50	38.50	145.	305.	450.
1810	24.00	37.50	54.00	185.	375.	550.	975.
1811	115.	215.	350.	850.	1750.	—	—
1825	23.00	28.50	32.50	50.00	140.	285.	500.
1826	21.50	27.50	31.00	38.50	80.00	175.	400.
1828 13 Stars	21.00	24.00	29.00	35.00	55.00	130.	285.
1828 12 Stars	27.00	41.00	65.00	105.	160.	400.	1000.
1829	21.00	24.00	29.00	34.00	50.00	125.	290.
1831 Original and Restrikes							
1832	21.00	24.00	29.00	33.50	50.00	125.	265.
1833	21.00	24.00	29.00	33.50	50.00	115.	260.
1834	21.00	24.00	29.00	33.50	50.00	115.	260.
1835	21.00	24.00	29.00	33.50	50.00	110.	255.

1836 Originals and Restrikes Proof - Proof 63 $4400.
1840-49 Originals and Restrikes Proofs Only

— Insufficient pricing data   * None issued

Half cent
Coronet

Date of authorization: April 2, 1792
Dates of issue: 1849-1857
Designer
  Obverse: Robert Scot-Christian
Gobrecht
  Reverse: John Reich-Gobrecht
Engraver
  Obverse: Gobrecht
  Reverse: Gobrecht
Diameter (Millimeters/inches):
  23.50mm/0.93 inch
Weight (Grams/ounces):
  5.443 grams/0.175 ounce
Metallic content:
  100% copper
Edge:
  Plain

	G-4	VG-8	F-12	VF-20	EF-40	AU-50	MS-60	MS-63
1849 Large Date	29.00	33.00	43.50	55.00	75.00	160.	350.	600.
1850	31.00	35.00	45.00	60.00	87.50	185.	320.	575.
1851	26.50	31.00	39.50	45.00	62.50	150.	255.	445.
1853	26.50	31.00	39.50	45.00	62.50	150.	245.	445.
1854	26.75	31.50	40.00	49.50	65.00	150.	260.	435.
1855	26.75	31.50	40.00	47.50	62.50	130.	260.	425.
1856	29.00	33.00	41.50	50.00	68.00	145.	315.	455.
1857	33.50	41.00	52.50	61.50	70.00	155.	305.	545.

— Insufficient pricing data	* None issued

Cent
Large cent index chart

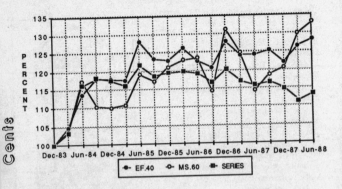

PERCENT

135 130 125 120 115 110 105 100

Dec-83 Jun-84 Dec-84 Jun-85 Dec-85 Jun-86 Dec-86 Jun-87 Dec-87 Jun-88

- EF.40   - MS.60   - SERIES

Cents

Flowing Hair, Chain

Date of authorization: April 2, 1792
Dates of issue: 1793
Designer
  Obverse: Henry Voigt
  Reverse: Voigt
Engraver
  Obverse: Voigt
  Reverse: Voigt
Diameter (Millimeters/inches):
  28.50mm/1.13 inches
Weight (Grams/ounces):
  13.478 grams/0.43333 ounce
Metallic content:
  100% copper
Edge:
  Vine and bars, or lettered (ONE
    HUNDRED FOR A DOLLAR)

	AG-3	G-4	VG-8	F-12	VF-20	EF-40	AU-50
1793 AMERI.	1050.	1900.	2700.	4100.	7000.	15500.	30000.
1793 AMERICA	1000.	1700.	2450.	3800.	6500.	14500.	28000.

— Insufficient pricing data	* None issued

Cent
Flowing Hair, Wreath

Date of authorization: April 2, 1792
Dates of issue: 1793
Designer
  Obverse: Henry Voigt-Adam
    Eckfeldt
  Reverse: Eckfeldt
Engraver
  Obverse: Eckfeldt
  Reverse: Eckfeldt
Diameter (Millimeters/inches):
  28.50mm/1.13 inches
Weight (Grams/ounces):
  13.478 grams/0.43333 ounce
Metallic content:
  100% copper
Edge:
  Plain, lettered (ONE HUNDRED
    FOR A DOLLAR)

Cents

	AG-3	G-4	VG-8	F-12	VF-20	EF-40	AU-50
1793	375.	700.	975.	1600.	2600.	6250.	12250.
1793 Lettered Edge	425.	725.	1025.	1625.	2800.	6750.	12750.
1793 Strawberry Leaves	52500.	60000.	67500.	—	—	—	—

— Insufficient pricing data	* None issued

Cent
Liberty Cap, Wreath

Date of authorization: April 2, 1792
Dates of issue: 1793-1796
Designer
 Obverse (1793-1794): Joseph
  Wright
 Obverse (1794-1796): Wright-John
  Gardner
 Reverse (1793-1794): Wright
 Reverse (1794-1796): Wright-
  Gardner
Engraver
 Obverse (1793-1794): Wright
 Obverse (1794-1796): Robert Scot
 Reverse (1793-1794): Wright
 Reverse (1794-1796): Scot
Diameter (Millimeters/inches):
 28.50mm/1.13 ounces
Weight (Grams/ounces):
 1793-1795: 13.478 grams/0.43333
  ounce
 1795-1796: 10.886 grams/0.34999
  ounce
Metallic content:
 100% copper
Edge:
 Plain, or lettered (ONE HUNDRED FOR A DOLLAR)

	AG-3	G-4	VG-8	F-12	VF-20	EF-40	AU-50
1793	775.	1600.	2500.	3400.	6400.	—	—
1794 Head of 1793	325.	475.	850.	1750.	5250.	9000.	—
1794	70.00	145.	240.	385.	850.	2100.	3350.
1794 Starred Reverse	4500.	5750.	10500.	17500.	35000.	—	—
1795 Plain Edge	62.50	125.	225.	350.	675.	1750.	2750.
1795 Lettered Edge	95.00	180.	300.	550.	1100.	2650.	3500.
1795 Jefferson Head, Plain Edge	2000.	3450.	4750.	7500.	32000.	—	—
1796	85.00	160.	275.	500.	925.	2400.	2900.

— Insufficient pricing data	* None issued

Cent
Draped Bust, Wreath

Date of authorization: April 2, 1792
Dates of issue: 1796-1807
Designer
   Obverse: Gilbert Stuart-Robert Scot
   Reverse: Joseph Wright-Scot
Engraver
   Obverse: Scot
   Reverse: Scot
Diameter (Millimeters/inches):
   28.50mm/1.13 inches
Weight (Grams/ounces):
   10.886 grams/0.34999 ounce
Metallic content: 100% copper
Edge:
   Plain, lettered (ONE HUNDRED
   FOR A DOLLAR), gripped

	AG-3	G-4	VG-8	F-12	VF-20	EF-40	AU-50
1796 Reverse of 1794	55.00	120.	230.	515.	825.	1850.	2700.
1796 Reverse of 1796	62.50	125.	210.	420.	900.	1900.	2850.
1796 Reverse of 1797	57.50	105.	205.	410.	850.	1850.	2900.
1796 LIHERTY	77.50	145.	360.	675.	1600.	—	—
1797 Reverse of 1797, Stars	30.00	47.50	100.	145.	330.	950.	1600.
1797 Gripped Edge	32.50	50.00	115.	195.	345.	1250.	2250.
1797 Plain Edge	42.50	52.50	140.	240.	460.	1350.	—
1797 Reverse of 1797, Stemless	45.00	87.50	175.	320.	585.	2300.	3600.
1798 1st Hair Style	19.00	42.50	92.50	150.	350.	1000.	1650.
1798 2nd Hair Style	19.00	42.50	92.50	150.	350.	950.	1600.
1798 Reverse of 1796	50.00	110.	230.	290.	775.	2700.	3750.
1798/7 1st Hair Style	60.00	130.	260.	325.	850.	2900.	4000.
1799	365.	550.	1050.	2500.	6000.	—	—
1799/8	415.	675.	1350.	3500.	6750.	—	—

		G-4	VG-8	F-12	VF-20	EF-40	AU-50
1800 Normal Date		35.50	46.00	100.	265.	610.	1210.
1800/1798 1st Hair Style		44.50	65.00	225.	650.	1400.	—
1800 80/79 2nd Hair Style		35.50	46.00	100.	265.	810.	1550.
1801		25.50	37.00	100.	265.	590.	1200.
1801 3 Errors		67.50	155.	335.	1050.	2450.	—
1801 1/000		43.50	80.00	165.	375.	875.	1650.
1801 1/100 over 1/000		55.00	125.	210.	410.	950.	1850.
1802		24.50	35.50	85.00	260.	560.	1175.
1802 Stemless		28.25	46.00	100.	265.	600.	1200.

— Insufficient pricing data	* None issued

Cent, Draped Bust, Wreath (continued)

	G-4	VG-8	F-12	VF-20	EF-40	AU-50
1802 1/000	36.00	58.50	125.	335.	725.	1400.
1803	22.75	34.00	82.50	245.	575.	1190.
1803 Large Date, Small Fraction	1200.	2100.	4500.	10000.	—	—
1803 Large Date, Fraction	50.00	115.	175.	410.	875.	1850.
1803 Stemless	29.50	49.50	105.	285.	760.	1450.
1803 1/100 over 1/000	38.50	60.00	135.	300.	800.	1500.
1804	425.	700.	1350.	2550.	4950.	10000.
1805	25.50	49.50	92.50	275.	600.	1350.
1806	49.50	87.50	245.	480.	900.	1600.
1807 Large Fraction	23.50	42.50	87.50	260.	580.	1190.
1807 Small Fraction	25.50	58.00	120.	345.	740.	1450.
1807/6 Large 7	23.75	43.00	97.50	320.	640.	1250.
1807/6 Small 7	1000.	1650.	2450.	5500.	17000.	38000

Cent
Classic Head, Wreath

Date of authorization: April 2, 1792
Dates of issue: 1808-1814
Designer
 Obverse: John Reich
 Reverse: Reich
Engraver
 Obverse: Reich
 Reverse: Reich
Diameter (Millimeters/inches):
 28.50mm/1.13 inches
Weight (Grams/ounces):
 10.886 grams/0.35999 ounce
Metallic content: 100% copper
Edge:
 Plain

	G-4	VG-8	F-12	VF-20	EF-40	AU-50
1808	34.00	46.50	100.	285.	730.	1425.
1809	75.00	200.	390.	675.	1750.	—
1810	26.25	45.00	100.	285.	635.	1400.
1810/09	26.25	45.00	90.00	325.	900.	1700.
1811	69.00	105.	225.	485.	1100.	2250.
1811/0	77.50	125.	285.	575.	1600.	6500.
1812	26.25	45.00	87.50	325.	600.	1225.
1813	40.00	85.00	165.	450.	850.	1750.
1814	26.75	45.00	105.	300.	690.	1450.

— Insufficient pricing data	* None issued

Cent
Coronet, Wreath

Date of authorization: April 2, 1792
Dates of issue: 1816-1857
Designer
Obverse (1816-1835): Robert Scot
Obverse (1835-1839): Scot-
Christian Gobrecht
Obverse (1839-1857): Scot-
Gobrecht
Reverse (1816-1835): John Reich
Reverse (1835-1839): Reich
Reverse (1839-1857): Reich-
Gobrecht
Engraver
Obverse (1816-1835): Scot
Obverse (1835-1839): Gobrecht
Obverse (1839-1857): Gobrecht
Reverse (1816-1835): Reich
Reverse (1835-1839): Reich
Reverse (1839-1857): Gobrecht
Diameter (Millimeters/inches):
28.50mm/1.13 inches
Weight (Grams/ounces):
10.886 grams/0.34999 ounce
Metallic content:
100% copper
Edge:
Plain

	G-4	VG-8	F-12	VF-20	EF-40	AU-50	MS-60	MS-63
1816	7.25	14.25	21.50	40.00	100.	215.	385.	740.
1817 13 Stars	6.50	11.25	16.25	33.50	87.50	190.	355.	715.
1817 15 Stars	11.25	20.00	29.50	70.00	315.	675.	1400.	—
1818	6.50	11.25	15.75	33.50	87.50	185.	335.	525.
1819	7.00	11.50	16.00	33.50	87.50	185.	345.	530.
1819/8	10.65	17.50	25.00	55.00	215.	330.	480.	800.
1820	6.50	11.25	16.25	33.50	92.50	185.	345.	530.
1820/19	10.75	14.25	18.25	45.00	195.	310.	440.	765.
1821	15.00	29.00	60.00	165.	625.	1200.	—	—
1822	6.50	11.75	23.75	52.50	160.	345.	490.	815.
1823	45.00	80.00	220.	425.	1250.	2150.	4400.	—
1823/2	37.50	67.50	175.	365.	1200.	2100.	4350.	—
1824	7.00	13.00	32.50	67.50	325.	1100.	2250.	3300.
1824/2	15.00	35.00	75.00	325.	750.	1650.	—	—
1825	6.25	11.75	18.75	47.50	250.	675.	1450.	—
1826	6.25	11.75	18.75	40.00	100.	195.	340.	525.
1826/5	27.50	50.00	120.	225.	550.	1050.	2100.	—

— Insufficient pricing data	* None issued

Cent, Coronet, Wreath (continued)

	G-4	VG-8	F-12	VF-20	EF-40	AU-50	MS-60	MS-63
1827	6.25	10.75	14.25	39.00	92.50	190.	350.	535.
1828 Large Date	6.25	9.50	13.75	37.50	92.50	180.	315.	475.
1828 Small Date	7.90	13.50	22.50	47.50	210.	300.	600.	950.
1829 Large Letters	6.25	11.25	16.25	38.50	95.00	195.	360.	540.
1829 Medium Letters	8.00	15.75	26.00	72.50	145.	275.	—	—
1830 Large Letters	6.00	10.00	13.75	33.50	87.50	190.	355.	535.
1830 Medium Letters	15.75	29.50	65.00	135.	285.	550.	—	—
1831	5.75	8.75	12.00	27.50	70.00	190.	350.	535.
1832	5.90	9.00	12.75	33.50	80.00	190.	350.	535.
1833	5.70	8.50	12.00	27.50	87.50	160.	310.	475.
1834 All Varieties	5.90	9.50	13.75	32.00	72.50	160.	310.	475.
1834 Large 8, Stars and Reverse Letters	9.25	13.75	21.50	39.00	90.00	195.	355.	550.
1834 Large 8, Stars, Medium Letters	85.00	175.	285.	500.	800.	1950.	—	—
1835	6.00	10.00	14.25	33.50	75.00	165.	320.	480.
1835 Type of 1836	5.75	7.75	11.50	32.00	70.00	160.	305.	470.
1836	5.50	9.00	15.25	32.00	85.00	165.	315.	475.
1837	6.00	7.50	11.35	24.50	67.50	165.	310.	475.
1838	5.50	7.40	11.25	21.00	65.00	160.	300.	470.
1839 Head of 1838	6.25	9.50	13.75	32.00	77.50	185.	340.	525.
1839/6	155.	225.	435.	975.	3000.	—	—	—
1839 Silly Head	8.60	12.75	18.75	40.00	130.	335.	675.	1150.
1839 Booby Head	6.25	10.75	17.00	37.50	105. .	240.	525.	975.
1839	6.10	10.75	15.25	28.50	75.00	160.	300.	470.
1840	5.40	7.75	11.00	19.50	45.00	150.	290.	460.
1840 Small Date Over Large 18	6.30	10.00	15.00	26.00	67.50	165.	330.	540.
1841 Small Date	5.45	7.75	11.75	22.50	75.00	155.	295.	465.
1842	5.40	7.75	10.50	15.15	45.00	150.	290.	460.
1843 Petite Small Letters	5.40	6.90	9.50	15.15	43.50	150.	290.	460.
1843 Mature Large Letters	5.40	9.50	13.75	23.25	65.00	150.	290.	460.
1843 Petite Large Letters	13.50	19.50	46.50	77.50	225.	460.	740.	1100.
1844	5.25	7.25	10.00	15.00	42.50	145.	280.	455.
1844/81	14.50	19.00	26.00	70.00	220.	450.	—	—
1845	5.25	7.25	10.00	15.00	42.50	130.	275.	450.
1846	5.25	7.25	9.75	14.65	39.00	130.	275.	450.
1846 Small Date	5.25	7.25	9.75	14.65	39.00	130.	265.	450.
1847	5.25	6.75	10.00	15.25	43.50	145.	280.	455.
1847/Small 7	10.00	16.50	25.00	42.50	78.50	195.	385.	—
1848	5.25	6.75	9.25	14.40	39.00	130.	275.	450.
1849	5.25	6.75	9.25	14.40	42.50	130.	275.	450.
1850	5.25	6.75	9.25	14.00	39.00	130.	275.	450.
1851	5.25	6.75	9.25	14.00	39.00	130.	275.	450.
1851/81	12.75	15.50	17.50	38.50	95.00	205.	375.	680.
1852	5.25	6.75	9.25	14.00	39.00	130.	275.	450.
1853	5.25	6.75	9.25	14.00	39.00	130.	275.	450.
1854	5.40	6.75	9.50	14.00	39.00	130.	275.	450.
1855	5.50	7.40	11.25	14.15	39.00	145.	280.	455.
1855 Slant 5, Knob	6.40	9.25	13.00	22.50	60.00	155.	295.	480.
1856	5.45	7.00	9.60	14.65	39.00	130.	275.	460.
1857 Small Date	32.00	41.00	51.00	66.50	105.	180.	320.	535.
1857 Large Date	26.50	33.00	46.00	54.00	92.50	215.	350.	640.

— Insufficient pricing data	* None issued

Cent
Flying Eagle cent index chart

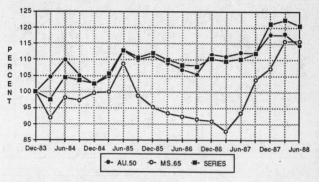

Flying Eagle, Wreath

Date of authorization: Feb. 21, 1857
Dates of issue: 1857-1858
Designer
  Obverse: Christian Gobrecht-James B.
    Longacre
  Reverse: Longacre
Engraver
  Obverse: Longacre
  Reverse: Longacre
Diameter (Millimeters/inches):
  19.30mm/0.76 inch
Weight (Grams/ounces):
  4.666 grams/0.15002 ounce
Metallic content:
  88% copper, 12% nickel
Edge:
  Plain

	G-4	VG-8	F-12	VF-20	EF-40	AU-50	MS-60	MS-63	MS-65
1856 (pattern)	1400.	1800.	2200.	2600.	2900.	3200.	3650.	4600.	7250.
1857	8.60	10.00	12.00	26.00	52.50	130.	225.	575.	3500.
1858 Large Letters	8.65	10.15	13.65	26.75	70.00	140.	250.	600.	3550.
1858 Small Letters	8.75	10.25	13.50	26.50	75.00	150.	285.	625.	3650.
1858/7	40.00	75.00	135.	210.	350.	525.	925.	1450.	—

— Insufficient pricing data	* None issued

Cent
Indian Head cent index chart

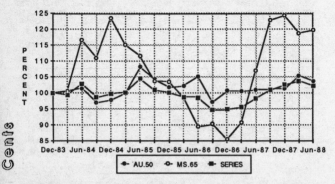

Indian Head, Wreath or Shield and Wreath

Date of authorization: Feb. 21, 1857
Dates of issue: 1859-1909
Designer
  Obverse: James B. Longacre
  Reverse: Longacre
Engraver
  Obverse: Longacre
  Reverse: Longacre
Diameter (Millimeters/inches):
  1859-1864: 19.30mm/0.76 inch
  1864-1909: 19.05mm/0.75 inch
Weight (Grams/ounces):
  1859-1864: 4.666 grams/0.15002 ounce
  1864-1909: 3.110 grams/0.09999 ounce
Metallic content:
  1859-1864: 88% copper, 12% nickel
  1864-1909: 95 % copper, 5% tin and zinc
Edge:
  Plain

	G-4	VG-8	F-12	VF-20	EF-40	AU-50	MS-60	MS-63	MS-65
1859	3.50	4.00	7.10	19.00	56.00	115.	235.	445.	2850.
1860 Shield added	3.50	3.75	5.00	8.50	20.00	46.50	120.	300.	1550.
1861	8.50	9.25	13.50	23.00	45.00	82.50	175.	400.	1750.

— Insufficient pricing data   * None issued

	G-4	VG-8	F-12	VF-20	EF-40	AU-50	MS-60	MS-63	MS-65
1862	2.75	3.00	4.00	8.25	17.00	39.50	97.50	255.	1275.
1863	2.25	2.75	3.50	7.50	16.50	37.00	95.00	250.	1275.
1864 Copper-nickel	8.00	9.00	11.75	16.50	25.00	47.50	135.	315.	1600.
1864 Bronze, No L	3.25	3.95	6.50	14.00	22.00	30.00	57.00	135.	620.
1864 Bronze, Designer's Initial L	26.00	35.00	45.00	87.50	145.	200.	325.	550.	1375.
1865	3.00	3.90	6.10	13.25	19.50	26.50	54.00	135.	645.
1866	18.00	22.00	30.00	45.00	72.00	110.	180.	265.	825.
1867	18.00	22.00	30.00	45.00	72.00	110.	180.	265.	775.
1868	18.00	22.00	30.00	45.00	72.00	110.	180.	250.	775.
1869	23.00	28.50	62.50	97.50	155.	200.	325.	515.	975.
1869/9	87.50	120.	190.	320.	425.	610.	765.	1200.	2550.
1870	18.00	22.00	52.50	77.50	105.	145.	275.	375.	810.
1871	24.00	32.00	65.00	95.00	135.	165.	290.	385.	915.
1872	32.50	38.00	70.00	110.	165.	245.	375.	500.	1075.
1873 Open 3	8.00	9.50	13.50	25.25	42.50	58.50	125.	260.	760.
1873 Closed 3	8.75	11.75	15.75	29.00	49.00	77.50	165.	325.	885.
1873 Doubled LIBERTY	—	140.	245.	465.	750.	1450.	3100.	—	—
1874	8.00	9.50	13.25	24.50	45.00	57.50	87.50	180.	665.
1875	8.00	9.50	13.25	25.00	45.50	58.50	90.00	225.	710.
1876	14.00	17.50	24.00	45.00	60.00	72.50	140.	275.	810.
1877	135.	215.	325.	465.	775.	1000.	1450.	2400.	6500.
1878	14.00	17.50	24.00	47.50	61.50	77.00	155.	275.	785.
1879	2.50	3.00	4.50	9.50	19.00	29.00	40.00	150.	615.
1880	1.65	2.00	2.50	4.25	11.25	18.00	35.00	78.50	550.
1881	1.60	2.00	2.50	4.25	11.00	19.00	35.00	77.50	550.
1882	1.60	2.00	2.50	4.25	11.00	17.00	35.00	77.50	550.
1883	1.60	2.00	2.50	4.25	11.00	20.00	36.00	78.50	555.
1884	1.40	2.15	3.50	6.50	14.00	22.00	38.50	120.	575.
1885	2.35	3.25	6.25	11.00	21.00	29.50	57.50	160.	610.
1886	2.15	2.45	4.50	7.00	15.50	25.00	50.00	130.	575.
1887	.80	1.05	1.50	2.50	8.00	15.25	33.00	73.50	550.
1888/7	350.	525.	800.	1250.	1750.	—	—	—	—
1888	.80	1.05	1.50	2.50	8.00	14.75	33.00	73.50	550.
1889	.80	1.05	1.50	2.50	8.00	14.50	33.00	73.50	550.
1890	.80	1.05	1.50	2.50	8.00	14.00	32.00	72.50	550.
1891	.80	1.05	1.50	2.50	8.00	13.90	32.00	72.50	550.
1892	.80	1.05	1.50	2.50	8.00	14.00	32.00	72.50	550.
1893	.80	1.05	1.50	2.50	8.00	13.90	32.00	72.50	555.
1894	1.10	1.60	3.75	6.25	11.75	19.00	34.00	82.50	575.
1895	.70	.90	1.35	2.00	7.00	13.50	32.00	71.50	545.
1896	.70	.90	1.35	2.00	7.00	13.00	32.00	71.50	545.
1897	.70	.90	1.35	2.00	7.00	13.00	32.00	71.50	545.
1898	.70	.90	1.35	2.00	7.00	13.00	31.50	70.50	545.
1899	.70	.90	1.35	2.00	7.00	13.00	31.50	70.50	545.
1900	.60	.85	.95	1.40	5.00	11.00	31.00	62.50	525.
1901	.60	.85	.95	1.40	5.00	11.00	31.00	62.50	525.
1902	.60	.85	.95	1.40	5.00	11.00	31.00	62.50	525.
1903	.60	.85	.95	1.40	5.00	11.00	31.00	62.50	525.
1904	.60	.85	.95	1.40	5.00	11.00	31.00	62.50	525.
1905	.60	.85	.95	1.40	5.00	11.00	31.00	62.50	525.
1906	.60	.85	.95	1.40	5.00	11.00	31.00	62.50	525.
1907	.60	.85	.95	1.40	5.00	11.00	31.00	62.50	525.
1908	.60	.85	.95	1.40	5.00	11.00	31.00	62.50	525.
1908-S	16.50	18.00	25.00	37.50	52.50	77.50	135.	350.	800.
1909	1.00	1.25	1.75	2.75	7.00	13.75	35.00	87.50	560.
1909-S	90.00	97.50	105.	135.	170.	245.	340.	600.	1325.

Cents

— Insufficient pricing data	* None issued

Cent
Lincoln cent index chart

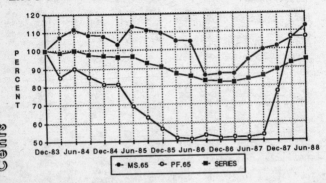

Chart vertical axis labeled "PERCENT" ranging from 50 to 120. Horizontal axis labeled Dec-83, Jun-84, Dec-84, Jun-85, Dec-85, Jun-86, Dec-86, Jun-87, Dec-87, Jun-88.

Legend: ● MS.65   ○ PF.65   ■ SERIES

Cents

Lincoln, Wheat Ears

Date of authorization: Feb. 21, 1857
Dates of issue: 1909-1958
Designer
  Obverse: Victor D. Brenner
  Reverse: Brenner
Engraver
  Obverse: Charles Barber
  Reverse: Barber
Diameter (Millimeters/inches):
  19.05mm/0.75 inch
Weight (Grams/ounces):
  1909-1942, 1944-1958: 3.110 grams/
    0.09999 ounce
  1943: 2.689 grams/0.08645 ounce; 2.754
    grams/0.08854
Metallic content:
  1909-1942: 95% copper, 5% zinc and tin
  1942: 95% copper, 5% zinc
  1943: zinc-plated steel
  1944-1946: 95% copper, 5% zinc
  1947-1958: 95% copper, 5% zinc and tin
Edge:
  Plain

	G-4	VG-8	F-12	VF-20	EF-40	AU-50	MS-60	MS-63	MS-65
1909 VDB	1.60	1.75	2.00	2.35	3.00	5.00	10.00	17.75	75.00
1909-S VDB	230.	235.	245.	280.	325.	375.	470.	550.	1250.

— Insufficient pricing data	* None issued

	G-4	VG-8	F-12	VF-20	EF-40	AU-50	MS-60	MS-63	MS-65
1909	.45	.55	.75	1.40	2.00	4.65	12.75	25.00	115.
1909-S	30.50	34.00	40.00	51.00	87.50	120.	150.	200.	430.
1910	.16	.21	.35	.75	1.50	3.35	13.25	22.50	135.
1910-S	5.15	5.75	7.50	9.50	19.50	44.00	72.50	145.	405.
1911	.20	.25	.50	1.40	2.50	4.75	15.00	30.00	155.
1911-D	3.50	4.00	4.85	9.50	31.00	48.50	92.50	145.	425.
1911-S	11.50	12.50	13.50	15.75	30.50	61.50	120.	210.	585.
1912	.40	.50	1.45	2.90	5.75	7.25	19.50	41.00	155.
1912-D	3.50	4.00	5.50	10.00	33.50	52.00	115.	185.	450.
1912-S	8.50	9.25	11.00	14.50	29.00	51.00	97.50	190.	585.
1913	.30	.40	1.00	2.50	6.00	7.25	19.25	36.00	170.
1913-D	1.45	1.75	2.50	6.00	19.50	36.00	70.00	140.	395.
1913-S	5.00	5.75	7.00	10.50	23.50	48.50	95.00	210.	750.
1914	.30	.40	1.25	2.25	6.50	17.00	47.50	92.50	315.
1914-D	60.00	67.50	82.50	130.	285.	550.	800.	1500.	2250.
1914-S	7.50	9.00	10.00	15.00	33.00	53.50	145.	360.	1550.
1915	.85	1.00	2.65	6.00	25.50	50.00	87.00	130.	365.
1915-D	.55	.70	1.50	2.65	7.75	18.00	37.00	90.00	410.
1915-S	5.50	6.50	7.75	10.00	25.00	44.00	90.00	175.	725.
1916	.15	.20	.30	.75	1.70	3.25	9.75	22.00	175.
1916-D	.25	.35	.60	1.25	5.50	10.75	42.50	87.50	365.
1916-S	.65	.80	1.10	2.00	6.35	17.25	60.00	92.50	475.
1917	.15	.20	.30	.70	1.55	3.55	11.00	24.00	170.
1917-D	.20	.30	.60	1.70	4.85	10.75	42.50	95.00	400.
1917-S	.21	.32	.62	1.55	4.90	17.00	60.00	95.00	420.
1918	.15	.20	.30	.70	1.55	3.60	11.00	23.75	160.
1918-D	.21	.32	.62	1.70	4.85	10.75	42.50	90.00	425.
1918-S	.25	.35	.55	1.55	4.65	17.00	60.00	100.	400.
1919	.15	.20	.30	.75	1.40	3.50	8.00	19.75	155.
1919-D	.20	.33	.55	1.30	3.15	7.25	42.50	67.50	350.
1919-S	.19	.25	.40	1.00	2.35	4.80	29.50	70.00	285.
1920	.15	.20	.30	.75	1.50	3.75	8.50	17.00	155.
1920-D	.20	.27	.50	1.25	3.50	8.00	43.50	82.50	325.
1920-S	.20	.25	.50	1.15	2.90	9.50	47.50	105.	390.
1921	.17	.21	.40	1.05	3.00	7.75	34.50	57.50	265.
1921-S	.60	.80	1.10	2.50	9.75	25.00	100.	250.	1300.
1922 Missing D	130.	160.	225.	335.	625.	1450.	2550.	4850.	9000.
1922-D	3.35	3.90	6.00	9.00	17.00	38.50	68.50	130.	375.
1923	.12	.16	.25	.70	2.00	3.00	8.00	19.00	120.
1923-S	1.20	1.45	2.40	4.00	14.00	53.50	165.	330.	1150.
1924	.12	.16	.24	.75	2.40	6.00	19.50	42.50	160.
1924-D	8.00	8.50	10.00	18.00	40.00	97.50	210.	360.	975.
1924-S	.65	.80	1.25	1.90	6.50	17.75	92.50	165.	950.
1925	.12	.16	.20	.60	1.25	2.85	7.50	17.00	120.
1925-D	.20	.35	.65	1.05	3.75	8.00	42.50	80.00	600.
1925-S	.16	.25	.45	.80	3.50	10.25	52.50	115.	675.
1926	.12	.17	.21	.60	1.25	2.50	7.00	14.00	110.
1926-D	.20	.30	.60	1.05	3.50	8.75	45.00	77.50	325.
1926-S	1.65	1.95	2.75	3.75	11.00	35.00	82.50	155.	750.
1927	.12	.17	.23	.60	1.25	2.75	7.15	13.50	110.
1927-D	.20	.30	.50	.75	2.35	6.00	24.00	57.50	320.
1927-S	.40	.60	.90	1.80	5.00	14.00	50.00	110.	700.
1928	.11	.16	.22	.55	1.20	2.15	6.00	13.50	110.
1928-D	.20	.30	.50	.75	2.25	5.15	19.50	46.00	245.
1928-S	.25	.35	.60	1.25	2.75	8.05	40.00	88.00	475.
1929	.11	.16	.25	.40	.75	1.75	5.00	11.50	40.00
1929-D	.20	.30	.40	.70	1.50	2.85	13.25	39.00	250.
1929-S	.15	.20	.30	.55	1.00	2.00	7.25	15.00	165.

— Insufficient pricing data	* None issued

Cents

Cent, Lincoln, Wheat Ears (continued)

	G-4	VG-8	F-12	VF-20	EF-40	AU-50	MS-60	MS-63	MS-65
1930	.10	.15	.20	.55	.75	1.50	4.25	10.00	25.00
1930-D	.13	.20	.40	.75	1.40	3.75	9.25	23.50	140.
1930-S	.17	.25	.35	.65	.95	2.25	5.75	10.50	85.00
1931	.45	.60	.75	.95	1.45	5.25	15.00	31.50	65.00
1931-D	1.85	2.10	2.50	3.25	7.00	22.50	40.00	80.00	245.
1931-S	27.50	29.00	30.00	32.50	35.00	40.00	55.00	78.50	135.
1932	1.25	1.35	1.60	1.95	2.50	7.00	15.00	30.00	54.00
1932-D	.75	.85	.95	1.25	1.50	6.15	12.25	28.00	95.00
1933	.80	.95	1.10	1.40	2.00	6.50	13.50	32.50	75.00
1933-D	1.50	1.75	2.00	2.75	3.15	8.75	20.00	35.00	115.

			F-12	VF-20	EF-40	AU-50	MS-60	MS-63	MS-65
1934			.18	.25	.55	.75	.75	1.75	3.85	12.50
1934-D			.30	.65	1.50	4.85	17.50	27.50	105.
1935			.12	.18	.45	.60	1.20	2.00	6.25
1935-D			.18	.30	.60	1.00	2.50	4.85	12.50
1935-S			.18	.30	.70	1.85	6.75	12.00	67.50
1936			.12	.18	.35	.50	.95	1.25	5.10
1936-D			.18	.25	.40	.60	1.35	2.35	7.25
1936-S			.18	.30	.55	.65	1.40	2.40	8.00
1937			.12	.18	.35	.50	.90	1.20	5.10
1937-D			.18	.30	.40	.65	1.30	2.30	6.15
1937-S			.18	.30	.40	.60	1.15	1.80	8.25
1938			.12	.18	.35	.55	1.00	1.85	5.60
1938-D			.25	.30	.50	.80	1.40	2.50	9.00
1938-S			.40	.45	.70	.80	1.40	2.50	7.15
1939			.12	.18	.35	.40	.50	.75	3.40
1939-D			.40	.45	.70	.85	1.70	2.60	10.25
1939-S			.20	.30	.45	.75	1.05	1.80	8.00
1940			.07	.12	.19	.27	.45	.70	3.30
1940-D			.12	.18	.25	.35	.65	.80	4.15
1940-S			.12	.18	.25	.40	.95	1.25	5.65
1941			.07	.12	.19	.28	.50	1.50	3.50
1941-D			.07	.12	.30	.65	1.40	2.40	6.75
1941-S			.12	.18	.30	.80	1.85	2.65	8.00
1942			.07	.12	.19	.24	.40	.60	2.45
1942-D			.07	.12	.19	.25	.45	.65	3.45
1942-S			.12	.18	.45	1.00	2.85	4.50	19.00
1943			.18	.20	.32	.37	.47	.65	2.45
1943-D			.20	.25	.38	.60	.85	1.25	4.10
1943-S			.20	.25	.38	.65	1.25	1.90	6.90
1944			.07	.12	.19	.23	.28	.60	1.25
1944-D			.07	.12	.19	.24	.31	.38	1.30
1944-D/S Variety 1			52.50	90.00	115.	180.	250.	350.	700.
1944-D/S Variety 2			38.50	60.00	85.00	130.	190.	240.	500.
1944-S			.07	.12	.19	.24	.31	.38	1.55
1945			.07	.12	.19	.24	.31	.75	1.20
1945-D			.07	.12	.19	.24	.31	.38	1.30
1945-S			.07	.12	.19	.24	.34	.38	1.45
1946			.07	.12	.19	.21	.25	.35	1.20
1946-D			.07	.12	.19	.22	.27	.35	1.25
1946-S			.07	.12	.19	.24	.31	.38	1.30
1947			.07	.12	.19	.24	.33	.36	1.35
1947-D			.07	.12	.19	.24	.31	.35	1.25
1947-S			.12	.18	.22	.24	.32	.38	1.50
1948			.07	.12	.19	.24	.31	.35	1.25
1948-D			.07	.12	.19	.25	.40	.50	1.40

— Insufficient pricing data	* None issued

	F-12	VF-20	EF-40	AU-50	MS-60	MS-63	MS-65
1948-S	.12	.18	.23	.32	.55	.65	1.65
1949	.07	.12	.19	.32	.60	.75	1.80
1949-D	.07	.12	.19	.32	.55	.70	1.75
1949-S	.12	.18	.24	.39	.80	1.15	3.50

	VF-20	EF-40	AU-50	MS-60	MS-63	MS-65	Prf-65
1950	.12	.19	.24	.40	.50	1.25	85.00
1950-D	.07	.13	.17	.25	.40	1.15	*
1950-S	.12	.25	.30	.45	.60	1.25	*
1951	.12	.28	.33	.45	.60	1.30	65.00
1951-D	.07	.13	.17	.25	.35	1.10	*
1951-S	.18	.25	.35	.55	.75	2.15	*
1952	.12	.19	.24	.40	.60	1.20	47.50
1952-D	.06	.13	.18	.23	.28	1.15	*
1952-S	.12	.19	.27	.45	.75	1.45	*
1953	.07	.13	.15	.20	.25	1.05	24.00
1953-D	.06	.13	.18	.25	.29	1.15	*
1953-S	.12	.19	.23	.28	.35	1.20	*
1954	.16	.25	.28	.31	.40	1.30	12.50
1954-D	.06	.13	.15	.19	.22	.95	*
1954-S	.07	.13	.16	.22	.25	1.10	*
1955	.06	.13	.15	.19	.20	.95	12.00
1955 Doubled Die	325.	360.	465.	600.	1150.	3000.	—
1955-D	.06	.13	.15	.19	.20	.90	*
1955-S	.15	.19	.25	.31	.40	1.20	*
1956	—	—	—	—	.15	—	3.25
1956-D	—	—	—	—	.15	—	*
1957	—	—	—	—	.15	—	2.50
1957-D	—	—	—	—	.15	—	*
1958	—	—	—	—	.10	—	3.00
1958-D	—	—	—	—	.10	—	*

Cent

Lincoln, Memorial

Date of authorization: Feb. 21, 1857
Dates of issue: 1959-present
Designer
  Obverse: Victor D. Brenner
  Reverse: Frank Gasparro
Engraver
  Obverse: Charles Barber
  Reverse: Gilroy Roberts
Diameter (Millimeters/inches):
  19.05mm/0.75 inch
Weight (Grams/ounces):
  1959-1982: 3.110 grams/0.09999 ounce
  1982-present: 2.5 grams/0.08038 ounce
Metallic content:
  1959-1962: 95% copper, 5% zinc and tin
  1962-1982: 95% copper, 5% zinc
  1982-present: 97.5% zinc, 2.5% copper (99.2% zinc, 0.8% copper
    planchet plated with pure copper)

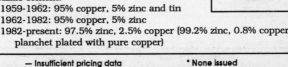

— Insufficient pricing data	* None issued

Cent, Lincoln, Memorial (continued)

Edge:
Plain

	VF-20	EF-40	AU-50	MS-60	MS-63	MS-65	Prf-65
1959	—	—	—	—	.10	—	1.75
1959-D	—	—	—	—	.10	—	*
1960 Large Date	—	—	—	—	.10	—	1.50
1960 Small Date	.60	.85	.95	1.55	2.00	4.25	10.00
1960-D Large Date	—	—	—	—	.10	—	*
1960-D Small Date	.04	.06	.09	.15	.20	.85	*
1961	—	—	—	—	.10	—	0.70
1961-D	—	—	—	—	.10	—	*
1962	—	—	—	—	.10	—	0.70
1962-D	—	—	—	—	.10	—	*
1963	—	—	—	—	.10	—	0.70
1963-D	—	—	—	—	.10	—	*
1964	—	—	—	—	.10	—	0.70
1964-D	—	—	—	—	.10	—	*
1965	—	—	—	—	.10	—	*
1966	—	—	—	—	.15	—	*
1967	—	—	—	—	.20	—	*
1968	—	—	—	—	.10	—	*
1968-D	—	—	—	—	.10	—	*
1968-S	—	—	—	—	.15	—	1.00
1969	—	—	—	—	.20	—	*
1969-D	—	—	—	—	.10	—	*
1969-S	—	—	—	—	.10	—	1.00
1970	—	—	—	—	.15	—	*
1970-D	—	—	—	—	.10	—	*
1970-S Large Date	—	—	—	—	.10	—	1.00
1970-S Small Date	—	5..00	6.50	9.25	13.00	21.00	110.
1971	—	—	—	—	.30	—	*
1971-D	—	—	—	—	.25	—	*
1971-S	—	—	—	—	.10	—	1.00
1972	—	—	—	—	.10	—	*
1972 Doubled Die	89.00	95.00	120.	155.	175.	240.	*
1972-D	—	—	—	—	.10	—	*
1972-S	—	—	—	—	.10	—	1.00
1973	—	—	—	—	.10	—	*
1973-D	—	—	—	—	.10	—	*
1973-S	—	—	—	—	.10	—	1.00
1974	—	—	—	—	.10	—	*
1974-D	—	—	—	—	.10	—	*
1974-S	—	—	—	—	.15	—	1.00
1975	—	—	—	—	.10	—	*
1975-D	—	—	—	—	.10	—	*
1975-S	*	*	*	*	*	*	7.00
1976	—	—	—	—	.10	—	*
1976-D	—	—	—	—	.10	—	*
1976-S	*	*	*	*	*	*	3.25
1977	—	—	—	—	.10	—	*
1977-D	—	—	—	—	.10	—	*
1977-S	*	*	*	*	*	*	3.25
1978	—	—	—	—	.10	—	*
1978-D	—	—	—	—	.10	—	*
1978-S	*	*	*	*	*	*	4.00

— Insufficient pricing data	* None issued

	VF-20	EF-40	AU-50	MS-60	MS-63	MS-65	Prf-65
1979	—	—	—	—	.10	—	*
1979-D	—	—	—	—	.10	—	*
1979-S Filled S	*	*	*	*	*	*	2.50
1979 Clear S	*	*	*	*	*	*	3.00
1980	—	—	—	—	.10	—	*
1980-D	—	—	—	—	.10	—	*
1980-S	*	*	*	*	*	*	2.50
1981	—	—	—	—	.10	—	*
1981-D	—	—	—	—	.10	—	*
1981-S Old S	*	*	*	*	*	*	2.50
1982 Large Date brass	—	—	—	—	.10	—	*
1982 Large Date zinc	—	—	—	—	.10	—	*
1982 Small Date brass	—	—	—	—	.15	—	*
1982-D Large Date brass	—	—	—	—	.10	—	*
1982-D Large Date zinc	—	—	—	—	.20	—	*
1982-D Small Date zinc	—	—	—	—	.10	—	*
1982-S	*	*	*	*	*	*	2.50
1983	—	—	—	—	.10	—	*
1983-D	—	—	—	—	.10	—	*
1983-S	*	*	*	*	*	*	7.50
1983 Doubled Die	—	72.50	87.50	135.	200.	340.	*
1984	—	—	—	—	.10	—	*
1984-D	—	—	—	—	.10	—	*
1984 Doubled Die	—	40.00	62.50	90.00	145.	250.	*
1984-S	*	*	*	*	*	*	13.50
1985	—	—	—	—	.10	—	*
1985-D	—	—	—	—	.10	—	*
1985-S	*	*	*	*	*	*	12.50
1986	—	—	—	—	.10	—	*
1986-D	—	—	—	—	.10	—	*
1986-S	*	*	*	*	*	*	7.50
1987	—	—	—	—	.10	—	*
1987-D	—	—	—	—	.10	—	*
1987-S	*	*	*	*	*	*	7.00
1988	—	—	—	—	.10	—	*
1988-D	—	—	—	—	.10	—	*
1988-S	*	*	*	*	*	*	6.75

Cents

— Insufficient pricing data	* None issued

2 cents

2 cents index chart

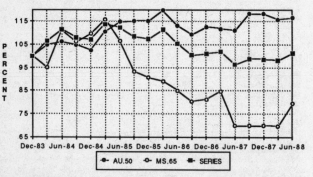

2 cents

Date of authorization: April 22, 1864
Dates of issue:1864-1872
Designer
    Obverse: James B. Longacre
    Reverse: Longacre
Engraver
    Obverse: Longacre
    Reverse: Longacre
Diameter (Millimeters/inches):
    23.00mm/0.91 inch
Weight (Grams/ounces):
    6.221 grams/0.20001 ounce
Metallic content:
    95% copper, 5% zinc and tin
Edge:
    Plain

	F-12	VF-20	EF-40	AU-50	MS-60	MS-63	MS-65	Prf-63	Prf-65
1864 Small Motto	78.00	120.	200.	400.	590.	1300.	3000.	9000.	20000.
1864 Large Motto	5.90	12.00	25.00	49.50	135.	215.	1000.	825.	1850.
1865 All Varieties	5.50	12.00	26.00	50.00	140.	215.	975.	675.	1550.
1866	5.60	14.00	28.00	51.00	150.	235.	1000.	675.	1550.
1867 All Varieties	5.60	14.00	28.50	53.50	155.	255.	1050.	675.	1550.
1868	7.60	14.50	29.50	56.50	170.	270.	1075.	675.	1550.
1869 All Varieties	8.60	15.50	37.00	60.00	230.	340.	1150.	675.	1550.

— Insufficient pricing data	* None issued

	F-12	VF-20	EF-40	AU-50	MS-60	MS-63	MS-65	Prf-63	Prf-65
1869/8	350.	525.	—	—	—	—	--	—	—
1870	18.00	32.50	60.00	87.50	260.	390.	1250.	725.	1600.
1871	20.00	38.00	75.00	125.	275.	540.	1300.	750.	1625.
1872	135.	225.	325.	445.	750.	1450.	2950.	775.	1650.
1873 Closed 3	*	*	*	*	*	*	*	1650.	3250.
1873 Open 3 Restrike	*	*	*	*	*	*	*	1750.	3550.

3 cents

Copper-nickel 3 cents index chart

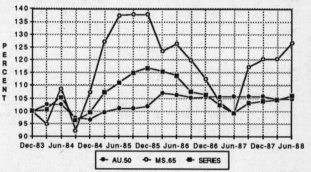

Copper-nickel

Date of authorization: April 22, 1864
Dates of issue: 1865-1889
Designer
  Obverse: James B. Longacre
  Reverse: Longacre
Engraver
  Obverse: Longacre
  Reverse: Longacre
Diameter (Millimeters/inches):
  17.90mm/0.71 inch
Weight (Grams/ounces):
  1.944 grams/0.0625 ounce
Metallic content:
  75% copper, 25% nickel
Edge:
  Plain

	F-12	VF-20	EF-40	AU-50	MS-60	MS-63	MS-65	Prf-65
1865	4.50	6.50	13.50	31.00	85.00	200.	1675.	3900.
1866	4.50	6.50	13.50	31.00	84.00	200.	1675.	1600.

— Insufficient pricing data	* None issued

3 cents, copper-nickel (continued)

	F-12	VF-20	EF-40	AU-50	MS-60	MS-63	MS-65	Prf-65
1867	4.50	6.50	13.50	31.00	84.00	200.	1675.	1575.
1868	4.55	6.50	13.75	31.50	84.00	200.	1675.	1575.
1869	4.75	6.75	14.75	32.50	85.00	205.	1675.	1640.
1870	5.50	7.00	15.00	34.00	95.00	220.	1700.	1600.
1871	7.25	8.50	18.00	36.00	105.	230.	1725.	1635.
1872	7.00	7.75	17.00	35.00	100.	220.	1750.	1635.
1873 Open 3	6.50	7.50	16.00	34.00	95.00	210.	1750.	1625.
1873 Closed 3	7.50	9.00	19.00	45.00	145.	265.	1800.	1725.
1874	6.50	7.50	17.00	40.00	105.	230.	1750.	1625.
1875	10.25	13.25	25.00	65.00	140.	265.	1775.	1635.
1876	13.50	18.25	31.00	75.00	150.	310.	1825.	1640.
1877 Proofs Only	*	*	*	*	*	*	*	4400.
1878 Proofs Only	*	*	*	*	*	*	*	2500.
1879	55.00	65.00	80.00	130.	220.	440.	1875.	1640.
1880	69.00	90.00	105.	165.	265.	460.	1900.	1675.
1881	5.85	6.85	16.50	33.00	84.00	200.	1675.	1650.
1882	65.00	83.00	97.50	145.	230.	445.	1925.	1800.
1883	185.	225.	250.	285.	380.	750.	2150.	2125.
1884	325.	350.	400.	465.	575.	775.	2225.	2150.
1885	440.	490.	525.	600.	725.	950.	2200.	2175.
1886 Proofs Only	*	*	*	*	*	*	*	2225.
1887/6 Proofs Only	*	*	*	*	*	*	*	2275.
1887	250.	270.	315.	375.	500.	750.	2175.	2100.
1888	47.50	57.50	72.50	105.	255.	450.	1875.	1650.
1889	65.00	80.00	95.00	140.	245.	500.	1950.	1700.

3 cents
Silver 3 cents index chart

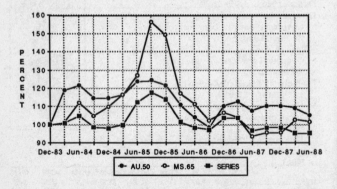

— Insufficient pricing data	* None issued

3 cents, silver

Date of authorization: March 3, 1851
Dates of issue: 1851-1873
Designer
  Obverse: James B. Longacre
  Reverse: Longacre
Engraver
  Obverse: Longacre
  Reverse: Longacre
Diameter (Millimeters/inches):
  14.00mm/0.55 inch
Weight (Grams/ounces):
  1851-1853: 0.802 gram/0.02578 ounce
  1854-1873: 0.746 gram/0.02398 ounce
Metallic content:
  1851-1853: 75% silver, 25% copper
  1854-1873: 90% silver, 10% copper
Weight of pure silver:
  1851-1853: 0.6015 grams/0.01934
  1854-1873: 0.6714 grams/0.02159
Edge:
  Plain

	VG-8	F-12	VF-20	EF-40	AU-50	MS-60	MS-63	MS-65
1851	9.30	13.00	21.00	47.50	100.	155.	375.	2300.
1851-O	16.75	25.00	49.00	97.50	200.	470.	1050.	3500.
1852	9.30	13.00	21.00	47.50	100.	165.	375.	2300.
1853	9.30	13.00	21.00	47.50	100.	165.	375.	2300.
1854	12.25	17.00	35.00	80.00	215.	330.	725.	3900.
1855	20.00	33.50	60.00	120.	245.	425.	1250.	4100.
1856	10.60	15.50	31.50	75.00	190.	320.	700.	3950.
1857	10.75	15.75	32.50	80.00	180.	310.	725.	3900.
1858	10.75	15.50	31.50	75.00	175.	305.	700.	3850.
1859	11.25	15.60	27.00	50.00	105.	165.	335.	2100.
1860	11.25	15.25	26.50	50.00	105.	165.	335.	2100.
1861	11.25	15.60	27.00	50.00	105.	165.	335.	2100.
1862	11.25	15.60	27.00	50.00	105.	165.	335.	2100.
1862/1	—	18.00	31.00	57.50	110.	190.	375.	2200.

	AU-50	MS-60	MS-63	MS-65	Prf-60	Prf-63	Prf-65
1863	365.	515.	900.	3250.	510.	825.	3100.
1863/2	475.	*	*	*	650.	1000.	3400.
1864	365.	515.	900.	3300.	510.	825.	3125.
1865	405.	535.	925.	3350.	540.	900.	3150.
1866	375.	515.	900.	3400.	510.	825.	3175.
1867	430.	575.	950.	3450.	580.	925.	3200.
1868	405.	525.	950.	3450.	525.	925.	3200.
1869	470.	550.	1000.	3500.	540.	1025.	3250.
1869/9	575.	*	*	*	750.	1450.	3650.
1870	365.	500.	1000.	3500.	575.	1025.	3250.
1871	365.	500.	1000.	3550.	575.	1025.	3300.
1872	505.	600.	1075.	3800.	590.	1100.	3400.
1873 Proof Only Closed 3	575.	675.	1300.	4350.	875.	1775.	4750.

— Insufficient pricing data   * None issued

5 cents
Shield 5 cents index chart

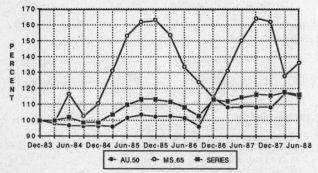

PERCENT

Dec-83 Jun-84 Dec-84 Jun-85 Dec-85 Jun-86 Dec-86 Jun-87 Dec-87 Jun-88

● AU.50   ○ MS.65   ■ SERIES

Shield

Date of authorization: May 16, 1866
Dates of issue: 1866-1883
Designer
    Obverse: James B. Longacre
    Reverse: Longacre
Engraver
    Obverse: Longacre
    Reverse: Longacre
Diameter (Millimeters/inches):
    20.50mm/0.81 inch
Weight (Grams/ounces):
    5.000 grams/0.16075 ounce
Metallic content:
    75% copper, 25% nickel
Edge:
    Plain

	VG-8	F-12	VF-20	EF-40	AU-50	MS-60	MS-63	MS-65
1866 Rays	13.00	18.00	29.00	75.00	150.	240.	460.	3200.
1867 Rays	14.25	21.00	35.00	80.00	165.	290.	525.	3300.
1867 No Rays	7.00	8.75	12.00	25.00	47.50	100.	250.	2000.
1868	7.00	8.75	12.00	25.00	47.50	100.	250.	1900.
1869	7.00	9.00	12.25	26.00	50.50	105.	275.	1925.
1870	7.75	10.00	13.00	33.00	57.50	110.	305.	1950.
1871	29.00	37.50	57.50	87.50	155.	275.	535.	2200.

— Insufficient pricing data   * None issued

	VG-8	F-12	VF-20	EF-40	AU-50	MS-60	MS-63	MS-65
1872	7.75	10.25	15.00	33.00	69.00	120.	315.	1950.
1873 Open 3	7.75	10.75	15.50	34.00	70.00	125.	350.	2000.
1873 Closed 3	21.50	27.50	42.50	85.00	150.	250.	525.	2150.
1874	7.75	11.50	16.50	39.00	75.00	125.	310.	2000.
1875	11.00	15.75	25.00	49.00	85.00	140.	385.	2050.
1876	11.00	14.75	22.50	40.00	77.50	125.	310.	2025.
1877	950.	1050.	1150.	1300.	1400.	1700.	2100.	4000.
1878	550.	600.	675.	750.	800.	900.	1150.	2900.
1879	270.	315.	340.	450.	490.	555.	810.	2150.
1880	315.	335.	375.	475.	515.	590.	840.	2200.
1881	190.	225.	265.	350.	410.	465.	775.	2100.
1882	6.75	8.75	11.25	25.00	47.50	100.	260.	1950.
1883	6.85	9.00	12.25	26.00	49.00	105.	315.	1975.
1883/2	50.00	75.00	110.	150.	225.	350.	585.	2200.

5 cents

— Insufficient pricing data	* None issued

5 cents
Liberty Head 5 cents index chart

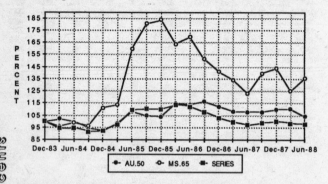

PERCENT

Dec-83 Jun-84 Dec-84 Jun-85 Dec-85 Jun-86 Dec-86 Jun-87 Dec-87 Jun-88

● AU.50   ○ MS.65   ■ SERIES

Liberty Head, No CENTS or With CENTS

Date of authorization: May 16, 1866
Dates of issue: 1883-1912
Designer
  Obverse: Charles Barber
  Reverse: Barber
Engraver
  Obverse: Barber
  Reverse: Barber
Diameter (Millimeters/inches):
  21.21mm/0.84 inch
Weight (Grams/ounces):
  5.000 grams/0.16075 ounce
Metallic content:
  75% copper, 25% nickel
Edge:
  Plain

— Insufficient pricing data   * None issued

	VG-8	F-12	VF-20	EF-40	AU-50	MS-60	MS-63	MS-65
1883 No CENTS	2.65	3.25	4.50	6.00	10.50	42.50	69.00	540.
1883 CENTS	5.75	8.50	15.00	31.50	59.00	125.	185.	1325.
1884	7.00	10.85	18.75	32.00	72.50	140.	305.	1400.
1885	210.	325.	400.	575.	700.	950.	1350.	2850.
1886	55.00	115.	170.	210.	300.	450.	800.	1950.
1887	6.00	10.00	15.00	29.00	61.50	120.	265.	1300.
1888	8.25	12.50	20.50	41.50	78.00	135.	285.	1400.
1889	4.75	8.50	14.50	27.00	62.50	120.	275.	1300.
1890	5.50	9.00	17.00	29.50	64.00	130.	290.	1375.
1891	4.55	8.50	13.50	30.50	62.50	120.	185.	1300.
1892	4.75	8.75	15.50	31.00	69.00	140.	290.	1350.
1893	4.25	8.00	14.75	28.00	62.50	130.	240.	1375.
1894	6.50	13.00	22.00	57.50	92.50	175.	285.	1450.
1895	3.00	7.00	14.00	26.00	63.50	115.	185.	1275.
1896	3.75	8.50	16.00	30.50	67.50	120.	195.	1350.
1897	1.25	3.50	7.75	20.00	59.00	90.00	180.	1275.
1898	1.40	4.60	8.25	21.00	60.00	90.00	180.	1235.
1899	.70	3.10	6.25	18.00	45.00	85.00	165.	1250.
1900	.65	3.00	5.00	15.00	36.00	80.00	135.	1200.
1901	.65	3.00	5.00	15.00	36.00	80.00	135.	1200.
1902	.65	3.00	5.00	15.00	36.00	80.00	135.	1200.
1903	.65	3.00	5.00	15.00	36.00	90.00	155.	1200.
1904	.65	3.00	5.00	15.00	36.00	80.00	135.	1200.
1905	.65	3.00	5.00	15.00	36.00	80.00	135.	1200.
1906	.65	3.00	5.00	15.00	36.00	80.00	135.	1200.
1907	.65	3.00	5.00	15.00	36.00	80.00	135.	1200.
1908	.65	3.00	5.00	15.00	36.00	80.00	135.	1200.
1909	.70	3.25	6.00	17.25	42.50	85.00	140.	1225.
1910	.65	3.00	5.00	15.00	36.00	80.00	135.	1200.
1911	.65	3.00	5.00	15.00	36.00	80.00	135.	1200.
1912	.65	3.00	5.00	15.00	36.00	85.00	140.	1200.
1912-D	1.25	4.25	8.50	38.00	85.00	215.	470.	2250.
1912-S	32.50	50.00	145.	340.	450.	575.	1050.	2500.

1913 Unauthorized, 5 known, Proof 63 $350,000.

— Insufficient pricing data	* None issued

5 cents

Indian Head 5 cents index chart

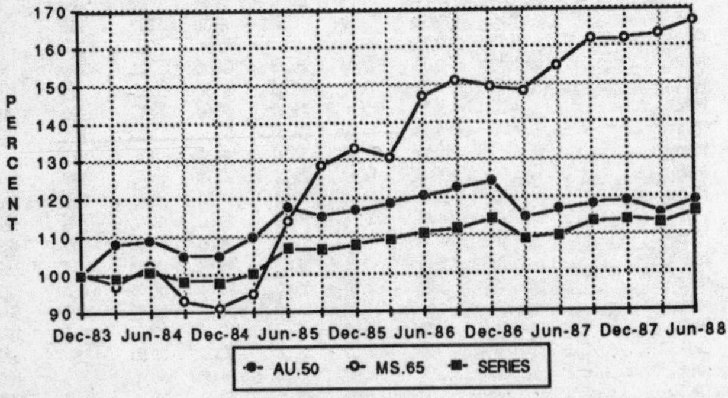
170
160
150
140
130
120
110
100
90
PERCENT
Dec-83 Jun-84 Dec-84 Jun-85 Dec-85 Jun-86 Dec-86 Jun-87 Dec-87 Jun-88
AU.50
MS.65
SERIES

Indian Head, Bison on Mound or Bison on Plain

(nicknamed "Buffalo nickel")

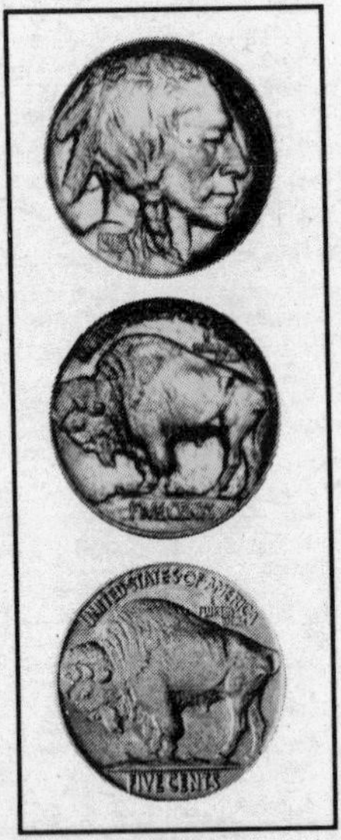
FIVE CENTS

Date of authorization: May 16, 1866
Dates of issue: 1913-1938
Designer
  Obverse: James Earle Fraser
  Reverse: Fraser
Engraver
  Obverse: Charles Barber
  Reverse: Barber
Diameter (Millimeters/inches):
  21.21mm/0.84 inch
Weight (Grams/ounces):
  5.000 grams/0.16075 ounce
Metallic content:
  75% copper, 25% nickel
Edge:
  Plain

— Insufficient pricing data	* None issued

	G-4	VG-8	F-12	VF-20	EF-40	AU-50	MS-60	MS-63	MS-65
1913 Mound	2.95	3.15	3.75	6.00	10.00	17.50	29.00	60.00	245.
1913-D Mound	5.25	6.50	8.00	10.75	17.50	29.00	62.50	90.00	625.
1913-S Mound	8.50	10.50	14.25	21.50	32.00	50.00	87.50	135.	1000.
1913 Plain	2.95	3.25	4.00	6.00	10.50	18.00	30.00	80.00	575.
1913-D Plain	29.75	33.50	37.00	47.00	57.50	95.00	150.	240.	2500.
1913-S Plain	55.00	65.00	90.00	105.	150.	210.	325.	450.	3350.
1914	3.50	4.25	5.50	7.25	13.00	28.00	52.50	105.	725.
1914-D	24.00	27.00	36.50	50.00	84.00	110.	230.	365.	1850.
1914-S	4.50	5.40	8.50	15.00	26.50	39.00	87.50	220.	1900.
1915	1.75	3.25	3.75	5.50	10.50	21.00	40.00	85.00	675.
1915-D	6.00	7.00	15.75	29.00	42.00	57.50	125.	266.	1900.
1915-S	8.50	11.50	17.50	50.00	87.50	130.	265.	475.	2200.
1916	.75	.95	1.50	2.50	4.25	12.50	29.00	75.00	690.
1916 Doubled Die	650.	900.	1250.	1750.	2500.	4500.	9250.	14000.	—
1916-D	4.50	5.25	8.00	18.75	42.50	62.50	125.	275.	1500.
1916-S	2.95	3.50	6.00	16.25	39.00	6.00	115.	265.	1550.
1917	.80	1.00	1.55	3.00	8.00	19.00	39.50	85.00	775.
1917-D	4.25	5.35	10.50	35.50	70.00	100.	190.	290.	2650.
1917-S	3.60	5.00	10.75	33.00	57.50	92.50	200.	350.	3000.
1918	.90	1.10	2.00	5.00	14.50	30.00	65.00	130.	975.
1918/17-D	375.	480.	800.	1100.	2750.	4900.	7750.	13000.	27500.
1918-D	4.50	6.00	11.75	50.00	87.50	125.	265.	475.	3300.
1918-S	3.50	4.50	10.50	34.00	76.00	105.	200.	550.	3250.
1919	.65	.75	1.25	2.50	6.00	18.00	35.00	72.50	725.
1919-D	4.50	6.00	13.75	57.50	90.00	140.	325.	900.	3000.
1919-S	2.75	3.50	7.75	38.50	75.00	105.	285.	700.	4600.
1920	.55	.70	1.20	2.25	6.25	18.75	36.00	75.00	575.
1920-D	3.00	4.00	9.25	46.50	81.00	135.	285.	600.	3950.
1920-S	1.75	2.60	5.00	25.50	75.00	95.00	185.	500.	4850.
1921	.75	1.00	1.80	5.25	16.50	31.50	69.00	175.	775.
1921-S	12.50	17.00	39.00	200.	315.	450.	725.	1000.	3300.
1923	.50	.60	1.00	1.90	5.75	14.00	33.00	85.00	575.
1923-S	1.25	2.00	4.35	22.50	40.00	68.00	135.	500.	5100.
1924	.50	.65	1.05	2.50	7.75	23.00	47.00	100.	500.
1924-D	2.25	3.00	6.00	37.50	62.50	130.	240.	435.	2350.
1924-S	4.50	6.50	17.50	200.	345.	500.	800.	1250.	3750.
1925	.55	.65	1.05	2.35	5.75	16.50	32.00	65.00	475.
1925-D	3.50	5.25	10.50	41.50	64.00	135.	275.	575.	2450.
1925-S	1.50	2.75	5.50	20.00	40.00	72.50	190.	400.	3800.
1926	.30	.45	.80	1.60	4.00	13.00	28.50	63.50	385.
1926-D	1.95	3.35	8.00	39.00	77.50	97.50	145.	285.	2650.
1926-S	4.50	6.00	11.00	67.50	420.	535.	740.	1350.	4650.
1927	.30	.45	.75	1.40	3.90	13.25	29.50	65.00	370.
1927-D	1.00	1.50	2.25	10.00	31.00	50.00	86.00	240.	1650.
1927-S	.75	1.00	1.75	12.00	39.00	58.00	150.	310.	1950.
1928	.30	.45	.75	1.50	4.00	13.75	29.50	65.00	390.
1928-D	.75	1.05	1.75	5.85	11.75	22.50	39.00	80.00	700.
1928-S	.55	.65	1.25	2.75	10.25	24.50	65.00	165.	1200.
1929	.30	.45	.75	1.25	2.85	12.50	28.50	55.00	380.
1929-D	.80	1.05	1.50	3.25	10.50	23.00	47.50	105.	1250.
1929-S	.30	.45	.80	1.30	7.00	16.50	35.00	67.50	850.
1930	.30	.45	.75	1.10	3.50	12.25	27.50	50.00	300.
1930-S	.40	.50	.85	1.35	6.00	21.00	45.00	125.	390.
1931-S	2.95	3.25	3.75	4.50	8.50	23.00	46.00	110.	300.
1934	.25	.40	.50	1.00	2.15	10.00	23.50	55.00	450.
1934-D	.30	.45	.80	2.50	7.50	18.00	47.50	100.	700.
1935	.23	.35	.50	.80	1.50	7.00	17.00	30.00	165.50

— Insufficient pricing data	* None issued

5 cents, Indian Head, Bison on Plain (continued)

	G-4	VG-8	F-12	VF-20	EF-40	AU-50	MS-60	MS-63	MS-65
1935-D	.40	.60	1.00	1.65	3.75	17.00	41.50	80.00	525.
1935-S	.25	.40	.65	1.20	2.75	10.50	21.50	45.00	275.
1936	.23	.35	.50	.90	1.50	6.00	14.00	24.50	87.50
1936-D	.30	.45	.60	1.00	2.25	8.00	16.75	33.50	150.
1936-S	.25	.40	.55	1.00	2.00	9.50	17.75	40.00	125.
1937	.23	.35	.50	.90	1.50	5.85	12.50	20.00	75.00
1937-D	.30	.45	.60	1.40	2.10	7.50	15.00	22.00	77.50
1937-D 3-Legged Bison	75.00	90.00	110.	170.	210.	375.	800.	1600.	5500.
1937-S	.38	.55	.65	1.50	2.20	7.65	15.00	21.50	100.
1938-D	.35	.50	.60	1.00	2.00	6.50	13.00	21.00	60.00
1938-D/S	3.10	4.50	5.35	6.75	9.00	14.00	26.00	38.50	100.

5 cents
Jefferson 5 cents index chart

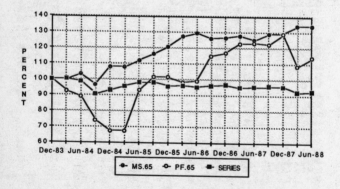

— Insufficient pricing data		* None issued

Jefferson

Date of authorization: May 16, 1866; March 27, 1942
Dates of issue:1938-present
Designer
  Obverse: Felix Schlag
  Reverse: Schlag
Engraver
  Obverse: John R. Sinnock
  Reverse: Sinnock
Diameter (Millimeters/inches):
  21.21mm/0.84 inch
Weight (Grams/ounces):
  5.000 grams/0.16075 ounce
Metallic content:
  1938-1942: 75% copper, 25% nickel
  1942-1945: 56% copper, 35% silver,
    9% manganese
Weight of pure silver:
  1.750 grams silver/0.05626 ounce
Edge:
  Plain

5 cents

	F-12	VF-20	EF-40	AU-50	MS-60	MS-63	MS-65	Prf-65
1938	.30	.38	.60	.90	1.25	1.75	4.00	130.
1938-D	1.00	1.15	1.75	2.50	3.75	4.50	7.50	*
1938-S	1.70	1.95	2.50	3.00	4.00	5.00	8.00	*
1939	.20	.25	.40	.75	1.20	1.95	3.25	150.
1939 Doubled Die	25.00	47.50	100.	185.	290.	550.	1100.	*
1939-D	3.75	4.60	6.50	18.50	27.50	34.00	71.50	*
1939-S	.80	1.00	3.00	7.75	14.00	18.50	30.00	*
1940	.07	.15	.25	.60	.90	1.10	2.85	100.
1940-D	.10	.20	.45	1.45	2.25	2.90	4.50	*
1940-S	.10	.25	.50	1.00	1.90	2.50	3.95	*
1941	.07	.15	.25	.40	.75	.95	2.10	90.00
1941-D	.10	.20	.45	1.50	2.50	2.75	4.85	*
1941-S	.10	.25	.50	1.75	2.55	2.80	6.00	*
1942	.10	.15	.20	.60	.85	1.00	3.00	90.00
1942-P	.55	.90	2.00	3.75	9.00	10.75	18.50	385.
1942-D	.42	.60	1.85	8.00	15.50	22.00	38.50	*
1942-S	.55	.65	1.75	3.25	8.50	9.75	17.50	*
1943/2-P	35.00	45.00	65.00	110.	225.	350.	600.	*
1943-P	.55	.60	1.25	2.00	3.75	4.25	8.75	*
1943-D	1.00	1.15	2.00	2.25	3.75	4.15	10.00	*
1943-S	.55	.65	1.25	2.25	3.50	4.25	10.50	*
1944-P	.55	.65	1.75	2.75	4.50	5.50	11.50	*
1944-D	.55	.65	1.80	3.00	7.50	8.50	18.50	*
1944-S	.65	.75	1.85	3.70	7.00	8.00	17.50	*
1945-P	.55	.65	1.75	2.50	4.00	5.50	16.00	*
1945-D	.55	.65	1.50	2.55	4.25	5.25	13.00	*
1945-S	.55	.65	1.25	2.50	3.75	4.75	10.75	*
1946	.07	.15	.20	.30	.50	.65	1.85	*

— Insufficient pricing data	* None issued

5 cents, Jefferson (continued)

	F-12	VF-20	EF-40	AU-50	MS-60	MS-63	MS-65	Prf-65
1946-D	.10	.15	.20	.40	.60	.90	3.50	*
1946-S	.20	.25	.40	.50	.60	.85	5.00	*
1947	.07	.15	.20	.30	.45	.65	1.70	*
1947-D	.08	.15	.25	.50	.65	.85	2.05	*
1947-S	.08	.15	.20	.35	.60	.80	2.00	*
1948	.07	.10	.20	.33	.45	.65	1.80	*
1948-D	.10	.25	.40	.60	.75	.90	2.65	*
1948-S	.20	.30	.45	.60	.75	.85	2.25	*
1949	.15	.20	.25	.45	.75	.95	2.95	*
1949-D	.10	.15	.25	.45	.75	.90	2.65	*
1949-D/S	—	25.00	55.00	90.00	135.	170.	245.	*
1949-S	.30	.35	.60	1.00	1.75	2.25	3.75	*
1950	.35	.40	.55	1.00	1.50	2.15	3.65	75.00
1950-D	4.85	5.00	5.50	5.75	6.25	7.00	8.75	*
1951	.07	.15	.25	.45	.65	.90	2.75	62.50
1951-D	.07	.15	.25	.65	.85	1.15	2.65	*
1951-S	.28	.38	.50	1.10	1.35	1.75	4.50	*
1952	.07	.08	.10	.50	.75	1.00	2.25	34.50
1952-D	.07	.15	.25	.75	1.10	1.45	3.35	*
1952-S	.10	.15	.25	.35	.70	1.00	2.30	*
1953	.07	.08	.10	.20	.26	.35	1.10	27.00
1953-D	.07	.10	.15	.21	.24	.30	1.25	*
1953-S	.15	.20	.25	.34	.65	.85	1.75	*
1954	.07	.08	.10	.15	.19	.30	1.25	11.00
1954-D	.07	.08	.10	.15	.19	.28	1.35	*
1954-S	.07	.08	.10	.30	.45	.55	1.50	*
1954-S/D	—	6.00	9.85	14.00	22.50	35.00	50.00	*
1955	.23	.25	.30	.35	.45	.60	2.15	9.00
1955-D	.07	.08	.10	.15	.19	.28	1.25	*
1955-D/S Variety1	—	6.10	10.75	19.00	32.50	45.00	72.50	*

	MS-60	MS-63	MS-65	Prf-65
1956	.19	.22	.75	2.25
1956-D	.19	.22	.75	*
1957	.20	.24	.85	1.25
1957-D	.19	.23	.75	*
1958	.25	.35	1.65	2.50
1958-D	.19	.22	.75	*
1959	.19	.22	.75	1.50
1959-D	.19	.22	.75	*
1960	.19	.22	.75	.75
1960-D	.19	.22	.75	*
1961	.19	.22	.75	.60
1961-D	.19	.22	.75	*
1962	.19	.22	.75	.60
1962-D	.19	.22	.75	*
1963	.19	.22	.75	.60
1963-D	.19	.22	.75	*
1964	.19	.22	.75	.60
1964-D	.19	.22	.75	*
1965	.13	.20	.35	*
1966	.13	.20	.35	*
1967	.13	.20	.35	*
1968-D	.13	.20	.35	*
1968-S	.13	.20	.35	.50
1969-D	.13	.20	.35	*
1969-S	.13	.20	.35	.50

— Insufficient pricing data	* None issued

	MS-60	MS-63	MS-65	Prf-65
1970-D	.13	.20	.35	•
1970-S	.13	.20	.35	•
1971	.13	.20	.35	.50
1971-D	.13	.20	.35	•
1971-S	•	•	•	•
1972	.13			.95
1972-D	.13	.20	.35	•
1972-S	•	•	•	•
1973	.13			.95
1973-D	.13	.20	.35	•
1973-S	•	•	•	•
1974	.13			.95
1974-D	.13	.20	.35	•
1974-S	•	•	•	•
1975	.13			.95
1975-D	.13	.20	.35	•
1975-S	•	•	•	•
1976	.13			.95
1976-D	.13	.20	.35	•
1976-S	•	•	•	•
1977	.13			.70
1977-D	.13	.20	.35	•
1977-S	•	•	•	•
1978	—			.70
1978-D	—	.20	—	•
1978-S	•	•	•	•
1979	—			.70
1979-D	—	.20	—	•
1979 Filled S	•	•	•	•
1979 Clear S	•	•	•	.80
1980-P	—			1.75
1980-D	—	.20	—	•
1980-S	•	•	•	•
1981-P	—			.70
1981-D	—	.20	—	•
1981-S	•	•	•	•
1982-P	—			.70
1982-D	—	.20	—	•
1982-S	•	•	•	•
1983-P	—			1.25
1983-D	—	.20	—	•
1983-S	•	•	•	•
1984-P	—			1.95
1984-D	—	.20	—	•
1984-S	•	•	•	•
1985-P	—			2.70
1985-D	—	.20	—	•
1985-S	•	•	•	•
1986-P	—			2.25
1986-D	—	.20	—	•
1986-S	•	•	•	•
1987-P	—			2.50
1987-D	—	.20	—	•
1987-S	•	•	•	•
1988-P	—			3.50
1988-D	—	.20	—	•
1988-S	•	•	•	2.25

5 CENTS

| — Insufficient pricing data | • None issued |

Half dime
Early half dimes index chart

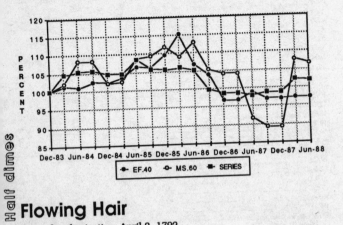

Flowing Hair

Date of authorization: April 2, 1792
Dates of issue: 1792 (half disme), 1794-1795
Designer
  Obverse: Robert Scot
  Reverse: Scot
Engraver
  Obverse: Scot
  Reverse: Scot
Diameter (Millimeters/inches):
  16.50mm/0.65 inch
Weight (Grams/ounces):
  1.348 grams/0.04334
Metallic content:
  89.25% silver, 10.75% copper
Weight of pure silver:
  1.20309 grams/0.03868 ounce
Edge:
  Reeded

	AG-3	G-4	VG-8	F-12	VF-20	EF-40	AU-50
1792 half disme	2500.	3250.	4250.	5750.	8000.	10750.	18500.
1794	340.	640.	920.	1300.	2150.	3500.	5500.
1795	315.	540.	715.	950.	1700.	2650.	3900.

— Insufficient pricing data	* None issued

Half dime
Draped Bust, Small Eagle or Heraldic Eagle

Date of authorization: April 2, 1792
Dates of issue: 1796-1805
Designer
   Obverse: Gilbert Stuart-Robert Scot
   Reverse: (1796-1797) Scot-John Eckstein
   Reverse: (1800-1805) Scot
Engraver
   Obverse: Scot
   Reverse: Scot
Diameter (Millimeters/inches):
   16.50mm/0.65 inch
Weight (Grams/ounces):
   1.348 grams/0.04334 ounce
Metallic content:
   89.25% silver, 10.75% copper
Weight of pure silver:
   1.2031 grams/0.03868 ounce
Edge:
   Reeded

	AG-3	G-4	VG-8	F-12	VF-20	EF-40	AU-50
1796/5 Small Eagle	415.	730.	875.	1225.	2350.	3650.	5750.
1796	375.	690.	825.	1100.	1975.	2850.	4600.
1796 LIKERTY	375.	690.	825.	1150.	2050.	3050.	4750.
1797 15 Stars	350.	660.	810.	1100.	1925.	2750.	4500.
1797 16 Stars	365.	680.	825.	1150.	1950.	2800.	4550.
1797 13 Stars	400.	705.	850.	1225.	2025.	2900.	4650.
1800 Heraldic Eagle	190.	510.	625.	765.	1200.	2100.	3250.
1800 LIKERTY	195.	520.	635.	775.	1225.	2150.	3300.
1801	245.	560.	710.	900.	1500.	2600.	4250.
1802	5500.	8750.	15000.	24500.	32500.	47500.	—
1803	230.	535.	660.	825.	1275.	2200.	3350.
1805	330.	630.	800.	875.	1850.	2950.	4550.

Half dime
Capped Bust

Date of authorization: April 2, 1792
Dates of issue: 1829-1837
Designer
   Obverse: John Reich-William Kneass
   Reverse: Reich-Kneass

  — Insufficient pricing data   * None issued

Half dime, Capped Bust (continued)

Engraver
   Obverse: Kneass
   Reverse: Kneass
Diameter (Millimeters/inches):
   15.50mm/0.61 inch
Weight (Grams/ounce):
   1.348 grams/0.04334 ounce
Metallic content:
   89.25% silver, 10.75% copper
Weight of pure silver:
   1.2031 grams/0.03868 ounce
Edge:
   Reeded

	G-4	VG-8	F-12	VF-20	EF-40	AU-50	MS-60	MS-63
1829	11.75	15.00	21.50	44.00	90.00	210.	455.	955.
1830	11.75	15.00	21.50	44.00	89.00	205.	440.	940.
1831	11.75	15.00	21.50	44.00	90.00	210.	420.	925.
1832	11.75	15.00	21.50	44.00	90.00	210.	440.	940.
1833	11.75	15.00	21.50	44.00	89.00	205.	420.	925.
1834	11.75	15.00	21.50	44.00	92.50	215.	440.	940.
1835	11.75	15.00	21.50	44.00	90.00	210.	420.	925.
1836	11.75	15.00	21.50	44.00	90.00	210.	420.	925.
1837 Small 5c.	18.50	23.00	40.00	90.00	245.	425.	1300.	2850.
1837 Large 5c.	11.75	15.00	21.50	44.00	90.00	210.	420.	925.

Half dime
Seated Liberty half dime chart

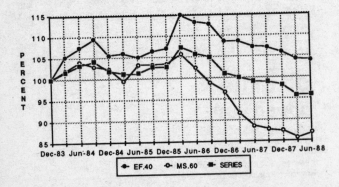

| — Insufficient pricing data | * None issued |

Seated Liberty

Date of authorization: April 2, 1792
Dates of issue: 1837-1873
Designer
    Obverse (1837-1840): Christian Gobrecht
    Obverse (1840-1859): Gobrecht-Robert B. Hughes
    Obverse (1860-1873): Gobrecht-Hughes-Longacre
    Reverse (1837-1840): Gobrecht
    Reverse (1840-1859): Gobrecht
    Reverse (1860-1873): James B. Longacre
Engraver
    Obverse (1837-1840): Gobrecht
    Obverse (1840-1859): Gobrecht
    Obverse (1860-1873): Longacre
    Reverse (1837-1840): Gobrecht
    Reverse (1840-1859): Gobrecht
    Reverse (1860-1873): Longacre
Diameter (Millimeters/inches):
    15.50mm/0.61 inch
Weight (Grams/ounces):
    1837-1853: 1.336 grams/0.04295 ounce
    1853-1873: 1.244 grams/0.04000 ounce
Metallic content:
    90% silver, 10% copper
Weight of pure silver:
    1837-1853: 1.2024 grams/0.03866 ounce
    1853-1873: 1.1196 grams/0.03600 ounce
Edge:
    Reeded

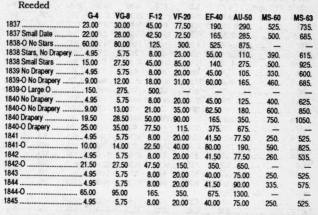

	G-4	VG-8	F-12	VF-20	EF-40	AU-50	MS-60	MS-63
1837	23.00	30.00	45.00	77.50	190.	290.	525.	735.
1837 Small Date	22.00	28.00	42.50	72.50	165.	285.	500.	685.
1838-O No Stars	60.00	80.00	125.	300.	525.	875.	—	—
1838 Stars, No Drapery	4.95	5.75	8.00	23.00	55.00	110.	390.	615.
1838 Small Stars	15.00	27.50	45.00	85.00	140.	275.	500.	925.
1839 No Drapery	4.95	5.75	8.00	20.00	45.00	105.	330.	600.
1839-O No Drapery	9.00	12.00	18.00	31.00	60.00	165.	460.	685.
1839-O Large O	150.	275.	500.	—	—	—	—	—
1840 No Drapery	4.95	5.75	8.00	20.00	45.00	125.	400.	625.
1840-O No Drapery	9.00	13.00	21.00	35.00	62.50	180.	600.	850.
1840 Drapery	19.50	28.50	50.00	90.00	165.	350.	750.	1050.
1840-O Drapery	25.00	35.00	77.50	115.	375.	675.	—	—
1841	4.95	5.75	8.00	20.00	41.50	77.50	250.	525.
1841-O	10.00	14.00	22.50	40.00	80.00	190.	590.	825.
1842	4.95	5.75	8.00	20.00	41.50	77.50	260.	535.
1842-O	21.50	27.50	47.50	150.	350.	650.	—	—
1843	4.95	5.75	8.00	20.00	40.00	75.00	250.	525.
1844	4.95	5.75	8.00	20.00	41.50	90.00	335.	575.
1844-O	65.00	95.00	165.	350.	675.	1300.	—	—
1845	4.95	5.75	8.00	20.00	40.00	75.00	250.	525.

— Insufficient pricing data   * None issued

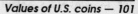

Half dime, Seated Liberty (continued)

	G-4	VG-8	F-12	VF-20	EF-40	AU-50	MS-60	MS-63
1846	115.	150.	235.	450.	1000.	1950.	—	—
1847	4.95	5.75	8.00	20.00	40.00	75.00	250.	525.
1848	4.95	5.75	8.00	20.00	40.00	75.00	250.	525.
1848 Large Date	10.00	17.50	29.00	40.00	65.00	160.	400.	650.
1848-O	12.00	15.50	27.50	47.50	85.00	165.	470.	755.
1849/6	10.00	13.00	23.00	45.00	70.00	125.	315.	575.
1849/8	13.00	15.75	27.50	55.00	90.00	155.	385.	670.
1849	4.95	5.75	8.00	17.75	40.00	75.00	250.	525.
1849-O	20.00	31.00	57.50	135.	275.	590.	—	—
1850	4.95	5.75	8.00	17.50	40.00	75.00	275.	565.
1850-O	11.00	14.50	24.00	65.00	100.	210.	700.	1000.
1851	5.00	5.85	8.00	17.50	38.50	77.50	265.	555.
1851-O	7.00	11.00	21.00	45.00	90.00	175.	635.	925.
1852	4.95	5.75	8.00	17.50	38.50	77.50	265.	555.
1852-O	21.00	28.00	55.00	115.	240.	425.	—	—
1853 No Arrows	25.00	29.00	50.00	75.00	150.	260.	470.	725.
1853-O No Arrows	140.	175.	250.	415.	850.	2100.	—	—
1853 Arrows	4.40	5.05	7.00	15.50	37.50	90.00	250.	550.
1853-O Arrows	6.00	7.00	10.00	28.50	59.00	120.	325.	590.
1854 Arrows	4.40	5.05	7.00	15.00	40.00	90.00	250.	550.
1854-O Arrows	5.85	6.75	9.50	28.50	56.50	145.	525.	750.
1855 Arrows	4.45	5.05	7.00	20.00	40.00	90.00	250.	550.
1855-O Arrows	15.00	18.50	25.00	47.50	95.00	245.	550.	825.
1856 No Arrows	4.50	5.10	7.25	16.00	35.00	72.50	235.	440.
1856-O No Arrows	9.00	12.00	20.00	37.50	72.50	215.	815.	1175.
1857	4.50	5.10	7.25	16.00	35.50	75.00	235.	440.
1857-O	9.00	10.50	13.75	30.00	57.50	140.	535.	740.
1858	4.45	5.10	7.15	16.00	36.50	75.00	235.	440.
1858/Inverted Date	23.00	32.00	47.50	105.	180.	265.	460.	700.
1858/1858	35.00	50.00	75.00	155.	250.	425.	675.	975.
1858-O	8.00	9.50	12.25	32.00	70.00	130.	470.	650.
1859	9.00	12.25	22.00	29.00	50.00	77.50	245.	450.
1859-O	14.75	16.00	21.50	34.00	77.50	135.	470.	650.
1860 Obverse Legend	4.25	4.85	8.00	16.00	34.50	72.50	235.	440.
1860-O	4.25	6.00	15.00	19.00	43.50	100.	320.	520.
1861	4.25	4.85	8.00	16.00	34.50	72.50	185.	390.
1861/0	21.50	35.00	55.00	100.	225.	325.	485.	675.
1862	4.25	4.85	8.00	16.00	34.50	72.50	185.	390.
1863	115.	135.	160.	240.	340.	415.	520.	725.
1863-S	15.00	19.50	33.00	40.00	115.	240.	600.	925.
1864	175.	225.	315.	400.	600.	850.	1250.	1800.
1864-S	29.00	37.50	60.00	85.00	260.	385.	690.	1000.
1865	170.	215.	290.	365.	585.	710.	900.	1550.
1865-S	12.00	15.75	28.00	40.00	110.	275.	725.	1075.
1866	165.	205.	275.	300.	475.	530.	615.	925.
1866-S	12.00	15.75	28.00	40.00	115.	285.	635.	975.
1867	300.	335.	410.	490.	575.	750.	875.	1300.
1867-S	14.50	17.25	32.50	67.50	120.	220.	500.	700.
1868	25.00	37.50	75.00	135.	245.	315.	520.	765.
1868-S	5.25	5.85	7.85	21.00	57.50	130.	530.	775.
1869	5.85	7.00	17.50	21.50	45.00	90.00	340.	600.
1869-S	5.35	5.75	8.00	15.50	53.50	115.	385.	615.
1870	5.75	6.25	8.60	13.50	34.00	58.00	220.	405.
1870-S (unique) MS-60 $253000.								
1871	4.60	5.35	8.00	13.50	30.00	50.00	215.	400.
1871-S	9.50	13.00	32.00	42.50	70.00	100.	250.	575.

— Insufficient pricing data	* None issued

	G-4	VG-8	F-12	VF-20	EF-40	AU-50	MS-60	MS-63
1872	4.60	5.25	6.50	13.50	30.00	50.00	195.	390.
1872-S S in Wreath	5.50	6.00	8.60	13.50	30.00	50.00	195.	390.
1872-S S below Wreath	5.50	6.00	8.60	13.50	30.00	50.00	195.	390.
1873	4.60	5.25	6.50	13.50	30.00	50.00	195.	390.
1873-S	8.50	10.25	15.00	27.50	43.00	85.00	240.	430.

Dime
Early dimes index chart

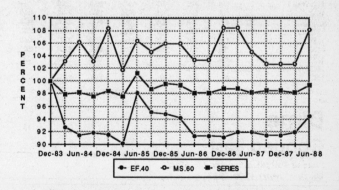

— Insufficient pricing data	* None issued

Draped Bust, Small Eagle or Heraldic Eagle

Date of authorization: April 2, 1792
Dates of issue: 1796-1807
Designer
  Obverse: Gilbert Stuart-Robert Scot
  Reverse: (1796-1797) Scot-John Eckstein
  Reverse: (1798-1807) Scot
Engraver
  Obverse: Scot
  Reverse: Scot
Diameter (Millimeters/inches):
  18.80mm/0.74 inch
Weight (Grams/ounces):
  2.696 grams/0.08668 ounce
Metallic content:
  89.25% silver, 10.75% copper
Weight of pure silver:
  2.4062 grams/0.07736 ounce
Edge:
  Reeded

	G-4	VG-8	F-12	VF-20	EF-40	AU-50	MS-60
1796 Small Eagle	1000.	1225.	1650.	2250.	4000.	5750.	12500.
1797 16 Stars	790.	950.	1275.	1900.	3000.	4750.	9000.
1797 13 Stars	790.	950.	1275.	1900.	3000.	4750.	9000.
1798/97 Heraldic Eagle	465.	575.	975.	1850.	2850.	4250.	8500.
1798/97 13 Stars	—	1300.	1850.	3250.	—	—	—
1798	415.	515.	735.	1025.	1600.	2150.	4300.
1798 Small 8	575.	725.	975.	1575.	2100.	3250.	—
1800	415.	515.	735.	1025.	1600.	2150.	4300.
1801	415.	515.	735.	1050.	1675.	2200.	4400.
1802	600.	785.	1250.	2300.	4750.	7000.	15000.
1803	430.	500.	710.	1025.	1600.	2150.	4300.
1804	850.	1200.	2000.	3300.	4600.	6750.	14500.
1805	405.	450.	700.	1000.	1550.	2100.	4250.
1805 5 Berries	510.	625.	825.	1250.	1850.	2750.	—
1807	405.	460.	725.	1015.	1750.	2400.	4750.

Dime
Capped Bust

Date of authorization: April 2, 1792
Dates of issue: 1809-1837

— Insufficient pricing data	* None issued

Designer
  Obverse: John Reich
  Reverse: Reich
Engraver
  Obverse: Reich
  Reverse: Reich
Diameter (Millimeters/inches):
  1809-1828: 18.80mm/0.74 inch
  1828-1837: 17.90mm/0.71 inch
Weight (Grams/ounces):
  2.696 grams/0.08668 ounce
Metallic content:
  89.25% silver, 10.75% copper
Weight of pure silver:
  2.4062 grams/0.07736 ounce
Edge:
  Reeded

Dimes

	G-4	VG-8	F-12	VF-20	EF-40	AU-50	MS-60
1809	82.50	145.	275.	415.	700.	1100.	1700.
1811/9	42.50	70.00	100.	210.	385.	875.	1450.
1814 Small Date	30.00	60.00	97.50	185.	400.	900.	1500.
1814 Large Date	15.00	21.50	45.00	85.00	330.	725.	1300.
1814 STATESOFAMERICA	15.00	21.50	45.00	85.00	340.	775.	1400.
1820 Large O	12.25	15.25	28.50	85.00	275.	700.	1250.
1820 Small O	12.25	15.25	28.50	85.00	275.	700.	1250.
1820 STATESOFAMERICA	15.00	21.50	45.00	87.50	375.	825.	1550.
1821 Small Date	16.50	22.50	45.00	90.00	300.	765.	1350.
1821 Large Date	12.25	15.25	28.50	85.00	285.	710.	1250.
1822	260.	425.	625.	900.	1450.	2250.	3250.
1823/2	11.50	15.25	26.00	85.00	250.	675.	1200.
1824/2	17.50	25.00	40.00	115.	450.	850.	1450.
1825	11.50	15.25	26.00	85.00	250.	675.	1200.
1827	11.75	15.25	26.00	85.00	250.	675.	1200.

	G-4	VG-8	F-12	VF-20	EF-40	AU-50	MS-60	MS-63
1828 Large Date	23.50	32.50	52.50	150.	425.	860.	1525.	—
1828 Small Date	24.50	39.00	75.00	110.	265.	650.	1600.	3250.
1829 Curl Base 2	2750.	3500.	5500.	8000.	—	—	—	—
1829 Small 10c	16.50	24.00	35.00	95.00	225.	450.	1035.	2150.
1829 Large 10c	32.50	55.00	87.50	145.	400.	525.	1225.	2500.
1830	9.00	11.00	17.50	42.00	180.	375.	775.	1700.
1830/29	40.00	57.50	90.00	165.	290.	475.	825.	1750.
1831	9.00	11.00	17.50	42.00	180.	375.	775.	1700.
1832	9.00	11.00	17.50	42.00	180.	400.	1000.	2300.
1833	9.00	11.00	17.50	42.00	180.	375.	775.	1700.
1834	9.00	11.00	17.50	42.00	180.	375.	775.	1700.
1835	9.00	11.00	17.50	42.00	180.	375.	775.	1700.
1836	9.00	11.00	17.50	42.00	180.	375.	775.	1700.
1837	9.00	11.00	17.50	42.00	180.	375.	775.	1700.

— Insufficient pricing data	* None issued

Dime
Seated Liberty dime index chart

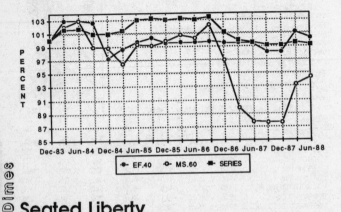

PERCENT (y-axis): 103, 101, 99, 97, 95, 93, 91, 89, 87, 85

x-axis: Dec-83 Jun-84 Dec-84 Jun-85 Dec-85 Jun-86 Dec-86 Jun-87 Dec-87 Jun-88

● EF.40   ○ MS.60   ■ SERIES

Seated Liberty

Date of authorization: April 2, 1792
Dates of issue: 1837-1891
Designer
    Obverse (1837-1840): Thomas Sully-Christian Gobrecht
    Obverse (1840-1860): John Hughes-Gobrecht-Sully
    Obverse (1860-1891): James B. Longacre-Hughes-Gobrecht-Sully
    Reverse (1837-1840): Gobrecht
    Reverse (1840-1860): Gobrecht
    Reverse (1860-1891): Longacre
Engraver
    Obverse (1837-1840): Gobrecht
    Obverse (1840-1860): Gobrecht
    Obverse (1860-1891): Longacre
    Reverse (1837-1840): Gobrecht
    Reverse (1840-1860): Gobrecht
    Reverse (1860-1891): Longacre
Diameter (Millimeters/inches):
    17.90mm/0.71 inch
Weight (Grams/ounces):
    1837-1853: 2.673 grams/0.08594 ounce
    1853-1873: 2.488 grams/0.07999 ounce
Metallic content:
    90% silver, 10% copper

  — Insufficient pricing data   * None issued

Weight of pure silver:
1837-1853: 2.4057 grams/0.07735 ounce
1853-1873: 2.2392 grams/0.07199 ounce
Edge:
Reeded

	G-4	VG-8	F-12	VF-20	EF-40	AU-50	MS-60	MS-63
1837 No Stars	20.00	35.00	52.50	100.	200.	575.	890.	1750.
1838-O	28.50	48.00	77.50	195.	375.	800.	2000.	—
1838 Small Stars	18.00	25.00	42.50	70.00	160.	445.	1000.	—
1838 Large Stars	5.75	10.00	15.50	18.50	62.50	155.	440.	800.
1839	5.75	10.00	15.50	23.00	47.50	140.	345.	675.
1839-O	8.75	16.50	21.00	37.50	72.50	185.	440.	—
1840 No Drapery	5.25	6.25	11.25	17.25	45.00	135.	345.	775.
1840-O No Drapery	8.50	16.00	19.00	39.00	77.50	250.	850.	—
1840 Drapery	25.00	37.50	65.00	130.	215.	365.	—	—
1841	5.00	6.00	11.25	17.25	32.50	82.50	300.	—
1841-O	7.50	17.00	21.50	40.00	77.50	265.	875.	1350.
1842	5.00	6.50	11.25	16.25	33.00	83.50	300.	—
1842-O	7.75	13.50	19.00	26.00	80.00	290.	—	—
1843	5.00	6.00	9.50	23.00	33.00	83.50	300.	—
1843-O	30.00	45.00	70.00	185.	435.	875.	—	—
1844	25.00	40.00	60.00	125.	275.	625.	—	—
1845	5.00	6.00	9.00	24.50	36.00	84.50	300.	—
1845-O	15.00	21.00	42.50	155.	325.	685.	—	—
1846	50.00	77.50	120.	225.	625.	1300.	—	—
1847	12.00	20.00	31.50	55.00	115.	315.	875.	—
1848	9.00	12.00	16.00	42.50	72.50	160.	750.	—
1849	5.75	8.75	15.00	28.00	45.00	95.00	430.	—
1849-O	7.60	11.00	42.50	85.00	175.	1500.	4500.	—
1850	6.00	8.00	13.00	25.00	50.00	87.50	315.	—
1850-O	8.25	10.50	26.50	50.00	95.00	225.	900.	—
1851	5.00	6.00	12.00	21.50	40.00	85.00	300.	—
1851-O	8.50	13.00	26.50	65.00	155.	300.	1500.	—
1852	5.00	6.00	12.00	23.00	40.00	85.00	300.	—
1852-O	11.50	19.00	32.50	82.50	175.	390.	1600.	2150.
1853 No Arrows	28.00	45.00	77.50	155.	245.	325.	475.	—
1853 Arrows	3.00	4.00	6.00	13.50	35.00	110.	305.	625.
1853-O Arrows	6.25	12.00	23.50	38.00	95.00	275.	675.	—
1854 Arrows	3.00	5.75	8.75	13.50	35.00	150.	450.	—
1854-O Arrows	3.00	4.00	6.00	13.50	40.00	135.	380.	750.
1855 Arrows	3.50	5.75	8.75	13.50	40.00	135.	375.	—
1856 Small Date, No Arrows	3.50	7.25	14.00	20.00	35.00	125.	340.	—
1856 Large Date	7.60	12.00	17.00	21.50	45.00	140.	350.	—
1856-O	7.00	11.00	17.50	26.00	77.50	185.	625.	—
1856-S	65.00	97.50	125.	265.	385.	575.	—	—
1857	3.40	5.00	6.50	12.50	35.00	105.	300.	—
1857-O	5.00	8.00	9.50	22.00	55.00	160.	440.	—
1858	3.40	4.75	6.50	12.50	35.00	105.	300.	—
1858-O	12.75	21.00	45.00	75.00	115.	230.	625.	—
1858-S	62.50	90.00	105.	185.	325.	625.	—	—
1859	3.50	5.00	7.50	23.00	55.00	150.	400.	—
1859-O	7.00	13.00	20.00	27.50	59.00	160.	430.	—
1859-S	60.00	80.00	135.	245.	315.	675.	—	—
1860-S	20.00	30.00	40.00	77.50	175.	375.	—	—
1860 Obverse Legend	4.90	8.00	9.50	21.50	33.00	70.00	250.	—
1860-O	245.	400.	615.	950.	1800.	3600.	4900.	—
1861	4.75	7.75	8.75	13.50	32.00	67.50	245.	—

— Insufficient pricing data   * None issued

Dime, Seated Liberty (continued)

	G-4	VG-8	F-12	VF-20	EF-40	AU-50	MS-60	MS-63
1861-S	27.50	43.00	65.00	145.	190.	335.	1350.	—
1862	4.75	7.75	8.75	13.50	32.00	67.50	245.	—
1862-S	24.50	39.00	52.50	120.	150.	265.	1100.	—
1863	180.	275.	400.	515.	625.	725.	900.	1600.
1863-S	19.00	30.00	39.00	67.50	115.	205.	1050.	—
1864	155.	245.	365.	480.	600.	770.	925.	1650.
1864-S	16.50	22.50	36.50	60.00	100.	200.	1050.	—
1865	195.	305.	475.	550.	675.	800.	950.	—
1865-S	16.50	22.00	40.00	77.50	165.	300.	—	—
1866	230.	345.	515.	650.	775.	890.	975.	1250.
1866-S	17.00	23.00	36.00	57.50	110.	210.	940.	—
1867	280.	385.	550.	675.	810.	950.	1300.	—
1867-S	19.00	24.00	39.00	67.50	125.	225.	1050.	—
1868	8.75	12.50	22.50	35.00	65.00	160.	365.	—
1868-S	11.00	16.00	23.00	50.00	85.00	185.	390.	—
1869	13.00	17.50	28.00	57.50	90.00	190.	475.	—
1869-S	7.00	10.50	16.00	26.00	78.50	175.	415.	875.
1870	5.00	6.00	9.00	19.00	47.50	135.	310.	540.
1870-S	115.	140.	175.	215.	385.	600.	1450.	—
1871	4.75	5.50	7.75	13.00	35.00	130.	355.	—
1871-CC	490.	625.	875.	1350.	2450.	4250.	14000.	—
1871-S	6.50	10.50	23.00	45.00	77.50	200.	650.	1350.
1872	4.50	5.25	7.50	10.50	33.00	115.	310.	540.
1872-CC	285.	475.	605.	775.	1700.	3250.	—	—
1872-S	14.50	19.00	50.00	95.00	180.	365.	775.	—
1873 Closed 3	9.00	14.00	18.50	21.50	36.00	105.	240.	500.
1873 Open 3	15.00	23.50	47.50	75.00	105.	385.	625.	—
1873-CC (Unique)								
1873 Arrows	8.50	13.00	20.00	47.50	87.50	250.	555.	1050.
1873-CC Arrows	525.	700.	1350.	2000.	3250.	6500.	—	—
1873-S	14.00	15.50	23.50	50.00	92.50	340.	850.	—
1874	7.50	10.50	22.50	50.00	92.50	275.	585.	1075.
1874-CC	885.	1075.	1850.	2350.	3850.	8500.	—	—
1874-S	16.50	27.00	48.50	72.50	145.	350.	710.	—
1875 No Arrows	3.10	4.25	5.00	8.45	18.25	47.75	240.	500.
1875-CC CC below Wreath	5.25	8.50	18.50	26.00	55.00	80.00	245.	505.
1875-CC CC in Wreath	5.00	7.75	16.00	23.00	45.00	70.00	240.	500.
1875-S S below Wreath	3.00	4.00	5.00	8.00	19.00	48.50	235.	495.
1876	3.00	4.00	5.00	8.00	18.00	47.50	230.	480.
1876-CC	3.00	4.00	5.00	9.00	22.50	50.00	230.	480.
1876-S	4.75	5.25	9.25	13.50	24.50	52.50	250.	510.
1877	3.00	4.00	5.00	8.00	18.00	47.50	230.	480.
1877-CC	3.00	4.00	5.00	8.00	23.00	51.00	230.	480.
1877-S	5.00	5.50	9.50	13.75	26.00	55.00	255.	520.
1878	3.00	4.00	5.00	8.00	18.00	47.50	230.	480.
1878-CC	32.50	52.50	75.00	135.	225.	350.	525.	750.
1879	140.	190.	250.	300.	340.	380.	625.	850.
1880	95.00	145.	175.	215.	265.	300.	575.	775.
1881	95.00	145.	175.	240.	295.	335.	585.	800.
1882	3.00	4.00	5.00	8.00	18.00	47.50	235.	495.
1883	3.00	4.00	5.00	8.00	18.00	47.50	230.	480.
1884	3.00	4.00	5.00	8.00	18.00	47.50	230.	480.
1884-S	14.00	18.50	24.50	35.00	65.00	145.	575.	825.
1885	3.00	4.00	5.00	8.00	18.00	47.50	230.	480.
1885-S	200.	285.	375.	475.	725.	1250.	2400.	—

— Insufficient pricing data   * None issued

Dimes

	G-4	VG-8	F-12	VF-20	EF-40	AU-50	MS-60	MS-63
1886	3.00	4.00	5.00	8.00	18.00	47.50	250.	500.
1886-S	35.00	45.00	57.50	87.50	125.	275.	800.	—
1887	3.00	4.00	5.00	8.45	18.00	47.50	220.	470.
1887-S	3.00	4.00	5.00	8.45	18.00	47.50	220.	470.
1888	3.00	4.00	5.00	8.45	18.00	47.50	220.	470.
1888-S	3.00	4.00	5.00	8.70	25.00	57.50	225.	480.
1889	3.00	4.00	5.00	8.45	18.00	47.50	220.	470.
1889-S	9.50	13.00	23.00	37.50	65.00	165.	425.	—
1890	3.00	4.00	5.00	8.45	18.00	47.50	220.	470.
1890-S	11.50	16.50	25.50	55.00	85.00	155.	400.	—
1891	3.00	4.00	5.00	8.45	18.00	47.50	230.	480.
1891-O	3.25	4.25	5.25	8.60	19.00	48.50	260.	520.
1891-S	3.50	4.50	5.40	9.60	19.00	48.50	280.	545.

Dime
Barber dime index chart

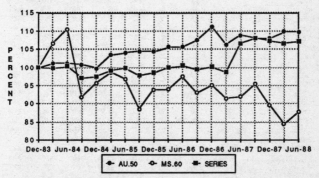

PERCENT

Dec-83 Jun-84 Dec-84 Jun-85 Dec-85 Jun-86 Dec-86 Jun-87 Dec-87 Jun-88

●— AU.50   ○— MS.60   ■— SERIES

Dimes

Barber dime

Date of authorization: April 2, 1792
Dates of issue: 1892-1916
Designer
  Obverse: Charles Barber
  Reverse: James B. Longacre
Engraver
  Obverse: Barber
  Reverse: Barber
Diameter (Millimeters/inches):
  17.91mm/0.71 inch
Weight (Grams/ounces):
  2.500 grams/0.08038 ounce

— Insufficient pricing data	* None issued

Dime, Barber (continued)

Metallic content:
  90% silver, 10% copper
Weight of pure silver:
  2.250 grams/0.07234 ounce
Edge:
  Reeded

	G-4	VG-8	F-12	VF-20	EF-40	AU-50	MS-60	MS-63
1892	2.75	3.40	6.00	8.65	21.00	41.00	130.	330.
1892-O	4.65	5.90	8.15	13.50	25.50	52.00	135.	360.
1892-S	22.00	29.50	40.00	55.00	77.50	125.	215.	405.
1893	4.30	5.40	8.15	11.50	22.50	43.50	125.	360.
1893/2	—	—	—	125.	235.	400.	650.	1000.
1893-O	12.00	16.50	37.50	60.00	72.50	85.00	210.	440.
1893-S	5.40	6.50	12.25	21.00	27.50	59.00	160.	375.
1894	6.15	9.25	36.50	56.00	67.50	120.	220.	450.
1894-O	28.00	35.00	67.50	100.	215.	465.	790.	2000.
1894-S Unauthorized, 24 Struck, Proof 60 $70,000.								
1895	49.00	63.50	130.	170.	185.	265.	470.	900.
1895-O	105.	160.	210.	250.	350.	500.	775.	1600.
1895-S	13.50	16.50	26.50	36.50	47.00	77.50	180.	400.
1896	4.90	6.00	13.00	19.75	36.00	62.50	130.	325.
1896-O	36.00	48.50	92.50	145.	165.	290.	475.	1025.
1896-S	30.50	37.50	62.50	80.00	125.	225.	350.	665.
1897	2.30	2.90	4.00	6.00	18.00	41.00	125.	300.
1897-O	31.00	40.00	70.00	92.50	180.	290.	525.	1100.
1897-S	7.15	9.25	16.50	28.50	50.00	81.00	180.	400.
1898	1.25	1.55	3.00	5.00	16.15	39.00	125.	300.
1898-O	3.90	4.75	10.75	22.00	41.50	80.00	205.	625.
1898-S	3.40	4.00	8.90	16.50	33.50	59.00	175.	355.
1899	1.25	1.55	3.00	5.00	16.15	39.00	120.	300.
1899-O	3.15	3.90	10.25	23.50	42.50	75.00	205.	625.
1899-S	3.40	3.90	9.00	19.00	27.50	57.50	145.	355.
1900	1.25	1.55	3.00	5.00	16.15	39.00	120.	300.
1900-O	4.50	6.50	16.50	25.00	45.00	100.	220.	655.
1900-S	2.35	2.70	5.10	8.00	21.00	52.50	155.	345.
1901	1.25	1.55	3.00	5.00	16.15	39.00	120.	300.
1901-O	2.35	2.80	5.25	16.00	38.50	100.	220.	625.
1901-S	29.00	37.50	70.00	125.	200.	350.	625.	1150.
1902	1.25	1.55	3.00	5.00	16.15	39.00	120.	300.
1902-O	2.40	2.70	5.10	12.50	26.50	62.50	195.	430.
1902-S	3.50	5.15	11.50	23.75	48.50	90.00	195.	425.
1903	1.25	1.55	3.00	5.00	16.15	39.00	120.	300.
1903-O	2.35	2.55	4.50	8.00	24.00	61.50	190.	400.
1903-S	25.50	31.00	48.50	70.00	130.	250.	450.	925.
1904	1.25	1.55	3.00	5.00	16.15	39.00	120.	300.
1904-S	18.50	23.50	41.00	65.00	120.	235.	445.	890.
1905	1.25	1.55	3.00	5.00	16.15	39.00	120.	300.
1905-O	2.35	3.05	6.15	13.50	25.50	57.50	145.	355.
1905-S	2.20	2.85	4.50	9.00	24.00	59.00	180.	400.
1906	1.25	1.55	3.00	5.00	16.15	39.00	120.	300.
1906-D	2.35	3.05	4.85	8.50	21.50	52.50	145.	330.
1906-O	2.25	3.75	9.25	18.00	30.00	60.00	150.	355.
1906-S	2.15	3.00	5.75	11.50	26.00	57.50	155.	375.
1907	1.25	1.55	3.00	5.00	16.15	44.50	120.	300.
1907-D	1.85	2.35	5.15	9.50	24.00	57.50	150.	335.
1907-O	1.85	2.35	5.15	8.50	20.50	44.50	120.	300.

— Insufficient pricing data	* None issued

	G-4	VG-8	F-12	VF-20	EF-40	AU-50	MS-60	MS-63
1907-S	2.25	2.60	5.50	12.00	27.00	60.00	180.	390.
1908	1.25	1.55	3.00	5.00	16.15	39.00	120.	300.
1908-D	1.70	1.95	4.65	6.50	19.50	44.50	120.	300.
1908-O	2.40	4.50	10.00	19.75	32.50	65.00	175.	365.
1908-S	1.80	2.25	4.75	9.25	23.50	57.50	155.	365.
1909	1.50	1.75	3.00	5.00	16.15	39.00	120.	300.
1909-D	2.75	4.65	12.25	23.75	38.50	75.00	170.	365.
1909-O	2.35	2.75	5.25	15.00	25.50	57.50	145.	360.
1909-S	2.75	5.25	13.50	25.00	41.00	78.50	185.	400.
1910	1.25	1.55	3.00	5.10	16.15	39.00	135.	300.
1910-D	1.85	2.50	4.75	12.75	27.00	62.50	170.	385.
1910-S	2.10	2.60	7.75	15.50	26.50	60.00	150.	355.
1911	1.25	1.70	3.00	5.00	16.00	38.50	120.	300.
1911-D	1.25	1.70	3.20	6.10	16.15	39.00	120.	300.
1911-S	1.65	2.15	4.50	7.15	18.75	57.50	135.	335.
1912	1.25	1.70	3.00	5.00	16.00	38.50	120.	300.
1912-D	1.25	1.50	3.35	6.00	16.15	39.00	145.	305.
1912-S	1.65	1.95	4.50	7.75	19.00	57.50	155.	325.
1913	1.25	1.70	3.00	5.00	16.00	38.50	120.	300.
1913-S	6.50	9.75	25.00	45.00	87.50	150.	250.	625.
1914	1.25	1.70	3.00	5.00	16.00	38.50	120.	300.
1914-D	1.25	1.70	3.35	6.00	16.15	39.00	125.	300.
1914-S	2.00	2.25	4.50	8.25	23.50	57.50	145.	345.
1915	1.25	1.70	3.00	5.00	16.00	38.50	130.	300.
1915-S	1.90	3.50	5.75	10.50	27.00	60.00	160.	370.
1916	1.25	1.70	3.00	5.00	16.00	38.50	125.	300.
1916-S	1.25	1.65	3.25	7.50	16.15	39.00	145.	305.

Dimes

Dime
Winged Liberty Head index chart

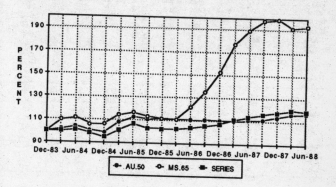

— Insufficient pricing data	* None issued

Winged Liberty Head
(nicknamed "Mercury")

Date of authorization: April 2, 1792
Dates of issue: 1916-1945
Designer
  Obverse: Adolph Weinman
  Reverse: Weinman
Engraver
  Obverse: Charles Barber
  Reverse: Barber
Diameter (Millimeters/inches):
  17.91mm/0.71 inch
Weight (Grams/ounces):
  2.500 grams/0.08038 ounce
Metallic content:
  90% silver, 10% copper
Weight of pure silver:
  2.250 grams/0.07234 ounce
Edge:
  Reeded

	VG-8	F-12	VF-20	EF-40	AU-50	MS-60	MS-63	MS-65	MS-65 FSB†
1916	2.50	3.75	5.75	8.50	15.00	21.00	57.50	240.	300.
1916-D	450.	740.	1050.	1450.	1900.	2400.	3200.	4600.	9250.
1916-S	3.00	4.75	8.00	13.50	19.50	32.50	60.00	290.	515.
1917	1.75	2.25	4.50	5.75	11.25	17.50	27.00	230.	375.
1917-D	2.90	6.00	12.50	30.00	60.00	95.00	175.	700.	2000.
1917-S	2.10	3.00	5.00	7.50	17.50	32.50	72.50	275.	1850.
1918	1.75	3.50	8.00	19.00	35.00	47.50	90.00	290.	500.
1918-D	2.35	3.25	7.50	17.50	37.00	52.00	115.	790.	4000.
1918-S	1.75	3.00	5.50	10.25	21.50	41.00	85.00	575.	2400.
1919	1.70	2.75	4.75	6.50	13.00	23.00	45.00	345.	400.
1919-D	2.90	5.00	12.00	28.00	59.00	110.	150.	935.	2300.
1919-S	2.40	4.00	10.15	25.00	59.00	135.	225.	825.	4150.
1920	1.60	2.25	4.00	5.50	11.25	17.00	26.50	270.	365.
1920-D	2.05	3.25	6.00	12.00	25.50	62.50	110.	750.	925.
1920-S	2.05	3.00	5.85	10.25	21.50	60.00	93.50	650.	1900.
1921	25.00	57.50	115.	345.	600.	800.	1000.	1650.	3100.
1921-D	36.00	75.00	170.	355.	610.	775.	1050.	1750.	3100.
1923	1.65	2.25	3.25	5.50	9.00	17.00	23.50	270.	365.
1923-S	2.15	3.15	6.25	16.50	36.50	67.50	140.	700.	3250.
1924	1.70	2.25	4.00	6.75	16.75	37.50	55.00	340.	400.
1924-D	1.90	3.25	7.25	15.00	37.50	80.00	165.	500.	875.
1924-S	1.90	2.95	6.00	13.00	35.00	77.50	180.	825.	2200.
1925	1.60	2.15	3.50	5.90	14.25	32.50	47.50	335.	390.
1925-D	3.50	7.00	19.00	55.00	130.	215.	285.	775.	2600.
1925-S	2.10	2.95	6.00	14.75	42.00	96.50	245.	725.	3150.
1926	1.60	2.05	3.50	4.65	8.00	15.75	25.00	275.	340.
1926-D	1.95	3.25	5.25	11.00	25.50	57.50	120.	590.	690.
1926-S	6.50	12.50	25.00	72.50	185.	425.	950.	2000.	4250.
1927	1.60	2.05	3.50	4.50	9.00	15.75	25.00	245.	375.

† Full Split Bands refers to fasces on reverse.

— Insufficient pricing data	* None issued

Dimes

	VG-8	F-12	VF-20	EF-40	AU-50	MS-60	MS-63	MS-65	MS-65 FSB
1927-D	2.25	4.00	10.00	30.00	75.00	150.	265.	675.	2150.
1927-S	1.90	2.50	4.50	10.00	28.50	67.50	145.	840.	2450.
1928	1.60	2.05	3.40	4.50	9.00	16.25	25.00	250.	325.
1928-D	2.50	5.00	11.75	28.50	60.00	115.	190.	450.	1700.
1928-S	1.85	2.35	4.00	8.50	22.50	45.00	80.00	515.	1050.
1929	1.45	2.05	3.00	4.00	7.00	12.00	18.25	95.00	270.
1929-D	2.35	3.50	5.50	7.85	16.75	35.00	57.50	175.	275.
1929-S	1.65	2.50	3.50	4.60	11.00	36.50	65.00	200.	400.
1930	1.70	2.10	3.25	4.50	10.00	18.00	31.50	150.	390.
1930-S	2.50	3.75	5.00	9.50	37.50	67.50	120.	325.	500.
1931	1.85	2.50	4.00	7.50	16.00	29.50	47.50	175.	505.
1931-D	7.00	8.50	14.00	25.50	48.50	80.00	115.	280.	390.
1931-S	3.00	3.75	5.00	10.00	29.00	57.50	100.	290.	575.
1934	.60	1.10	1.35	2.25	5.00	14.50	33.50	57.50	110.
1934-D	1.85	2.10	3.00	5.00	15.50	27.00	45.00	150.	350.
1935	.60	1.10	1.35	2.15	4.00	12.00	21.50	57.50	90.00
1935-D	1.60	2.00	3.00	6.00	17.00	32.50	67.50	135.	405.
1935-S	1.30	1.40	1.85	3.00	5.50	20.00	32.50	85.00	325.
1936	.60	1.10	1.35	2.15	2.75	10.00	19.50	50.00	90.00
1936-D	1.30	1.40	1.85	4.00	10.00	25.00	40.00	145.	300.
1936-S	1.30	1.40	1.60	2.90	6.25	16.00	27.50	65.00	175.
1937	.60	1.10	1.35	2.15	2.75	10.00	19.00	47.50	90.00
1937-D	1.30	1.40	1.85	2.90	5.75	21.00	29.50	100.	140.
1937-S	1.30	1.40	1.60	2.65	5.50	15.00	26.00	75.00	245.
1938	.60	1.10	1.35	2.15	3.50	12.00	26.00	60.00	95.00
1938-D	1.65	1.70	2.10	3.00	8.50	17.50	30.00	87.50	125.
1938-S	1.60	1.70	1.95	3.00	6.00	12.00	27.50	70.00	205.
1939	.60	1.10	1.35	2.30	3.25	11.00	17.00	47.50	195.
1939-D	.80	1.35	1.60	2.20	4.00	12.00	17.25	48.00	80.00
1939-S	1.80	2.10	2.35	2.85	6.00	15.50	35.00	85.00	450.
1940	.60	1.10	1.35	1.65	2.25	9.50	16.00	39.00	83.00
1940-D	.60	1.10	1.35	1.80	4.25	11.00	21.50	55.00	95.00
1940-S	.60	1.10	1.35	1.65	2.75	10.90	16.00	45.00	150.
1941	.60	1.10	1.35	1.65	2.30	9.50	14.50	37.50	87.50
1941-D	.60	1.10	1.35	1.80	3.25	11.25	19.75	46.50	82.50
1941-S	.60	1.10	1.35	1.80	3.50	11.00	16.50	46.00	85.00
1942/1	155.	175.	205.	245.	350.	885.	1350.	2150.	4450.
1942/1-D	185.	220.	245.	310.	450.	1000.	1650.	2450.	4900.
1942	.60	1.10	1.35	1.55	2.25	9.50	14.50	37.50	88.00
1942-D	.60	1.10	1.35	1.65	2.80	11.00	19.00	44.00	82.50
1942-S	.60	1.10	1.35	1.65	3.55	14.25	21.50	49.00	105.
1943	.60	1.10	1.35	1.55	2.25	9.50	14.00	37.50	100.
1943-D	.60	1.10	1.35	1.65	2.75	10.50	16.50	41.00	82.50
1943-S	.60	1.10	1.35	1.65	3.00	11.50	16.50	44.00	100.
1944	.60	1.10	1.35	1.55	2.25	9.50	14.50	47.50	210.
1944-D	.60	1.10	1.35	1.65	2.75	10.50	16.75	39.00	85.00
1944-S	.60	1.10	1.35	1.65	2.75	11.00	16.50	40.00	89.00
1945	.60	1.10	1.35	1.55	2.25	9.50	14.00	50.00	2500.
1945-D	.60	1.10	1.35	1.65	2.75	11.00	16.50	39.00	90.00
1945-S	.60	1.10	1.35	1.65	2.75	11.50	16.00	40.00	165.
1945-S Micro S	1.35	1.70	2.50	3.65	7.00	17.00	28.50	100.	575.

† Full Split Bands refers to fasces on reverse.

Dimes

— Insufficient pricing data	* None issued

Dime
Roosevelt dime index chart

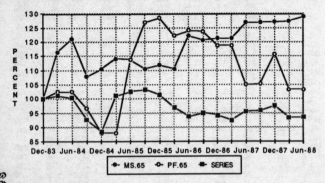

Roosevelt

Date of authorization: April 2, 1792; July 23, 1965
Dates of issue: 1946-present
Designer
  Obverse: John R. Sinnock
  Reverse: Sinnock
Engraver
  Obverse: Sinnock
  Reverse: Sinnock
Diameter (Millimeters/inches):
  17.91mm/0.71 inch
Weight (Grams/ounces):
  1946-1964: 2.500 grams/0.08038 ounce
  1965-present: 2.268 grams/0.07292 ounce
Metallic content:
  1946-1964: 90% silver, 10% copper
  1965-present: 75% copper, 25% nickel clad
    to pure copper core
Weight of pure silver:
  1946-1964: 2.250 grams/0.07234 ounce
Edge:
  Reeded

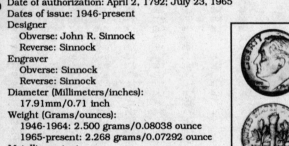

	VG-8	F-12	VF-20	EF-40	AU-50	MS-60	MS-63	MS-65
1946	.50	.75	.80	.90	1.10	1.55	2.00	3.50
1946-D	.50	.75	.80	1.10	1.30	2.30	3.00	4.75
1946-S	.50	.75	.80	1.30	1.50	2.55	3.50	6.40
1947	.50	.75	.80	1.00	1.35	2.15	2.85	4.35
1947-D	.65	.85	.95	1.45	1.90	2.85	4.00	6.65

— Insufficient pricing data	* None issued

Dimes

	VG-8	F-12	VF-20	EF-40	AU-50	MS-60	MS-63	MS-65
1947-S	.50	.75	.80	1.10	1.35	2.85	4.00	6.40
1948	.50	.75	.85	1.05	1.65	4.75	7.50	11.50
1948-D	.65	.85	.95	1.45	2.75	4.50	5.50	10.75
1948-S	.50	.75	.80	1.15	1.45	4.90	7.00	10.25
1949	.85	1.00	1.10	1.85	4.00	10.50	14.50	28.00
1949-D	.60	.85	1.05	1.45	3.75	6.25	7.15	13.00
1949-S	1.00	1.25	1.75	2.50	8.00	18.65	30.00	58.50

	VG-8	F-12	VF-20	EF-40	AU-50	MS-60	MS-63	MS-65	Prf-65
1950	.50	.75	.80	.90	1.50	2.75	3.75	6.10	60.00
1950-D	.50	.75	.80	.90	1.45	2.70	3.95	6.00	
1950-S	.80	1.05	1.15	1.50	4.50	14.00	16.50	23.00	*
1951	.50	.75	.80	.90	1.25	1.95	2.50	3.40	
1951-D	.50	.75	.80	.90	1.20	2.00	2.50	3.70	50.00
1951-S	.80	1.05	1.15	1.65	3.00	9.00	10.00	20.00	*
1952	.50	.75	.80	.90	1.15	2.00	2.50	3.40	
1952-D	.50	.75	.80	.90	1.25	2.10	2.50	3.80	30.00
1952-S	.70	.90	1.00	1.15	1.45	3.50	4.50	8.50	*
1953	.50	.75	.80	.90	1.35	1.75	2.00	4.25	21.50
1953-D	.50	.75	.80	.90	1.10	1.35	2.00	3.25	
1953-S	.50	.75	.80	.90	1.10	1.45	2.00	2.80	
1954	.50	.75	.80	.90	1.05	1.45	2.00	2.85	8.25
1954-D	.50	.75	.80	.90	1.05	1.25	1.95	2.70	
1954-S	.60	.80	.85	.95	1.15	1.40	1.95	2.70	
1955	1.25	1.30	1.35	1.40	1.50	2.15	2.50	4.50	8.00
1955-D	.80	1.00	1.05	1.10	1.20	1.65	2.00	2.90	
1955-S	.80	1.00	1.05	1.10	1.15	1.50	2.00	3.00	
1956	.50	.75	.80	.90	1.05	1.25	1.75	2.40	3.50
1956-D	.50	.75	.80	.90	1.05	1.25	1.75	2.30	
1957	.50	.75	.80	.85	1.00	1.20	1.75	2.40	2.25
1957-D	.50	.75	.80	.95	1.10	1.60	1.80	2.90	
1958	.60	.80	.85	1.05	1.20	1.55	1.80	2.80	3.50

	MS-60	MS-63	MS-65	Prf-65
1958-D	1.25	2.50	3.25	*
1959	1.10	1.25	2.10	*
1959-D	1.20	1.30	2.50	2.00
1960	1.00	1.25	2.05	*
1960-D	.95	1.25	2.05	1.40
1961	.90	1.25	1.80	*
1961-D	.90	1.25	1.80	1.40
1962	.90	1.25	1.80	*
1962-D	.95	1.30	2.25	1.40
1963	.90	1.25	1.75	*
1963-D	.90	1.25	1.75	1.40
1964	.90	1.25	1.75	*
1964-D	.90	1.25	1.75	1.40
1965	.30	.35	.70	*
1966	.30	.35	.70	*
1967	.30	.35	.70	*
1968	.30	.35	.70	*
1968-D	.30	.35	.70	*
1968-S	*	*	*	.70
1969	.35	.50	1.00	*
1969-D	.25	.35	.65	*
1969-S	*	*	*	.70
1970	.25	.35	.65	*
1970-D	.25	.35	.65	*
1970-S	*	*	*	.70
1971	.25	.35	.65	*

— Insufficient pricing data   * None issued

Dime, Roosevelt (continued)

	MS-60	MS-63	MS-65	Prf-65
1971-D	.25	.35	.65	*
1971-S	*	*	*	.70
1972	.25	.35	.65	*
1972-D	.25	*	*	.70
1972-S	*	.35	.65	*
1973	.25	.35	.65	*
1973-D	.25	*	*	.70
1973-S	*	.35	.65	*
1974	.25	.35	.65	*
1974-D	.25	*	*	.70
1974-S	*	.35	.65	*
1975	.25	.35	.65	*
1975-D	.25	*	*	.70
1975-S	*	.35	.65	*
1976	.25	.35	.65	*
1976-D	.25	*	*	.70
1976-S	*	.30	.65	*
1977	.20	.30	.65	*
1977-D	.20	*	*	.60
1977-S	*	.30	.65	*
1978	.20	.30	.70	*
1978-D	.20	*	*	.60
1978-S	*	.30	.65	*
1979	.20	.30	.65	*
1979-D	.20	*	*	.70
1979-S	*	.25	.50	*
1980-P	.20	.25	.50	*
1980-D	.20	*	*	.75
1980-S	*	.25	.50	*
1981-P	.20	.25	.50	*
1981-D	.20	*	*	.70
1981-S	*	*	*	*
1982 No Mint mark, strong strike	110.	215.	375.	*
1982-P	—	.25	—	*
1982-D	*	.25	*	1.00
1982-S	*	*	*	*
1983-P	—	.25	—	*
1983-D	*	.25	*	1.75
1983-S	*	*	*	*
1984-P	—	.25	—	*
1984-D	*	.25	*	2.10
1984-S	*	*	*	*
1985-P	—	.25	—	*
1985-D	*	.25	*	2.10
1985-S	*	*	*	*
1986-P	—	.25	—	*
1986-D	*	.25	*	2.00
1986-S	*	*	*	*
1987-P	—	.25	—	*
1987-D	*	.25	*	2.50
1987-S	*	*	*	*
1988-P	—	.25	—	*
1988-D	*	.25	*	2.00
1988-S	*	*	*	*

— Insufficient pricing data	* None issued

20 cents
20 cents index chart

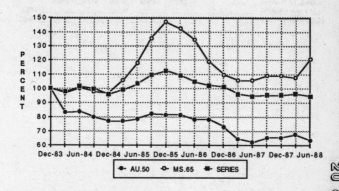

AU.50   MS.65   SERIES

Seated Liberty

Date of authorization: March 3, 1875
Dates of issue: 1875-1876
Designer
  Obverse: Thomas Sully-Christian
Gobrecht-John Hughes-William Barber
  Reverse: Barber
Engraver
  Obverse: Barber
  Reverse: Barber
Diameter (Millimeters/inches):
  22.50mm/0.89 inch
Weight (Grams/ounces):
  5.000 grams/0.16075 ounce
Metallic content:
  90% silver, 10% copper
Weight of pure silver:
  4.500 grams/0.14468 ounce
Edge:
  Plain

	F-12	VF-20	EF-40	AU-50	MS-60	MS-63	MS-65	Prf-65
1875	72.50	90.00	190.	385.	650.	1550.	6150.	9300.
1875-CC	70.00	100.	225.	500.	900.	1800.	6600.	*

— Insufficient pricing data	* None issued

20 cents, Seated Liberty (continued)

	F-12	VF-20	EF-40	AU-50	MS-60	MS-63	MS-65	Prf-65
1875-S & 10 Proofs known	58.50	82.50	120.	325.	630.	1450.	6100.	26500.
1876	125.	180.	315.	550.	1000.	2000.	7000.	9250.
1876-CC 12-15 known			25000.	32500.	57500.	67500.	85000.	*
1877 Proofs only (350)								10500.
1878 Proofs only (600)								9600.

Quarter dollar
Early quarter dollars index chart

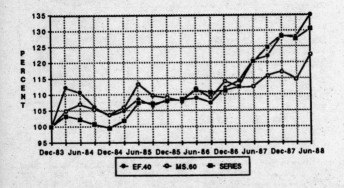

— Insufficient pricing data	* None issued

Draped Bust, Small Eagle or Heraldic Eagle

Date of authorization: April 2, 1792
Dates of issue: 1796-1807
Designer
   Obverse: Gilbert Stuart-Robert Scot
   Reverse: (1796) Scot-John Eckstein
   Reverse: (1804-1807) Scot
Engraver
   Obverse: Scot
   Reverse: Scot
Diameter (Millimeters/inches):
   27.00mm/1.07 inch
Weight (Grams/ounces):
   6.739 grams/0.21666 ounce
Metallic content:
   89.25% silver, 10.75% copper
Weight of pure silver:
   6.015 grams/0.19339 ounce
Edge:
   Reeded

Quarters

	G-4	VG-8	F-12	VF-20	EF-40	AU-50	MS-60
1796 Small Eagle	3300.	3800.	5250.	9500.	15500.	19500.	26500.
1804 Heraldic Eagle	850.	1050.	2750.	4850.	—	—	—
1805	230.	295.	475.	850.	1800.	3200.	6350.
1806/5	225.	285.	440.	830.	1750.	4250.	9500.
1806	225.	285.	465.	825.	1700.	2900.	5850.
1807	225.	285.	435.	820.	1675.	2850.	5800.

— Insufficient pricing data	* None issued

Quarter dollar
Capped Bust

Date of authorization: April 2, 1792
Dates of issue: 1815-1837
Designer
    Obverse: John Reich
    Reverse: Reich
Engraver
    Obverse: Reich
    Reverse: Reich
Diameter (Millimeters/inches):
    1815-1828: 27.00mm/1.07 inches
    1831-1837: 24.26mm/0.96 inch
Weight (Grams/ounces):
    6.739 grams/0.21666 ounce
Metallic content:
    89.25% silver, 10.75% copper
Weight of pure silver:
    6.015 grams/0.19339 ounce
Edge:
    Reeded

	G-4	VG-8	F-12	VF-20	EF-40	AU-50	MS-60
1815	33.00	42.50	87.50	270.	590.	1300.	2200.
1818/5	37.50	47.50	110.	295.	750.	1500.	2450.
1818	33.00	42.50	87.50	270.	590.	1250.	1950.
1819	33.00	42.50	85.00	225.	575.	1250.	1950.
1820 Small 0	33.00	42.50	85.00	225.	575.	1300.	2150.
1820 Large 0	33.00	45.00	86.50	225.	575.	1250.	1950.
1821	33.00	42.50	85.00	225.	575.	1250.	1950.
1822	51.00	68.50	140.	310.	725.	1350.	2200.
1822 25/50c	475.	635.	790.	1575.	2750.	3250.	5500.
1823/2 Extremely Rare - AU-50 prooflike $28,600							
1824/2	62.50	90.00	150.	285.	700.	1500.	3050.
1825/2	45.00	70.00	125.	335.	665.	1550.	2500.
1825	33.00	42.50	85.00	235.	540.	1250.	2250.
1825/4	33.00	42.50	85.00	235.	540.	1250.	2250.
1827/3 Original Proof 64 $61,600. Restrike Proof 65 $39,600.							
1828	33.00	40.00	75.00	240.	540.	1250.	2250.
1828 25/50c	62.50	100.	250.	600.	1000.	1650.	2950.
1831 No Motto	21.75	29.00	42.50	85.00	195.	575.	925.
1832	21.75	29.00	42.50	85.00	195.	575.	925.
1833	23.25	31.00	51.50	110.	440.	700.	1750.
1834	21.75	29.00	42.50	85.00	250.	665.	1100.
1835	21.75	29.00	42.50	85.00	195.	575.	925.
1836	23.75	29.00	42.50	85.00	195.	575.	925.
1837	23.75	29.00	42.50	85.00	195.	575.	925.
1838	23.75	29.00	42.50	85.00	230.	650.	1000.

— Insufficient pricing data	* None issued

Quarters

Quarter dollar
Seated Liberty quarter index chart

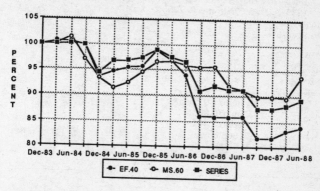

PERCENT (vertical axis)

105 — 100 — 95 — 90 — 85 — 80

Dec-83 Jun-84 Dec-84 Jun-85 Dec-85 Jun-86 Dec-86 Jun-87 Dec-87 Jun-88

● EF.40   ○ MS.60   ■ SERIES

Seated Liberty

Date of authorization: April 2, 1792
Dates of issue: 1838-1891
Designer
  Obverse (1838-1840): Thomas Sully-
    Christian Gobrecht
  Obverse (1840-1891): Robert B.
    Hughes-Gobrecht-Sully
  Reverse (1838-1840): John Reich-
    William Kneass-Gobrecht
  Reverse (1840-1891): Hughes-
    Gobrecht-Sully
Engraver
  Obverse (1838-1840): Gobrecht
  Obverse (1840-1891): Gobrecht
  Reverse (1838-1840): Gobrecht
  Reverse (1840-1853): Gobrecht
  Reverse: (1853-1891): James B.
Longacre
Diameter (Millimeters/inches):
  24.26mm/0.96 inch
Weight (Grams/ounces):
  1838-1873: 6.221 grams/0.20001 ounce
  1873-1891: 6.250 grams/0.20094 ounce

— Insufficient pricing data   * None issued

Quarter dollar, Seated Liberty (continued)

Metallic content:
90% silver, 10% copper
Weight of pure silver:
1838-1873: 5.599 grams/0.18001 ounce
1873-1891: 5.625 grams/0.18085 ounce

Edge:
Reeded

	G-4	VG-8	F-12	VF-20	EF-40	AU-50	MS-60	MS-63
1838 No Drapery	7.25	13.50	22.00	45.00	135.	400.	1500.	3300.
1839 No Drapery	7.25	13.75	22.00	45.00	115.	380.	1300.	—
1840-O No Drapery	7.25	13.75	22.00	45.00	110.	380.	1300.	—
1840 Drapery	18.25	28.00	47.50	84.50	170.	320.	1100.	4250.
1840-O Drapery	19.50	35.00	60.00	87.50	175.	460.	1250.	—
1841	44.50	67.50	85.00	120.	205.	330.	975.	—
1841-O	15.00	25.00	37.50	62.50	150.	340.	1250.	—
1842 Small Date Proofs only Proof 63 $23100								
1842 Large Date	67.50	82.50	105.	160.	275.	460.	—	—
1842-O Small Date	240.	390.	625.	1200.	2300.	3150.	3900.	4650.
1842-O Large Date	12.00	17.25	27.00	42.50	69.00	270.	1125.	—
1843	8.25	14.50	20.25	32.50	60.00	125.	595.	—
1843-O	15.00	25.50	40.00	67.50	150.	305.	—	—
1844	6.75	13.50	19.25	35.00	69.00	135.	625.	—
1844-O	7.25	14.50	21.00	42.50	87.50	225.	1050.	800.
1845	6.75	13.50	19.25	32.50	69.00	140.	635.	—
1846	8.25	14.00	20.00	32.50	69.00	135.	610.	—
1847	6.75	13.50	19.25	32.50	69.00	135.	600.	—
1847-O	19.50	34.00	66.00	95.00	180.	335.	1200.	—
1848	22.00	33.00	67.50	92.50	135.	165.	330.	—
1849	13.50	18.75	40.00	65.00	125.	220.	1050.	—
1849-O	355.	475.	625.	1300.	2600.	5000.	—	—
1850	23.25	33.50	52.50	72.50	125.	260.	950.	1950.
1850-O	15.00	25.00	47.50	77.50	115.	250.	925.	—
1851	25.75	35.50	57.50	85.00	135.	225.	615.	—
1851-O	125.	165.	365.	590.	1100.	1800.	—	—
1852	32.50	45.00	72.50	92.50	155.	260.	595.	—
1852-O	140.	170.	375.	565.	1025.	1750.	—	—
1853/53 Recut Date	155.	200.	275.	425.	565.	1075.	2600.	—
1853 Arrows & Rays	7.00	11.00	18.50	33.50	95.00	300.	800.	2200.
1853/4 Arrows & Rays	42.50	72.50	105.	200.	405.	1000.	2300.	—
1853-O Arrows & Rays	13.75	19.00	31.50	57.50	135.	450.	1250.	850.
1854 Arrows	5.85	10.25	16.00	24.00	60.00	170.	625.	—
1854-O Arrows	7.60	13.25	23.00	36.50	70.00	225.	950.	1950.
1854-O Huge O	65.00	90.00	150.	210.	450.	—	—	—
1855 Arrows	5.85	10.25	16.00	24.00	60.00	170.	625.	850.
1855-O Arrows	32.50	44.00	72.50	120.	275.	565.	—	—
1855-S Arrows	30.00	41.50	62.50	105.	275.	550.	1650.	3100.
1856 No Arrows	5.75	10.75	17.00	23.50	38.00	100.	395.	715.
1856-O	8.75	14.00	21.75	42.50	75.00	225.	1250.	—
1856-S	27.50	40.00	72.50	105.	225.	300.	650.	—
1856-S/S	45.00	65.00	105.	190.	490.	675.	—	—
1857	5.90	10.75	17.00	23.50	37.50	100.	395.	715.
1857-O	7.00	11.25	18.00	25.00	47.50	185.	1150.	—
1857-S	37.50	62.50	125.	200.	445.	750.	—	—
1858	5.90	10.75	17.00	23.50	37.50	100.	395.	715.
1858-O	9.50	14.50	24.25	47.50	80.00	385.	1275.	2350.

— Insufficient pricing data   * None issued

	G-4	VG-8	F-12	VF-20	EF-40	AU-50	MS-60	MS-63
1858-S	32.50	40.00	125.	165.	390.	660.	—	—
1859	7.25	11.50	17.50	26.00	55.00	145.	625.	—
1859-O	16.50	24.50	40.00	62.50	87.50	330.	1400.	—
1859-S	67.50	95.00	135.	265.	490.	800.	—	—
1860	5.90	10.75	17.00	23.50	37.50	120.	465.	725.
1860-O	12.50	19.00	32.50	52.50	80.00	285.	1125.	—
1860-S	90.00	135.	240.	405.	730.	1400.	—	—
1861	5.90	10.75	17.00	23.50	37.50	110.	395.	715.
1861-S	52.50	70.00	110.	185.	330.	625.	—	—
1862	6.15	11.00	17.50	24.00	40.00	120.	475.	725.
1862-S	45.00	60.00	95.00	155.	305.	620.	—	—
1863	23.25	31.00	47.50	75.00	125.	170.	530.	—
1864	52.50	65.00	95.00	125.	200.	265.	550.	—
1864-S	125.	165.	300.	415.	755.	1350.	—	—
1865	47.50	60.00	92.50	115.	190.	270.	755.	—
1865-S	67.50	85.00	125.	235.	330.	800.	1675.	—
1866 No Motto Only One Known (Proof)								
1866 Motto	165.	215.	335.	465.	605.	850.	1300.	—
1866-S	135.	180.	250.	345.	630.	925.	2000.	4000.
1867	100.	135.	190.	255.	355.	455.	705.	—
1867-S	92.50	135.	185.	265.	380.	650.	—	—
1868	93.50	100.	135.	215.	305.	405.	730.	—
1868-S	47.50	67.50	92.50	135.	190.	445.	1750.	2550.
1869	165.	205.	325.	390.	530.	600.	1225.	—
1869-S	75.00	110.	165.	250.	400.	900.	1750.	—
1870	42.50	55.00	87.50	145.	240.	350.	800.	—
1870-CC	1150.	1700.	2200.	3100.	5500.	7500.	—	—
1871	28.50	40.00	55.00	97.50	150.	305.	615.	1000.
1871-CC	700.	875.	1300.	2150.	3600.	5000.	—	—
1871-S	210.	250.	350.	485.	690.	900.	1850.	—
1872	23.00	30.00	52.50	75.00	125.	245.	590.	—
1872-CC	270.	365.	515.	870.	—	—	—	—
1872-S	205.	340.	405.	615.	825.	1450.	3750.	5500.
1873 Closed 3	77.50	95.00	155.	230.	335.	600.	—	—
1873 Open 3	27.00	32.50	57.50	87.50	150.	215.	480.	—
1873-CC No Arrows, 3 known MS-63 to 64 $80,000								
1873 Arrows	9.75	15.00	23.50	55.00	115.	320.	740.	1700.
1873-CC Arrows	690.	875.	1350.	2650.	4250.	7500.	—	—
1873-S Arrows	17.00	24.00	40.00	70.00	160.	410.	1300.	—
1874 Arrows	9.75	15.00	23.50	60.00	115.	330.	780.	1750.
1874-S Arrows	14.00	19.00	37.50	67.50	140.	375.	825.	1875.
1875	6.10	10.25	15.25	22.50	50.00	100.	320.	725.
1875-CC	52.50	60.00	125.	215.	400.	625.	1400.	2000.
1875-S	22.00	36.50	52.50	92.50	175.	225.	490.	1750.
1876	6.00	10.00	15.00	21.50	47.50	100.	315.	725.
1876-CC	6.65	14.00	27.50	32.50	65.00	120.	500.	1100.
1876-S	6.10	10.25	15.25	22.50	50.00	105.	350.	765.
1877	6.00	10.00	15.00	21.50	47.50	100.	315.	725.
1877-CC	6.55	13.25	25.00	32.50	75.00	130.	510.	850.
1877-S	6.25	11.00	21.50	30.00	47.50	100.	355.	775.
1877-S/Horizontal S	25.00	42.50	70.00	155.	275.	390.	675.	—
1878	6.10	10.25	15.25	22.50	47.50	100.	325.	750.
1878-CC	18.50	29.00	50.00	82.50	105.	160.	505.	1025.
1878-S	42.50	62.50	110.	175.	280.	550.	1200.	2250.
1879	105.	125.	150.	185.	290.	380.	500.	885.
1880	105.	130.	155.	190.	295.	385.	515.	900.
1881	115.	135.	160.	205.	290.	380.	540.	925.

— Insufficient pricing data	• None issued

Quarter dollar, Seated Liberty (continued)

	G-4	VG-8	F-12	VF-20	EF-40	AU-50	MS-60	MS-63
1882	120.	140.	160.	205.	295.	400.	610.	1000.
1883	115.	135.	160.	205.	290.	380.	540.	925.
1884	130.	150.	200.	265.	325.	450.	625.	1050.
1885	115.	135.	160.	205.	295.	380.	540.	925.
1886	205.	235.	250.	285.	325.	480.	650.	1075.
1887	135.	145.	170.	220.	310.	405.	565.	975.
1888	135.	145.	170.	220.	310.	405.	565.	975.
1888-S	7.00	11.25	17.00	24.00	36.50	97.50	405.	—
1889	115.	135.	160.	205.	305.	400.	565.	975.
1890	50.00	55.00	67.50	97.50	205.	270.	545.	935.
1891	6.25	10.25	16.00	26.50	37.50	90.00	315.	650.
1891-O	105.	135.	175.	265.	450.	700.	—	—
1891-S	7.75	12.25	20.00	35.50	45.00	97.50	330.	720.

Quarter dollar
Barber quarter dollar index chart

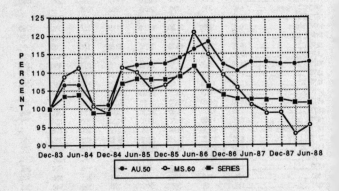

	— Insufficient pricing data	* None issued

Barber

Date of authorization: April 2, 1792
Dates of issue: 1892-1916
Designer
　Obverse: Charles Barber
　Reverse: Barber
Engraver
　Obverse: Barber
　Reverse: Barber
Diameter (Millimeters/inches):
　24.26mm/0.96 inch
Weight (Grams/ounces):
　6.250 grams/0.20094 ounce
Metallic content:
　90% silver, 10% copper
Weight of pure silver:
　5.625 grams/0.18085 ounce
Edge:
　Reeded

	G-4	VG-8	F-12	VF-20	EF-40	AU-50	MS-60	MS-63
1892	3.00	3.80	8.00	16.00	44.00	95.00	230.	500.
1892-O	4.40	6.25	9.50	20.50	57.50	125.	235.	540.
1892-S	13.00	16.00	24.00	42.50	75.00	160.	300.	615.
1893	3.25	4.05	8.00	16.00	44.00	92.50	205.	515.
1893-O	3.70	5.50	11.25	20.50	55.00	130.	230.	575.
1893-S	3.80	5.75	12.50	23.00	57.50	130.	240.	585.
1894	3.15	4.05	8.00	16.00	44.00	92.50	205.	520.
1894-O	3.70	5.50	11.25	20.50	52.50	130.	230.	575.
1894-S	3.70	5.50	11.25	20.50	57.50	130.	240.	585.
1895	3.25	4.05	8.00	16.00	44.00	92.50	205.	540.
1895-O	4.00	5.60	12.50	20.50	52.50	140.	300.	590.
1895-S	4.25	5.85	13.50	27.50	65.00	135.	235.	565.
1896	3.25	4.05	7.75	20.50	46.50	105.	205.	540.
1896-O	4.25	6.25	14.00	35.00	95.00	340.	650.	1300.
1896-S	195.	260.	475.	725.	1150.	2150.	2900.	3550.
1897	2.65	3.40	7.00	15.25	42.00	87.50	200.	500.
1897-O	6.10	9.75	15.00	40.00	105.	375.	675.	1350.
1897-S	9.00	12.25	18.00	42.50	90.00	220.	265.	605.
1898	2.65	3.40	7.00	15.25	42.00	87.50	200.	500.
1898-O	3.75	6.00	11.75	27.50	67.50	200.	400.	640.
1898-S	3.75	5.65	9.50	21.50	50.00	160.	265.	565.
1899	2.65	3.40	7.00	15.25	42.00	87.50	200.	500.
1899-O	4.40	6.25	11.75	24.00	57.50	195.	295.	615.
1899-S	7.15	9.25	14.50	29.50	60.00	175.	265.	565.
1900	2.50	3.15	6.50	15.00	42.00	87.50	200.	500.
1900-O	4.80	6.90	12.75	28.00	67.50	205.	305.	680.
1900-S	4.65	6.50	9.50	19.50	47.50	145.	230.	550.
1901	2.50	3.15	6.50	15.00	42.00	87.50	200.	500.
1901-O	9.50	12.50	27.50	55.00	120.	360.	665.	1450.
1901-S	785.	1150.	1675.	2350.	3450.	5500.	7750.	15000.
1902	2.50	3.15	6.50	15.00	42.00	87.50	195.	500.
1902-O	3.75	5.45	9.50	25.50	52.50	155.	285.	605.
1902-S	7.40	9.50	13.75	29.00	70.00	175.	270.	600.

— Insufficient pricing data	* None issued

Quarter dollar, Barber (continued)

	G-4	VG-8	F-12	VF-20	EF-40	AU-50	MS-60	MS-63
1903	2.50	3.15	6.50	15.00	42.00	87.50	195.	500.
1903-O	3.75	5.25	9.50	25.50	57.50	185.	240.	605.
1903-S	7.25	9.25	13.25	29.50	75.00	190.	285.	665.
1904	2.50	3.15	6.50	15.00	42.00	87.50	195.	500.
1904-O	4.55	6.75	13.75	31.00	90.00	365.	600.	1400.
1905	2.50	3.15	6.50	15.00	42.00	87.50	195.	500.
1905-O	4.55	6.75	13.50	28.00	55.00	145.	250.	590.
1905-S	5.50	7.50	12.75	24.00	47.50	140.	235.	590.
1906	2.50	3.15	6.50	15.00	42.00	87.50	195.	500.
1906-D	2.90	3.65	8.00	17.50	44.00	120.	220.	550.
1906-O	2.75	3.90	11.25	20.50	47.50	120.	215.	550.
1907	2.50	3.15	6.50	15.00	42.00	87.50	195.	500.
1907-D	2.75	3.65	8.00	16.50	46.50	120.	225.	550.
1907-O	2.75	3.65	7.50	16.00	44.00	115.	210.	550.
1907-S	3.75	4.55	9.00	17.50	50.00	130.	260.	615.
1908	2.50	3.15	6.50	15.00	42.00	87.50	195.	500.
1908-D	2.75	3.75	7.00	16.00	44.00	115.	210.	525.
1908-O	2.75	3.75	7.00	15.00	44.00	115.	210.	525.
1908-S	7.00	8.25	15.00	29.50	70.00	185.	285.	605.
1909	2.50	3.15	6.50	15.00	42.00	87.50	195.	500.
1909-D	2.75	3.75	7.00	15.50	44.00	115.	210.	525.
1909-O	8.65	12.50	28.00	67.50	160.	305.	475.	1100.
1909-S	3.45	3.90	7.00	16.00	47.50	130.	265.	590.
1910	2.50	3.15	6.50	15.00	42.00	87.50	210.	530.
1910-D	2.90	3.90	7.50	18.00	47.50	125.	230.	575.
1911	2.50	3.15	6.50	15.00	42.00	87.50	195.	500.
1911-D	2.90	3.90	9.00	17.50	47.50	110.	210.	525.
1911-S	2.90	3.90	8.25	16.50	46.50	125.	245.	575.
1912	2.50	3.15	6.50	15.00	42.00	87.50	200.	500.
1912-S	2.65	3.90	7.50	18.00	50.00	130.	265.	575.
1913	10.60	14.25	42.00	105.	335.	525.	1200.	1850.
1913-D	2.65	3.90	7.25	18.00	47.50	120.	220.	515.
1913-S	275.	340.	550.	850.	1450.	2050.	2850.	3750.
1914	2.50	3.15	6.50	15.00	42.00	87.50	200.	500.
1914-D	2.50	3.90	7.00	16.00	42.00	87.50	205.	510.
1914-S	13.00	16.50	32.50	88.00	215.	400.	625.	1150.
1915	2.50	3.15	6.50	15.00	42.00	87.50	220.	510.
1915-D	2.50	3.40	7.00	16.00	42.00	87.50	205.	500.
1915-S	3.25	4.05	11.25	20.50	47.50	115.	220.	525.
1916	2.50	3.40	6.50	15.00	42.00	87.50	210.	500.
1916-D	2.50	3.40	7.00	15.25	46.50	92.50	215.	510.

Quarters ⑦

Quarter dollar
Standing Liberty quarter chart

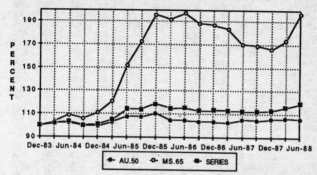

Standing Liberty

Date of authorization: April 2, 1792
Dates of issue: 1916-1930
Designer
  Obverse: Hermon MacNeil
  Reverse: MacNeil
Engraver
  Obverse: MacNeil
  Reverse: MacNeil, Charles Barber
Diameter (Millimeters/inches):
  24.26mm/0.96 inch
Weight (Grams/ounces):
  6.250 grams/0.20094 ounce
Metallic content:
  90% silver 10% copper
Weight of pure silver:
  5.625 grams/0.18085 ounce
Edge:
  Reeded

— Insufficient pricing data   • None issued

Quarter dollar, Standing Liberty (continued)

	G-4	F-12	VF-20	EF-40	AU-50	MS-60	MS-63	MS-65	MS-65 Full Head
1916 Bare Breast	900.	1275.	1400.	1850.	2300.	3250.	4150.	6000.	10500.
1917	9.00	11.50	26.50	47.50	90.00	200.	480.	1535.	2500.
1917-D	14.00	21.00	42.50	80.00	120.	220.	485.	1575.	2650.
1917-S	13.25	19.75	40.00	72.50	135.	230.	510.	1650.	2800.
1917 Mailed Breast	12.25	17.00	21.50	35.00	65.00	135.	415.	1285.	2200.
1917-D	17.75	40.00	50.00	77.50	120.	210.	475.	1500.	2900.
1917-S	17.65	27.00	41.00	67.50	100.	175.	475.	1600.	2950.
1918	13.75	18.50	27.50	42.00	77.50	165.	400.	1470.	2200.
1918-D	20.50	32.50	43.00	70.00	130.	205.	475.	1510.	5000.
1918-S	12.75	20.50	25.00	40.00	77.50	165.	450.	1435.	5000.
1918/7-S	1000.	1550.	2500.	3250.	5100.	7500.	15500.	25000.	50000.
1919	22.50	35.00	41.00	55.00	85.00	185.	395.	1335.	2400.
1919-D	43.00	90.00	125.	210.	365.	600.	1000.	2450.	11000.
1919-S	42.00	80.00	100.	175.	285.	475.	850.	2150.	8850.
1920	12.75	15.50	17.50	31.00	60.00	150.	355.	1260.	2450.
1920-D	21.50	48.00	69.00	95.00	145.	215.	480.	1510.	4200.
1920-S	14.75	22.00	24.50	42.00	70.00	190.	415.	1285.	5800.
1921	50.00	120.	150.	200.	305.	425.	790.	1610.	4500.
1923	12.75	18.50	20.50	33.50	60.00	165.	415.	1285.	3150.
1923-S	85.00	165.	230.	335.	410.	510.	800.	1875.	5300.
1924	13.00	16.00	21.50	37.00	60.00	155.	390.	1285.	2500.
1924-D	22.00	40.00	57.50	82.50	110.	165.	400.	1310.	3000.
1924-S	15.00	22.50	24.50	39.00	71.50	185.	405.	1435.	4850.
1925	2.45	5.00	13.40	23.75	53.50	140.	365.	1250.	2400.
1926	2.45	5.00	13.25	23.75	53.50	140.	365.	1265.	2400.
1926-D	5.00	12.00	20.00	42.50	75.00	145.	370.	1275.	5300.
1926-S	4.00	11.85	19.50	52.50	90.00	220.	465.	1585.	5950.
1927	2.45	5.00	13.25	23.60	53.50	145.	365.	1250.	2200.
1927-D	5.75	11.50	25.00	53.50	85.00	185.	395.	1300.	2500.
1927-S	6.90	44.00	120.	440.	800.	1900.	2850.	11500.	28500.
1928	2.70	5.00	13.25	23.60	53.50	140.	365.	1275.	2350.
1928-D	3.50	7.75	16.00	33.00	65.00	160.	390.	1385.	2800.
1928-S	2.55	5.50	13.50	26.25	60.00	150.	380.	1270.	2700.
1929	2.45	5.00	13.25	23.60	53.50	135.	365.	1235.	2400.
1929-D	4.25	11.00	15.75	30.00	60.00	150.	380.	1265.	2900.
1929-S	2.45	5.00	13.25	24.25	57.50	135.	365.	1250.	2650.
1930	2.45	5.00	13.25	22.75	53.50	135.	365.	1235.	2500.
1930-S	2.45	5.00	13.25	24.00	54.50	150.	450.	1510.	3500.

— Insufficient pricing data	* None issued

Quarter dollar
Washington quarter index chart

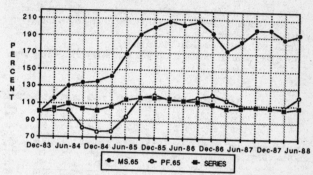

Washington

Date of authorization: April 2, 1792;
July 23, 1965; Oct. 18, 1973
Dates of issue: 1932-present
Designer
  Obverse: James Flanagan
  Reverse: Flanagan
  Reverse (Bicentennial): Jack L. Ahr
Engraver
  Obverse: Sinnock
  Reverse: Sinnock
  Reverse (Bicentennial): Frank
Gasparro
Diameter (Millimeters/inches):
  24.26mm/0.96 inch
Weight (Grams/ounces):
  1932-1964: 6.250 grams/0.20094
    ounce
  1965-present: 5.670 grams/0.18229
    ounce
  1976 Bicentennial Proof and
Uncirculated: 5.750 grams/0.18487
    ounce

— Insufficient pricing data   • None issued

Quarter dollar, Washington (continued)

Metallic content:
- 1932-1964: 90% silver, 10% copper
- 1965-present: 75% copper, 25% nickel bonded to a pure copper core
- 1976 Bicentennial Proof and Uncirculated sets only: 80% silver, 20% copper bonded to a core of 21.5% silver, 78.5% copper

Weight of pure silver:
- 1932-1964: 5.625 grams/0.18085 ounce
- 1976 Bicentennial Proof and Uncirculated sets only: 2.300 grams/ 0.07395 ounce

Edge:
Reeded

	G-4	VG-8	F-12	VF-20	EF-40	AU-50	MS-60	MS-63	MS-65
1932	3.00	3.25	4.00	5.00	7.00	12.00	29.00	57.50	500.
1932-D	29.00	33.50	42.50	67.50	145.	240.	375.	685.	3300.
1932-S	27.00	29.00	32.50	40.00	50.00	97.50	215.	375.	2000.
1934	2.90	3.15	3.50	4.25	5.00	7.85	30.00	45.00	210.
1934 Light Motto	2.95	3.20	3.55	6.00	7.50	10.00	42.50	67.50	270.
1934 Doubled Die	—	—	—	75.00	150.	285.	375.	700.	1150.
1934-D	3.00	4.00	5.50	6.25	11.75	23.00	82.50	170.	825.
1935	1.50	1.75	2.90	3.50	4.25	7.00	20.50	37.00	190.
1935-D	2.00	2.50	3.75	5.50	11.50	22.50	80.00	150.	725.
1935-S	2.00	2.50	3.85	5.00	7.00	16.50	59.00	140.	525.
1936	1.50	1.75	2.85	3.50	4.25	7.00	20.00	36.00	150.
1936-D	2.25	2.50	3.65	12.50	27.50	77.50	210.	305.	1700.
1936-S	2.00	2.50	4.00	5.90	8.75	19.00	59.00	130.	385.
1937	1.50	1.75	3.00	3.65	4.50	8.50	21.50	38.50	200.
1937-D	2.00	2.25	3.50	4.85	8.00	14.00	36.00	55.00	350.
1937-S	4.00	4.25	5.45	11.00	16.00	42.50	85.00	165.	575.
1938	2.85	3.05	3.85	6.75	10.75	23.00	50.00	80.00	360.
1938-S	3.15	4.00	5.00	7.50	9.75	19.00	45.00	75.00	410.
1939	1.50	1.75	2.65	3.75	4.25	6.00	12.50	21.00	115.
1939-D	2.00	2.50	3.50	5.00	7.50	11.75	24.50	50.00	225.
1939-S	3.40	3.65	3.75	6.00	9.50	23.00	52.50	80.00	350.
1940	1.50	1.75	2.40	2.90	3.85	6.00	11.50	18.50	50.00
1940-D	2.95	3.50	5.25	7.50	11.00	24.00	63.00	100.	375.
1940-S	2.00	2.15	2.80	3.25	4.25	7.00	16.00	25.50	85.00
1941	1.25	1.55	2.00	2.50	3.50	4.50	6.00	9.00	25.00
1941-D	1.25	1.55	2.00	2.75	3.75	6.75	16.50	26.00	60.00
1941-S	1.25	1.55	2.00	2.50	3.50	6.50	14.75	25.00	57.50
1942	1.25	1.55	2.00	2.40	3.10	4.25	5.85	9.50	35.00
1942-D	1.25	1.55	2.00	2.45	3.20	5.50	9.75	14.00	68.00
1942-S	1.25	1.55	2.00	3.00	4.00	15.75	47.50	80.00	225.
1943	1.25	1.55	2.00	2.50	3.40	4.00	5.85	9.00	24.00
1943-D	1.25	1.55	2.00	2.40	3.10	6.00	13.25	17.00	32.50
1943-S	1.25	1.55	2.00	2.50	3.50	12.75	28.00	38.00	130.
1943-S Doubled Die	85.00	95.00	125.	150.	185.	245.	330.	625.	1250.
1944	1.25	1.55	2.00	2.35	2.85	4.00	5.00	7.00	18.00
1944-D	1.25	1.55	2.00	2.25	2.60	5.75	9.50	14.50	45.00
1944-S	1.25	1.55	2.00	2.25	2.60	5.85	9.75	15.00	32.50
1945	1.25	1.55	2.00	2.15	2.35	4.00	5.05	7.00	18.50
1945-D	1.25	1.55	2.00	2.25	2.60	4.50	6.50	10.00	37.50
1945-S	1.25	1.55	2.00	2.25	2.60	4.35	6.90	10.50	21.00
1946	1.25	1.55	2.00	2.15	2.35	2.85	4.10	7.00	17.00
1946-D	1.25	1.55	2.00	2.25	2.60	3.35	4.95	7.50	15.00

— Insufficient pricing data	* None issued

Quarters

	G-4	VG-8	F-12	VF-20	EF-40	AU-50	MS-60	MS-63	MS-65
1946-S	1.25	1.55	2.00	2.25	2.60	4.00	6.00	8.50	27.50
1947	1.25	1.55	2.00	2.15	2.35	3.75	6.00	9.00	16.50
1947-D	1.25	1.55	2.00	2.25	2.60	4.25	6.50	8.75	17.50
1947-S	1.25	1.55	2.00	2.25	2.60	4.50	6.00	9.75	27.50
1948	1.25	1.55	2.00	2.15	2.35	2.65	4.00	7.00	11.50
1948-D	1.25	1.55	2.00	2.25	2.60	3.35	5.75	8.50	13.50
1948-S	1.25	1.55	2.00	2.25	2.60	3.65	7.25	11.00	24.00
1949	1.25	1.55	2.00	2.75	3.50	7.00	16.50	22.50	37.50
1949-D	1.25	1.55	2.00	2.25	2.60	5.00	7.50	12.00	27.00

	F-12	VF-20	EF-40	AU-50	MS-60	MS-63	MS-65	Prf-65
1950	2.00	2.15	2.35	2.85	3.85	6.50	10.00	175.
1950-D	2.00	2.15	2.35	2.50	3.80	6.75	11.75	*
1950-D/S	40.00	65.00	130.	170.	205.	300.	525.	*
1950-S	2.00	2.15	2.35	4.50	7.85	11.00	25.00	*
1950-S/D	45.00	75.00	150.	190.	260.	435.	950.	*
1951	2.00	2.15	2.35	2.55	3.75	5.50	8.00	70.00
1951-D	2.00	2.15	2.35	2.55	3.70	5.50	7.00	*
1951-S	2.00	2.15	2.35	5.75	8.75	12.00	24.00	*
1952	2.00	2.15	2.35	2.50	3.55	4.50	7.00	52.50
1952-D	2.00	2.15	2.35	2.50	3.65	5.00	7.75	*
1952-S	2.00	2.15	2.35	4.50	7.75	9.50	17.50	*
1953	2.00	2.15	2.35	2.80	4.00	5.45	8.25	32.00
1953-D	2.00	2.15	2.35	2.50	3.45	4.50	6.75	*
1953-S	2.10	2.25	2.85	3.50	3.90	5.00	8.75	*
1954	2.00	2.15	2.35	2.50	2.75	3.25	5.75	14.50
1954-D	2.00	2.15	2.20	2.25	2.35	2.85	5.50	*
1954-S	2.00	2.15	2.35	2.65	3.50	4.25	6.75	*
1955	2.00	2.15	2.35	2.45	2.85	3.25	5.40	11.00
1955-D	2.80	3.00	3.10	3.25	3.50	4.25	8.25	*

	MS-60	MS-63	MS-65	Prf-65
1956	2.10	3.25	5.00	5.50
1956-D	2.10	2.75	4.50	*
1957	2.10	2.75	4.50	4.25
1957-D	2.10	2.75	4.50	*
1958	3.00	4.00	4.75	5.50
1958-D	2.00	2.75	4.15	*
1959	2.00	2.75	4.15	4.00
1959-D	2.00	2.75	4.15	*
1960	1.95	2.75	3.65	3.75
1960-D	1.95	2.75	3.65	*
1961	2.25	3.25	5.00	3.55
1961-D	1.95	2.75	3.65	*
1962	1.95	2.75	3.65	3.55
1962-D	1.95	2.75	3.65	*
1963	1.65	2.75	3.50	3.55
1963-D	1.65	2.75	3.50	*
1964	1.65	2.75	3.50	3.50
1964-D	1.65	2.75	3.50	*
1965	.40	.60	1.00	*
1966	.40	.60	1.00	*
1967	.40	.60	1.00	*
1968	.40	.60	1.00	*
1968-D	.45	.65	1.05	*
1968-S	*	*	*	.75
1969	.40	.60	1.00	*
1969-D	.50	.70	1.10	*
1969-S	*	*	*	.75
1970	.35	.60	.95	*

— Insufficient pricing data	* None issued

Quarters

Quarter dollar, Washington (continued)

	MS-60	MS-63	MS-65	Prf-65
1970-D	.35	.60	.95	*
1970-S	*	*	*	.75
1971	.35	.60	.95	*
1971-D	.35	.60	.95	*
1971-S	*	*	*	.75
1972	.35	.60	.95	*
1972-D	.35	.60	.95	*
1972-S	*	*	*	.75
1973	.30	.60	.90	*
1973-D	.30	.60	.90	*
1973-S	*	*	*	.75
1974	.30	.60	.90	*
1974-D	.30	.60	.90	*
1974-S	*	*	*	1.00
1976	.30	.60	.90	*
1976-D	.30	.60	.90	*
1976-S	*	*	*	.75
1976-S 40% silver	.90	1.25	1.90	3.00
1977	.30	.60	.90	*
1977-D	.30	.60	.90	*
1977-S	*	*	*	.75
1978	—	.60	—	*
1978-D	—	.60	*	*
1978-S	*	*	*	.75
1979	—	.60	—	*
1979-D	—	.60	*	*
1979 Filled S	*	*	*	.75
1979 Clear S	*	*	*	1.50
1980-P	—	.60	—	*
1980-D	—	.60	*	*
1980-S	*	*	*	.75
1981-P	—	.60	—	*
1981-D	—	.60	*	*
1981-S	*	*	*	.75
1982-P	—	.60	—	*
1982-D	—	.60	*	*
1982-S	*	*	*	.75
1983-P	—	.60	—	*
1983-D	—	.60	*	*
1983-S	*	*	*	1.25
1984-P	—	.60	—	*
1984-D	—	.60	*	*
1984-S	*	*	*	1.95
1985-P	—	.60	—	*
1985-D	—	.60	*	*
1985-S	*	*	*	1.95
1986-P	—	.60	—	*
1986-D	—	.60	*	*
1986-S	*	*	*	1.50
1987-P	—	.60	—	*
1987-D	—	.60	*	*
1987-S	*	*	*	2.95
1988-P	—	.60	—	*
1988-D	—	.60	*	*
1988-S	*	*	*	.75

Quarters

— Insufficient pricing data	* None issued

Half dollar
Early half dollars index chart

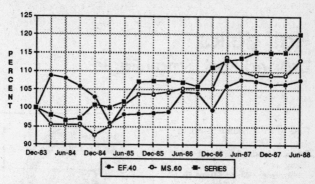

EF.40 — MS.60 — SERIES

Flowing Hair

Date of authorization: April 2, 1792
Dates of issue: 1794-1795
Designer
  Obverse: Robert Scot
  Reverse: Scot
Engraver
  Obverse: Scot, John S. Gardner
  Reverse: Scot, Gardner
Diameter (Millimeters/inches):
  32.50mm/1.28 inches
Weight (Grams/ounces):
  13.478 grams/0.43333 ounce
Metallic content:
  90% silver, 10% copper
Weight of pure silver:
  12.1302 grams/0.39 ounce
Edge:
  Lettered (FIFTY CENTS OR HALF A DOLLAR)

— Insufficient pricing data   * None issued

Half dollar, Flowing Hair (continued)

	AG-3	G-4	VG-8	F-12	VF-20	EF-40	AU-50
1794	550.	1200.	2000.	2750.	4000.	6250.	9750.
1795	200.	355.	450.	715.	1500.	2450.	3750.
1795 3 Leaves	400.	750.	1150.	1900.	4150.	8000.	11500.

Half dollar
Draped Bust, Small Eagle

Date of authorization: April 2, 1792

Dates of issue: 1796-1797

Designer
    Obverse: Gilbert Stuart-Scot
    Reverse: (1796-1797) Scot-John Eckstein

Engraver
    Obverse: Scot
    Reverse: Scot

Diameter (Millimeters/inches):
    32.50mm/1.28 inch

Weight (Grams/ounces):
    13.478 grams/0.43333 ounce

Metallic content:
    89.25% silver, 10.75% copper

Weight of pure silver:
    12.0291 grams/0.38674 ounce

Edge:
    Lettered (FIFTY CENTS OR HALF A DOLLAR)

	AG-3	G-4	VG-8	F-12	VF-20	EF-40	AU-50
1796 15 Stars	7350.	10250.	13500.	17500.	25500.	35000.	55000.
1796 16 Stars	7650.	11000.	14500.	18750.	28000.	—	—
1797 15 Stars	7250.	10000.	13000.	20000.	29000.	—	—

— Insufficient pricing data   * None issued

Half dollar
Draped Bust, Heraldic Eagle

Date of authorization: April 2,
 1792
Dates of issue: 1801-1807
Designer
 Obverse: Gilbert Stuart-Robert
  Scot
 Reverse: Scot
Engraver
 Obverse: Scot
 Reverse: Scot
Diameter (Millimeters/inches):
 32.50mm/1.28 inch
Weight (Grams/ounces):
 13.478 grams/0.43333 ounce
Metallic content:
 89.25% silver, 10.75% copper
Weight of pure silver:
 12.0291 grams/0.38674 ounce
Edge:
 Lettered (FIFTY CENTS OR
  HALF A DOLLAR)

	AG-3	G-4	VG-8	F-12	VF-20	EF-40	AU-50
1801	165.	265.	515.	885.	1800.	3500.	—
1802	150.	230.	435.	725.	1550.	3250.	7500.
1803 Small 3	110.	170.	210.	500.	750.	1750.	5000.
1803 Large 3	77.50	125.	185.	400.	675.	1700.	6250.
1805/4	185.	290.	575.	850.	1700.	3000.	7000.
1805	75.00	100.	170.	345.	625.	1350.	4700.
1806/5	87.50	150.	205.	450.	700.	1600.	4750.
1806 Horizontal 0 in Date	160.	230.	385.	675.	1150.	2150.	6500.
1806	75.00	95.00	160.	325.	610.	1250.	4650.
1807	75.00	95.00	160.	325.	600.	1225.	4650.

— Insufficient pricing data	* None issued

Half dollar
Capped Bust half index chart

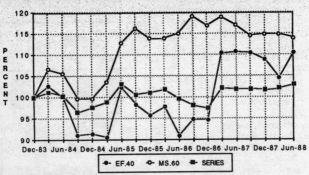

P E R C E N T

Dec-83 Jun-84 Dec-84 Jun-85 Dec-85 Jun-86 Dec-86 Jun-87 Dec-87 Jun-88

● EF.40   ○ MS.60   ■ SERIES

Capped Bust

Date of authorization: April 2, 1792

Dates of issue: 1807-1839

Designer

Obverse: John Reich

Reverse: (1807-1836) Reich

Reverse: (1836-1839) Reich-Christian Gobrecht

Engraver

Obverse: Reich

Reverse: Reich

Diameter (Millimeters/inches):

(1807-1836) 32.50mm/1.28 inch

(1836-1839) 30.61mm/1.21 inch

Weight (Grams/ounces):

(1807-1836) 13.478 grams/0.43333 ounce

(1836-1839) 13.365 grams/0.42969 ounce

Metallic content:

(1807-1836) 89.25% silver, 10.75% copper

— Insufficient pricing data   * None issued

(1836-1839) 90% silver, 10% copper
Weight of pure silver:
   (1807-1836) 12.0291 grams/0.38674 ounce
   (1836-1839) 12.0285 grams/0.38673 ounce
Edge:
   (1807-1836) Lettered (FIFTY CENTS OR A DOLLAR)
   (1836-1839) Reeded

	G-4	VG-8	F-12	VF-20	EF-40	AU-50	MS-60	MS-63
1807 Small Stars	60.00	85.00	165.	300.	550.	950.	1800.	2650.
1807 Large Stars	45.00	57.50	120.	245.	490.	900.	1750.	2600.
1807 50/20	40.00	55.00	105.	235.	475.	875.	1700.	2500.
1808/7	39.50	43.50	60.00	125.	310.	640.	1250.	2200.
1808	33.50	39.00	50.00	82.50	260.	490.	960.	2000.
1809	32.50	39.00	52.50	82.50	260.	490.	960.	2000.
1810	29.00	37.00	46.00	75.00	250.	465.	960.	2000.
1811 Small 8	29.00	37.00	46.00	65.00	210.	365.	830.	1900.
1811 Large 8	29.00	37.00	46.00	75.00	230.	370.	830.	1900.
1811/10	32.00	40.00	67.50	115.	295.	480.	960.	2000.
1812/1	35.00	65.00	85.00	250.	775.	1050.	1900.	3000.
1812	28.50	36.50	46.00	75.00	155.	350.	830.	1900.
1813	28.50	36.50	46.00	77.50	160.	355.	940.	1975.
1813 5OC/UNI	31.50	43.50	72.50	120.	255.	515.	1250.	2300.
1814	28.50	37.00	47.50	80.00	295.	540.	1050.	2150.
1814/3	47.50	57.50	77.50	105.	325.	605.	1275.	2250.
1815/2	675.	850.	1275.	1675.	2550.	3750.	7500.	13000.
1817/3	80.00	125.	220.	340.	750.	1200.	2350.	3400.
1817/4	—	—	4350.	7750.	—	—	—	—
1817	25.00	33.00	51.00	72.50	155.	350.	815.	1875.
1818/7	25.00	33.00	41.50	60.00	160.	355.	970.	2000.
1818	25.00	33.00	41.50	57.50	140.	345.	785.	1850.
1819/8	25.00	33.00	41.50	65.00	155.	350.	820.	1875.
1819	25.00	33.00	35.50	57.50	140.	325.	840.	1900.
1820/19	32.50	41.00	52.50	145.	250.	435.	1010.	2100.
1820	32.00	40.00	51.00	80.00	225.	385.	840.	1900.
1821	32.00	38.50	47.50	67.50	120.	320.	815.	1875.
1822	25.00	38.50	41.50	67.50	120.	320.	815.	1875.
1822/1	50.00	62.50	100.	170.	310.	590.	1350.	2350.
1823	25.00	33.00	35.50	51.50	140.	315.	800.	1875.
1823 Broken 3	40.00	60.00	77.50	95.00	225.	400.	900.	2125.
1824/1	25.00	33.00	41.50	71.50	165.	350.	810.	1875.
1824/4	27.50	35.50	43.50	85.00	175.	360.	840.	1900.
1824	23.00	30.00	34.00	39.00	120.	320.	810.	1875.
1825	23.00	30.00	34.00	39.00	82.50	265.	775.	1850.
1826	23.00	30.00	34.00	51.50	87.50	280.	780.	1850.
1827/6	23.00	30.00	35.50	70.00	145.	330.	985.	2100.
1827 Square 2	23.00	30.00	34.00	39.00	82.50	265.	775.	1850.
1827 Curl 2	27.00	35.00	41.50	65.00	85.00	280.	815.	1900.
1828	23.00	30.00	34.00	39.00	82.50	265.	765.	1825.
1828 Large 8	25.00	33.00	35.50	51.50	85.00	270.	800.	1900.
1828 Small 8	23.00	30.00	34.00	39.00	82.50	265.	800.	1900.
1829/7	23.00	30.00	34.00	42.50	90.00	290.	995.	2025.
1829	23.00	30.00	34.00	39.00	82.50	265.	750.	1825.
1830 Large O	23.00	30.00	34.00	39.00	82.50	265.	740.	1800.
1830 Small O	23.00	30.00	34.00	39.00	82.50	265.	740.	1800.
1831	23.00	30.00	34.00	39.00	82.50	265.	740.	1800.
1832 Normal Arrows	23.00	30.00	34.00	39.00	82.50	265.	740.	1800.

Half dollars

— Insufficient pricing data	* None issued

Half dollar, Capped Bust (continued)

	G-4	VG-8	F-12	VF-20	EF-40	AU-50	MS-60	MS-63
1832 Large Letters	25.50	33.00	41.50	67.50	140.	325.	855.	1925.
1833	23.00	30.00	34.00	39.00	82.50	265.	740.	1800.
1834	23.00	30.00	34.00	39.00	82.50	265.	740.	1800.
1835	23.00	30.00	34.00	39.00	82.50	265.	740.	1800.
1836 Lettered Edge	23.00	30.00	34.00	39.00	82.50	265.	740.	1800.
1836 50/00	30.50	51.00	60.00	72.50	120.	315.	985.	2000.
1836 Reeded Edge, 50 CENTS	500.	625.	850.	1100.	1900.	2750.	5200.	12000.
1837 50 CENTS	26.00	32.50	40.00	67.50	140.	400.	875.	2000.
1838 HALF DOL.	26.00	32.50	40.00	67.50	140.	400.	875.	2000.
1838-O Only 20 Struck EF-40 $44000.								
1839	26.00	32.50	40.00	67.50	140.	400.	875.	2000.
1839-O	140.	190.	240.	375.	625.	1400.	2850.	5350.

Half dollars

Half dollar
Seated Liberty half index chart

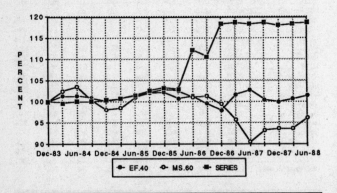

— Insufficient pricing data	* None issued

Seated Liberty

Date of authorization: April 2,
    1792
Dates of issue: 1839-1891
Designer
    Obverse: Christian Gobrecht
    Reverse: John Reich-Gobrecht
Engraver
    Obverse: Gobrecht
    Reverse: Gobrecht
Diameter (Millimeters/inches):
    30.61mm/1.21 inches
Weight (Grams/ounces):
    1839-1853: 13.365 grams/
        0.42969 ounce
    1853-1873: 12.441 grams/
        0.39999 ounce
    1873-1891: 12.500 grams/
        0.40188 ounce
Metallic content:
    90% silver, 10% copper
Weight of pure silver:
    1839-1853: 12.0285 grams/
        0.38673 ounce
    1853-1873: 11.1969 grams/
        0.35999 ounce
    1873-1891: 11.250 grams/
        0.3617 ounce
Edge:
    Reeded

Half dollars

	G-4	VG-8	F-12	VF-20	EF-40	AU-50	MS-60	MS-63
1839 No Drapery	40.00	55.00	88.00	175.	525.	1450.	5850.	—
1839 Drapery	20.00	32.50	50.00	90.00	155.	225.	470.	1650.
1840 Small Letters	22.50	35.00	52.00	85.00	150.	280.	560.	1350.
1840 Medium Letters	87.50	125.	175.	275.	425.	1000.	—	—
1840-O	19.50	29.00	48.00	75.00	100.	185.	585.	1400.
1841	30.00	45.00	83.00	145.	275.	400.	1250.	—
1841-O	14.50	23.50	35.00	63.00	100.	225.	900.	—
1842-O Small Date	550.	850.	1300.	2600.	4250.	7850.	—	—
1842 Small Date	23.00	45.00	73.00	92.50	115.	235.	925.	2000.
1842 Medium Date	14.75	29.50	46.50	67.50	125.	205.	655.	1450.
1842-O Large Date	14.50	24.25	35.00	62.50	120.	190.	560.	1250.
1843	14.50	22.25	37.50	58.50	92.50	170.	460.	1050.
1843-O	14.60	26.00	45.00	62.50	115.	195.	570.	1275.
1844	14.50	22.25	34.00	44.50	85.00	165.	460.	1050.
1844-O	14.50	22.25	32.00	40.50	72.50	140.	535.	1225.
1844-O Double Date	75.00	100.	150.	200.	350.	600.	1300.	—
1845	25.00	40.00	58.00	95.00	175.	300.	950.	—
1845-O	14.50	22.25	34.00	50.00	110.	200.	575.	1300.
1845-O No Drapery	24.50	47.50	70.00	100.	265.	375.	775.	1550.
1846 SD	15.50	24.25	35.00	47.50	80.00	145.	560.	1250.

— Insufficient pricing data	• None issued

Half dollar, Seated Liberty (continued)

	G-4	VG-8	F-12	VF-20	EF-40	AU-50	MS-60	MS-63
1846 Tall Date	18.50	26.50	38.00	57.50	100.	190.	720.	1500.
1846/Horizontal 6	130.	175.	225.	325.	500.	850.	1950.	—
1846-O Medium Date	16.75	24.25	34.00	42.00	120.	190.	620.	1425.
1846-O Tall Date	39.00	63.50	105.	210.	375.	725.	1150.	—
1847	14.50	22.75	32.00	38.00	70.00	155.	520.	1200.
1847-O	14.50	23.75	34.50	40.50	90.00	195.	700.	1475.
1847/6	—	2350.	3250.	4050.	5300.	—	—	—
1848	32.50	48.50	69.00	120.	230.	485.	1125.	—
1848-O	17.00	27.00	37.50	44.50	92.50	200.	750.	1650.
1849	20.00	24.00	36.50	55.00	115.	325.	1000.	—
1849-O	18.00	25.00	37.75	62.50	125.	220.	700.	1475.
1850	87.50	115.	155.	285.	435.	600.	1300.	—
1850-O	17.00	24.75	37.00	50.00	125.	210.	720.	1500.
1851	100.	145.	225.	360.	540.	700.	1425.	—
1851-O	16.50	28.50	51.50	75.00	160.	245.	700.	1475.
1852	120.	185.	275.	415.	550.	750.	1500.	3500.
1852-O	42.50	65.00	115.	185.	315.	575.	1450.	—
1853-O No Arrows (Only 3 known - Beware Alterations)								
1853 Arrows & Rays	14.00	20.50	40.50	82.50	180.	375.	2000.	4250.
1853-O Arrows & Rays	18.00	25.00	55.00	100.	355.	650.	2450.	—
1854 Arrows	12.50	20.00	31.50	40.00	95.00	275.	775.	1550.
1854-O Arrows	11.50	20.00	30.50	39.00	90.00	225.	725.	1500.
1855/1854	—	84.00	135.	250.	425.	600.	1450.	—
1855 Arrows	17.50	27.00	38.00	58.00	125.	340.	1100.	—
1855-O Arrows	11.50	23.00	31.50	42.00	90.00	255.	775.	1550.
1855-S Arrows	290.	425.	685.	1375.	2800.	3750.	6050.	—
1856 No Arrows	11.00	19.75	29.00	40.00	61.00	135.	445.	800.
1856-O	11.00	19.75	29.50	40.00	61.00	135.	545.	900.
1856-S	30.00	47.50	65.50	165.	280.	485.	1300.	—
1857	11.00	19.75	29.00	38.00	61.00	135.	445.	975.
1857-O	15.50	23.00	38.00	55.00	105.	220.	850.	1750.
1857-S	40.00	60.00	83.00	185.	390.	575.	1400.	3400.
1858	11.00	19.75	29.00	38.00	61.00	135.	445.	800.
1858-O	11.00	17.00	27.00	34.00	63.50	140.	550.	925.
1858-S	17.00	28.00	45.50	110.	185.	340.	850.	1750.
1859	16.00	23.00	36.00	45.00	72.50	145.	510.	860.
1859-O	11.00	19.75	29.50	39.00	61.50	135.	520.	875.
1859-S	17.00	28.00	47.00	100.	195.	325.	775.	1550.
1860	18.50	27.00	43.00	57.50	95.00	190.	800.	1650.
1860-O	15.00	20.00	34.00	46.50	71.00	165.	545.	890.
1860-S	24.00	36.00	47.00	59.00	110.	185.	570.	925.
1861	11.00	19.75	28.50	38.00	67.50	150.	500.	850.
1861-O	16.00	23.00	37.75	50.00	77.50	155.	550.	875.
1861-S	13.50	22.75	30.00	40.00	70.00	150.	625.	1150.
1862	25.00	37.00	53.00	110.	190.	315.	725.	1500.
1862-S	11.50	20.25	30.50	39.00	68.50	145.	560.	900.
1863	17.50	29.00	40.00	50.00	105.	175.	625.	1150.
1863-S	11.50	20.50	33.50	40.00	68.50	145.	560.	900.
1864	20.00	30.00	45.00	67.50	135.	255.	650.	1200.
1864-S	14.50	20.25	35.00	47.50	77.50	155.	560.	900.
1865	21.00	31.00	47.00	62.50	125.	235.	750.	1600.
1865-S	11.50	20.25	30.50	47.50	72.50	150.	560.	900.
1866-S	65.00	85.00	145.	275.	425.	1100.	4400.	—
1866 Motto	15.00	29.50	43.00	60.00	125.	210.	515.	810.
1866-S Motto	12.00	20.00	31.50	45.00	80.00	185.	540.	850.

— Insufficient pricing data   • None issued

	G-4	VG-8	F-12	VF-20	EF-40	AU-50	MS-60	MS-63
1867	23.00	38.00	53.00	125.	190.	285.	525.	820.
1867-S	12.00	20.00	31.50	37.00	75.00	160.	540.	850.
1868	30.00	45.00	63.00	140.	240.	315.	650.	1100.
1868-S	14.50	25.50	36.50	43.50	125.	220.	550.	860.
1869	15.00	22.00	32.50	48.00	82.50	165.	475.	805.
1869-S	14.25	23.75	34.00	45.00	155.	240.	560.	900.
1870	21.00	28.00	42.50	65.00	145.	225.	460.	795.
1870-CC	550.	750.	1250.	2550.	4000.	6750.	—	—
1870-S	15.00	25.00	38.00	55.00	130.	230.	560.	900.
1871	17.50	23.00	37.50	57.50	100.	170.	400.	775.
1871-CC	95.00	150.	215.	390.	700.	1100.	—	—
1871-S	12.00	19.60	27.50	36.50	70.00	165.	660.	1275.
1872	16.00	22.00	36.50	52.50	74.00	155.	370.	760.
1872-CC	40.00	65.00	120.	250.	400.	675.	1500.	—
1872-S	24.50	39.00	60.50	110.	245.	375.	1050.	—
1873 Closed 3	23.00	42.00	63.00	97.50	170.	255.	570.	1000.
1873 Open 3 No Arrows	—	2100.	—	—	—	—	—	15000.
1873-CC	82.50	145.	250.	400.	650.	1250.	2600.	—
1873 Arrows	16.50	20.00	31.00	70.00	190.	375.	775.	1400.
1873-CC Arrows	72.50	97.50	225.	365.	500.	700.	1750.	3600.
1873-S Arrows	42.50	67.50	110.	195.	400.	650.	1300.	3100.
1874 Arrows	16.50	20.00	31.00	66.00	165.	385.	800.	1450.
1874-CC Arrows	150.	285.	385.	675.	1050.	1600.	3150.	—
1874-S Arrows	32.00	45.00	72.50	160.	365.	675.	1550.	3400.
1875	11.00	19.25	26.50	39.00	65.00	135.	370.	760.
1875-CC	19.00	33.00	52.50	80.00	165.	240.	525.	925.
1875-S	15.00	25.00	45.50	65.00	120.	185.	375.	875.
1876	11.00	19.25	26.50	34.50	63.50	130.	370.	760.
1876-CC	14.00	24.00	38.00	60.00	96.50	240.	640.	1050.
1876-S	11.00	19.25	26.50	34.50	63.50	130.	425.	1000.
1877	11.00	19.25	26.50	34.50	63.50	130.	370.	760.
1877-CC	15.00	25.00	38.00	57.50	97.50	235.	625.	1025.
1877-S	11.25	19.50	27.50	36.50	62.50	135.	450.	875.
1878	16.50	36.00	50.50	77.50	125.	180.	460.	885.
1878-CC	190.	235.	425.	765.	1350.	1800.	2600.	—
1878-S	3750.	4750.	5750.	7000.	8750.	11000.	21000.	—
1879	160.	195.	250.	285.	375.	535.	925.	1425.
1880	145.	170.	215.	270.	340.	485.	875.	1375.
1881	145.	170.	210.	240.	330.	465.	875.	1375.
1882	175.	200.	270.	310.	415.	575.	900.	1425.
1883	155.	180.	225.	270.	350.	515.	885.	1400.
1884	190.	225.	285.	330.	435.	595.	975.	1525.
1885	180.	215.	275.	320.	425.	585.	950.	1475.
1886	215.	255.	325.	375.	460.	620.	975.	1525.
1887	240.	280.	350.	410.	540.	700.	1100.	1950.
1888	150.	175.	220.	260.	355.	515.	880.	1375.
1889	150.	175.	220.	270.	360.	520.	895.	1375.
1890	155.	180.	230.	285.	375.	535.	900.	1400.
1891	45.00	62.50	92.50	115.	185.	270.	515.	1050.

Half dollars

| — Insufficient pricing data | * None issued |

Half dollar
Barber half dollar index chart

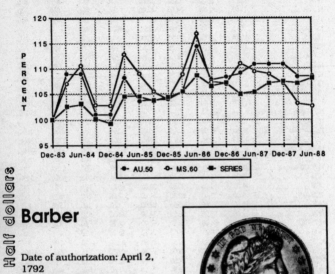

P E R C E N T

120
115
110
105
100
95

Dec-83 Jun-84 Dec-84 Jun-85 Dec-85 Jun-86 Dec-86 Jun-87 Dec-87 Jun-88

● AU.50   ○ MS.60   ■ SERIES

Barber

Date of authorization: April 2, 1792
Dates of issue: 1892-1915
Designer
  Obverse: Charles Barber
  Reverse: Barber
Engraver
  Obverse: Barber
  Reverse: Barber
Diameter (Millimeters/inches):
  30.61mm/1.21 inches
Weight (Grams/ounces):
  12.500 grams/0.40188 ounce
Metallic content:
  90% silver, 10% copper
Weight of pure silver:
  11.250 grams/0.3617 ounce
Edge:
  Reeded

— Insufficient pricing data   * None issued

	G-4	VG-8	F-12	VF-20	EF-40	AU-50	MS-60	MS-63
1892	13.00	16.75	31.00	59.00	155.	280.	435.	1100.
1892-O	72.50	95.00	150.	225.	365.	475.	815.	1300.
1892-S	85.00	115.	155.	225.	340.	450.	850.	1800.
1893	9.00	12.25	29.50	57.50	150.	280.	440.	925.
1893-O	14.00	17.75	39.50	90.00	235.	325.	575.	1175.
1893-S	40.00	50.00	78.00	200.	290.	430.	785.	1450.
1894	7.00	9.50	27.75	59.00	145.	280.	425.	925.
1894-O	7.00	10.50	38.50	67.00	215.	305.	520.	1150.
1894-S	7.00	10.00	37.00	64.50	210.	290.	510.	1000.
1895	7.00	9.50	27.25	50.00	140.	265.	420.	975.
1895-O	7.00	10.25	31.00	61.00	180.	320.	545.	1150.
1895-S	13.10	16.85	39.50	85.00	215.	330.	560.	1175.
1896	7.75	11.00	31.00	60.50	145.	285.	440.	975.
1896-O	13.15	18.00	42.00	90.00	270.	480.	1000.	2400.
1896-S	40.00	47.50	78.00	180.	310.	495.	1150.	2100.
1897	4.50	7.25	22.50	45.00	130.	225.	415.	925.
1897-O	35.00	46.00	74.00	240.	370.	650.	1375.	2700.
1897-S	62.50	87.50	135.	190.	340.	515.	1200.	2600.
1898	4.50	7.25	22.50	45.00	130.	225.	415.	925.
1898-O	12.00	15.25	33.00	75.00	210.	365.	540.	1250.
1898-S	7.25	10.25	27.00	57.50	180.	310.	515.	1100.
1899	4.50	7.25	22.50	45.00	130.	220.	400.	925.
1899-O	7.35	10.75	28.00	67.00	230.	325.	535.	1275.
1899-S	7.25	10.25	27.00	57.50	175.	290.	510.	1100.
1900	4.50	7.25	20.00	45.00	130.	220.	400.	925.
1900-O	7.25	10.25	27.00	70.00	215.	340.	615.	1750.
1900-S	7.25	10.00	26.50	57.50	185.	290.	510.	1100.
1901	4.50	7.25	20.00	45.00	130.	220.	415.	925.
1901-O	7.75	11.00	30.50	67.00	250.	445.	1025.	2700.
1901-S	10.50	14.75	39.50	110.	350.	665.	1350.	2800.
1902	4.50	7.25	20.00	45.00	130.	220.	415.	925.
1902-O	6.15	8.75	26.50	50.00	175.	340.	650.	1200.
1902-S	6.15	8.75	26.50	57.50	185.	355.	560.	1100.
1903	4.50	7.25	20.00	45.00	130.	220.	415.	925.
1903-O	5.90	8.75	26.50	50.00	160.	310.	530.	1150.
1903-S	5.90	8.75	26.50	57.50	200.	410.	800.	1100.
1904	4.50	7.25	20.00	45.00	130.	220.	415.	925.
1904-O	8.25	11.50	31.00	75.00	250.	440.	1050.	2850.
1904-S	10.00	13.25	40.00	115.	325.	575.	1015.	2500.
1905	8.50	10.75	32.00	72.50	180.	290.	560.	1175.
1905-O	8.75	11.50	34.50	82.50	230.	400.	775.	1275.
1905-S	4.65	7.75	26.50	57.50	160.	305.	530.	1150.
1906	4.50	7.25	20.00	45.00	130.	220.	415.	925.
1906-D	4.65	7.75	26.50	47.50	145.	250.	420.	925.
1906-O	4.65	7.75	26.50	50.00	155.	265.	490.	975.
1906-S	4.65	7.75	26.50	57.50	165.	310.	525.	960.
1907	4.50	7.25	20.00	45.00	130.	220.	415.	925.
1907-D	4.65	7.75	26.50	47.50	145.	240.	425.	925.
1907-O	4.65	7.75	26.50	52.50	155.	260.	490.	950.
1907-S	4.65	9.50	27.25	65.00	210.	290.	520.	1200.
1908	4.50	7.25	20.00	49.00	160.	265.	505.	950.
1908-D	4.65	7.75	25.50	47.50	135.	230.	425.	925.
1908-O	4.65	7.75	25.50	47.50	145.	255.	430.	925.
1908-S	4.65	9.25	26.50	59.00	180.	290.	520.	1100.
1909	4.50	7.35	22.50	45.00	130.	220.	415.	925.
1909-O	7.75	9.75	29.50	67.50	250.	435.	675.	1550.
1909-S	4.65	8.00	26.00	50.00	170.	330.	720.	1100.

Half dollars

— Insufficient pricing data	* None issued

Half dollar, Capped Bust (continued)

	G-4	VG-8	F-12	VF-20	EF-40	AU-50	MS-60	MS-63
1910	7.75	10.50	30.00	67.00	215.	350.	585.	1100.
1910-S	4.65	8.00	25.50	50.00	170.	290.	510.	1000.
1911	4.50	7.25	20.00	45.00	130.	220.	415.	925.
1911-D	4.65	7.75	26.50	50.00	165.	270.	480.	950.
1911-S	4.65	7.75	25.50	50.00	165.	290.	510.	1000.
1912	4.50	7.25	20.00	45.00	130.	220.	415.	925.
1912-D	4.65	7.75	25.00	47.50	135.	225.	415.	925.
1912-S	4.65	7.75	25.50	50.00	165.	290.	510.	1050.
1913	14.75	16.85	36.00	82.50	200.	395.	700.	1350.
1913-D	4.55	7.75	25.50	59.00	170.	245.	415.	925.
1913-S	4.55	8.00	28.00	70.00	175.	330.	675.	1150.
1914	16.75	23.50	54.00	115.	280.	500.	800.	1225.
1914-S	4.55	7.60	24.50	59.50	165.	330.	525.	1100.
1915	16.25	18.75	37.50	85.00	265.	450.	785.	1450.
1915-D	4.50	7.25	20.00	45.00	130.	235.	400.	925.
1915-S	4.55	7.40	22.50	50.00	135.	250.	455.	975.

Half dollar
Walking Liberty half index chart

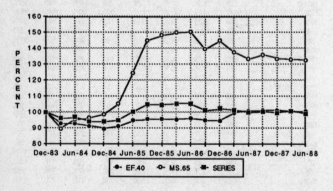

- Insufficient pricing data   * None issued

Walking Liberty

Date of authorization: April 2, 1792

Dates of issue: 1916-1947

Designer
  Obverse: Adolph Weinman
  Reverse: Weinman

Engraver
  Obverse: Charles Barber
  Reverse: Barber

Diameter (Millimeters/inches): 30.61mm/1.21 inches

Weight (Grams/ounces): 12.500 grams/0.40188 ounce

Metallic content: 90% silver, 10% copper

Weight of pure silver: 11.250 grams/0.3167 ounce

Edge: Reeded

Half dollars

	VG-8	F-12	VF-20	EF-40	AU_50	MS-60	MS-63	MS-64	MS-65
1916	18.00	44.50	95.00	150.	245.	310.	690.	1250.	2600.
1916-D	16.50	25.00	58.50	125.	190.	280.	650.	1150.	2550.
1916-S	35.00	110.	205.	315.	400.	600.	1050.	2600.	4700.
1917	7.50	9.00	17.00	27.50	57.50	120.	225.	775.	1450.
1917-D Obverse Mint mark	13.00	25.00	65.00	140.	220.	375.	685.	1600.	3950.
1917-D Reverse Mint mark	10.50	16.50	38.50	120.	250.	500.	950.	2250.	4650.
1917-S Obverse Mint mark	17.00	33.00	140.	320.	475.	850.	1450.	2950.	6500.
1917-S Reverse Mint mark	7.50	13.25	19.50	37.50	80.00	190.	500.	2350.	4700.
1918	8.00	14.50	36.50	95.00	225.	325.	550.	1400.	3500.
1918-D	8.75	15.00	40.00	110.	270.	600.	1050.	3150.	6350.
1918-S	7.35	11.50	21.50	42.00	85.00	250.	650.	2100.	4400.
1919	11.50	24.50	97.50	340.	500.	975.	1800.	2950.	5400.
1919-D	10.00	25.50	105.	415.	750.	1700.	3800.	7000.	13500.
1919-S	9.25	18.00	77.50	315.	675.	1300.	3600.	5850.	10750.
1920	7.00	9.00	18.50	40.00	86.50	170.	350.	1000.	3150.
1920-D	8.50	18.00	80.00	250.	450.	875.	1450.	2750.	5600.
1920-S	7.75	12.50	34.00	115.	335.	625.	1200.	2250.	4800.
1921	65.00	160.	445.	900.	1200.	1550.	2350.	3600.	6000.

— Insufficient pricing data   • None issued

Half dollar, Walking Liberty (continued)

	VG-8	F-12	VF-20	EF-40	AU-50	MS-60	MS-63	MS-64	MS-65
1921-D	95.00	190.	500.	950.	1350.	1850.	2850.	3950.	7000.
1921-S	15.85	39.00	210.	1100.	2500.	6000.	8750.	15500.	29000.
1923-S	9.10	14.50	32.00	140.	325.	660.	1250.	2650.	6000.
1927-S	7.25	9.50	22.00	75.00	235.	515.	975.	2350.	5600.
1928-S	7.50	10.00	23.00	87.50	260.	565.	1050.	2500.	5500.
1929-D	7.40	9.25	16.00	65.00	155.	280.	500.	1075.	2150.
1929-S	5.90	8.50	12.00	52.50	135.	285.	525.	1100.	2250.
1933-S	7.35	9.75	11.50	42.50	97.50	265.	550.	1200.	2100.
1934	4.50	5.35	7.00	9.50	25.00	68.00	135.	220.	610.
1934-D	4.60	5.75	9.50	23.00	50.00	130.	300.	615.	1100.
1934-S	5.00	6.25	8.75	16.50	52.50	240.	550.	1000.	1900.
1935	3.75	5.00	7.00	9.35	18.00	58.00	100.	200.	425.
1935-D	4.50	5.75	9.50	21.00	50.00	130.	285.	975.	1750.
1935-S	4.50	6.00	8.25	18.50	77.50	165.	355.	800.	1550.
1936	3.75	5.00	7.00	8.75	17.00	55.00	100.	165.	400.
1936-D	4.50	5.75	8.00	14.75	37.50	97.50	145.	325.	700.
1936-S	4.50	5.75	8.00	14.75	37.50	115.	190.	370.	800.
1937	3.75	5.00	7.00	9.25	19.00	57.00	100.	175.	415.
1937-D	6.25	7.00	12.50	28.00	70.00	155.	250.	385.	735.
1937-S	5.50	6.00	8.00	17.75	47.50	125.	225.	380.	765.
1938	5.50	6.00	7.00	11.50	25.50	75.00	135.	250.	675.
1938-D	21.00	28.00	37.50	75.00	205.	310.	675.	1000.	1800.
1939	3.25	5.00	6.50	10.00	19.00	70.00	135.	185.	405.
1939-D	4.50	6.00	7.25	11.50	19.25	67.50	120.	200.	425.
1939-S	5.75	6.75	8.00	13.00	32.50	82.50	150.	235.	615.
1940	3.25	4.85	6.00	8.00	12.50	46.50	100.	150.	340.
1940-S	3.25	4.85	7.00	11.00	24.00	60.00	110.	275.	825.
1941	3.25	4.85	5.75	7.00	11.50	46.50	95.00	120.	340.
1941-D	3.25	4.85	6.00	7.50	14.50	57.50	120.	145.	425.
1941-S	3.25	4.85	6.25	9.50	32.00	125.	255.	400.	1600.
1942	3.25	4.85	5.75	7.00	11.50	46.50	95.00	115.	340.
1942-D	3.25	4.85	6.00	8.00	14.00	58.00	150.	195.	375.
1942-D/S	—	—	67.50	80.00	200.	475.	850.	—	—
1942-S	3.25	4.85	6.00	8.75	29.00	80.00	145.	235.	600.
1943	3.25	4.85	5.75	7.00	11.00	46.50	80.00	115.	345.
1943-D	3.25	4.85	6.00	7.50	15.00	67.50	170.	200.	450.
1943-S	3.25	4.85	6.75	8.00	25.00	78.00	180.	200.	600.
1944	3.25	4.85	5.75	7.00	11.50	46.50	80.00	115.	325.
1944-D	3.25	4.85	6.00	7.90	14.00	57.50	130.	205.	375.
1944-S	3.25	4.85	6.00	8.25	17.50	65.00	125.	225.	1050.
1945	3.25	4.85	5.75	7.00	11.50	46.50	81.00	125.	325.
1945-D	3.25	4.85	6.00	7.90	13.00	50.00	95.00	145.	350.
1945-S	3.25	4.85	6.00	8.00	16.00	57.50	87.50	155.	450.
1946	3.25	5.25	6.25	7.75	12.00	46.50	92.50	130.	410.
1946-D	5.75	7.00	8.00	11.00	17.00	55.00	80.00	125.	315.
1946-S	5.25	5.50	6.00	8.00	18.00	56.50	100.	175.	400.
1947	5.25	5.50	6.00	9.00	26.00	62.50	100.	135.	415.
1947-D	5.25	5.50	6.00	8.75	19.00	57.50	97.50	175.	395.

Half dollar
Franklin half dollar index chart

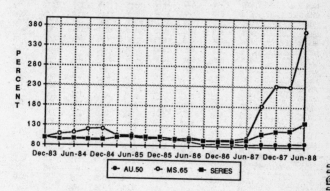

Franklin

Date of authorization: April 2,
1792
Dates of issue: 1948-1963
Designer
Obverse: John Sinnock
Reverse: Sinnock
Engraver
Obverse: Gilroy Roberts
Reverse: Roberts
Diameter (Millimeters/inches):
30.61mm/1.21 inches
Weight (Grams/ounces):
12.500 grams/0.40188 ounce
Metallic content:
90% silver, 10% copper
Weight of pure silver:
11.250 grams/0.3617 ounce
Edge:
Reeded

—Insufficient pricing data   * None issued

Half dollar, Franklin (continued)

	F-12	VF-20	EF-40	AU-50	MS-60	MS-63	MS-65	MS-65 FBL†	Prf-65
1948	6.00	7.00	8.50	10.00	19.00	28.00	185.	180.	*
1948-D	5.00	5.75	7.00	9.50	13.50	17.50	195.	205.	*
1949	5.00	6.00	7.00	11.00	35.50	55.00	215.	275.	*
1949-D	5.00	6.10	7.25	11.50	39.00	52.50	500.	850.	*
1949-S	6.25	8.00	16.50	37.50	85.00	160.	300.	550.	*
1950	4.75	5.10	6.00	9.00	31.50	42.50	130.	180.	1000.
1950-D	4.50	5.00	5.85	8.75	22.50	29.00	445.	725.	*
1951	2.75	3.50	4.25	6.50	12.50	21.00	105.	150.	500.
1951-D	2.75	5.85	6.85	10.00	30.00	38.00	285.	350.	*
1951-S	2.75	4.65	5.00	9.75	29.00	34.00	175.	375.	*
1952	2.75	3.50	4.25	5.00	11.00	16.00	120.	145.	365.
1952-D	2.75	3.50	4.25	5.50	10.50	14.75	250.	325.	*
1952-S	2.75	4.75	6.00	14.75	30.00	38.50	155.	410.	*
1953	5.00	5.75	7.00	12.25	22.00	30.00	220.	350.	185.
1953-D	2.75	3.50	4.25	5.00	10.75	14.00	200.	325.	*
1953-S	2.75	4.00	5.75	7.50	19.50	27.00	165.	900.	*
1954	2.75	3.50	4.10	4.35	9.25	13.75	125.	150.	90.00
1954-D	2.75	3.50	4.25	4.75	8.00	10.75	150.	225.	*
1954-S	2.75	4.00	5.75	7.50	14.25	18.50	110.	230.	*
1955	7.00	8.00	9.00	10.25	12.50	19.00	115.	140.	82.50
1956	4.50	5.00	6.00	7.50	9.50	14.00	105.	135.	67.50
1957	3.00	4.50	5.00	6.00	8.50	12.00	100.	135.	50.00
1957-D	3.00	4.25	4.75	5.50	7.00	9.50	100.	130.	*
1958	4.50	5.00	6.00	7.50	9.00	12.00	105.	130.	72.50
1958-D	2.75	3.50	4.35	5.10	7.25	10.00	105.	130.	*
1959	2.75	3.50	4.35	5.20	7.25	10.00	190.	275.	48.00
1959-D	2.75	3.50	4.35	5.35	7.75	9.75	230.	300.	*
1960	2.75	3.50	4.35	5.00	6.75	9.50	165.	190.	40.00
1960-D	2.75	3.50	4.35	5.00	6.25	9.00	210.	300.	*
1961	2.75	3.50	4.35	4.85	6.75	9.50	230.	350.	36.00
1961-D	2.75	3.50	4.35	4.85	6.25	9.50	200.	375.	*
1962	2.75	3.50	4.35	4.85	6.00	9.25	190.	275.	34.00
1962-D	2.75	3.50	4.35	4.75	6.00	9.25	190.	250.	*
1963	2.75	3.50	4.25	4.50	5.75	9.00	165.	200.	34.00
1963-D	2.75	3.50	4.25	4.50	5.50	9.00	165.	200.	*

† Refers to Full Bell Lines

Half dollars

—Insufficient pricing data	* None issued

Half dollar
Kennedy half dollar index chart

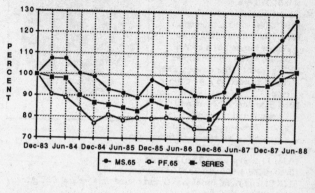

P E R C E N T

Legend: •— MS.65   ○— PF.65   ■— SERIES

Kennedy

Date of authorization: Dec. 30,
   1963; July 23, 1965;
   Oct. 18, 1973
Dates of issue: 1964-present
Designer
   Obverse: Gilroy Roberts
   Reverse: Frank Gasparro
   Reverse (Bicentennial): Seth G.
     Huntington
Engraver
   Obverse: Roberts
   Reverse: Roberts
   Obverse (Bicentennial):
     Gasparro
Diameter (Millimeters/inches):
   30.61mm/1.21 inches
Weight (Grams/ounces):
   1964: 12.500 grams/0.40188
     ounce
   1965-1970: 11.500 grams/
     0.36973 ounce
   1971-present: 11.340 grams/
     0.36459 ounce

—Insufficient pricing data   * None issued

Half dollar, Kennedy (continued)

1976 Bicentennial Proof and
  Uncirculated: 11.500 grams/
  0.36973 ounce

Metallic content:
  1964: 90% silver, 10% copper
  1965-1970: 80% silver, 20%
    copper bonded to a core of
    21.5% silver, 78.5% copper
  1971-present: 75% copper, 25%
    nickel bonded to pure copper
    core
  1976 Bicentennial Proof and
    Uncirculated sets only: 80%
    silver, 20% copper bonded to
    a core of 21.5% silver, 78.5% copper

Weight of pure silver:
  1964: 11.250 grams/0.3617 ounce
  1965-1970: 4.600 grams/0.14789 ounce
  1976 Bicentennial Proof and Uncirculated sets only: 4.600 grams/
    0.14789 ounce

Edge:
  Reeded

	MS-60	MS-63	MS-65	Prf-63	Prf-65
1964	3.00	4.00	10.50	12.50	14.50
1964-D	3.10	4.25	11.00		
1965	1.65	2.50	5.00	*	*
1966	1.50	2.00	4.85	*	*
1967	1.40	2.50	5.75	*	*
1968-D	1.30	1.95	5.25	*	*
1968-S	*	*	*	3.75	4.50
1969-D	1.35	1.95	5.25	*	*
1969-S	*	*	*	3.75	4.50
1970-D	17.00	19.00	27.50	*	*
1970-S	*	*	*	10.00	16.00
1971	.95	1.25	2.25	*	*
1971-D	.95	1.25	2.25	*	*
1971-S	*	*	*	1.50	3.00
1972	.95	1.25	2.25	*	*
1972-D	.95	1.25	2.25	*	*
1972-S	*	*	*	1.50	3.00
1973	.95	1.40	2.25	*	*
1973-D	.95	1.25	2.00	*	*
1973-S	*	*	*	4.00	5.00
1974	.85	1.00	1.95	*	*
1974-D	.85	1.00	1.95	*	*
1974-S	*	*	*	4.00	5.00
1976	.85	1.50	2.20	*	*
1976-D	.85	1.10	2.05	*	*
1976-S	*	*	*	1.50	2.00
1976-S 40% silver	2.25	3.00	4.25	4.50	6.00

—Insufficient pricing data   * None issued

	MS-60	MS-63	MS-65	Prf-63	Prf-65
1977	1.00	2.25	2.85	*	*
1977-D	1.00	2.50	3.25	*	*
1977-S	*	*	*	1.75	2.50
1978	1.00	1.50	2.60	*	*
1978-D	1.00	1.50	2.55	*	*
1978-S	*	*	*	2.00	2.50
1979	.85	1.00	1.90	*	*
1979-D	.85	1.10	2.00	*	*
1979-S Filled S	*	*	*	1.25	2.50
1980-P	.85	1.00	1.90	*	*
1980-D	.85	1.10	2.00	*	*
1980-S	*	*	*	1.25	2.00
1981-P	1.00	1.25	2.35	*	*
1981-D	.85	1.00	1.85	*	*
1981-S Filled S	*	*	*	1.25	2.00
1982-P	—	2.50	—	*	*
1982-D	—	2.00	—	*	*
1982-S	*	*	*	2.50	4.00
1983-P	*	1.25	—	*	*
1983-S	*	*	*	3.50	5.00
1984-P	—	1.25	—	*	*
1984-D	*	1.25	—	*	*
1984-S	*	*	*	6.00	11.00
1985-P	—	1.50	—	*	*
1985-D	*	1.50	—	*	*
1985-S	*	*	*	7.00	11.50
1986-P	—	1.50	—	*	*
1986-D	*	1.50	—	*	*
1986-S	*	*	*	4.00	9.50
1987-P	4.25	4.50	5.25	*	*
1987-D	4.25	4.50	5.25	*	*
1987-S	*	*	*	6.00	8.00
1988-P	—	—	—	*	*
1988-D	*	—	—	*	*
1988-S	*	*	*	—	—

Half dollars

—Insufficient pricing data	* None issued

$1 silver
Early silver dollars index chart

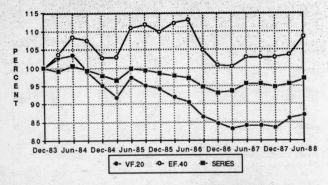

Flowing Hair

Date of authorization: April 2, 1792

Dates of issue: 1794-1795

Designer
Obverse: Robert Scot
Reverse: Scot

Engraver
Obverse: Scot
Reverse: Scot

Diameter (Millimeters/inches):
39.50mm/1.56 inches

Weight (Grams/ounces):
26.956 grams/0.86666 ounce

Metallic content:
90% silver, 10% copper

Weight of pure silver:
24.2604 grams/0.77999 ounce

Edge:
Lettered (HUNDRED CENTS ONE DOLLAR OR UNIT)

— Insufficient pricing data   * None issued

	AG-3	G-4	VG-8	F-12	VF-20	EF-40	AU-50
1794	3350.	6500.	10500.	18500.	29500.	50000.	85000.
1795 Type of '94	375.	715.	900.	1350.	2300.	4500.	8500.

$1 silver
Draped Bust, Small Eagle or Heraldic Eagle

Date of authorization: April 2, 1792
Dates of issue: 1795-1803
Designer
   Obverse: Gilbert Stuart-Robert Scot
   Reverse: Scot-John Eckstein
   Reverse: Scot
Engraver
   Obverse: Scot
   Reverse: Scot
Diameter (Millimeters/inches): 39.50mm/1.56 inches
Weight (Grams/ounces): 26.956 grams/0.86666 ounce
Metallic content: 89.25% silver, 10.75% copper
Weight of pure silver: 24.0582 grams/0.77349 ounce
Edge:
   Lettered (HUNDRED CENTS ONE DOLLAR OR UNIT)

Dollars

	AG-3	G-4	VG-8	F-12	VF-20	EF-40	AU-50
1795	350.	680.	750.	1000.	1750.	3400.	6250.

—Insufficient pricing data   * None issued

$1 silver, Draped Bust (continued)

	AG-3	G-4	VG-8	F-12	VF-20	EF-40	AU-50
1796	350.	650.	725.	935.	1575.	3050.	6050.
1797 9x7 Small Letters	650.	975.	1350.	1850.	3450.	7500.	13000.
1797 9x7 Large Letters	250.	620.	700.	925.	1575.	3100.	6100.
1797 10x6	250.	620.	700.	925.	1575.	3050.	6050.
1798 13 Stars, Small Eagle	275.	785.	950.	1600.	2500.	4750.	7500.
1798 15 Stars, Small Eagle	500.	950.	1450.	1900.	2750.	6250.	9000.
1798 Heraldic Eagle	125.	280.	390.	510.	750.	1450.	3750.
1799	125.	280.	390.	510.	750.	1400.	3700.
1799/98	125.	280.	390.	510.	750.	1450.	3750.
1799 8x5 Stars	180.	370.	500.	725.	950.	1750.	4050.
1800	140.	290.	390.	520.	775.	1500.	3850.
1801	200.	340.	405.	565.	900.	1800.	4500.
1802/1	140.	290.	390.	545.	805.	1550.	3900.
1802	170.	335.	395.	555.	850.	1700.	4000.
1803 Large 3	140.	290.	390.	530.	790.	1525.	3800.
1803 Small 3	150.	300.	395.	540.	800.	1550.	4050.

1804 Three Varieties, struck 1834-1858 — MS-60 $308000

$1 silver
Gobrecht

Date of authorization: April 2, 1792; Jan. 18, 1837
Dates of issue: 1836-1839
Designer
  Obverse: Thomas Sully
  Reverse: Titian Peale
Engraver
  Obverse: Christian Gobrecht
  Reverse: Gobrecht
Diameter (Millimeters/inches):
  39.50mm/1.56 inches
Weight (Grams/ounces):
  1836: 26.956 grams/0.86666 ounce
  1836, 1839, standard of 1837: 26.73 grams/0.8594 ounce
Metallic content:
  1836: 89.25% silver, 10.75% copper
  1836, 1839, standard of 1837: 90% silver, 10% copper
Weight of pure silver:
  1836: 24.0582 grams/ 0.77349 ounce
  1836, 1839, standard of 1837: 24.057 grams/0.77346 ounce

—Insufficient pricing data   * None issued

Edge:
   1836, standard of 1836: Plain
   1836, standard of 1837: Plain
   1839: Reeded

Note:
   The series called the Gobrecht dollar contains patterns, coins struck for circulation and restrikes produced especially for collectors. Only three versions were issued for circulation, as listed above. See Chapter 13 for information about how to distinguish a restrike from an original Gobrecht dollar.

	VF-20	EF-40	AU-50	MS-60	MS-63	MS-65	Prf-60	Prf-63	Prf-65
1836 pattern	*	*	*	*	*	*	38500.	50000.	100000.
1836 circulation	2900.	4300.	5600.	6850.	9000.	18500.	6200.	10000.	20000.
1836 circulation, new weight	3050.	4600.	6000.	7250.	9400.	20000.	6900.	10250.	21000.
1838 pattern	3300.	5000.	6500.	8000.	10250.	22500.	14000.	32500.	57500.
1839 circulation	3150.	4850.	6250.	7750.	9750.	20500.	12500.	29500.	52500.

$1 silver
Seated Liberty dollar index chart

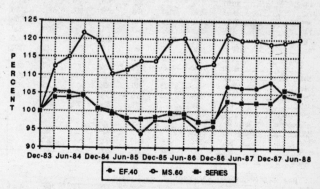

—Insufficient pricing data	* None issued

Seated Liberty

Date of authorization: Jan 18, 1837

Dates of issue: 1840-1873

Designer
  Obverse: Robert Hughes-Christian Gobrecht-Thomas Sully
  Reverse: John Reich-Gobrecht

Engraver
  Obverse: Gobrecht
  Reverse: Gobrecht

Diameter (Millimeters/inches): 38.10mm/1.5 inches

Weight (Grams/ounces): 26.730 grams/0.85939 ounce

Metallic content: 90% silver, 10% copper

Weight of pure silver: 24.057 grams/0.77345 ounce

Edge: Reeded

Dollars

	G-4	VG-8	F-12	VF-20	EF-40	AU-50	MS-60	MS-63
1840 No Motto	125.	175.	250.	325.	480.	650.	1100.	3050.
1841	70.00	110.	175.	225.	340.	520.	875.	2800.
1842	65.00	78.50	140.	170.	295.	510.	850.	2750.
1843	65.00	78.50	140.	170.	290.	495.	850.	2750.
1844	170.	210.	275.	350.	575.	750.	1600.	3750.
1845	185.	225.	300.	385.	540.	760.	1750.	3900.
1846	67.50	80.00	145.	180.	300.	505.	875.	2800.
1846-O	110.	160.	225.	310.	500.	875.	2750.	—
1847	65.00	77.50	140.	170.	295.	490.	900.	2850.
1848	195.	250.	365.	450.	625.	860.	1850.	4300.
1849	110.	160.	225.	300.	425.	625.	1275.	3250.
1850	275.	385.	525.	675.	900.	1550.	3500.	—
1850-O	180.	260.	375.	510.	825.	1900.	4500.	—
1851 Rare Only 1300 Struck Original MS-60 $11500.								
1852 Rare Only 1100 Struck MS-60 $10000.								
1853	120.	165.	220.	325.	440.	625.	950.	2900.
1854	500.	675.	925.	1400.	1900.	2550.	4000.	—
1855	425.	600.	840.	1175.	1600.	2200.	3600.	—
1856	145.	195.	285.	350.	575.	835.	1650.	3800.
1857	135.	185.	275.	325.	565.	810.	1550.	3700.
1858 Rare Only 80 Proofs Struck Proof 63 $8800.								
1859	150.	240.	310.	400.	600.	800.	1800.	4250.

—Insufficient pricing data	* None issued

	G-4	VG-8	F-12	VF-20	EF-40	AU-50	MS-60	MS-63
1859-O	64.00	80.00	115.	165.	290.	375.	750.	2700.
1859-S	150.	255.	300.	475.	775.	1350.	3550.	—
1860	155.	240.	310.	450.	625.	850.	1750.	4000.
1860-O	64.00	80.00	115.	165.	260.	375.	700.	2650.
1861	275.	350.	450.	575.	825.	1250.	2150.	4750.
1862	200.	275.	365.	525.	725.	910.	2050.	4500.
1863	150.	185.	240.	330.	515.	875.	1800.	4250.
1864	125.	170.	235.	325.	500.	860.	1700.	4000.
1865	100.	165.	210.	260.	435.	850.	1700.	4000.
1866 No Motto, 2 known								
1866 Motto	100.	160.	210.	275.	410.	810.	1600.	3750.
1867	110.	185.	250.	350.	460.	850.	1750.	3750.
1868	100.	155.	225.	325.	440.	750.	1500.	3600.
1869	90.00	125.	190.	265.	375.	550.	1050.	3400.
1870	75.00	105.	170.	205.	320.	500.	1050.	3400.
1870-CC	175.	285.	420.	525.	800.	1550.	3350.	—
1870-S 7-12 known	—	—	40500.	55000.	80000.	—	—	—
1871	70.00	90.00	170.	210.	365.	485.	1000.	2950.
1871-CC	1050.	1750.	2600.	3350.	5000.	6500.	—	—
1872	72.50	85.00	150.	185.	275.	400.	950.	2900.
1872-CC	725.	965.	1200.	1450.	2750.	3750.	7000.	—
1872-S	145.	225.	350.	510.	750.	1750.	3500.	—
1873	100.	140.	190.	270.	425.	625.	1200.	3200.
1873-CC	1950.	2700.	3600.	4350.	6500.	12000.	—	—
1873-S Unknown in any collection								

$1 silver
Morgan dollar index chart

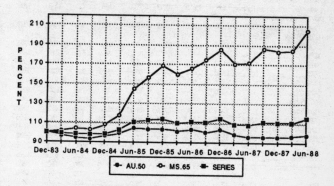

—Insufficient pricing data	* None issued

Morgan

Date of authorization: Feb. 28, 1878
Dates of issue: 1878-1921
Designer
  Obverse: George T. Morgan
  Reverse: Morgan
Engraver
  Obverse: Morgan
  Reverse: Morgan
Diameter (Millimeters/inches):
  38.10mm/1.5 inches
Weight (Grams/ounces):
  26.730 grams/0.85939 ounce
Metallic content:
  90% silver, 10% copper
Weight of pure silver:
  24.057 grams/0.77345 ounce
Edge:
  Reeded

	F-12	VF-20	EF-40	AU-50	MS-60	MS-63	MS-64	MS-65	MS-65 Prooflike
1878 8 Tail Feathers	16.50	18.00	22.00	34.00	60.00	150.	550.	2600.	6600.
1878 7 Tail Feathers, rev. '78	11.50	13.75	15.75	20.00	40.00	100.	475.	2000.	3950.
1878 7 Tail Feathers, rev. '79	13.50	16.00	21.00	35.00	57.50	115.	500.	2150.	6900.
1878 7/8 Tail Feathers	18.00	20.00	25.00	39.00	67.50	180.	875.	3050.	7800.
1878-CC	25.00	31.50	39.00	47.50	84.50	185.	475.	1350.	3850.
1878-S	15.00	16.50	18.50	20.50	35.00	70.00	180.	640.	2600.
1879	10.75	12.00	14.75	18.50	30.00	65.00	345.	1650.	4300.
1879-CC	36.00	65.00	180.	400.	1000.	2400.	5500.	11500.	20000.
1879-O	10.75	12.00	17.50	21.50	55.00	245.	715.	3750.	8000.
1879-S rev. '78	17.50	18.50	23.50	32.50	90.00	235.	1050.	4000.	6300.
1879-S rev. '79	12.75	15.50	18.00	22.50	31.50	62.50	150.	450.	1800.
1880	10.75	12.00	14.60	18.50	30.00	75.00	325.	1450.	4300.
1880-CC rev. '78	39.00	55.00	82.50	110.	165.	325.	525.	1600.	5100.
1880-CC	37.00	52.50	80.00	105.	145.	285.	425.	1325.	5100.
1880-O	10.75	12.00	18.00	23.50	51.00	275.	1550.	7000.	12000.
1880-S	13.75	16.00	18.50	22.50	31.50	62.50	150.	430.	1425.
1881	11.00	11.50	13.00	18.00	31.50	77.50	300.	1150.	3800.
1881-CC	75.00	87.50	95.00	130.	205.	300.	420.	1100.	4650.
1881-O	10.65	12.00	16.00	17.00	28.00	77.50	495.	2050.	3400.
1881-S	13.50	16.00	18.00	22.00	30.00	57.50	150.	410.	1350.

—Insufficient pricing data	* None issued

Dollars

	F-12	VF-20	EF-40	AU-50	MS-60	MS-63	MS-64	MS-65	MS-65 Prooflike
1882	10.65	12.00	15.25	18.50	30.00	67.50	190.	915.	3900
1882-CC	25.00	32.50	45.00	60.00	88.00	140.	275.	875.	3500
1882-O	10.65	12.00	14.85	17.50	28.00	65.00	465.	1750.	2600
1882-O/S	15.00	19.00	25.00	29.00	46.50	75.00	450.	1600.	2700
1882-S	14.25	16.50	20.00	23.50	32.50	62.50	165.	445.	1750
1883	10.75	12.25	15.00	18.50	30.00	62.50	165.	600.	3650
1883-CC	26.50	33.50	45.00	60.00	85.00	135.	250.	775.	3300
1883-O	10.75	12.25	14.90	15.50	25.00	57.50	150.	575.	2350
1883-S	17.00	18.50	23.50	100.	450.	1000.	3100.	7000.	16500
1884	10.75	12.50	13.25	18.50	30.00	70.00	170.	615.	3850
1884-CC	65.00	67.50	70.00	72.50	87.00	135.	250.	780.	3450
1884-O	10.75	12.25	14.00	15.50	25.00	57.50	150.	415.	1625
1884-S	15.00	17.50	25.00	250.	1850.	3800.	13500.	42500.	—
1885	10.75	12.25	15.00	16.50	25.50	57.50	150.	455.	1600
1885-CC	150.	160.	170.	180.	235.	340.	600.	1300.	4000
1885-O	10.75	12.25	15.00	15.50	25.50	58.50	155.	440.	1600
1885-S	15.00	17.75	22.50	50.00	110.	250.	525.	1750.	4250
1886	10.75	12.25	15.00	15.75	25.50	58.00	155.	430.	1600
1886-O	11.75	15.00	19.00	52.50	350.	1200.	3600.	8500.	27500
1886-S	17.50	21.00	27.00	37.50	105.	375.	1000.	2600.	5750
1887/6	14.50	15.00	22.50	37.50	48.50	115.	340.	940.	2150
1887	10.75	12.25	14.75	17.50	25.50	62.50	155.	495.	1600
1887/6-O	14.00	15.75	25.50	37.50	61.00	125.	825.	2500.	—
1887-O	10.75	12.75	18.00	23.50	43.50	110.	725.	2250.	5700
1887-S	15.00	15.75	18.25	26.50	70.00	280.	1100.	2650.	5850
1888	10.75	12.25	14.85	18.00	30.00	61.50	190.	620.	2000
1888-O	10.75	13.75	14.75	18.50	30.50	77.50	195.	915.	2600
1888-S	17.75	19.00	24.00	39.00	145.	390.	1175.	3750.	5500
1889	10.75	12.15	14.00	15.50	25.50	72.50	190.	865.	3300
1889-CC	200.	300.	650.	2000.	5700.	8500.	13500.	35000.	60000
1889-O	12.00	14.50	18.50	25.00	75.00	325.	725.	4250.	7800
1889-S	18.00	20.00	25.00	40.00	115.	375.	650.	2450.	4650
1890	10.75	12.75	15.50	18.00	28.00	81.00	425.	2450.	4500
1890-CC	24.00	34.00	42.00	65.00	180.	425.	1350.	4000.	6550
1890-O	12.25	16.00	17.50	22.50	42.50	135.	600.	1700.	5300
1890-S	14.00	16.00	17.00	24.50	50.00	125.	310.	1200.	2900
1891	12.00	15.00	16.00	30.00	54.50	165.	785.	2800.	5100
1891-CC	26.00	34.00	40.00	62.50	185.	375.	690.	2950.	5000
1891-O	12.50	15.00	18.00	28.00	60.00	300.	1050.	5400.	23000
1891-S	14.75	15.75	18.00	25.50	57.50	150.	375.	1450.	2900
1892	14.50	16.75	20.00	39.00	90.00	325.	825.	3100.	7200
1892-CC	30.00	45.00	87.50	165.	375.	750.	1550.	3700.	6300
1892-O	13.75	16.00	18.00	40.00	105.	360.	750.	4700.	37500
1892-S	18.50	44.00	165.	750.	5000.	7500.	16000.	40000.	60000
1893	35.00	42.00	66.50	150.	310.	500.	1050.	4150.	18000
1893-CC	45.00	110.	310.	485.	875.	2150.	6500.	11000.	25000
1893-O	40.00	70.00	190.	350.	975.	2400.	8000.	24500.	95000
1893-S	900.	1400.	3000.	7000.	16000.	26500.	41000.	75000.	—
1894	180.	205.	315.	525.	785.	1700.	5250.	14500.	—
1894-O	15.50	18.00	25.00	62.50	475.	1250.	8000.	19000.	—
1894-S	19.00	33.00	70.00	160.	375.	675.	1300.	4500.	8250
1895 Very Rare-Proof 67 $40000.									
1895-O	38.50	65.00	160.	400.	2250.	6000.	15000.	45000.	—
1895-S	69.00	140.	300.	465.	825.	1700.	4750.	10500.	21000
1896	10.75	13.25	13.75	16.00	25.00	62.50	155.	555.	2100
1896-O	13.00	15.00	20.00	67.50	675.	1600.	9000.	42500.	—
1896-S	15.00	35.00	95.00	215.	485.	975.	2650.	7750.	27000

—Insufficient pricing data   * None issued

Dollars

$1 silver, Morgan (continued)

	F-12	VF-20	EF-40	AU-50	MS-60	MS-63	MS-64	MS-65	MS-65 Prooflike
1897	10.75	13.25	13.75	16.00	25.50	62.50	185.	690.	2150.
1897-O	13.50	15.00	19.00	45.00	375.	1050.	3900.	10500.	29500.
1897-S	15.00	16.50	18.00	22.00	57.50	180.	325.	1200.	3000.
1898	10.75	12.75	14.00	15.50	25.50	63.50	180.	690.	2300.
1898-O	14.00	16.75	19.00	22.00	25.50	63.50	165.	525.	1600.
1898-S	15.25	18.00	21.50	45.00	130.	325.	775.	2350.	5200.
1899	23.00	28.00	39.00	55.00	77.50	155.	400.	1650.	3950.
1899-O	13.00	13.75	15.00	19.50	25.50	70.00	165.	450.	1600.
1899-S	15.00	18.50	23.50	55.00	150.	275.	725.	2300.	5700.
1900	11.75	12.50	13.00	15.50	25.50	60.00	170.	600.	2850.
1900-O	13.50	14.00	15.25	21.50	26.00	62.50	155.	495.	2100.
1900-O/CC	16.25	20.00	24.50	45.00	125.	300.	700.	2350.	—
1900-S	14.00	15.75	20.00	40.00	110.	260.	575.	1750.	3900.
1901	21.50	28.00	43.00	130.	950.	2750.	13000.	44000.	—
1901-O	14.50	16.50	18.50	22.00	27.00	62.50	195.	915.	3300.
1901-S	16.00	19.00	28.00	67.50	205.	600.	1550.	3800.	8400.
1902	10.75	13.25	15.50	25.00	52.50	105.	365.	1200.	4500.
1902-O	13.50	14.50	15.75	20.00	25.50	67.50	165.	625.	2250.
1902-S	23.00	33.00	65.00	100.	215.	365.	875.	3100.	5000.
1903	10.75	12.75	15.50	22.50	42.50	80.00	290.	790.	2350.
1903-O	165.	180.	190.	210.	245.	350.	550.	1025.	3550.
1903-S	18.50	46.50	170.	500.	1850.	3300.	4250.	8500.	28000.
1904	11.75	17.00	18.75	28.00	70.00	265.	1250.	4500.	11500.
1904-O	15.00	17.25	18.50	21.50	25.50	60.00	160.	415.	1350.
1904-S	20.00	40.00	110.	425.	900.	1800.	2500.	6350.	21000.
1921	9.75	9.90	10.25	11.50	20.00	42.50	115.	480.	1300.
1921-D	10.50	11.00	13.00	14.00	32.50	70.00	215.	1200.	2950.
1921-S	10.50	11.00	13.00	13.75	27.50	80.00	365.	3100.	7000.

$1 silver
Peace dollar index chart

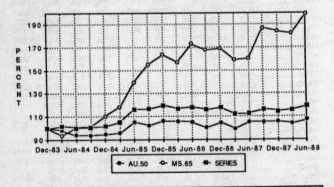

—Insufficient pricing data	* None issued

Peace

Date of authorization: Feb. 28, 1878
Dates of issue: 1921-1935
Designer
  Obverse: Anthony deFrancisci
  Reverse: deFrancisci
Engraver
  Obverse: George T. Morgan
  Reverse: Morgan
Diameter (Millimeters/inches): 38.10mm/1.5 inches
Weight (Grams/ounces): 26.730/0.85939 ounce
Metallic content: 90% silver, 10% copper
Weight of pure silver: 24.057 grams/0.77345 ounce
Edge:
  Reeded

	F-12	VF-20	EF-40	AU-50	MS-60	MS-63	MS-64	MS-65
1921	26.50	32.50	42.50	60.00	200.	415.	800.	3550.
1922	10.50	11.00	11.50	12.50	20.00	37.50	130.	555.
1922-D	12.75	13.75	15.00	17.50	42.50	140.	350.	1500.
1922-S	10.50	11.00	12.50	13.50	40.00	175.	550.	2150.
1923	10.50	11.00	11.50	12.50	20.00	37.50	130.	550.
1923-D	12.50	13.50	15.50	19.00	40.00	185.	600.	1750.
1923-S	10.50	11.00	12.50	13.50	36.00	215.	700.	4250.
1924	11.15	11.50	12.00	12.50	26.50	45.00	135.	600.
1924-S	16.00	19.00	21.50	50.00	130.	500.	1500.	6000.
1925	11.00	11.25	11.50	12.50	27.50	50.00	135.	575.
1925-S	12.50	14.65	17.50	31.50	110.	450.	1750.	5100.
1926	12.00	13.75	17.00	23.00	40.00	160.	290.	1550.
1926-D	13.00	16.00	20.00	30.50	75.00	275.	350.	1600.
1926-S	11.75	13.00	16.00	19.50	57.50	205.	425.	1850.
1927	16.75	17.75	22.50	31.00	75.00	225.	1200.	3250.
1927-D	16.75	18.00	25.00	67.50	180.	685.	1775.	5250.
1927-S	16.90	17.50	23.00	55.00	155.	410.	1750.	4250.
1928	105.	115.	130.	160.	250.	615.	1875.	4500.
1928-S	15.70	17.95	22.50	45.00	125.	400.	1400.	4250.
1934	15.75	19.00	23.50	32.50	85.00	260.	600.	2050.
1934-D	16.50	18.00	22.00	37.50	130.	385.	700.	2200.
1934-S	21.00	47.50	150.	510.	1175.	1800.	3750.	7000.
1935	14.50	16.75	21.00	26.00	65.00	220.	475.	2000.
1935-S	13.50	15.75	25.00	55.00	145.	500.	700.	2600.

—Insufficient pricing data	* None issued

Trade dollar
Trade dollar index chart

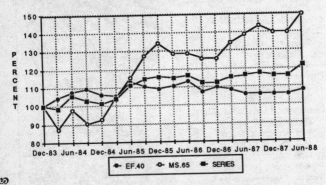

Trade dollar

Date of authorization: Feb. 12, 1873
Dates of issue: 1873-1878
Designer
   Obverse: William Barber
   Reverse: Barber
Engraver
   Obverse: Barber
   Reverse: Barber
Diameter (Millimeters/inches):
   38.10mm/1.5 inches
Weight (Grams/ounces):
   27.216 grams/0.87501 ounce
Metallic content:
   90% silver, 10% copper
Weight of pure silver:
   24.4944 grams/0.78751 ounce
Edge:
   Reeded

—Insufficient pricing data   * None issued

	F-12	VF-20	EF-40	AU-50	MS-60	MS-63	MS-65	Prf-63	Prf-65
1873	67.50	90.00	190.	280.	525.	1500.	8400.	2450.	11850.
1873-CC	110.	200.	425.	550.	1300.	1950.	8550.	*	*
1873-S	72.50	120.	210.	400.	1050.	1800.	8450.	*	*
1874	80.00	130.	200.	305.	555.	1450.	8200.	2450.	11800.
1874-CC	65.00	87.50	185.	320.	775.	1575.	8350.	*	*
1874-S	61.00	75.00	170.	270.	525.	1450.	8400.	*	*
1875	200.	310.	475.	650.	1400.	2100.	9100.	2550.	11900.
1875-CC	62.50	75.00	190.	310.	750.	1550.	8300.	*	*
1875-S	61.00	73.00	150.	265.	525.	1450.	8200.	*	*
1875-S/CC	325.	550.	750.	900.	1750.	2400.	9500.	*	*
1876	62.50	75.00	170.	275.	555.	1450.	8250.	2450.	11800.
1876-CC	70.00	145.	340.	475.	1100.	1800.	8200.	*	*
1876-S	61.00	75.00	180.	300.	525.	1450.	8200.	*	*
1877	62.50	75.00	155.	305.	785.	1850.	8600.	2550.	11900.
1877-S	61.00	75.00	170.	270.	525.	1450.	8200.	*	*
1877-CC	85.00	175.	330.	425.	925.	1800.	8400.	*	*
1878 Proof								2850.	12100.
1878-CC	400.	665.	940.	2650.	8000.	17500.	65000.	*	*
1878-S	61.00	75.00	170.	275.	565.	1450.	8200.	*	*
1879 Proof								2850.	12100.
1880 Proof								2850.	12100.
1881 Proof								3050.	12250.
1882 Proof								2850.	12100.
1883 Proof								3050.	12250.
1884 Proof								39000.	75000.
1885 Proof								80000.	175000.

$1 clad
Eisenhower dollar index chart

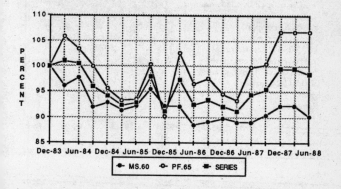

—Insufficient pricing data   * None issued

Eisenhower

Date of authorization: Dec. 31, 1970
Dates of issue: 1971-1978
Designer
  Obverse: Frank Gasparro
  Reverse: Gasparro
  Reverse (Bicentennial): Dennis R. Williams
Engraver
  Obverse: Gasparro
  Reverse: Gasparro
  Reverse (Bicentennial): Gasparro
Diameter (Millimeters/inches): 38.10mm/1.5 inches
Weight (Grams/ounces):
  1971-1978: 22.680 grams/ 0.72918 ounce
  1971-1976 Bicentennial Proof and Uncirculated sets only: 24.592 grams/ 0.79065 ounce
Metallic content:
  1971-1978: 75% copper, 25% nickel bonded to a core of pure copper
  1971-1976 Bicentennial Proof and Uncirculated sets only: 80% silver, 20% copper bonded to a core of 21.5% silver, 78.5% copper
Weight of pure silver:
  1971-1976 Bicentennial Proof and Uncirculated sets only: 9.8368 grams/ 0.31626 ounce
Edge:
  Reeded

	MS-60	MS-63	MS-65	Prf-63	Prf-65
1971	1.90	2.75	3.25	*	*
1971-D	1.90	2.50	3.00	*	*
1971-S 40% Silver	4.25	20.00	60.00	6.75	8.00
1972	2.00	2.50	3.00	*	*
1972-D	1.85	2.60	3.15	*	*
1972-S 40% Silver	8.00	22.00	45.00	8.00	10.00
1973	4.00	5.50	6.50	*	*

—Insufficient pricing data	* None issued

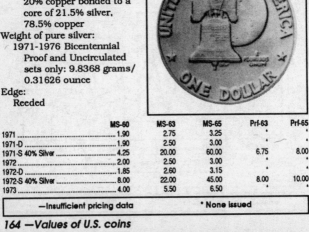

Dollars

	MS-60	MS-63	MS-65	Prf-63	Prf-65
1973-D	4.10	5.50	6.75	*	*
1973-S Clad Proof				4.00	5.00
1973-S 40% Silver	13.00	30.00	80.00	40.00	55.00
1974	1.65	1.95	2.75	*	*
1974-D	1.65	1.95	2.75	*	*
1974-S Clad Proof	*			3.85	5.00
1974-S 40% Silver	8.75	24.00	45.00	11.00	12.25
1776-1976 Bold Reverse Letters	3.00	3.75	5.00	*	*
1776-1976 Thin Reverse Letters	1.65	1.95	2.75	*	*
1776-1976-D Bold Reverse Letters	1.85	1.95	2.75	*	*
1776-1976-D Thin Reverse Letters	1.65	1.90	2.60	*	*
1776-1976-S Bold Reverse Letters Clad Proof	*		*	5.25	7.50
1776-1976-S Thin Reverse Letters Clad Proof	*		*	4.50	5.50
1776-1976 40% Silver	4.00	21.00	55.00	9.75	12.50
1977	1.85	1.95	2.75	*	*
1977-D	1.80	1.95	2.75	*	*
1977-S Clad Proof				3.25	4.25
1978	1.60	1.95	2.75	*	*
1978-D	1.60	1.95	2.75	*	*
1978-S Clad Proof	*			3.75	5.00

$1 clad
Anthony dollar index chart

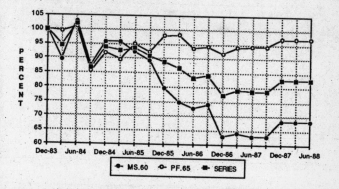

—Insufficient pricing data   * None issued

Anthony

Date of authorization: Oct. 10, 1978
Dates of issue: 1979-1981
Designer
    Obverse: Frank Gasparro
    Reverse: Gasparro
Engraver
    Obverse: Gasparro
    Reverse: Gasparro
Diameter (Millimeters/inches):
    26.50mm/1.05 inches
Weight Grams/ounces):
    8.100 grams/0.26042 ounce
Metallic content:
    75% copper, 25% nickel bonded to a
core of pure copper
Edge:
    Reeded

	MS-60	MS-63	MS-65	Prf-63	Prf-65
1979-P	1.60	1.75	2.50	*	*
1979-D	1.60	1.75	2.50	*	*
1979-S Filled S	1.70	1.85	2.60	7.00	8.00
1979-S Clear S	*	*	*	72.50	85.00
1980-P	1.60	1.75	2.50	*	*
1980-D	1.60	1.75	2.50	*	*
1980-S	1.85	1.95	2.75	6.90	7.90
1981	3.00	4.75	5.75	*	*
1981-D	3.00	4.75	5.75	*	*
1981-S Filled S	3.00	4.75	5.75	7.00	8.00
1981-S Clear S	*	*	*	70.00	82.50

Dollars

—Insufficient pricing data   * None issued

$1 gold
Gold dollars index chart

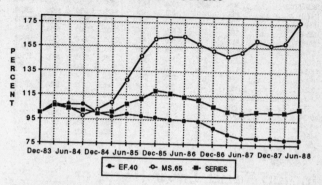

PERCENT (Y-axis: 75, 95, 115, 135, 155, 175)

X-axis: Dec-83, Jun-84, Dec-84, Jun-85, Dec-85, Jun-86, Dec-86, Jun-87, Dec-87, Jun-88

Legend: EF.40 ● — MS.65 ○ — SERIES ■

Coronet

Date of authorization: Jan. 18, 1837
Dates of issue: 1849-1854
Designer
  Obverse: James B. Longacre
  Reverse: Longacre
Engraver
  Obverse: Longacre
  Reverse: Longacre
Diameter (Millimeters/inches):
  13.00mm/0.51 inch
Weight (Grams/ounces):
  1.672 grams/0.05376
Metallic content:
  90% gold, 10% copper and silver
Weight of pure gold:
  1.5048 grams/0.04838 ounce
Edge:
  Reeded

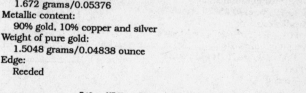

	F-12	VF-20	EF-40	AU-50	MS-60	MS-63	MS-64	MS-65
1849 Open Wreath, Initial L	150.	160.	185.	255.	770.	2425.	5250.	13150.
1849 Closed Wreath	150.	160.	185.	250.	750.	2375.	5200.	13000.
1849-C Closed Wreath	290.	440.	815.	1450.	3400.	7000.	—	—
1849-C Open Wreath	—	—	—	—	—	—	—	—
1849-D	265.	430.	800.	1300.	2400.	5250.	7500.	15500.
1849-O	165.	180.	280.	600.	1700.	3600.	5650.	12850.

—Insufficient pricing data   *** None issued**

$1 gold, Coronet (continued)

	F-12	VF-20	EF-40	AU-50	MS-60	MS-63	MS-64	MS-65
1850	155.	165.	185.	235.	740.	2350.	5150.	12800.
1850-C	375.	600.	1100.	2000.	4100.	—	—	—
1850-D	345.	555.	1000.	1900.	3900.	—	—	—
1850-O	255.	300.	400.	675.	1750.	3750.	5900.	15250.
1851	150.	155.	180.	230.	730.	2325.	5000.	12100.
1851-C	275.	355.	565.	800.	2100.	3500.	5750.	16000.
1851-D	280.	375.	840.	1200.	2350.	5000.	7000.	16500.
1851-O	180.	190.	205.	260.	780.	2450.	5300.	12800.
1852	150.	155.	180.	230.	730.	2325.	5000.	12100.
1852-C	270.	365.	750.	950.	2200.	3400.	5700.	17000.
1852-D	340.	625.	1025.	1850.	3800.	—	—	—
1852-O	165.	195.	220.	265.	840.	2475.	5350.	15000.
1853	150.	165.	185.	235.	730.	2325.	5000.	12100.
1853-C	255.	365.	825.	1200.	4050.	—	—	—
1853-D	340.	700.	1300.	2000.	4300.	6750.	10000.	23000.
1853-O	165.	195.	230.	265.	740.	2325.	5000.	12750.
1854	150.	155.	180.	230.	730.	2325.	5000.	12150.

$1 gold

Indian Head, Small Head or Large Head

Date of authorization: Jan. 18, 1837
Dates of issue: 1854-1889
Designer
   Obverse: James B. Longacre
   Reverse: Longacre
Engraver
   Obverse: Longacre
   Reverse: Longacre
Diameter (Millimeters/inches):
   14.86mm/0.59 inch
Weight (Grams/ounces):
   1.672 grams/0.05376 ounce
Metallic content:
   90% gold, 10% copper and silver
Weight of pure gold:
   1.5048 grams/0.044838 ounce
Edge:
   Reeded

	F-12	VF-20	EF-40	AU-50	MS-60	MS-63	MS-64	MS-65
1854	225.	350.	575.	1250.	4350.	10000.	17000.	34000.
1854-D	550.	885.	2100.	3150.	7500.	—	—	—
1854-S	300.	375.	590.	925.	1800.	2750.	5450.	13500.
1855	225.	350.	575.	1250.	4350.	10000.	17000.	34000.
1855-C	675.	950.	1750.	3750.	6750.	—	—	—
1855-D	1600.	2400.	5250.	7250.	—	—	—	—

—Insufficient pricing data	* None issued

	F-12	VF-20	EF-40	AU-50	MS-60	MS-63	MS-64	MS-65
1855-O	425.	615.	850.	1950.	6350.	—	—	—
1856-S Small Head	450.	645.	1100.	2300.	6150.	—	—	—
1856 Large Head, Upright 5	160.	175.	215.	350.	750.	2275.	4050.	6500.
1856 Large Head, Slant 5	145.	155.	175.	235.	650.	2150.	3600.	5950.
1856-D Large Head	2800.	4600.	7200.	13000.	—	—	—	—
1857	145.	155.	170.	230.	645.	2150.	3650.	6200.
1857-C	300.	575.	875.	1850.	3900.	—	—	—
1857-D	325.	650.	1200.	2350.	5650.	—	—	—
1857-S	330.	450.	600.	1450.	—	—	—	—
1858	145.	155.	180.	235.	645.	2150.	3650.	6050.
1858-D	375.	625.	1375.	2950.	6050.	—	—	—
1858-S	340.	390.	525.	1250.	2850.	—	—	—
1859	155.	170.	220.	270.	700.	2200.	3700.	6000.
1859-C	305.	390.	875.	1750.	3000.	5500.	7500.	12250.
1859-D	450.	750.	1500.	2750.	5250.	9500.	—	—
1859-S	325.	350.	425.	950.	—	—	—	—
1860	170.	185.	200.	265.	655.	2150.	3600.	6100.
1860-D	2250.	3500.	4800.	8250.	18500.	—	—	—
1860-S	295.	320.	450.	775.	1275.	2375.	3950.	6700.
1861	145.	155.	170.	250.	660.	2150.	3600.	6000.
1861-D	4650.	7000.	9250.	12000.	25500.	31000.	50000.	90000.
1862	145.	155.	170.	250.	660.	2150.	3600.	6000.
1863	310.	390.	585.	875.	1850.	2650.	4200.	6950.
1864	290.	365.	480.	550.	755.	2200.	3650.	6150.
1865	290.	365.	500.	675.	1210.	2450.	4100.	6600.
1866	290.	365.	500.	665.	975.	2325.	3850.	6150.
1867	300.	415.	525.	675.	1210.	2450.	4050.	6500.
1868	260.	280.	390.	485.	725.	2150.	3600.	6100.
1869	305.	325.	525.	665.	1200.	2450.	3950.	6350.
1870	260.	270.	360.	450.	875.	2275.	3700.	6200.
1870-S	290.	465.	625.	875.	1950.	2600.	4150.	6650.
1871	260.	270.	360.	425.	735.	2150.	3600.	6250.
1872	270.	285.	385.	435.	755.	2275.	4100.	6900.
1873 Closed 3	300.	350.	750.	1050.	1800.	—	—	—
1873 Open 3	145.	155.	170.	230.	675.	2100.	3500.	5900.
1874	145.	155.	170.	230.	675.	2100.	3500.	5900.
1875	1950.	2150.	2950.	3500.	7750.	12500.	17500.	30000.
1876	215.	250.	270.	460.	960.	2250.	4100.	6750.
1877	175.	200.	220.	365.	755.	2150.	4050.	6650.
1878	205.	220.	230.	375.	805.	2175.	4100.	6700.
1879	175.	200.	220.	330.	625.	2100.	3500.	6000.
1880	160.	180.	190.	250.	615.	2100.	3500.	5900.
1881	160.	180.	190.	250.	615.	2100.	3500.	5900.
1882	170.	185.	195.	255.	620.	2125.	3525.	5950.
1883	160.	180.	190.	250.	615.	2100.	3500.	5900.
1884	160.	180.	190.	250.	615.	2100.	3500.	5900.
1885	160.	180.	190.	250.	615.	2100.	3500.	5900.
1886	160.	180.	190.	250.	615.	2100.	3500.	5900.
1887	160.	180.	190.	250.	615.	2100.	3500.	5900.
1888	160.	180.	190.	250.	615.	2100.	3500.	5900.
1889	160.	180.	190.	250.	615.	2100.	3500.	5900.

Gold dollars

—Insufficient pricing data	* None issued

$2.50 quarter eagle
Quarter eagles index chart

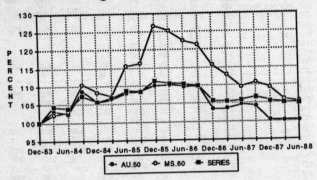

- ● - AU.50   - ◇ - MS.60   - ■ - SERIES

Capped Bust

Date of authorization: April 2, 1792
Dates of issue: 1796-1807
Designer
  Obverse: Robert Scot
  Reverse: Scot
Engraver
  Obverse: Scot
  Reverse: Scot
Diameter (Millimeters/inches):
  20.00mm/0.79 inch
Weight (Grams/ounces):
  4.374 grams/0.14063 ounce
Metallic content:
  91.67% gold, 8.33% copper and silver
Weight of pure gold:
  4.009 grams/0.12889 ounce
Edge:
  Reeded

	F-12	VF-20	EF-40	AU-50	MS-60	MS-63	MS-64	MS-65
1796 No Stars	9500.	16000.	22500.	31000.	48000.	65000.	87500.	—
1796 Stars	8750.	10750.	17000.	25000.	37500.	50000.	75000.	—
1797	7500.	9500.	15000.	22500.	40000.	—	—	—
1798	3150.	4300.	5200.	10000.	18750.	28500.	—	—
1802/1	2850.	4000.	4900.	9100.	16500.	23500.	36000.	82500.

— Insufficient pricing data	* None issued

	F-12	VF-20	EF-40	AU-50	MS-60	MS-63	MS-64	MS-65
1804 13 Stars	13000.	18500.	27500.	—	—	—	—	—
1804 14 Stars	3150.	4300.	5200.	10000.	18750.	28500.	—	—
1805	2850.	4000.	4900.	9100.	16500.	23500.	36000.	82500.
1806/4	3050.	4150.	5000.	9500.	—	—	—	—
1806/5	5500.	—	—	—	—	—	—	—
1807	2850.	4000.	4900.	9000.	16500.	23500.	36000.	82500.

$2.50 quarter eagle
Capped Draped Bust

Date of authorization: April 2, 1792
Dates of issue: 1808
Designer
  Obverse: John Reich
  Reverse: Reich
Engraver
  Obverse: Reich
  Reverse: Reich
Diameter (Millimeters/inches):
  20.00mm/0.79 inch
Weight (Grams/ounces):
  4.374 grams/0.14063 ounce
Metallic content:
  91.67% gold, 8.33% copper and silver
Weight of pure gold:
  4.009 grams/0.12889 ounce
Edge:
  Reeded

$2.50 gold

	F-12	VF-20	EF-40	AU-50	MS-60	MS-63	MS-64	MS-65
1808	8500.	14000.	20000.	30000.	57500.	75000.	110000.	225000.

— Insufficient pricing data   * None issued

$2.50 quarter eagle
Capped Head

Date of authorization: April 2, 1792
Dates of issue: 1821-1834
Designer
   Obverse: John Reich-Robert Scot
   Reverse: Reich
Engraver
   Obverse: Scot
   Reverse: Reich
Diameter (Millimeters/inches):
   1821-1827: 18.50mm/0.73 inch
   1829-1834: 18.20mm/0.72 inch
Weight (Grams/ounces):
   4.374 grams/0.14063 ounce
Metallic content:
   91.67% gold, 8.33% copper and silver
Weight of pure gold:
   4.009 grams/0.12889 ounce
Edge:
   Reeded

	F-12	VF-20	EF-40	AU-50	MS-60	MS-63	MS-64	MS-65
1821	3750.	4300.	5150.	9400.	17500.	24500.	37000.	85000.
1824/1	3600.	4250.	5050.	8900.	16750.	22500.	34000.	80000.
1825	3550.	4200.	5000.	8800.	16250.	22000.	33500.	78000.
1826	3850.	4750.	6350.	11000.	19500.	29000.	42000.	92500.
1827	3850.	4800.	6400.	11500.	20000.	29500.	42500.	95000.
1829 Small Planchet	3050.	4050.	4850.	7750.	13250.	17500.	32000.	69000.
1830.	3150.	4150.	4950.	7900.	13750.	18000.	32500.	70000.
1831	3200.	4175.	5000.	7950.	14250.	18500.	33000.	72500.
1832	3150.	4150.	4950.	7900.	13750.	18000.	32500.	70000.
1833	3450.	4300.	5450.	8400.	15500.	20000.	34500.	75000.
1834	7000.	11000.	18000.	26500.	—	—	—	—

$2.50 gold

  — Insufficient pricing data   • None issued

$2.50 quarter eagle
Classic Head

Date of authorization: June 28, 1834, Jan. 18, 1837

Dates of issue: 1834-1839

Designer
  Obverse: William Kneass
  Reverse: John Reich-Kneass

Engraver
  Obverse: Kneass
  Reverse: Kneass

Diameter (Millimeters/inches):
  18.20mm/0.72 inch

Weight (Grams/ounces):
  4.180 grams/0.13439 ounce

Metallic content:
  1834-1836: 89.92% gold, 10.08% copper and silver
  1837-1839: 90% gold, 10% copper and silver

Weight of pure gold:
  1834-1836: 3.758 grams/0.12082 ounce
  1837-1839: 3.762 grams/0.12095 ounce

Edge:
  Reeded

	F-12	VF-20	EF-40	AU-50	MS-60	MS-63
1834	220.	260.	415.	835.	2000.	4500.
1835	220.	260.	415.	835.	2150.	5000.
1836	220.	260.	415.	835.	2000.	4800.
1837	220.	260.	415.	835.	2100.	5150.
1838	220.	260.	415.	835.	2100.	5100.
1838-C	475.	785.	1600.	2600.	5900.	—
1839/8	220.	260.	415.	835.	2400.	5250.
1839/8-C	385.	525.	1100.	2050.	4650.	8250.
1839/8-D	385.	615.	1275.	2650.	4750.	—
1839-O	380.	440.	725.	1200.	3400.	5500.

— Insufficient pricing data   * None issued

$2.50 quarter eagle
Coronet

Date of authorization: Jan. 18, 1837
Dates of issue: 1840-1907
Designer
  Obverse: Christian Gobrecht
  Reverse: Gobrecht-John Reich-William
    Kneass
Engraver
  Obverse: Gobrecht
  Reverse: Gobrecht
Diameter (Millimeters/inches):
  18.20mm/0.72 inch
Weight (Grams/ounces):
  4.180 grams/0.13439 ounce
Metallic content:
  90% gold, 10% copper
Weight of pure gold:
  3.762 grams/0.12095 ounce
Edge:
  Reeded

	F-12	VF-20	EF-40	AU-50	MS-60	MS-63
1840	195.	225.	365.	565.	1275.	—
1840-C	320.	485.	900.	2100.	—	—
1840-D	435.	1250.	3100.	5950.	—	—
1840-O	205.	240.	345.	520.	1425.	—
1841 Extremely Rare	—	—	28500.	—	—	—
1841-C	260.	400.	800.	1500.	2850.	—
1841-D	460.	975.	2800.	4850.	7250.	—
1842	340.	510.	1075.	—	—	—
1842-C	400.	675.	1300.	2550.	—	—
1842-D	410.	875.	2175.	4700.	—	—
1842-O	265.	285.	750.	1300.	2550.	—
1843	200.	225.	295.	350.	785.	2050.
1843-C Large Date	315.	455.	900.	1450.	4350.	—
1843-C Small Date	650.	1350.	3100.	4150.	6000.	—
1843-D	315.	515.	925.	1500.	3050.	—
1843-O Small Date	200.	225.	280.	375.	870.	2275.
1844	240.	385.	650.	1200.	1600.	—
1844-C	295.	435.	770.	1975.	3400.	—
1844-D	295.	550.	925.	1525.	2850.	5250.
1845	225.	400.	550.	650.	850.	2000.
1845-D	295.	560.	925.	1800.	3150.	—
1845-O	550.	1050.	1800.	3750.	—	—
1846	220.	280.	505.	755.	1400.	—
1846-C	420.	775.	1300.	1900.	4500.	—
1846-D	405.	675.	1000.	1550.	3950.	—
1846-O	200.	235.	345.	550.	1425.	—
1847	200.	235.	295.	525.	1075.	2425.
1847-C	330.	390.	750.	1350.	3350.	5500.
1847-D	355.	540.	865.	2000.	3450.	—

— Insufficient pricing data	* None issued

	F-12	VF-20	EF-40	AU-50	MS-60	MS-63
1847-O	200.	235.	405.	775.	1550.	—
1848	265.	485.	790.	950.	2400.	—
1848 CAL. Rare - Only 1389 Struck MS-65 $46500.						
1848-C	330.	435.	815.	1600.	—	—
1848-D	355.	505.	875.	1500.	3000.	—
1849	200.	260.	350.	550.	1100.	—
1849-C	340.	485.	950.	1900.	3250.	—
1849-D	380.	640.	1225.	2000.	4000.	—
1850	180.	200.	280.	480.	820.	2025.
1850-C	255.	435.	900.	1875.	3000.	—
1850-D	295.	510.	975.	1950.	3250.	—
1850-O	180.	250.	415.	575.	1125.	2525.
1851	180.	200.	250.	300.	765.	1950.
1851-C	295.	435.	900.	1650.	3500.	—
1851-D	330.	575.	1100.	2150.	4200.	—
1851-O	195.	220.	260.	350.	835.	—
1852	200.	225.	280.	310.	775.	1900.
1852-C	330.	385.	850.	1500.	2900.	—
1852-D	370.	630.	1350.	2700.	4150.	—
1852-O	185.	215.	280.	565.	1125.	2575.
1853	180.	200.	230.	285.	750.	1900.
1853-D	370.	580.	1350.	2200.	4000.	—
1854	180.	200.	230.	285.	750.	1900.
1854-C	295.	485.	815.	1500.	2800.	—
1854-D	1250.	2500.	4600.	7750.	—	—
1854-O	180.	200.	230.	385.	855.	2275.
1854-S Extremely Rare - 246 Struck F-15 $15000.						
1855	190.	210.	240.	295.	775.	1900.
1855-C	580.	1075.	2000.	3250.	5300.	—
1855-D	1850.	2900.	4700.	8900.	—	—
1856	190.	210.	250.	295.	775.	1900.
1856-C	450.	750.	1200.	2500.	—	—
1856-D	3450.	5750.	10000.	19500.	39500.	—
1856-O	195.	235.	440.	600.	1400.	—
1856-S	195.	225.	320.	555.	950.	—
1857	185.	200.	270.	295.	775.	1900.
1857-D	395.	890.	1425.	2550.	4200.	—
1857-O	190.	210.	295.	485.	1375.	2375.
1857-S	190.	210.	300.	600.	1550.	—
1858	190.	210.	270.	340.	900.	2150.
1858-C	295.	435.	800.	1700.	3250.	—
1859	190.	210.	240.	300.	785.	2150.
1859-D	465.	1050.	1950.	3500.	7000.	—
1859-S	200.	270.	410.	740.	1325.	—
1860 Small Letters & Arrowheads	185.	210.	270.	470.	1000.	—
1860-C	295.	515.	1150.	1750.	3450.	—
1860-S	185.	210.	295.	525.	1075.	2275.
1861	180.	200.	235.	320.	760.	1925.
1861-S	235.	340.	600.	1100.	—	—
1862	185.	210.	240.	340.	1000.	—
1862/1	450.	850.	1500.	3500.	—	—
1862-S	390.	635.	950.	1450.	3050.	—
1863 Proofs Only - 30 Pcs. Struck Proof 65 $50000.						
1863-S	190.	270.	635.	1200.	2550.	—
1864	700.	1350.	4250.	6500.	—	—
1865	625.	1100.	1850.	3250.	—	—
1865-S	185.	210.	335.	700.	1225.	—

$2.50 gold

— Insufficient pricing data	* None issued

$2.50 quarter eagle, Coronet (continued)

	F-12	VF-20	EF-40	AU-50	MS-60	MS-63
1866	235.	450.	850.	1085.	—	—
1866-S	185.	210.	425.	1200.	1825.	—
1867	185.	265.	460.	775.	1275.	2575.
1867-S	185.	210.	420.	1075.	—	—
1868	185.	255.	345.	630.	935.	2100.
1868-S	185.	210.	400.	725.	1450.	2575.
1869	200.	255.	350.	560.	950.	2050.
1869-S	185.	210.	305.	580.	1200.	2425.
1870	200.	280.	370.	580.	950.	2150.
1870-S	185.	240.	285.	565.	1675.	—
1871	200.	255.	355.	515.	950.	2050.
1871-S	185.	215.	300.	510.	910.	2000.
1872	205.	270.	485.	850.	1400.	2475.
1872-S	195.	210.	305.	575.	860.	2150.
1873 Open 3	180.	200.	240.	290.	780.	1900.
1873 Closed 3	250.	325.	400.	550.	1475.	—
1873-S	185.	225.	370.	700.	1425.	—
1874	200.	250.	380.	565.	935.	2025.
1875 Very Rare - Only 420 Struck AU-50 $4850.						
1875-S	185.	210.	355.	705.	1225.	2325.
1876	200.	235.	320.	775.	1800.	—
1876-S	185.	210.	305.	690.	1650.	—
1877	315.	415.	625.	1100.	1800.	2800.
1877-S	185.	210.	240.	285.	775.	1900.
1878	180.	200.	225.	275.	770.	1850.
1878-S	180.	200.	225.	275.	770.	1850.
1879	180.	200.	225.	275.	770.	1850.
1879-S	185.	210.	280.	315.	800.	2025.
1880	210.	235.	460.	565.	910.	2000.
1881	650.	1300.	2250.	3650.	—	—
1882	245.	265.	425.	540.	875.	2025.
1883	245.	265.	470.	570.	910.	2025.
1884	245.	265.	470.	570.	910.	2050.
1885	455.	700.	1300.	1700.	3350.	—
1886	245.	255.	425.	540.	875.	2000.
1887	245.	265.	425.	540.	875.	2050.
1888	245.	265.	405.	465.	785.	1850.
1889	245.	265.	405.	465.	785.	1850.
1890	245.	265.	405.	465.	785.	1850.
1891	245.	265.	405.	490.	795.	1850.
1892	220.	260.	480.	580.	910.	2075.
1893	240.	250.	270.	400.	765.	1850.
1894	215.	255.	425.	540.	865.	1925.
1895	180.	195.	250.	295.	765.	1850.
1896	180.	195.	220.	265.	750.	1825.
1897	180.	200.	245.	285.	755.	1850.
1898	180.	195.	220.	265.	750.	1875.
1899	180.	195.	225.	275.	760.	1875.
1900	180.	195.	220.	265.	750.	1825.
1901	180.	195.	220.	265.	750.	1825.
1902	180.	195.	220.	265.	750.	1825.
1903	180.	195.	220.	265.	750.	1825.
1904	180.	195.	220.	265.	750.	1825.
1905	180.	195.	220.	265.	750.	1825.
1906	180.	195.	220.	265.	750.	1800.
1907	180.	195.	220.	265.	750.	1800.

$2.50 gold

— Insufficient pricing data	* None issued

$2.50 quarter eagle
Indian Head quarter eagle chart

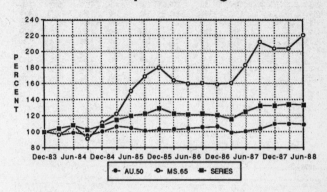

- AU.50 -○- MS.65 -■- SERIES

Indian Head

Date of authorization: Jan. 18, 1837
Dates of issue: 1908-1929
Designer
  Obverse: Bela Lyon Pratt
  Reverse: Pratt
Engraver
  Obverse: Charles Barber
  Reverse: Barber
Diameter (Millimeters/inches):
  17.78mm/0.70 inc
Weight (Grams/ounces):
  4.180 grams/0.13439 ounce
Metallic content:
  90% gold, 10% copper
Weight of pure gold:
  3.762 grams/0.12095 ounce
Edge:
  Reeded

	F-12	VF-20	EF-40	AU-50	MS-60	MS-63	MS-64	MS-65
1908	170.	190.	205.	240.	420.	1375.	3500.	8250.
1909	170.	190.	205.	240.	420.	1375.	3500.	8350.
1910	170.	190.	205.	240.	435.	1400.	3550.	8600.
1911	170.	190.	205.	240.	420.	1375.	3500.	8450.

— Insufficient pricing data	* None issued

$2.50 quarter eagle, Indian Head (continued)

	F-12	VF-20	EF-40	AU-50	MS-60	MS-63	MS-64	MS-65
1911-D	550.	700.	900.	1550.	3250.	4500.	6250.	14500.
1912	170.	190.	205.	240.	420.	1400.	3550.	8700.
1913	170.	190.	205.	240.	410.	1375.	3500.	8450.
1914	175.	195.	225.	270.	470.	1450.	3550.	8800.
1914-D	170.	190.	225.	290.	450.	1400.	3500.	8300.
1915	170.	190.	205.	240.	390.	1350.	3450.	8500.
1925-D	170.	190.	205.	240.	390.	1350.	3450.	8250.
1926	170.	190.	205.	240.	390.	1350.	3450.	8250.
1927	170.	190.	205.	240.	390.	1350.	3450.	8250.
1928	170.	190.	205.	240.	390.	1350.	3450.	8250.
1929	170.	190.	205.	240.	390.	1375.	3500.	8400.

$3 gold
$3 gold index chart

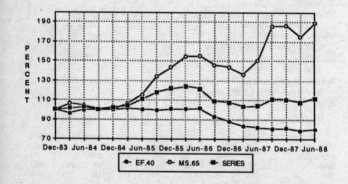

— Insufficient pricing data	* None issued

Indian Head

Date of authorization: Feb. 21, 1853
Dates of issue: 1854-1889
Designer
  Obverse: James B. Longacre
  Reverse: Longacre
Engraver
  Obverse: Longacre
  Reverse: Longacre
Diameter (Millimeters/inches):
  20.63mm/0.81 inch
Weight (Grams/ounces):
  5.015 grams/0.16124 ounce
Metallic content:
  1854-1873: 90% gold, 10% copper and silver
  1873-1889: 90% gold, 10% copper
Weight of pure gold:
  4.5135 grams/0.14511 ounce
Edge:
  Reeded

	F-12	VF-20	EF-40	AU-50	MS-60	MS-63	MS-64	MS-65
1854	440.	510.	695.	1100.	3050.	6800.	10050.	21600.
1854-D	5000.	6750.	13000.	20000.	47500.	—	—	—
1854-O	475.	550.	725.	1250.	3450.	7200.	10350.	22700.
1855	440.	495.	690.	1175.	3150.	6950.	10150.	21700.
1855-S	560.	700.	1025.	1850.	4650.	—	—	—
1856	440.	495.	715.	1225.	3300.	7000.	10150.	21400.
1856-S	465.	600.	800.	1250.	3450.	7200.	—	—
1857	440.	500.	715.	1200.	3250.	7000.	10150.	21650.
1857-S	635.	775.	1225.	1950.	4750.	—	—	—
1858	775.	850.	1250.	1600.	4200.	7600.	—	—
1859	440.	500.	700.	1150.	3100.	6900.	10100.	22250.
1860	440.	515.	740.	1175.	3150.	6950.	10150.	23100.
1860-S	635.	655.	975.	1800.	—	—	—	—
1861	535.	615.	825.	1375.	3950.	7700.	11450.	22100.
1862	535.	615.	900.	1400.	4050.	7800.	11500.	22550.
1863	550.	630.	825.	1400.	4050.	7800.	11500.	22100.
1864	560.	640.	875.	1500.	4150.	7900.	11550.	22950.
1865	750.	900.	1200.	2100.	7050.	10500.	14000.	31500.
1866	660.	665.	900.	1450.	4100.	7850.	11500.	23350.
1867	640.	650.	850.	1550.	4250.	7950.	11550.	23250.
1868	610.	635.	845.	1375.	4000.	7750.	11450.	23500.
1869	635.	675.	850.	1550.	4250.	7950.	11550.	23500.
1870	635.	665.	850.	1450.	4100.	7850.	11550.	23500.
1870-S Only One Known EF-40 $687500.								
1871	660.	665.	900.	1450.	4000.	7750.	11450.	23500.
1872	650.	660.	825.	1350.	3950.	7700.	11450.	23250.
1873 Open 3 Proofs Only 25 Struck								
1873 Closed 3								
(All Restrikes)	2350.	2650.	3000.	4200.	9500.	—	—	—
1874	430.	495.	675.	1025.	2900.	6650.	10000.	21000.
1875 Proofs Only 20 Pieces Struck Proof 63+ $110000.								
1876 Proofs Only 45 Pieces Struck Proof 65 $33000.								

— Insufficient pricing data   • None issued

$3 gold, Indian Head (continued)

	F-12	VF-20	EF-40	AU-50	MS-60	MS-63	MS-64	MS-65
1877	740.	785.	1700.	2500.	4900.	10250.	—	—
1878	430.	495.	650.	1000.	2850.	6600.	9950.	20950.
1879	515.	585.	700.	1150.	3075.	6900.	10200.	21100.
1880	540.	650.	825.	1250.	3200.	7050.	10300.	21100.
1881	610.	750.	1900.	2750.	4000.	7300.	10700.	22250.
1882	605.	625.	800.	1250.	3200.	7050.	10400.	22350.
1883	615.	625.	800.	1275.	3250.	7100.	10500.	21650.
1884	750.	875.	1350.	1950.	3600.	7250.	10500.	21650.
1885	635.	700.	950.	1425.	4100.	7500.	11200.	21750.
1886	645.	675.	925.	1325.	3200.	7050.	10300.	21500.
1887	540.	575.	775.	1225.	3150.	7000.	10200.	21150.
1888	540.	575.	775.	1225.	3150.	7000.	10200.	21250.
1889	540.	575.	775.	1225.	3150.	7000.	10200.	21250.

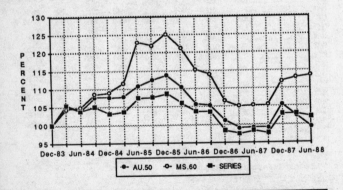

$5 half eagle
Half eagles index chart

Gold $5

- Insufficient pricing data   * None issued

Capped Bust, Small Eagle or Heraldic Eagle

Date of authorization: April 2, 1792
Dates of issue: 1795-1807
Designer
    Obverse: Robert Scot
    Reverse: Scot
Engraver
    Obverse: Scot
    Reverse: Scot
Diameter (Millimeters/inches):
    25.00mm/0.99 inch
Weight (Grams/ounces):
    8.748 grams/0.28125 ounce
Metallic content:
    91.67% gold, 8.33% copper and silver
Weight of pure gold:
    8.0193 grams/0.25783 ounce
Edge:
    Reeded

	F-12	VF-20	EF-40	AU-50	MS-60	MS-63	MS-64	MS-65
1795 Small Eagle	5250.	7400.	10000.	14500.	20000.	37500.	62500.	90000.
1796/5.	6000.	9000.	13000.	18000.	28000.	47500.	—	—
1797 15 Stars	8750.	11500.	19500.	27500.	—	—	—	—
1797 16 Stars	7500.	10000.	17500.	23000.	42500.	65000.	—	—
1798	—	22500.	42500.	—	—	—	—	—
1795 Heraldic Eagle	1575.	2150.	3650.	5850.	—	—	—	—
1797/5.	4500.	8500.	14000.	19500.	—	—	—	—
1797 16 Stars	5500.	10000.	22500.	—	—	—	—	—
1798 Small 8	1550.	2100.	3600.	5750.	—	—	—	—
1798 Large 8, 13 Stars	1300.	1850.	2900.	4600.	8000.	21000.	34500.	65500.
1798 Large 8, 14 Stars	1650.	2250.	3750.	11000.	—	—	—	—
1799 Large 9, Small Stars	1450.	1950.	3100.	6250.	11000.	23500.	42500.	75000.
1799 Large Stars	2100.	3000.	5000.	—	—	—	—	—
1800.	1150.	1675.	2550.	4150.	7800.	17000.	29000.	57000.
1802/1	1125.	1650.	2500.	4100.	7700.	16500.	28500.	56500.
1803/2	1125.	1650.	2500.	4100.	7700.	16500.	28500.	56500.
1804 Small 8	1225.	1750.	2750.	4150.	7950.	18500.	31000.	60000.
1804 Small 8 over								
Large 8	1250.	1775.	2775.	4200.	8050.	19000.	31500.	62500.
1805.	1175.	1700.	2650.	4175.	7850.	17500.	29500.	57500.
1806 Pointed 6	1300.	1850.	2825.	4350.	8300.	20500.	34000.	65000.
1806 Round 6	1125.	1650.	2500.	4050.	7700.	16500.	28500.	56500.
1807 Right	1175.	1700.	2650.	4100.	7850.	17500.	29500.	57500.

— Insufficient pricing data   • None issued

$5 half eagle
Capped Draped Bust

Date of authorization: April 2, 1792
Dates of issue: 1807-1812
Designer
   Obverse: John Reich
   Reverse: Reich
Engraver
   Obverse: Reich
   Reverse: Reich
Diameter (Millimeters/inches):
   25.00mm/0.99 inch
Weight (Grams/ounces):
   8.748 grams/0.28125 ounce
Metallic content:
   91.67% gold, 8.33% copper and silver
Weight of pure gold:
   8.0193 grams/0.25783 ounce
Edge:
   Reeded

	F-12	VF-20	EF-40	AU-50	MS-60	MS-63	MS-64	MS-65
1807	1100.	1600.	2100.	3900.	6350.	14500.	28000.	57500.
1808/7	1350.	1900.	2450.	4150.	7750.	19500.	37000.	—
1808	1100.	1600.	2100.	3900.	6400.	17500.	32000.	65000.
1809/8	1100.	1600.	2100.	3900.	6350.	14500.	28000.	57500.
1810 Small Date, Small 5.	3250.	6500.	15000.	30000.	—	—	—	—
1810 Small Date, Tall 5.	1300.	1800.	2350.	4100.	7600.	18500.	34500.	70000.
1810 Large Date, Small 5.	3000.	5500.	9750.	—	—	—	—	—
1810 Large Date, Large 5.	1125.	1650.	2150.	3950.	6400.	14500.	28000.	57500.
1811 Small 5.	1150.	1675.	2200.	4000.	6500.	15500.	29000.	59000.
1811 Tall 5.	1200.	1725.	2250.	4050.	7350.	18000.	33500.	67500.
1812	1100.	1600.	2100.	3900.	6350.	14500.	28000.	57500.

$5 half eagle
Capped Head

Date of authorization: April 2, 1792
Dates of issue: 1813-1834
Designer
  Obverse: John Reich-Robert Scot
  Reverse: Reich
Engraver
  Obverse: Scot
  Reverse: Reich
Diameter (Millimeters/inches):
  1813-1829: 25.00mm/0.99 inch
  1829-1834: 22.50mm/0.89 inch
Weight (Grams/ounces):
  8.748 grams/0.28125 ounce
Metallic content:
  91.67% gold, 8.33% copper and silver
Weight of pure gold:
  8.0193 grams/0.25783 ounce
Edge:
  Reeded

	F-12	VF-20	EF-40	AU-50	MS-60	MS-63	MS-64	MS-65
1813	1400.	1950.	2725.	4600.	7900.	17500.	33000.	81500.
1814/3	1575.	2100.	2950.	4900.	8200.	18750.	35000.	—
1815	—	—	—	70000.	110000.	—	—	—
1818 STATESOF	—	—	—	12500.	—	—	—	—
1818 5D/50.	—	—	—	16500.	—	—	—	—
1819	—	—	—	40000.	—	—	—	—
1820 Curved Base 2, Small Letters	1625.	2175.	3050.	5000.	8300.	19250.	36000.	82000.
1820 Curved Base 2, Large Letters	1650.	2200.	3100.	5050.	8350.	19500.	36500.	83000.
1820 Square Base 2	1600.	2150.	3000.	4950.	8250.	19000.	33500.	81000.
1821	1715.	2325.	3225.	5225.	8600.	21500.	38500.	86500.
1822	—	—	—	—	—	—	—	—
1823	1675.	2250.	3150.	5100.	8400.	20000.	37000.	83500.
1824	2100.	4000.	8500.	13500.	22500.	31500.	50000.	110000.
1825/1	3500.	6000.	8000.	11500.	19500.	30000.	—	—
1825/4	—	—	—	—	—	—	—	—
1826	2800.	6250.	8750.	12500.	—	—	—	—
1827	—	—	—	—	23500.	35000.	55000.	—
1828/7	—	—	—	35000.	60000.	—	—	—
1828	—	—	—	33000.	55000.	—	—	—
1829 Large Planchet	—	—	—	—	—	—	—	—
1829 Small Planchet	—	—	—	52500.	—	—	—	—
1830 Small 5D	3200.	5650.	7450.	10250.	17000.	21000.	35000.	82500.
1830 Large 5D	3500.	5900.	8050.	12000.	20500.	—	—	—
1831	3200.	5650.	7450.	10250.	17000.	21000.	35000.	82500.

— Insufficient pricing data	* None issued

$5 half eagle, Capped Head (continued)

	F-12	VF-20	EF-40	AU-50	MS-60	MS-63	MS-64	MS-65
1832 Curved Base 2, 12 Stars	—	—	—	—	—	—	—	—
1832 Square Base 2, 13 Stars	—	—	8250.	12250.	19000.	26000.	44000.	—
1833	3150.	5550.	7350.	10100.	16500.	20000.	33500.	80000.
1834 Plain 4	3200.	5600.	7400.	10200.	19500.	22500.	37500.	—
1834 Crosslet 4	3450.	5850.	8100.	12000.	20000.	—	—	—

$5 half eagle
Classic Head

Date of authorization: April 2, 1792
Dates of issue: 1834-1838
Designer
   Obverse: William Kneass
   Reverse: John Reich-Kneass
Engraver
   Obverse: Kneass
   Reverse: Kneass
Diameter (Millimeters/inches):
   22.50mm/0.89 inch
Weight (Grams/ounces):
   8.359 grams/0.26875 ounce
Metallic content:
   1834-1836: 89.92% gold, 10.08%
copper and silver
   1837-1838: 90% gold, 10% copper
   and silver
Weight of pure gold:
   1834-1836: 7.5164 grams/0.24166
   ounce
   1837-1838: 7.5231 grams/0.24187 ounce
Edge:
   Reeded

	F-12	VF-20	EF-40	AU-50	MS-60	MS-63
1834 Plain 4	245.	295.	425.	1000.	2800.	5000.
1834 Crosslet 4	425.	725.	950.	—	—	—
1835	245.	295.	425.	950.	2550.	5000.
1836	245.	295.	425.	950.	2450.	4950.
1837	265.	310.	500.	1450.	2900.	5300.
1838	250.	300.	425.	1000.	2600.	5050.
1838-C	840.	1550.	2850.	4500.	—	—
1838-D	785.	1450.	2350.	4250.	—	—

— Insufficient pricing data	* None issued

$5 half eagle
Coronet

Date of authorization: Jan. 18, 1837
Dates of issue: 1839-1908
Designer
  Obverse: Christian Gobrecht
  Reverse: John Reich-William Kneass-
    Gobrecht
Engraver
  Obverse: Gobrecht
  Reverse: Gobrecht
Diameter (Millimeters/inches):
  1839-1840: 22.50mm/0.89 inch
  1840-1908: 21.54mm/0.85 inch
Weight (Grams/ounces):
  8.359 grams/0.26875 ounce
Metallic content:
  1839-1849: 90% gold, 10% copper
and silver
  1849-1908: 90% gold, 10% copper
Weight of pure gold:
  7.5231 grams/0.24187 ounce
Edge:
  Reeded

	F-12	VF-20	EF-40	AU-50	MS-60	MS-63
1839 No Motto	245.	300.	400.	750.	2350.	—
1839-C	465.	825.	1450.	3800.	—	—
1839-D	435.	655.	1325.	3000.	5750.	—
1840	200.	285.	390.	650.	2350.	4450.
1840-C	430.	770.	1300.	3800.	—	—
1840-D	435.	655.	1000.	3100.	6000.	—
1840-O	295.	405.	600.	1500.	4150.	—
1841	190.	335.	540.	735.	2300.	4300.
1841-C	375.	500.	950.	3050.	6100.	—
1841-D	380.	500.	975.	2950.	6000.	—
1842 Small Letters	185.	285.	725.	2150.	—	—
1842-C Large Date	415.	510.	870.	2450.	—	—
1842-C Small Date	1600.	2200.	3100.	4400.	—	—
1842-D Large Date, Large Letters	825.	1100.	1850.	—	—	—
1842-D Small Date, Small Letters	420.	510.	895.	3800.	6600.	—
1842-O	260.	320.	765.	2550.	—	—
1843	165.	185.	250.	365.	1600.	4050.
1843-C	420.	500.	925.	3150.	—	—
1843-D	405.	475.	900.	2750.	4950.	—
1843-O Small Letters	365.	415.	885.	2350.	—	—
1843-O Large Letters	215.	250.	550.	1475.	3100.	—
1844	175.	245.	290.	445.	1900.	5300.
1844-C	460.	635.	1250.	—	—	—
1844-D	425.	525.	850.	3200.	5150.	8250.
1844-O	260.	335.	455.	800.	2300.	4400.

— Insufficient pricing data	* None issued

$5 half eagle, Coronet (continued)

	F-12	VF-20	EF-40	AU-50	MS-60	MS-63
1845	175.	245.	275.	385.	1600.	4100.
1845-D	425.	475.	825.	1950.	5050.	—
1845-O	290.	365.	700.	2375.	—	—
1846	165.	245.	275.	400.	1600.	4100.
1846-C	450.	725.	1600.	3950.	—	—
1846-D	435.	475.	850.	1850.	3050.	—
1846-O	305.	365.	625.	1650.	—	—
1847	165.	225.	235.	365.	1575.	4000.
1847-C	440.	630.	1250.	—	—	—
1847-D	470.	525.	985.	3200.	5200.	—
1847-O	435.	560.	1500.	2600.	—	—
1848	175.	265.	305.	715.	2200.	—
1848-C	450.	525.	1150.	4300.	—	—
1848-D	435.	475.	1025.	3400.	5300.	—
1849	165.	245.	280.	700.	1900.	—
1849-C	400.	475.	785.	2100.	4200.	—
1849-D	410.	525.	1350.	3350.	—	—
1850	225.	320.	390.	850.	2100.	—
1850-C	400.	485.	875.	2300.	4300.	—
1850-D	410.	485.	1275.	3850.	—	—
1851	175.	255.	315.	480.	2050.	—
1851-C	380.	500.	900.	2250.	—	—
1851-D	385.	475.	810.	2050.	—	—
1851-O	315.	415.	535.	1600.	—	—
1852	165.	225.	235.	365.	1550.	4000.
1852-C	380.	500.	800.	1750.	4200.	—
1852-D	385.	500.	810.	1650.	4050.	—
1853	175.	245.	290.	480.	1800.	—
1853-C	380.	485.	800.	1675.	4700.	—
1853-D	385.	475.	775.	1450.	4450.	7650.
1854	185.	285.	400.	525.	1900.	—
1854-C	410.	505.	885.	2075.	3650.	—
1854-D	375.	470.	815.	1700.	4000.	—
1854-O	305.	375.	525.	1050.	2850.	—
1854-S Extremely rare - 268 Struck AU-55 $210000.						
1855	175.	230.	290.	430.	1700.	4200.
1855-C	410.	510.	875.	1650.	—	—
1855-D	420.	510.	925.	2050.	—	—
1855-O	370.	455.	815.	2150.	—	—
1855-S	195.	235.	625.	1400.	—	—
1856	170.	215.	245.	420.	1600.	4050.
1856-C	410.	500.	850.	2025.	5100.	—
1856-D	400.	495.	855.	2225.	5400.	—
1856-O	410.	515.	885.	—	—	—
1856-S	210.	300.	575.	2150.	—	—
1857	175.	235.	245.	365.	1600.	4150.
1857-C	355.	495.	900.	2050.	—	—
1857-D	410.	525.	850.	2200.	5000.	—
1857-O	355.	405.	715.	1675.	—	—
1857-S	210.	300.	600.	1275.	2800.	—
1858	225.	305.	380.	650.	1800.	4250.
1858-C	380.	475.	845.	1950.	—	—
1858-D	410.	525.	1150.	2450.	—	—
1858-S	345.	435.	1000.	1950.	—	—
1859	240.	390.	550.	1550.	2400.	—
1859-C	375.	485.	865.	2075.	—	—

— Insufficient pricing data	* None issued

	F-12	VF-20	EF-40	AU-50	MS-60	MS-63
1859-D	425.	510.	850.	2050.	4900.	—
1859-S	460.	665.	1650.	2750.	—	—
1860	215.	290.	450.	1200.	2200.	—
1860-C	400.	650.	1850.	4000.	—	—
1860-D	410.	650.	1700.	3350.	5300.	7250.
1860-S	300.	470.	1425.	2800.	—	—
1861	165.	185.	190.	505.	1525.	3950.
1861-C	800.	1375.	2750.	4700.	—	—
1861-D	2850.	4000.	5500.	—	—	—
1861-S	445.	750.	1750.	—	—	—
1862	455.	705.	1150.	2800.	—	—
1862-S	700.	1450.	3000.	—	—	—
1863	425.	745.	1300.	2650.	—	—
1863-S	385.	665.	1700.	—	—	—
1864	360.	425.	875.	1550.	2300.	—
1864-S	1150.	1750.	3100.	—	—	—
1865	425.	695.	1450.	2900.	—	—
1865-S	340.	655.	1425.	—	—	—
1866 Motto	350.	435.	860.	1200.	—	—
1866-S No Motto	370.	775.	1600.	—	—	—
1866-S Motto	300.	580.	1000.	—	—	—
1867	295.	435.	825.	1725.	—	—
1867-S	425.	925.	1550.	—	—	—
1868	270.	450.	875.	1825.	3100.	—
1868-S	265.	410.	1100.	—	—	—
1869	350.	650.	950.	1675.	—	—
1869-S	310.	590.	1100.	—	—	—
1870	350.	560.	875.	1825.	—	—
1870-CC	1250.	2350.	4750.	—	—	—
1870-S	420.	875.	1700.	—	—	—
1871	365.	650.	985.	—	—	—
1871-CC	550.	785.	1275.	2600.	—	—
1871-S	265.	385.	875.	2125.	4200.	—
1872	340.	515.	850.	1350.	2750.	6000.
1872-CC	515.	710.	1450.	—	—	—
1872-S	265.	390.	1100.	3200.	—	—
1873 Closed 3	200.	240.	315.	600.	2150.	—
1873 Open 3	200.	240.	315.	600.	—	—
1873-CC	585.	825.	1550.	—	—	—
1873-S	375.	580.	1100.	—	—	—
1874	365.	510.	900.	1550.	—	—
1874-CC	405.	575.	950.	1650.	—	—
1874-S	380.	700.	1325.	—	—	—
1875 Very Rare - 220 Pcs. Struck Proof 65 $72500.						
1875-CC	585.	940.	1350.	—	—	—
1875-S	225.	590.	1375.	—	—	—
1876	445.	900.	1250.	1700.	2250.	4550.
1876-CC	490.	825.	1225.	3150.	—	—
1876-S	475.	1050.	1950.	3900.	—	—
1877	430.	765.	1025.	1500.	2900.	—
1877-CC	480.	750.	1275.	—	—	—
1877-S	195.	395.	675.	1150.	—	—
1878	150.	160.	235.	330.	540.	2325.
1878-CC	850.	1650.	3150.	—	—	—
1878-S	150.	160.	305.	430.	835.	2625.
1879	150.	160.	190.	280.	440.	2300.
1879-CC	285.	410.	850.	1250.	—	—
1879-S	180.	210.	315.	430.	775.	2400.

— Insufficient pricing data	* None issued

$5 half eagle, Coronet (continued)

	F-12	VF-20	EF-40	AU-50	MS-60	MS-63
1880	150.	160.	165.	220.	375.	1950.
1880-CC	275.	375.	775.	1050.	2000.	—
1880-S	150.	160.	165.	220.	375.	1950.
1881	150.	160.	165.	220.	375.	1950.
1881-CC	285.	420.	800.	1650.	3100.	—
1881-S	150.	160.	165.	220.	375.	1950.
1882	150.	160.	165.	220.	375.	1950.
1882-CC	250.	325.	425.	650.	2100.	—
1882-S	150.	160.	165.	220.	375.	1950.
1883	150.	160.	165.	245.	565.	2350.
1883-CC	280.	420.	775.	1800.	—	—
1883-S	185.	210.	270.	355.	675.	2450.
1884	150.	175.	190.	320.	715.	2475.
1884-CC	290.	460.	875.	1950.	—	—
1884-S	180.	250.	295.	435.	650.	2425.
1885	150.	160.	165.	220.	375.	1950.
1885-S	150.	160.	165.	220.	375.	1950.
1886	150.	175.	200.	255.	400.	2450.
1886-S	150.	160.	180.	235.	375.	1950.
1887 Proofs Only - 87 Pcs. Struck Proof 65 $28500.						
1887-S	150.	160.	165.	220.	375.	1950.
1888	170.	200.	235.	295.	800.	2550.
1888-S	180.	270.	320.	625.	—	—
1889	170.	300.	575.	745.	900.	2600.
1890	225.	410.	640.	1300.	—	—
1890-CC	180.	260.	355.	550.	850.	2525.
1891	150.	175.	190.	270.	735.	2525.
1891-CC	175.	230.	325.	460.	685.	2500.
1892	150.	160.	165.	200.	365.	1950.
1892-CC	175.	250.	330.	530.	905.	2550.
1892-O	360.	460.	650.	1350.	2850.	—
1892-S	150.	195.	245.	450.	875.	2725.
1893	150.	160.	165.	200.	360.	1950.
1893-CC	180.	225.	325.	590.	1300.	2800.
1893-O	175.	230.	300.	395.	925.	2575.
1893-S	150.	195.	205.	350.	550.	2375.
1894	150.	160.	165.	200.	365.	1950.
1894-O	150.	185.	360.	450.	755.	2450.
1894-S	200.	285.	385.	900.	2900.	6600.
1895	150.	160.	165.	200.	365.	1950.
1895-S	175.	275.	380.	1150.	—	—
1896	150.	195.	215.	255.	425.	2350.
1896-S	175.	275.	315.	550.	1300.	—
1897	150.	160.	165.	200.	365.	1950.
1897-S	160.	185.	265.	440.	900.	—
1898	150.	160.	165.	200.	365.	1950.
1898-S	160.	175.	190.	230.	395.	2400.
1899	150.	160.	165.	200.	365.	1950.
1899-S	150.	170.	180.	220.	385.	2375.
1900	150.	160.	165.	200.	365.	1950.
1900-S	160.	185.	210.	350.	775.	2500.
1901	150.	160.	165.	200.	365.	1950.
1901-S	150.	160.	165.	200.	365.	1950.
1901/0-S	—	—	—	—	—	1950.
1902	150.	160.	175.	210.	375.	1975.
1902-S	150.	160.	165.	200.	365.	1950.

— Insufficient pricing data   • None issued

	F-12	VF-20	EF-40	AU-50	MS-60	MS-63
1903	150.	160.	175.	210.	375.	1975.
1903-S	150.	160.	165.	200.	365.	1950.
1904	150.	160.	165.	200.	365.	1950.
1904-S	165.	200.	215.	260.	475.	2425.
1905	150.	160.	175.	210.	375.	1975.
1905-S	165.	200.	215.	270.	670.	2450.
1906	150.	160.	165.	200.	365.	1950.
1906-D	150.	160.	165.	200.	385.	1975.
1906-S	150.	170.	180.	220.	410.	2375.
1907	150.	160.	165.	200.	370.	1950.
1907-D	150.	160.	165.	200.	370.	1950.
1908	150.	160.	165.	200.	375.	1950.

$5 half eagle
Indian Head half eagle chart

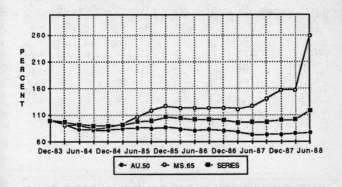

— Insufficient pricing data	* None issued

Indian Head

Date of authorization: Jan. 18, 1837
Dates of issue: 1908-1929
Designer
    Obverse: Bela Lyon Pratt
    Reverse: Pratt
Engraver
    Obverse: Charles Barber
    Reverse: Barber
Diameter (Millimeters/inches):
    21.54mm/0.85 inch
Weight (Grams/ounces):
    8.359 grams/0.26875 ounce
Metallic content:
    90% gold, 10% copper
Weight of pure gold:
    7.5231 grams/0.24187 ounce
Edge:
    Reeded

Gold $5

	F-12	VF-20	EF-40	AU-50	MS-60	MS-63	MS-64	MS-65
1908	210.	220.	235.	300.	855.	3900.	8650.	21400.
1908-D	210.	220.	235.	310.	860.	4000.	8750.	21700.
1908-S	280.	310.	425.	575.	2450.	5250.	9550.	22200.
1909	210.	220.	235.	300.	830.	3950.	8750.	21600.
1909-D	210.	220.	235.	300.	815.	3750.	8650.	21450.
1909-O	350.	525.	1050.	1750.	6500.	20000.	30000.	65000.
1909-S	265.	285.	330.	525.	1350.	5150.	9750.	26000.
1910	210.	220.	235.	300.	830.	4050.	8800.	21700.
1910-D	225.	235.	240.	395.	870.	4200.	8900.	21800.
1910-S	240.	270.	310.	550.	1850.	5800.	10000.	27000.
1911	210.	220.	235.	300.	815.	3850.	8650.	21500.
1911-D	295.	370.	500.	825.	3800.	11000.	20000.	—
1911-S	220.	245.	250.	365.	890.	4250.	9000.	22050.
1912	210.	220.	235.	310.	815.	3850.	8650.	21500.
1912-S	245.	275.	315.	675.	1700.	5050.	9750.	26000.
1913	210.	220.	235.	310.	815.	3850.	8650.	21500.
1913-S	290.	310.	395.	750.	2750.	6900.	14000.	—
1914	215.	225.	240.	330.	845.	3850.	8650.	21500.
1914-D	215.	225.	240.	340.	825.	4150.	8800.	21600.
1914-S	225.	230.	250.	445.	1000.	5250.	10750.	—
1915	215.	225.	240.	320.	815.	3850.	8650.	21500.
1915-S	240.	285.	375.	675.	2550.	6150.	11500.	—
1916-S	220.	225.	245.	460.	940.	4900.	9100.	22100.
1929	—	—	3600.	4500.	8250.	10500.	16500.	32500.

—Insufficient pricing data   * None issued

$10 eagle
Eagles index chart

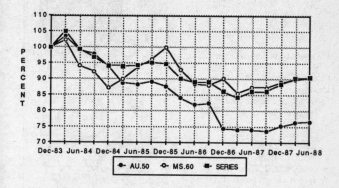

Trends values for $10 eagles begin on next page

Capped Bust, Small Eagle or Heraldic Eagle

Date of authorization: April 2, 1792
Dates of issue: 1795-1804
Designer
   Obverse: Robert Scot
   Reverse: Scot
Engraver
   Obverse: Scot
   Reverse: Scot
Diameter (Millimeters/inches):
   33.00mm/1.30 inches
Weight (Grams/ounces):
   17.496 grams/0.56251 ounce
Metallic content:
   91.67% gold, 8.33% copper and silver
Weight of pure gold:
   16.0386 grams/0.51565 ounce
Edge:
   Reeded

$10 gold

	F-12	VF-20	EF-40	AU-50	MS-60	MS-63	MS-64	MS-65
1795.	5800.	8250.	10500.	19000.	26500.	55000.	75000.	100000.
1796	7500.	9000.	12500.	18500.	38500.	65000.	—	—
1797 Small Eagle	8000.	9500.	12750.	25000.	—	—	—	—
1797 Heraldic Eagle	2700.	3550.	4900.	7250.	14500.	22000.	41500.	72500.
1798/9 Stars X 4 Stars	6500.	8500.	11500.	21000.	42500.	77500.	—	—
1798/7 7 Stars X 6 Stars	14000.	22500.	35000.	57500.	—	—	—	—
1799 10 Arrows	—	6000.	12000.	—	—	—	—	—
1799 12 Arrows	2100.	3000.	4350.	6500.	12000.	20150.	35000.	67500.
1800.	3000.	3950.	5450.	7650.	15000.	25000.	45000.	78500.
1801.	2125.	3050.	4400.	6600.	12500.	20400.	35500.	68500.
1803.	2600.	3450.	4800.	7000.	13750.	21500.	38000.	71000.
1804.	3750.	4500.	6000.	10500.	19500.	42500.	65000.	—

—Insufficient pricing data	* None issued

$10 eagle
Coronet

Date of authorization: Jan. 18, 1837
Dates of issue: 1838-1907
Designer
  Obverse: Christian Gobrecht
  Reverse: John Reich-William Kneass-Christian Gobrecht
Engraver
  Obverse: Gobrecht
  Reverse: Gobrecht
Diameter (Millimeters/inches):
  27.00mm/1.07 inches
Weight (Grams/ounces):
  16.718 grams/0.5375 ounce
Metallic content:
  1838-1873: 90% gold, 10% copper and silver
  1873-1907: 90% gold, 10% copper
Weight of pure gold:
  15.0462 grams/0.48375 ounce
Edge:
  Reeded

	F-12	VF-20	EF-40	AU-50	MS-60	MS-63
1838 No Motto	545.	775.	1750.	5850.	—	—
1839 Old Portrait	430.	680.	1150.	2400.	6450.	—
1839 New Portrait	625.	1000.	2000.	—	—	—
1840	385.	405.	520.	1675.	—	—
1841	385.	405.	520.	1350.	—	—
1841-O	675.	1075.	2100.	—	—	—
1842	330.	380.	485.	1250.	—	—
1842-O	330.	380.	485.	1125.	3150.	—
1843	370.	405.	515.	1250.	—	—
1843-O	330.	380.	440.	735.	2450.	—
1844	475.	685.	1650.	2800.	—	—
1844-O	345.	405.	465.	1050.	2950.	—
1845	425.	545.	700.	1850.	—	—
1845-O	385.	470.	525.	1400.	3300.	—
1846	505.	610.	1700.	—	—	—
1846-O	385.	470.	510.	1275.	—	—
1847	310.	330.	400.	560.	2350.	6750.
1847-O	310.	330.	400.	615.	2400.	6800.

—Insufficient pricing data	* None issued

$10 eagle, Coronet (continued)

	F-12	VF-20	EF-40	AU-50	MS-60	MS-63
1848	345.	405.	500.	800.	3200.	—
1848-O	450.	600.	1275.	2150.	—	—
1849	330.	355.	415.	560.	2450.	7000.
1849-O	450.	675.	925.	1525.	—	—
1850	330.	355.	415.	750.	2350.	—
1850 Small Date	370.	375.	625.	—	—	—
1850-O	370.	455.	515.	1250.	—	—
1851	370.	380.	500.	1150.	2650.	—
1851-O	330.	355.	475.	925.	—	—
1852	345.	395.	515.	1300.	—	—
1852-O	410.	500.	800.	2450.	—	—
1853	330.	365.	410.	620.	2500.	—
1853/2	420.	455.	925.	—	—	—
1853-O	345.	380.	500.	1150.	—	—
1854	370.	395.	515.	1225.	—	—
1854-O	330.	355.	440.	1300.	—	—
1854-S	330.	355.	425.	975.	2750.	7350.
1855	330.	355.	425.	775.	2500.	7050.
1855-O	385.	465.	650.	2300.	—	—
1855-S	495.	700.	1650.	—	—	—
1856	345.	385.	435.	785.	2700.	7300.
1856-O	415.	585.	900.	1425.	—	—
1856-S	345.	350.	505.	825.	3100.	—
1857	370.	400.	575.	1050.	—	—
1857-O	495.	585.	1300.	2550.	—	—
1857-S	395.	515.	610.	1075.	—	—
1858	—	2950.	5350.	—	—	—
1858-O	345.	375.	490.	875.	3250.	—
1858-S	495.	660.	1350.	—	—	—
1859	370.	395.	500.	975.	—	—
1859-O	875.	1900.	3550.	—	—	—
1859-S	850.	1025.	1950.	—	—	—
1860	—	375.	490.	950.	2650.	—
1860-O	410.	505.	625.	1250.	3350.	8100.
1860-S	—	1325.	2350.	—	—	—
1861	335.	350.	415.	520.	2450.	7000.
1861-S	435.	560.	1150.	1750.	—	—
1862	345.	410.	615.	1100.	—	—
1862-S	575.	725.	1600.	—	—	—
1863	1800.	3850.	—	—	—	—
1863-S	650.	825.	1650.	—	—	—
1864	675.	925.	1750.	3350.	—	—
1864-S	2500.	3850.	5750.	—	—	—
1865	675.	950.	1650.	—	—	—
1865-S	650.	875.	1700.	—	—	—
1865-S Inverted 865/186	750.	975.	1850.	—	—	—
1866-S No Motto	835.	1600.	2850.	—	—	—
1866 Motto	550.	700.	825.	1800.	—	—
1866-S Motto	460.	635.	1325.	—	—	—
1867	675.	850.	1600.	—	—	—
1867-S	750.	1375.	3250.	—	—	—
1868	470.	625.	760.	3050.	—	—
1868-S	480.	670.	1525.	—	—	—
1869	675.	825.	1700.	—	—	—
1869-S	700.	875.	1650.	—	—	—
1870	575.	700.	1325.	—	—	—

—Insufficient pricing data   * None issued

$10 gold

	F-12	VF-20	EF-40	AU-50	MS-60	MS-63
1870-CC	1350.	2900.	5000.	—	—	—
1870-S	480.	585.	1750.	—	—	—
1871	—	1175.	1850.	—	—	—
1871-CC	700.	1050.	2850.	—	—	—
1871-S	—	685.	1550.	—	—	—
1872	—	1850.	4050.	—	—	—
1872-CC	700.	1100.	3050.	—	—	—
1872-S	435.	635.	1575.	—	—	—
1873	—	2800.	4950.	—	—	—
1873-CC	715.	1125.	2850.	—	—	—
1873-S	470.	660.	1475.	—	—	—
1874	335.	350.	410.	535.	1050.	3250.
1874-CC	485.	710.	2000.	—	—	—
1874-S	460.	585.	1575.	—	—	—
1875 Ext. Rare - Only 120 Struck Proof 65 $120000.						
1875-CC	665.	875.	1900.	—	—	—
1876	—	1500.	4000.	—	—	—
1876-CC	725.	1175.	3400.	—	—	—
1876-S	460.	650.	1600.	—	—	—
1877	—	1400.	3150.	—	—	—
1877-CC	675.	975.	1675.	3300.	—	—
1877-S	495.	690.	1625.	3100.	—	—
1878	290.	330.	390.	535.	800.	3050.
1878-CC	950.	1400.	2750.	—	—	—
1878-S	425.	575.	900.	—	—	—
1879	260.	300.	340.	390.	545.	2850.
1879-CC	3000.	3800.	5250.	—	—	—
1879-O	—	1550.	3900.	—	—	—
1879-S	260.	300.	320.	425.	530.	3000.
1880	255.	285.	295.	330.	440.	2600.
1880-CC	395.	460.	710.	950.	—	—
1880-O	—	385.	550.	1050.	—	—
1880-S	260.	300.	315.	345.	480.	2650.
1881	250.	275.	280.	330.	440.	2575.
1881-CC	335.	420.	600.	900.	2500.	—
1881-O	310.	400.	525.	1075.	—	—
1881-S	250.	275.	280.	340.	455.	2650.
1882	250.	275.	280.	325.	440.	2600.
1882-CC	—	520.	765.	1100.	3050.	—
1882-O	—	415.	560.	1275.	—	—
1882-S	290.	330.	415.	535.	905.	3050.
1883	260.	300.	320.	355.	455.	2650.
1883-CC	365.	460.	675.	925.	3150.	—
1883-O	900.	1900.	2950.	4700.	—	—
1883-S	290.	330.	405.	535.	905.	3050.
1884	290.	350.	405.	480.	905.	3050.
1884-CC	400.	515.	700.	950.	—	—
1884-S	260.	325.	375.	480.	905.	3050.
1885	255.	300.	330.	365.	785.	3000.
1885-S	255.	300.	305.	405.	555.	2900.
1886	275.	330.	405.	485.	955.	3100.
1886-S	250.	280.	295.	330.	440.	2600.
1887	255.	300.	330.	365.	835.	3025.
1887-S	260.	300.	305.	355.	535.	2850.
1888	290.	340.	400.	465.	1100.	3350.
1888-O	250.	280.	295.	330.	495.	2625.
1888-S	250.	280.	295.	330.	455.	2625.
1889	335.	450.	750.	975.	1300.	3400.

$10 gold

—Insufficient pricing data	* None issued

$10 eagle, Coronet (continued)

	F-12	VF-20	EF-40	AU-50	MS-60	MS-63
1889-S	250.	280.	295.	330.	440.	2600.
1890	290.	330.	405.	445.	675.	3050.
1890-CC	350.	365.	420.	525.	1125.	3250.
1891	255.	300.	330.	355.	540.	2800.
1891-CC	275.	305.	360.	425.	665.	2825.
1892	260.	285.	300.	330.	440.	2600.
1892-CC	345.	360.	425.	535.	1150.	3300.
1892-O	265.	315.	340.	370.	600.	2625.
1892-S	280.	320.	360.	390.	650.	2950.
1893	250.	280.	295.	340.	435.	2550.
1893-CC	345.	395.	500.	825.	1650.	3400.
1893-O	260.	300.	330.	375.	550.	3000.
1893-S	280.	320.	360.	385.	565.	3000.
1894	250.	280.	295.	315.	420.	2525.
1894-O	250.	280.	305.	345.	480.	2950.
1894-S	260.	300.	385.	750.	1600.	—
1895	250.	280.	295.	315.	410.	2500.
1895-O	250.	280.	295.	315.	420.	2650.
1895-S	350.	365.	575.	850.	2350.	—
1896	255.	300.	315.	350.	465.	2625.
1896-S	350.	360.	465.	675.	2400.	—
1897	250.	280.	295.	315.	410.	2500.
1897-O	255.	300.	320.	375.	470.	2650.
1897-S	260.	300.	365.	475.	810.	3000.
1898	250.	280.	295.	315.	410.	2500.
1898-S	260.	300.	320.	430.	525.	2850.
1899	250.	280.	295.	315.	410.	2500.
1899-O	280.	320.	350.	395.	525.	2850.
1899-S	280.	320.	365.	375.	520.	2800.
1900	255.	290.	305.	330.	440.	2600.
1900-S	265.	320.	365.	475.	810.	3000.
1901	250.	280.	295.	315.	410.	2500.
1901-O	255.	300.	340.	365.	525.	2800.
1901-S	250.	280.	295.	315.	410.	2500.
1902	255.	300.	315.	340.	440.	2600.
1902-S	250.	280.	300.	320.	415.	2550.
1903	255.	300.	315.	340.	440.	2600.
1903-O	250.	280.	295.	315.	410.	2500.
1903-S	280.	325.	365.	390.	525.	2650.
1904	255.	285.	300.	320.	440.	2550.
1904-O	285.	330.	375.	390.	525.	2800.
1905	255.	295.	310.	330.	430.	2525.
1905-S	290.	320.	340.	435.	625.	2950.
1906	255.	295.	310.	330.	430.	2800.
1906-D	250.	280.	295.	315.	410.	2500.
1906-O	280.	325.	365.	420.	555.	3000.
1906-S	280.	320.	355.	370.	520.	2900.
1907	250.	280.	295.	315.	410.	2500.
1907-D	265.	300.	320.	355.	475.	2650.
1907-S	315.	335.	385.	445.	735.	3000.

$10 gold

—Insufficient pricing data	* None issued

$10 eagle
Indian Head eagle index chart

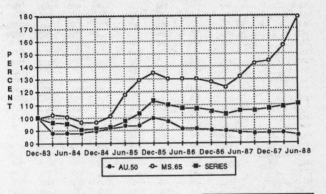

Indian Head

Date of authorization: Jan. 18,
1837
Dates of issue: 1907-1933
Designer
Obverse: Augustus
Saint-Gaudens
Reverse: Saint-Gaudens
Engraver
Obverse: Charles Barber
Reverse: Barber
Diameter (Millimeters/inches):
27.00mm/1.07 inches
Weight (Grams/ounces):
16.718 grams/0.5375 ounce
Metallic content:
90% gold, 10% copper
Weight of pure gold:
15.0462 grams/0.48375 ounce
Edge:
Starred

$10 gold

	F-12	VF-20	EF-40	AU-50	MS-60	MS-63	MS-64	MS-65
1907 Wire Rim, Periods	—	—	—	5750.	12000.	17500.	23500.	35000.
1907 Rolled Rim, Periods MS-65 $38500.								
1907 No Periods	460.	495.	510.	550.	795.	2650.	6300.	13200.

—Insufficient pricing data	* None issued

$10 eagle, Indian Head (continued)

1908 No Motto	470.	505.	575.	735.	1075.	3200.	6650.	14200
1908-D No Motto	470.	505.	565.	685.	1000.	3050.	6550.	13900.
1908 Motto	470.	480.	490.	515.	760.	2450.	6200.	13150.
1908-D	490.	525.	575.	690.	825.	2550.	6700.	14750.
1908-S	480.	545.	650.	790.	2600.	4600.	9000.	17000.
1909	460.	495.	510.	565.	795.	2350.	6100.	13100.
1909-D	470.	505.	550.	595.	840.	2550.	6600.	13850.
1909-S	480.	520.	550.	625.	1300.	3850.	6750.	14250.
1910	470.	480.	490.	505.	750.	2325.	6050.	13100.
1910-D	470.	480.	490.	505.	750.	2325.	6250.	13100.
1910-S	470.	485.	495.	540.	1050.	3200.	6500.	13850.
1911	445.	460.	470.	500.	750.	2325.	6050.	13050.
1911-D	510.	580.	800.	1150.	5500.	13000.	19500.	36000.
1911-S	460.	475.	495.	635.	1950.	4100.	8250.	14750.
1912	460.	460.	485.	505.	750.	2325.	6050.	13100.
1912-S	480.	495.	505.	590.	1500.	3850.	6700.	14250.
1913	445.	460.	470.	500.	750.	2325.	6050.	13075.
1913-S	505.	535.	575.	950.	6750.	13000.	25500.	60000.
1914	455.	475.	485.	500.	760.	2325.	6100.	13150.
1914-D	445.	460.	470.	500.	780.	2400.	6150.	13250.
1914-S	470.	485.	495.	560.	1150.	3250.	6450.	14050.
1915	460.	475.	485.	500.	770.	2325.	6050.	12950.
1915-S	480.	495.	505.	675.	2200.	5100.	13000.	30000.
1916-S	445.	460.	470.	560.	1075.	2750.	6350.	14550.
1920-S	—	—	8500.	10750.	16500.	31000.	42500.	72500.
1926	435.	455.	470.	490.	730.	2325.	6050.	12900.
1930-S	—	—	—	5500.	11500.	16000.	20500.	36500.
1932	435.	455.	470.	490.	730.	2325.	6050.	12850.
1933	—	—	—	—	57500.	85000.	110000.	175000.

$20 double eagle
Coronet double eagle index chart

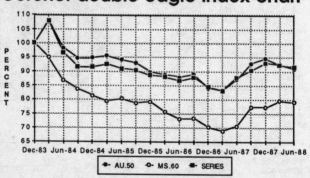

— Insufficient pricing data   * None issued

Coronet

Date of authorization: March 3, 1849

Dates of issue: 1850-1907

Designer
  Obverse: James B. Longacre
  Reverse: Longacre

Engraver
  Obverse: Longacre
  Reverse: Longacre

Diameter (Millimeters/inches):
  34.29mm/1.35 inches

Weight (Grams/ounces):
  33.436 grams/1.07499 ounce

Metallic content:
  1850-1873: 90% gold, 10% copper and silver
  1873-1907: 90% gold, 10% copper

Weight of pure gold:
  30.0924 grams/0.96749 ounce

Edge:
  Reeded

	F-12	VF-20	EF-40	AU-50	MS-60	MS-63
1850	535.	555.	670.	820.	2250.	4650.
1850-O	610.	630.	750.	1600.	—	—
1851	540.	570.	650.	785.	1850.	4250.
1851-O	600.	620.	805.	1300.	3300.	5750.
1852	575.	605.	675.	700.	1775.	4200.
1852-O	600.	620.	770.	1250.	2800.	5150.
1853	535.	555.	650.	700.	1875.	4300.
1853/2	620.	640.	850.	1575.	—	—
1853-O	610.	630.	840.	2250.	—	—
1854	550.	580.	670.	805.	2500.	—
1854-O	—	19500.	32500.	55000.	—	—
1854-S	575.	605.	685.	830.	2500.	6650.
1855	550.	580.	670.	830.	2350.	4650.
1855-O	2800.	3400.	7000.	14000.	—	—
1855-S	535.	555.	655.	830.	2650.	—
1856	535.	555.	620.	800.	2350.	5050.
1856-O	—	20500.	34000.	55000.	—	—
1856-S	535.	555.	595.	700.	2075.	4400.
1857	575.	605.	685.	915.	2400.	5150.
1857-O	850.	875.	1650.	3400.	—	—
1857-S	535.	555.	620.	830.	2750.	—
1858	575.	605.	670.	890.	2800.	5100.
1858-O	850.	900.	1350.	2950.	—	—

—Insufficient pricing data	* None issued

$20 double eagle, Coronet (continued)

	F-12	VF-20	EF-40	AU-50	MS-60	MS-63
1858-S	535.	555.	620.	830.	2800.	4800.
1859	725.	775.	1250.	—	—	—
1859-O	1800.	2000.	4050.	7000.	—	—
1859-S	530.	550.	660.	875.	3650.	—
1860	560.	590.	670.	815.	1900.	4300.
1860-O	2650.	3200.	6750.	—	—	—
1860-S	575.	605.	685.	900.	3750.	—
1861	535.	555.	590.	740.	1825.	4200.
1861-O	900.	1025.	2650.	5300.	—	—
1861-S	575.	605.	685.	925.	3700.	5600.
1861 Paquet reverse	—	—	—	—	—	—
1861-S Paquet reverse		5000.	6750.	9000.	—	—
1862	680.	730.	950.	1550.	4150.	6050.
1862-S	585.	615.	745.	1450.	3900.	—
1863	560.	590.	685.	1800.	—	—
1863-S	535.	555.	650.	875.	2850.	4850.
1864	535.	555.	685.	1650.	—	—
1864-S	575.	605.	685.	1750.	—	—
1865	570.	600.	665.	900.	2900.	4900.
1865-S	535.	555.	620.	1600.	4600.	—
1866-S	665.	715.	1000.	3000.	—	—
1866 Motto	530.	550.	670.	985.	2850.	4850.
1866-S Motto	545.	575.	725.	1300.	—	—
1867	485.	515.	555.	690.	815.	2550.
1867-S	545.	575.	685.	1450.	—	—
1868	610.	630.	805.	1300.	2950.	5000.
1868-S	530.	550.	670.	1400.	2700.	—
1869	530.	550.	685.	955.	2650.	4850.
1869-S	515.	545.	625.	830.	1925.	4400.
1870	545.	575.	745.	1550.	—	—
1870-CC	14500.	17500.	25000.	—	—	—
1870-S	510.	540.	625.	900.	1925.	4500.
1871	570.	600.	735.	1550.	3100.	—
1871-CC	1250.	1500.	3250.	5750.	—	—
1871-S	510.	540.	625.	900.	1775.	4400.
1872	495.	525.	585.	675.	830.	2700.
1872-CC	850.	900.	1150.	2300.	3900.	—
1872-S	530.	550.	645.	930.	1775.	—
1873 Closed 3	700.	750.	895.	1500.	3000.	—
1873 Open 3	485.	515.	555.	590.	725.	2500.
1873-CC	875.	925.	1100.	2500.	—	—
1873-S	530.	550.	645.	955.	1400.	3400.
1874	545.	575.	675.	740.	1425.	3450.
1874-CC	600.	620.	825.	1775.	3800.	—
1874-S	505.	535.	585.	685.	835.	2700.
1875	545.	575.	675.	745.	1050.	—
1875-CC	560.	590.	740.	875.	1650.	3350.
1875-S	505.	535.	585.	625.	750.	2550.
1876	495.	525.	585.	625.	725.	2550.
1876-CC	565.	595.	775.	930.	2300.	4150.
1876-S	495.	525.	585.	625.	745.	2700.
1877 TWENTY DOLLARS	515.	545.	625.	695.	825.	2300.
1877-CC	575.	605.	785.	955.	2450.	4300.
1877-S	485.	515.	545.	615.	840.	2500.
1878	500.	530.	625.	695.	850.	2400.

—Insufficient pricing data	* None issued

200 —Values of U.S. coins

	F-12	VF-20	EF-40	AU-50	MS-60	MS-63
1878-CC	760.	785.	1000.	2250.	—	—
1878-S	495.	525.	600.	685.	835.	2450.
1879	515.	545.	670.	755.	890.	2550.
1879-CC	800.	850.	1050.	2600.	—	—
1879-O	2250.	2550.	3900.	6000.	11500.	—
1879-S	500.	530.	605.	695.	835.	2500.
1880	515.	545.	670.	830.	2550.	4200.
1880-S	515.	545.	670.	850.	1625.	3350.
1881	1800.	2000.	5800.	8200.	—	—
1881-S	515.	545.	670.	850.	1100.	2550.
1882	—	—	12500.	—	—	—
1882-CC	605.	660.	750.	865.	1800.	3400.
1882-S	500.	530.	605.	720.	1000.	2950.
1883 Proofs Only 40 Struck - Proof 65 $68500.						
1883-CC	635.	685.	775.	875.	1525.	3300.
1883-S	490.	520.	550.	580.	685.	1825.
1884 Proofs Only 71 Struck - Proof 65 $55000.						
1884-CC	635.	665.	690.	875.	1725.	3100.
1884-S	490.	520.	560.	655.	685.	1875.
1885	—	—	8000.	9000.	22000.	—
1885-CC	950.	1000.	1575.	3750.	5650.	9500.
1885-S	495.	525.	600.	635.	685.	1900.
1886	—	—	9750.	18750.	—	—
1887 Proofs Only 121 Struck- Proof $35000.						
1887-S	515.	545.	600.	670.	775.	1975.
1888	500.	530.	605.	695.	790.	2150.
1888-S	500.	530.	600.	635.	690.	1975.
1889	500.	530.	600.	690.	775.	2150.
1889-CC	660.	700.	825.	900.	1825.	3500.
1889-S	485.	515.	540.	570.	670.	1975.
1890	515.	545.	625.	670.	690.	2150.
1890-CC	635.	665.	690.	785.	1675.	3300.
1890-S	515.	545.	625.	770.	875.	2200.
1891	—	—	3100.	4900.	—	—
1891-CC	1200.	1400.	2250.	4050.	7500.	12500.
1891-S	475.	505.	530.	560.	615.	1850.
1892	—	—	1200.	2650.	3650.	—
1892-CC	635.	685.	765.	870.	1675.	2950.
1892-S	495.	525.	540.	565.	620.	1850.
1893	485.	515.	530.	560.	655.	1900.
1893-CC	650.	690.	775.	910.	2150.	3500.
1893-S	495.	525.	540.	565.	650.	1900.
1894	475.	505.	530.	555.	605.	1750.
1894-S	485.	515.	540.	565.	625.	1850.
1895	465.	495.	530.	540.	590.	1700.
1895-S	475.	505.	540.	565.	625.	1850.
1896	475.	505.	530.	555.	605.	1700.
1896-S	485.	515.	540.	565.	625.	1750.
1897	475.	505.	530.	555.	605.	1850.
1897-S	475.	505.	530.	550.	615.	1750.
1898	505.	535.	550.	605.	685.	2050.
1898-S	465.	495.	515.	535.	580.	1700.
1899	465.	495.	515.	535.	580.	1700.
1899-S	475.	505.	520.	550.	595.	1750.
1900	465.	495.	515.	535.	580.	1700.
1900-S	465.	495.	515.	535.	580.	1700.
1901	465.	495.	515.	535.	625.	1800.

$20 gold

—Insufficient pricing data	• None issued

$20 double eagle, Coronet (continued)

	F-12	VF-20	EF-40	AU-50	MS-60	MS-63
1901-S	495.	525.	540.	565.	670.	1875.
1902	495.	525.	540.	565.	695.	1950.
1902-S	490.	520.	560.	580.	695.	1925.
1903	465.	495.	515.	535.	580.	1700.
1903-S	485.	515.	540.	565.	625.	1750.
1904	465.	495.	515.	535.	580.	1700.
1904-S	465.	495.	515.	535.	580.	1700.
1905	500.	530.	600.	680.	815.	2050.
1905-S	495.	525.	540.	565.	665.	1900.
1906	495.	525.	540.	565.	670.	1900.
1906-D	485.	515.	530.	555.	620.	1750.
1906-S	475.	505.	520.	545.	590.	1750.
1907	465.	495.	515.	535.	580.	1700.
1907-D	475.	505.	520.	545.	590.	1725.
1907-S	470.	500.	515.	540.	585.	1700.

$20 double eagle
Saint-Gaudens index chart

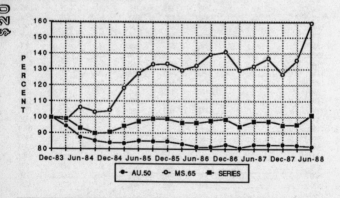

—Insufficient pricing data   * None issued

Saint-Gaudens

Date of authorization: March 3, 1849
Dates of issue: 1907-1933
Designer
    Obverse: Augustus Saint-Gaudens
    Reverse: Saint-Gaudens
Engraver
    Obverse: Charles Barber
    Reverse: Barber
Diameter (Millimeters/inches): 34.29mm/1.35 inches
Weight (Grams/ounces): 33.436 grams/1.07499 ounces
Metallic content: 90% gold, 10% copper
Weight of pure gold: 30.0924 grams/0.96749 ounce
Edge:
    Lettered (E PLURIBUS UNUM, with stars dividing words)

	F-12	VF-20	EF-40	AU-50	MS-60	MS-63	MS-64	MS-65
1907 Extremely High Relief Proofs Only Proof 65 $265000.								
1907 High Relief, Roman Numerals, Wire Rim	2750.	3000.	4000.	5500.	8000.	13500.	18500.	32000.
1907 High Relief, Roman Numerals, Flat Rim	2800.	3050.	4200.	5600.	8150.	13750.	19000.	33000.
1907	490.	510.	530.	550.	610.	1150.	1875.	3800.
1908	490.	510.	530.	550.	610.	1100.	1825.	3675.
1908-D	515.	535.	555.	585.	680.	1225.	1950.	5350.
1908 Motto	500.	520.	545.	575.	705.	1175.	1900.	5850.
1908-D Motto	515.	535.	560.	580.	705.	1275.	2000.	5950.
1908-S Motto	685.	705.	915.	1150.	3100.	5250.	10250.	16000.
1909/8	490.	510.	530.	625.	900.	2200.	3450.	6600.
1909	515.	535.	565.	640.	780.	1375.	2150.	6100.
1909-D	595.	610.	730.	1000.	2250.	5400.	12500.	28500.
1909-S	490.	510.	530.	565.	635.	1200.	1925.	4400.
1910	490.	510.	530.	565.	635.	1225.	1950.	4375.
1910-D	490.	510.	530.	565.	635.	1250.	1975.	4450.
1910-S	490.	510.	535.	580.	690.	1300.	2125.	6350.
1911	490.	510.	530.	565.	635.	1125.	1850.	4100.
1911-D	490.	510.	535.	580.	680.	1325.	1975.	4500.
1911-S	490.	510.	535.	580.	705.	1350.	2200.	6800.
1912	490.	510.	535.	580.	700.	1375.	2225.	7250.
1913	490.	510.	535.	580.	700.	1375.	2225.	7250.

—Insufficient pricing data   * None issued

$20 double eagle, Saint-Gaudens (continued)

	F-12	VF-20	EF-40	AU-50	MS-60	MS-63	MS-64	MS-65
1913-D	490.	510.	530.	555.	685.	1225.	1950.	4500.
1913-S	510.	530.	560.	650.	975.	2350.	3500.	7500.
1914	500.	520.	545.	580.	705.	1300.	2125.	6350.
1914-D	490.	510.	535.	580.	690.	1225.	1950.	4300.
1914-S	490.	510.	530.	565.	645.	1175.	1900.	4200.
1915	500.	520.	545.	565.	690.	1375.	2150.	6250.
1915-S	490.	510.	535.	580.	680.	1200.	1900.	4000.
1916-S	490.	510.	530.	565.	670.	1275.	1975.	4300.
1920	490.	510.	535.	580.	625.	1225.	1950.	5650.
1920-S	—	—	7100.	8850.	14000.	24000.	35000.	—
1921	—	—	8850.	11000.	20000.	32500.	45000.	—
1922	490.	510.	530.	565.	615.	1150.	1875.	4250.
1922-S	530.	545.	610.	675.	1100.	2650.	3800.	5550.
1923	490.	510.	530.	550.	600.	1165.	1900.	5350.
1923-D	490.	510.	530.	550.	625.	1300.	2150.	4050.
1924	490.	510.	530.	550.	600.	1125.	1850.	3725.
1924-D	—	—	940.	1100.	1500.	3450.	6100.	11500.
1924-S	—	—	1000.	1650.	3700.	7700.	15500.
1925	490.	510.	530.	550.	600.	1150.	1875.	3750.
1925-D	—	—	—	1100.	1600.	3900.	6400.	12000.
1925-S	—	—	840.	1125.	1700.	3800.	6300.	—
1926	490.	510.	530.	550.	620.	1165.	1900.	3800.
1926-D	—	—	—	1100.	1700.	3800.	6200.	—
1926-S	—	—	—	900.	1350.	2450.	4000.	10000.
1927	490.	510.	530.	550.	600.	1125.	1850.	3700.
1927-D - Extremely Rare MS-65 $290000.								
1927-S	—	—	4750.	9000.	15500.	21000.	35000.
1928	490.	510.	530.	550.	600.	1125.	1850.	3700.
1929	—	—	—	—	7400.	13750.	19500.	—
1930-S	—	—	—	—	18000.	—	—	—
1931	—	—	—	—	15000.	22500.	29000.	56000.
1931-D	—	—	—	—	17000.	24000.	32000.	—
1932	—	—	—	—	17500.	25000.	33500.	58500.

1933 Struck but never officially released.

—Insufficient pricing data	* None issued

Commemorative silver, clad
Commemorative half index chart

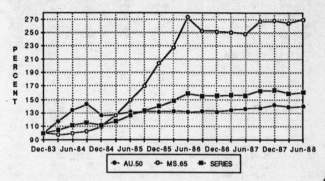

| | AU.50 | MS.65 | SERIES |

Half dollars except as noted

	EF-40	AU-50	MS-60	MS-63	MS-64	MS-65
1892 Columbian Exposition	20.00	22.50	73.50	250.	540.	1750.
1893 Columbian Exposition	12.00	20.00	72.50	245.	550.	1775.
1893 Isabella quarter dollar	170.	260.	550.	1000.	1700.	4250.
1900 Lafayette $1	275.	415.	975.	2400.	5250.	15000.
1915 Pan-Pacific Exposition	155.	255.	515.	1000.	2100.	5500.
1918 Illinois Centennial	60.00	80.00	135.	335.	575.	1100.
1920 Maine Centennial	72.50	85.00	140.	390.	625.	1400.
1920 Pilgrim Tercentenary	37.50	45.00	65.00	145.	265.	750.
1921 Pilgrim Tercentenary	84.00	92.50	150.	250.	550.	1250.
1921 Alabama Centennial with 2x2	110.	175.	300.	675.	1775.	3850.
1921 Alabama Centennial, no 2x2	72.50	97.50	230.	500.	1500.	3750.
1921 Missouri Centennial, no 2★4	200.	240.	435.	900.	1950.	4400.
1921 Missouri Centennial 2★4	225.	315.	495.	1100.	2200.	4750.
1922 Grant Memorial, No Star	72.50	82.50	135.	350.	650.	1750.
1922 Grant Memorial, Star	345.	450.	850.	1600.	3300.	9500.
1923 Monroe Doctrine Centennial	23.50	28.50	67.50	230.	1300.	3250.
1924 Huguenot Walloon Tercentenary	56.50	67.50	125.	315.	550.	1300.
1925 Lexington Concord Sesquicentennial	38.50	42.50	50.00	200.	475.	2000.
1925 Stone Mountain Memorial	23.50	28.00	45.00	140.	210.	475.
1925 California Diamond Jubilee	80.00	90.00	150.	425.	565.	1425.
1925 Fort Vancouver Centennial	240.	280.	350.	565.	650.	2150.

—Insufficient pricing data	* None issued

Commemoratives

Commemorative silver, clad (continued)

	EF-40	AU-50	MS-60	MS-63	MS-64	MS-65
1926 Sesquicentennial of American Independence	32.50	37.50	47.50	230.	1300.	5000.
1926 Oregon Trail Memorial	88.00	92.50	110.	210.	285.	550.
1926-S Oregon Trail Memorial	90.00	100.	120.	240.	315.	560.
1928 Oregon Trail Memorial	115.	160.	250.	340.	575.	1150.
1933-D Oregon Trail Memorial	140.	200.	290.	360.	750.	1500.
1934-D Oregon Trail Memorial	95.00	115.	220.	400.	975.	1900.
1936 Oregon Trail Memorial	88.00	95.00	170.	230.	565.	875.
1936-S Oregon Trail Memorial	115.	155.	260.	320.	775.	1450.
1937-D Oregon Trail Memorial	90.00	100.	140.	230.	410.	775.
1938 Oregon Trail Memorial PDS set	—	—	575.	900.	1350.	3250.
1939 Oregon Trail Memorial PDS set	—	—	1200.	1750.	2700.	5000.
1927 Vermont Sesquicentennial (Bennington)	150.	180.	235.	300.	535.	2000.
1928 Hawaiian Sesquicentennial	675.	750.	1150.	1900.	2700.	6000.
1934 Daniel Boone Bicentennial	92.50	100.	115.	220.	350.	500.
1935 Daniel Boone Bicentennial, Small 1934	—	—	975.	1550.	2100.	4050.
1935 Daniel Boone Bicentennial PDS set	—	—	350.	700.	1100.	1500.
1936 Daniel Boone Bicentennial PDS set	—	—	350.	690.	1100.	1500.
1937 Daniel Boone Bicentennial PDS set	—	—	700.	850.	1175.	1750.
1938 Daniel Boone Bicentennial PDS set	—	—	1000.	1350.	1800.	2350.
1934 Maryland Tercentenary	100.	120.	145.	225.	400.	1450.
1934 Texas Centennial	100.	110.	140.	200.	275.	500.
1935 Texas Centennial PDS set	—	—	400.	750.	1025.	1500.
1936 Texas Centennial PDS set	—	—	405.	760.	1075.	1550.
1937 Texas Centennial PDS set	—	—	410.	775.	1150.	1600.
1938 Texas Centennial PDS set	—	—	710.	875.	1200.	2000.
1935 Arkansas Centennial PDS set	—	—	290.	475.	1300.	4250.
1936 Arkansas Centennial PDS set	—	—	290.	475.	1300.	4250.
1936 Arkansas Centennial	75.00	80.00	92.50	170.	500.	1300.
1937 Arkansas Centennial PDS set	—	—	310.	495.	1400.	4250.
1938 Arkansas Centennial PDS set	—	—	425.	575.	1500.	4750.
1939 Arkansas Centennial PDS set	—	—	750.	1000.	2000.	6500.
1935 Connecticut Tercentenary	170.	190.	245.	365.	600.	1200.
1935 Hudson, N.Y., Tercentenary	350.	400.	560.	710.	1425.	5000.
1935-S San Diego, California-Pacific Exposition	74.00	80.00	110.	165.	235.	410.
1936-D San Diego, California-Pacific Exposition	74.00	82.50	125.	180.	245.	440.
1935 Old Spanish Trail 1535-1935	535.	615.	750.	950.	1400.	2200.
1936 Albany, New York	220.	245.	270.	375.	770.	1100.
1936 Bridgeport, Conn., Centennial	110.	130.	160.	225.	350.	1050.
1936 Cincinnati Music Center set	—	—	900.	1300.	1800.	6900.
1936 Cincinnati Music Center single	250.	275.	320.	400.	650.	2150.
1936 Cleveland, Great Lakes Exposition	66.00	82.50	120.	175.	240.	810.
1936 Columbia, S.C., Sesquicentennial PDS set	—	—	800.	975.	1250.	1650.
1936 Columbia, S.C., Sesquicentennial single	215.	250.	300.	325.	400.	550.
1936 Delaware Tercentenary	170.	200.	255.	400.	550.	1150.
1936 Elgin, Ill., Centennial	170.	190.	240.	350.	440.	810.
1936 Battle of Gettysburg 1863-1938	180.	215.	260.	365.	475.	1250.
1936 Long Island Tercentenary	62.50	67.50	93.50	120.	370.	1025.

—Insufficient pricing data	* None issued

	EF-40	AU-50	MS-60	MS-63	MS-64	MS-65
1936 Lynchburg, Va., Sesquicentennial	170.	190.	215.	285.	400.	1150.
1936 Norfolk, Va., Bicentennial	475.	525.	550.	635.	735.	875.
1936 Rhode Island Tercentenary single	90.00	97.50	120.	170.	435.	1250.
1936 Rhode Island Tercentenary set	—	—	350.	500.	1550.	3700.
1936 Arkansas Centennial (Robinson)	84.00	92.50	115.	190.	325.	925.
1936 San Francisco-Oakland Bay Bridge	77.50	82.50	165.	265.	370.	725.
1936 Wisconsin Centennial	195.	215.	235.	260.	500.	675.
1936 York County, Maine, Centennial	195.	215.	225.	300.	500.	750.
1937 Battle of Antietam 1862-1937	285.	300.	425.	650.	735.	975.
1937 Roanoke Island, N.C., 1587-1937	135.	155.	190.	300.	395.	875.
1938 New Rochelle, N.Y., 1688-1938	275.	290.	350.	465.	535.	1125.
1946 Iowa Centennial	78.50	85.00	105.	175.	285.	500.
1946 Booker T. Washington PDS set	—	—	35.00	58.00	135.	575.
1946 Booker T. Washington single	9.50	11.25	13.50	18.00	40.00	205.
1947 Booker T. Washington PDS set	—	—	57.50	75.00	160.	585.
1948 Booker T. Washington PDS set	—	—	125.	170.	200.	590.
1949 Booker T. Washington PDS set	—	—	150.	215.	300.	925.
1950 Booker T. Washington PDS set	—	—	135.	205.	250.	775.
1951 Booker T. Washington PDS set	—	—	85.00	150.	235.	675.
1951 Washington-Carver PDS set	—	—	77.50	125.	170.	875.
1951 Washington-Carver single	9.75	10.75	13.00	17.50	46.50	315.
1952 Washington-Carver PDS set	—	—	100.	140.	170.	855.
1953 Washington-Carver PDS set	—	—	135.	165.	180.	865.
1954 Washington-Carver PDS set	—	—	95.00	130.	155.	840.

GEORGE WASHINGTON HALF DOLLARS

	MS-60	MS-63	MS-64	MS-65	Prf-65
1982-D	9.75	10.50	11.00	12.50	*
1982-S	*	*	*	*	11.00

OLYMPIC COMMEMORATIVES

	MS-60	MS-63	MS-64	MS-65	Prf-65
1983-P Discus Thrower $1	26.50	28.00	28.50	35.00	*
1983-D Discus Thrower $1	55.00	57.50	60.00	75.00	*
1983-S Discus Thrower $1	42.00	43.50	47.00	57.50	26.50
1984-P Olympic Coliseum $1	26.50	28.00	29.00	37.50	*
1984-O Olympic Coliseum $1	115.	130.	145.	175.	*
1984-S Olympic Coliseum $1	70.00	75.00	80.00	120.	27.50

STATUE OF LIBERTY COMMEMORATIVES

	MS-60	MS-63	MS-64	MS-65	Prf-65
1986-D Immigrant copper-nickel half dollar	6.75	7.00	7.50	8.50	*
1986-S Immigrant copper-nickel half dollar	*	*	*	*	10.00
1986-P Ellis Island dollar	27.00	28.00	30.00	33.00	*
1986-S Ellis Island dollar	*	*	*	*	31.50

CONSTITUTION COINS

	MS-60	MS-63	MS-64	MS-65	Prf-65
1987-P Constitution dollar	23.00	23.75	25.00	29.00	*
1987-S Constitution dollar	*	*	*	*	31.00

OLYMPIC COINS

	MS-60	MS-63	MS-64	MS-65	Prf-65
1988-P Olympic silver dollar	—	—	—	—	*
1988-S Olympic silver dollar	*	*	*	*	—

Commemoratives

—Insufficient pricing data	* None issued

Commemorative gold
Commemorative gold index chart

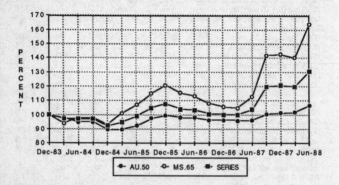

Commemorative gold

	EF-40	AU-50	MS-60	MS-63	MS-64	MS-65
1903 Louisiana Purchase Jefferson $1	330.	400.	685.	1700.	2850.	5000.
1903 Louisiana Purchase McKinley $1	320.	390.	675.	1650.	2750.	4950.
1904 Lewis and Clark Exposition $1	375.	480.	1200.	2800.	4750.	9500.
1905 Lewis and Clark Exposition $1	385.	500.	1275.	3000.	5500.	10000.
1915-S Panama Pacific Exposition $1	310.	375.	750.	1900.	3000.	5100.
1915-S Panama Pacific Exposition $2.50	940.	1150.	1950.	3500.	4750.	7500.
1915-S Panama Pacific Exposition $50 Round	18750.	22500.	35000.	47500.	57500.	75000.
1915-S Panama Pacific Exposition $50 Octagonal	15500.	18000.	30000.	38500.	45000.	62500.
1916 McKinley Memorial $1	300.	360.	785.	1950.	3300.	6050.
1917 McKinley Memorial $1	325.	375.	825.	2100.	3400.	6250.
1922 Grant Memorial, Star $1	875.	1025.	1475.	2300.	3350.	6150.
1922 Grant Memorial, No Star $1	825.	955.	1400.	2350.	3450.	6300.
1926 Sesquicentennial of American Independence $2.50	285.	385.	685.	1450.	2400.	7500.

	MS-60	MS-63	MS-64	MS-65	Prf-65
1984-P Olympic Torch eagle	*	*	*	*	775.
1984-D Olympic Torch eagle	*	*	*	*	525.
1984-S Olympic Torch eagle	*	*	*	*	365.
1984-W Olympic Torch eagle	285.	300.	315.	375.	*
1984-W Olympic Torch eagle	*	*	*	*	285.
1986-W Statue of Liberty $5	275.	300.	330.	385.	*
1986-W Statue of Liberty $5	*	*	*	*	275.
1987-W Constitution $5	140.	160.	190.	225.	*
1987-W Constitution $5	*	*	*	*	200.
1988-W Olympic $5	—	—	—	—	—

—Insufficient pricing data	* None issued

Proof sets

Year		Price range		Year		Price range	
1936	4600.	5150.		1971-S	3.75	4.25	
1937	3250.	3600.		1972-S	3.75	4.25	
1938	1750.	1950.		1973-S	5.75	6.50	
1939	1350.	1750.		1974-S	5.80	6.60	
1940	1150.	1450.		1975-S	12.00	14.00	
1941	950.	1375.		1976-S	6.00	6.85	
1942 (5 Pcs.)	1100.	1250.		1976-S 3 piece	15.50	17.00	
1942 (6 Pcs.)	1200.	1450.		1977-S	5.35	6.25	
1950	450.	580.		1978-S	5.45	6.50	
1951	275.	340.		1979-S Filled S	9.00	10.00	
1952	185.	235.		1979-S Clear S	90.00	115.	
1953	125.	145.		1980-S	6.75	7.25	
1954	64.00	68.50		1981-S Filled S	6.65	7.15	
1955 Flat	63.00	67.50		1981-S Clear S	225.	240.	
1956	36.00	39.00		1982-S	5.50	6.00	
1957	20.50	23.50		1983-S	11.00	12.00	
1958	28.50	32.50		1983-S Prestige	87.50	97.50	
1959	21.50	24.50		1984-S	18.00	19.50	
1960	18.75	20.50		1984-S Prestige	60.00	67.50	
1960 Small Date Cent	22.50	25.00		1985-S	17.50	19.00	
1961	16.00	17.00		1986-S	15.50	16.75	
1962	16.25	17.25		1986-S Prestige	50.00	55.00	
1963	16.50	17.50		1987-S	12.00	13.50	
1964	13.50	15.00		1987-S Prestige	45.00	49.00	
1968-S	4.50	5.25		1988-S	—	—	
1969-S	4.60	5.30		1988-S Prestige	—	—	
1970-S	15.00	16.00					

Year sets

	Philadelphia	Denver	San Francisco	Range	
1940	340.	95.00	290.	640.	760.
1941	130.	235.	410.	630.	785.
1942	125.	290.	365.	620.	770.
1943	135.	275.	325.	580.	725.
1944	120.	220.	210.	465.	545.
1945	130.	200.	195.	400.	520.
1946	120.	115.	180.	340.	420.

Uncirculated Mint sets

	Philadelphia	Denver	San Francisco	Range	
1947	390.	360.	55.00	745.	810.
1948	120.	120.	50.00	220.	290.
1949	155.	180.	410.	605.	740.
1950 No Sets Issued					
1951	57.50	210.	130.	310.	400.
1952	27.50	62.50	215.	250.	305.
1953	135.	40.00	85.00	200.	260.
1954	42.50	31.00	75.00	97.50	140.
1955	60.00	15.00	6.25	70.00	82.50
1956	45.00	23.50	*	60.00	70.00
1957	49.00	51.00	*	85.00	100.

—Insufficient pricing data	* None issued

Uncirculated Mint sets (continued)

	Philadelphia	Denver	San Francisco	Range	
1958	51.50	40.50	*	80.00	92.00
1959	11.00	11.50	*	18.00	22.50
1960	8.85	9.10	*	15.75	17.95
1961	8.85	9.15	*	15.25	18.00
1962	8.65	9.10	*	15.00	18.00
1963	7.35	8.65	*	14.25	17.00
1964	7.00	7.15	*	12.75	14.00

	Range			Range	
1965 Special Mint Set	4.50	5.00	1976	6.00	6.50
1966 Special Mint Set	4.55	5.00	1977	6.15	6.85
1967 Special Mint Set	5.25	6.00	1978	5.00	5.75
1968	2.90	3.25	1979	4.50	5.25
1969	2.85	3.25	1980	5.25	6.25
1970	18.00	19.00	1981	11.00	12.00
1971	2.65	3.25	1984	3.50	4.00
1972	2.60	3.25	1985	4.85	6.00
1973	10.25	11.50	1986	17.50	18.75
1974	5.00	6.00	1987	7.75	9.50
1975	5.15	6.05	1988	—	—
1976-S 3 Pcs. 40%	10.75	11.50			

Brilliant Uncirculated rolls

	1¢	5¢	10¢	25¢	50¢
1934	180.	3150.	1900.	1750.	3650.
1934-D	1400.	5100.	3000.	—	—
1935	110.	1500.	1150.	1150.	2600.
1935-D	230.	3500.	3650.	—	—
1935-S	465.	2450.	1800.	—	—
1936	68.00	1300.	1200.	1100.	2550.
1936-D	150.	1500.	2300.	—	—
1936-S	150.	1600.	1700.	4250.	—
1937	42.50	1150.	1150.	1200.	2600.
1937-D	125.	1200.	1850.	—	—
1937-S	115.	1250.	1450.	—	—
1938	79.50	40.00	1300.	—	—
1938-D	88.50	165.	2650.	—	—
1938-D Bison	*	900.		—	—
1938-S	95.00	225.	2750.	—	—
1939	35.00	67.50	925.	680.	3500.
1939-D	150.	1325.	975.	—	3000.
1939-S	66.00	515.	1750.	—	4000.
1940	32.50	20.50	800.	635.	3450.
1940-D	48.00	77.50	1250.	2400.	—
1940-S	42.00	78.00	925.	875.	1900.
1941	53.00	23.50	935.	255.	2200.
1941-D	120.	82.50	1400.	900.	3900.
1941-S	100.	77.50	950.	675.	8250.
1942	24.00	22.50	925.	285.	2250.
1942-P		335.		*	*
1942-D	24.50	640.	1250.	465.	4350.
1942-S	200.	330.	1400.	2650.	4800.
1943	27.50	145.	850.	255.	2250.

—Insufficient pricing data	* None issued

	1¢	5¢	10¢	25¢	50¢
1943-D	51.00	130.	1200.	625.	4400.
1943-S	82.50	140.	975.	1225.	4500.
1944	18.00	165.	800.	240.	2275.
1944-D	13.00	285.	975.	380.	3750.
1944-S	12.50	245.	925.	425.	3850.
1945	37.00	160.	690.	185.	2275.
1945-D	19.75	150.	775.	320.	3250.
1945-S	20.25	125.	840.	300.	2700.
1946	12.00	12.00	64.00	180.	2850.
1946-D	8.75	16.25	140.	215.	1950.
1946-S	15.00	17.50	135.	225.	3050.
1947	26.50	10.00	140.	315.	3350.
1947-D	9.00	17.00	190.	270.	2550.
1947-S	15.00	11.75	185.	200.	*
1948	17.50	11.00	345.	175.	375.
1948-D	18.00	17.50	255.	250.	245.
1948-S	27.00	14.50	330.	310.	*
1949	28.00	12.00	650.	650.	875.
1949-D	24.00	16.00	355.	325.	850.
1949-S	71.00	45.00	1425.	*	1950.
1950	24.00	56.50	175.	180.	650.
1950-D	10.75	205.	180.	210.	375.
1950-S	23.00	*	725.	320.	*
1951	22.50	13.00	110.	160.	300.
1951-D	12.50	22.50	100.	155.	575.
1951-S	28.00	37.50	440.	420.	550.
1952	21.50	20.00	77.50	135.	225.
1952-D	7.50	31.00	70.00	145.	260.
1952-S	25.00	17.25	225.	335.	550.
1953	8.75	4.90	60.00	155.	400.
1953-D	6.50	4.65	60.00	130.	200.
1953-S	14.75	11.00	50.00	175.	350.
1954	17.50	5.75	45.00	75.00	185.
1954-D	4.00	7.00	50.00	65.00	145.
1954-S	4.85	7.50	51.00	125.	275.
1955	5.50	12.00	82.50	82.50	250.
1955-D	3.20	4.00	60.00	120.	*
1955-S	15.25	*	50.00	*	*
1956	3.90	3.00	45.00	70.00	215.
1956-D	2.35	3.15	41.50	75.00	*
1957	2.90	3.65	40.00	68.00	210.
1957-D	2.35	3.55	96.00	67.00	135.
1958	2.25	4.00	52.50	97.50	180.
1958-D	1.90	3.00	39.00	68.00	155.
1959	1.00	2.95	35.00	67.00	145.
1959-D	1.25	2.75	36.00	67.00	150.
1960	1.25	3.10	34.50	66.50	120.
1960-D	0.95	3.25	34.50	66.50	110.
1960 Small Date	92.50	*	*	*	*
1960-D Small Date	1.80	*	*	*	*
1961	1.25	3.35	33.00	70.00	105.
1961-D	0.95	3.50	33.00	66.50	105.
1962	1.25	3.30	33.00	67.00	95.00
1962-D	0.95	3.40	32.50	66.50	95.00
1963	1.25	2.75	32.50	66.50	90.00
1963-D	0.95	2.70	32.50	66.50	90.00
1964	1.25	3.45	32.00	65.00	62.50

BU ROLLS

—Insufficient pricing data	* None issued

Brilliant Uncirculated rolls (continued)

	1¢	5¢	10¢	25¢	50¢
1964-D	1.25	3.60	32.00	65.00	62.50
1965	3.10	3.45	9.10	15.00	32.50
1966	7.50	3.45	9.60	15.50	30.50
1967	4.50	3.60	9.60	15.00	28.50
1968	5.00	*	7.00	14.00	*
1968-D	1.50	3.85	7.00	14.00	26.00
1968-S	1.45	3.25	*	*	*
1969	9.00	*	16.50	14.00	*
1969-D	1.40	3.60	9.00	18.00	27.00
1969-S	1.70	3.45	*	*	*
1970	4.20	*	7.00	13.00	*
1970-D	2.05	3.45	7.50	13.00	340.
1970-S	1.60	3.75	*	*	*
1971	11.00	13.00	12.00	14.00	17.25
1971-D	8.90	3.60	11.50	13.50	15.00
1971-S	4.90	*	*	*	*
1972	1.40	3.35	9.35	13.50	16.00
1972-D	2.65	3.60	9.35	14.00	15.00
1972-S	3.00	*	*	*	*
1973	1.25	3.35	8.50	14.50	15.75
1973-D	1.25	3.60	8.15	14.50	15.00
1973-S	1.90	*	*	*	*
1974	1.25	3.75	7.50	13.00	13.00
1974-D	1.25	6.00	7.50	13.00	13.50
1974-S	4.50	*	*	*	*
1975	1.25	4.85	11.75	*	*
1975-D	5.00	4.15	9.35	*	*
1976	1.30	3.60	8.50	13.50	14.00
1976-D	5.50	3.60	8.50	13.50	14.00
1976-S 40% BU	*	*	*	50.00	57.50
1976-S 40% Proof	*	*	*	82.50	85.00
1977	1.95	3.60	7.35	13.50	25.00
1977-D	1.75	5.80	7.35	14.00	25.00
1978	2.95	3.60	8.00	13.50	18.00
1978-D	2.15	3.60	8.00	14.00	18.00
1979	1.25	3.35	8.00	13.50	13.50
1979-D	1.25	4.10	8.00	14.00	13.50
1980	1.20	3.75	6.50	13.00	13.50
1980-D	1.20	3.05	6.50	13.00	14.50
1981	1.15	2.85	6.50	13.00	13.50
1981-D	1.15	3.15	6.50	13.00	13.50
1982	1.60	3.00	11.75	67.50	27.50
1982-D	1.60	2.85	7.25	30.00	27.50
1983	1.15	2.75	7.00	15.00	13.00
1983-D	1.65	2.75	7.00	21.00	18.50
1984	1.15	3.25	7.50	13.25	21.00
1984-D	1.15	3.25	7.50	18.50	22.00
1985	1.15	3.45	6.75	13.00	14.00
1985-D	1.35	3.15	6.75	13.00	13.50
1986	1.10	3.45	6.50	13.00	13.00
1986-D	1.10	3.15	6.75	13.00	13.50
1987	1.10	2.25	6.25	13.00	100.
1987-D	1.10	2.25	6.25	13.00	100.

—Insufficient pricing data   * None issued

Proof 65 coins

	1¢	5¢	10¢	25¢	50¢	$1
1859 Copper-nickel	4800.	*	7250.	5500.	7000.	13250.
1860	2400.	*	2425.	5150.	6750.	12950.
1861	2500.	*	2425.	5550.	6700.	13050.
1862	2400.	*	2425.	5150.	6825.	13100.
1863	2400.	*	2550.	5200.	6800.	13000.
1864 Copper-nickel	2350.	*	*	*	*	*
1864 Bronze	1225.	*	2550.	5250.	6800.	13000.
1865	1300.	*	2550.	5225.	6800.	12950.
1866	1250.	6600.	2600.	4050.	5100.	12700.
1867 No Rays	1225.	1700.	2600.	3900.	5100.	12700.
1868	1225.	1600.	2500.	3900.	5100.	12650.
1869	1325.	1600.	2500.	3950.	5200.	12600.
1870	1250.	1600.	2400.	3850.	5150.	12550.
1871	1250.	1750.	2400.	3850.	5125.	12450.
1872	1250.	1600.	2400.	3850.	5125.	12450.
1873	1175.	1600.	*	*	*	12500.
1873 No Arrows	*	*	2400.	3900.	5150.	*
1873 With Arrows	*	*	4750.	6250.	9000.	*
1874	1175.	1600.	4750.	6250.	9000.	*
1875	1200.	1600.	2350.	3850.	5100.	*
1876	1200.	1600.	2350.	3800.	5050.	*
1877	7000.	3500.	2450.	3850.	5100.	*
1878	1100.	2450.	2350.	3850.	5125.	*
1878 8 Tail Feathers	*	*	*	*	*	11000.
1878 7 Tail Feathers 2nd Rev.	*	*	*	*	*	16000.
1879	1100.	1750.	2600.	3950.	5200.	10400.
1880	1025.	1550.	2600.	3950.	5175.	10150.
1881	1060.	1550.	2650.	3950.	5200.	10200.
1882	1060.	1550.	2450.	3950.	5225.	10150.
1883 Shield 5c	1060.	1600.	2350.	3950.	5200.	10150.
1883 With Cents	*	1475.	*	*	*	*
1883 No Cents	*	1900.	*	*	*	*
1884	1060.	1325.	2350.	4050.	5250.	10150.
1885	1100.	2800.	2350.	3950.	5225.	10150.
1886	1050.	1750.	2350.	4050.	5250.	10150.
1887	1050.	1325.	2350.	4000.	5250.	10200.
1888	1025.	1325.	2350.	4000.	5200.	10200.
1889	1025.	1325.	2350.	4000.	5200.	10150.
1890	1000.	1325.	2350.	3950.	5225.	10350.
1891	1000.	1325.	2350.	3900.	5150.	10200.
1892	1000.	1375.	2850.	4000.	5550.	10150.
1893	1000.	1375.	2850.	4150.	5550.	10700.
1894	1000.	1375.	2850.	4250.	5550.	10650.
1895	1000.	1375.	2850.	4150.	5550.	35000.
1896	1000.	1375.	2850.	4300.	5600.	10200.
1897	1000.	1375.	2850.	4100.	5550.	10200.
1898	1000.	1375.	2850.	3950.	5550.	10250.
1899	1000.	1375.	2850.	3950.	5500.	10300.
1900	1000.	1250.	2850.	3950.	5500.	10200.
1901	1000.	1250.	2850.	3950.	5500.	11500.
1902	1000.	1250.	2850.	3950.	5500.	10250.
1903	1000.	1250.	2850.	3950.	5550.	10250.
1904	1000.	1250.	2850.	3975.	5550.	10350.
1905	1000.	1250.	2850.	3975.	5750.	*

Proof 65

—Insufficient pricing data	* None issued

Proof 65 coins (continued)

	1¢	5¢	10¢	25¢	50¢	$1
1906	1000.	1250.	2850.	4000.	5550.	*
1907	1000.	1250.	2850.	4000.	5550.	*
1908	1000.	1250.	2850.	4150.	5600.	*
1909 Indian	1000.	1275.	2850.	3975.	5550.	*
1909 VDB	4250.	*	*	*	*	*
1909	2075.	*	*	*	*	*
1910	1925.	1275.	2850.	4300.	5650.	*
1911	1825.	1275.	2850.	4300.	5600.	*
1912	1750.	1275.	2850.	4200.	5575.	*
1913 Bison on Mound	1775.	3400.	2850.	4550.	5675.	*
1914	2025.	3300.	2975.	4400.	5700.	*
1915	2125.	3500.	3075.	4450.	5675.	*
1916	2450.	3600.	*	*	*	*
1936	800.	2100.	1900.	2500.	4500.	*
1937	600.	1950.	950.	725.	2300.	*
1938	365.	130.	850.	650.	1650.	*
1939	265.	150.	825.	425.	1500.	*
1940	255.	100.	575.	300.	1450.	*
1941	250.	90.00	500.	270.	1250.	*
1942	250.	90.00	500.	270.	1250.	*
1942 Wartime Alloy	*	385.	*	*	*	*

American Eagle
Gold bullion

Date of authorization: Dec. 17, 1985
Dates of issue: 1986-present
Designer
  Obverse: Augustus Saint-Gaudens
  Reverse: Miley Busiek
Engraver
  Obverse: Matthew Peloso
  Reverse: Sherl Winter
Diameter (Millimeters/inches):
  $50: 32.70mm/1.29 inches
  $25: 27.00mm/1.07 inches
  $10: 22.00mm/0.87 inch
  $5: 16.50mm/0.65 inch
Weight (Grams/ounces):
  $50: 33.931 grams/1.09091 ounces

—Insufficient pricing data   * None issued

$25: 16.966 grams/0.54547 ounce
$10: 8.483 grams/0.27273 ounce
$5: 3.393 grams/0.10909 ounce
Metallic content:
  91.67% gold, 5.33% copper, 3% silver
Weight of pure gold:
  $50: 1 ounce
  $25: half ounce
  $10: quarter ounce
  $5: tenth ounce
Edge:
  Reeded

	Proof
1986 1-ounce	545.
1987 1-ounce	580.
1987 half-ounce	315.

American Eagle
Silver bullion

Date of authorization: Dec. 17, 1985
Dates of issue: 1986-present
Designer
  Obverse: Adolph A. Weinman
  Reverse: John Mercanti
Engraver
  Obverse: Edgar Steever
  Reverse: Mercanti
Diameter (Millimeters/inches):
  40.10mm/1.58 inches
Weight (Grams/ounces):
  31.103 grams/1 ounce
Metallic content:
  100% silver (.999 fine)
Weight of pure silver:
  31.103 grams/1 ounce
Edge:
  Reeded

	Proof
1986	30.00
1987	25.00

—Insufficient pricing data	* None issued

Major U.S. type coin values

Type	AG-3	G-4	VG-8	F-12	VF-20	EF-40	AU-50	MS-60	MS-63	MS-64	MS-65	Prf-60	Prf-65
HALF CENTS													
Flowing Hair 1793	665.	1300.	1700.	2700.	3650.	8500.	13250.	22000.	—	—	—		
Liberty Cap 1794-1797	80.00	220.	300.	515.	1000.	2350.	3000.						
Draped Bust 1800-1808	13.00	22.00	29.00	37.50	85.00	240.	425.	800.	1200.	2450.	4100.		
Classic Head 1809-1836	11.50	21.00	24.00	29.00	33.50	50.00	110.	255.	500.	735.	1850.		
Coronet 1840-1857	13.75	26.50	31.00	39.50	45.00	62.05	130.	245.	425.	750	1650.	1000.	4050.
CENTS - (Large)	AG-3	G-4	VG-8	F-12	VF-20	EF-40	AU-50	MS-60	MS-63	MS-64	MS-65	Prf-60	Prf-65
Chain 1793	1000.	1700.	2450.	3800.	6500.	14500.	28000.	85000.	—	—	—		
Wreath 1793	375	700.	975.	1600.	2600.	6250.	12250.	25000.	32500.	50000.	100000.		
Liberty Cap 1793-1796	62.50	125.	225.	350.	675.	1750.	2750.						
Draped Rust 1796-1807	19.00	22.75	34.00	82.50	245.	560.	1175.	2250.	4250.	5850.	15000.		
Classic Head 1808-1814	14.50	26.25	450	87.50	285.	600.	1225.	2500.	5750.	7750.	16500.		
Coronet Head 1816-1839	3.50	5.50	7.40	11.25	21.00	65.00	160.	300.	470.	775.	2250.		
Coronet Head 1840-1857	3.25	5.25	6.75	9.25	14.00	39.00	130.	265.	450.	750.	1750.	1900.	48.50
CENTS - (Small)	AG-3	G-4	VG-8	F-12	VF-20	EF-40	AU-50	MS-60	MS-63	MS-64	MS-65	Prf-60	Prf-65
Flying Eagle 1857-1858	3.50	8.6	10.00	12.00	26.00	52.50	130.	225.	575.	1150.	3500.	1300.	7500.
Indian Copper-nickel 1859	1.50	3.50	4.00	7.10	19.00	56.00	115.	235.	445.	925.	2850.	625.	4800.
Indian Copper-nickel 1860-1864	1.25	2.25	2.75.	3.50	7.50	16.50	37.00	95.00	250.	450.	1275.	280.	2350.
Indian Bronze 1864-1909	0.30	0.60	0.85	0.95	1.40	5.00	11.00	31.00	62.50	110.	525.	95.00	1000.
TWO CENTS	AG-3	G-4	VG-8	F-12	VF-20	EF-40	AU-50	MS-60	MS-63	MS-64	MS-65	Prf-60	Prf-65
1864-1873	1.75	3.50	4.00	5.50	12.00	25.00	49.50	135.	215.	415.	975.	290.	1550.
THREE CENTS COPPER-NICKEL	AG-3	G-4	VG-8	F-12	VF-20	EF-40	AU-50	MS-60	MS-63	MS-64	MS-65	Prf-60	Prf-65
1865-1889	1.25	3.15	3.50	4.50	6.50	13.50	31.00	84.00	200.	475.	1675.	350.	1575.
THREE CENTS SILVER	AG-3	G-4	VG-8	F-12	VF-20	EF-40	AU-50	MS-60	MS-63	MS-64	MS-65	Prf-60	Prf-65
1851-1853	3.50	8.00	9.30	13.00	21.00	47.50	100.	155.	375.	750.	2300.	—	—
1854-1858	3.90	8.75	10.60	15.50	31.50	75.00	175.	305.	700.	1500.	3850.	790.	7750.
1859-1873	4.00	9.25	11.25	15.25	26.50	50.00	105.	165.	335.	735.	2100.	510.	3100.
FIVE CENTS	AG-3	G-4	VG-8	F-12	VF-20	EF-40	AU-50	MS-60	MS-63	MS-64	MS-65	Prf-60	Prf-65
Shield - Rays 1866-1867	4.25	10.50	13.00	18.00	29.00	75.00	150.	240.	460.	1450.	3200.	975.	6600.
Shield - No Rays 1867-1883	3.00	6.25	6.75	8.75	11.25	25.00	47.50	100.	250.	850.	1900.	240	1550.
Liberty Head - No CENTS 1883	1.25	2.15	2.65	3.25	5.00	6.00	10.50	42.50	69.00	190.	540.	235.	190.
Liberty Head - With CENTS 1883-1912	0.15	0.40	0.65	3.00	5.00	15.00	36.00	80.00	135.	350.	1200.	205.	1250.
Indian Head , Mound 1913	1.50	2.95	3.15	3.75	6.00	10.00	17.50	29.00	60.00	130.	245.	950.	3400.
Indian Head , Plain 1913-1938	0.11	0.23	0.35	0.50	0.80	1.50	5.85	12.50	20.00	37.50	60.00	525.	1950.

Major U.S. type coin values (continued)

	AG-3	G-4	VG-8	F-12	VF-20	EF-40	AU-50	MS-60	MS-63	MS-64	MS-65	Prf-60	Prf-65
HALF DIMES													
Flowing Hair 1794-1795	315.	540.	715.	950.	1700.	2650.	3900.	6000.	12500.	18000.	36500.	·	·
Draped Bust Small Eagle 1796-1797	350.	660.	810.	1100.	1925.	2750.	4500.	6250.	14000.	19000.	42500.		
Draped Bust Heraldic Eagle 1800-1805	190.	510.	625.	765.	1200.	2100.	3250.	5750.	13500.	18500.	37500.		
Capped Bust 1829-1837	6.75	11.75	15.00	21.50	44.00	89.00	205.	420.	925.	2000.	5250.		
Seated Liberty - No Stars 1837-1838	13.00	22.00	28.00	42.50	72.50	165.	285.	500.	685.	2050.	4800.		
Seated Liberty - Stars 1838-1859	2.00	4.50	5.10	7.15	16.00	35.00	72.50	235.	440.	925.	3250.	625.	6500.
Seated Liberty - Arrows 1853-1855	1.90	4.40	5.05	7.00	15.00	37.50	90.00	250.	550.	1050.	3100.	—	
Seated Liberty - Legend 1860-1873	1.75	4.25	4.85	6.50	13.50	30.00	50.00	185.	390.	710.	2000.	260.	2600.
DIMES													
Draped Bust Small Eagle 1796-1797	450.	790.	950.	1275.	1900.	3000.	4750.	9000.	15500.	21000.	42500.		
Draped Bust Heraldic Eagle 1798-1807	250.	405.	450.	700.	1000.	1550.	2100.	4250.	10000.	14500.	30000.		
Capped Bust Large 1809-1828	5.25	11.50	15.25	26.00	85.00	250.	675.	1200.	2875.	4800.	10000.		
Capped Bust Small 1828-1837	4.50	9.00	11.00	17.50	42.00	180.	375.	775.	1700.	3750.	7150.		
Seated Liberty - No Stars 1837-1838	11.50	20.00	35.00	52.50	100.	200.	575.	890.	1750.	2500.	6000.	—	7250.
Seated Liberty - Stars 1838-1860	2.00	3.40	4.75	6.50	12.50	32.50	82.50	300.	675.	1150.	3850.	650.	
Seated Liberty - Arrows 1853-1855	1.75	3.00	4.00	6.00	13.50	35.00	110.	305.	625.	1300.	3950.		
Seated Liberty - Legend 1860-1891	1.70	3.00	4.00	5.00	8.00	18.00	47.50	220.	470.	750.	2200.	300.	2350.
Seated Liberty - Arrows 1873-1874	2.85	7.50	10.50	20.00	47.50	87.50	250.	555.	1050.	2000.	5250.	500.	4750.
Barber 1892-1916	0.65	1.25	1.50	3.00	5.00	16.00	38.50	120.	300.	750.	2400.	325.	2850.
Winged Liberty 1916-1945	0.50	0.55	0.60	1.10	1.35	1.55	2.25	9.50	14.00	23.50	37.50	180.	500.
TWENTY CENTS													
1875-1878	15.25	33.00	38.50	58.50	82.50	120.	325.	630.	1450.	3500.	6100.	1100.	9250.
QUARTERS													
Draped Bust - Small Eagle 1796	1750.	3300.	3800.	5250.	9500.	15500.	19500.	26500.	31000.	52500.	80000.		
Draped Bust - Heraldic Eagle 1804-1807	95.00	225.	285.	435.	820.	1675.	2850.	5800.	12500.	22500.	47500.	16500.	
Capped Bust Large 1815-1828	23.50	33.00	40.00	75.00	225.	540.	1250.	1950.	4400.	7000.	15500.		
Capped Bust Small 1831-1838	11.75	21.75	29.00	42.50	85.00	195.	575.	925.	1700.	5250.	10000.		
Seated Liberty - No Motto 1838-1865	2.25	5.75	10.75	17.00	23.50	37.50	100.	395.	715.	2500.	5450.	450.	5150.
Seated Liberty - Arrows & Rays 1853	2.75	7.00	11.00	18.50	33.50	95.00	300.	800.	2200.	4650.	11500.		
Seated Liberty - Arrows 1854-1855	2.40	5.85	10.25	16.00	24.00	60.00	170.	625.	850.	2550.	6000.		
Seated Liberty - With Motto 1866-1891	2.50	6.00	10.00	16.00	21.50	36.50	90.00	315.	650.	1550.	4350.	400.	3800.
Seated Liberty - Arrows 1873-1874	4.50	9.75	15.00	23.50	55.00	115.	320.	740.	1700.	2250.	5400.	650.	6250.
Barber 1892-1916	1.40	2.50	3.15	6.50	15.00	42.00	87.50	195.	500.	1300.	3350.	375.	3950.

Type coins

Major U.S. type coin values (continued)

QUARTERS (continued)	AG-3	G-4	VG-8	F-12	VF-20	EF-40	AU-50	MS-60	MS-63	MS-64	MS-65	Prf-60	Prf-65
Standing Liberty , Breast 1916-1917	3.50	9.00	10.00	11.50	26.50	47.50	90.00	200.	480.	675.	1535.	*	*
Standing Liberty , Mail 1917-1930	1.45	2.45	3.60	5.00	13.25	22.75	53.50	135.	355.	575.	1235.	*	*
HALF DOLLARS	**AG-3**	**G-4**	**VG-8**	**F-12**	**VF-20**	**EF-40**	**AU-50**	**MS-60**	**MS-63**	**MS-64**	**MS-65**	**Prf-60**	**Prf-65**
Flowing Hair 1794-1795	200.	355.	450.	715.	1500.	2450.	3750.	10500.	21500.	31000.	65000.	*	*
Draped Bust Small Eagle 1796-1797	7250.	10000.	13000.	17500.	25500.	35000.	55000.	80000.	—	—	—	*	*
Draped Bust Heraldic Eagle 1801-1807	32.50	75.00	95.00	160.	325.	600.	1225.	4650.	10000.	17000.	35000.	*	*
Capped Bust Lettered Edge 1807-1836	14.00	23.00	30.00	34.00	39.0	82.50	265.	740.	1800.	5000.	9500.	*	*
Capped Bust Reeded Edge 1836-1839	14.75	26.00	32.50	40.00	67.50	140.	400.	875.	2000.	6000.	11500.	—	—
Seated Liberty - No Motto 1839-1866	5.50	11.00	17.00	27.00	34.00.	61.00	135.	445.	800.	3000.	6300.	500.	6700.
Seated Liberty - Arrows & Rays 1853	6.25	14.00	20.50	40.50	82.50	180.	375.	2000.	4250.	8000.	17500.	*	*
Seated Liberty - Arrows 1854-1855	5.60	11.50	20.00	30.50	39.00	90.00	225.	725.	1500.	3000.	7000.	—	—
Seated Liberty - With Motto 1866-1891	5.40	11.00	19.25	26.50	34.50	62.50	130.	370.	760.	1900.	5500.	450.	5050.
Seated Liberty - Arrows 1873-1874	7.25	16.50	20.00	31.00	66.00	165.00	375.	775.	1400.	3750.	9750.	700.	9000.
Barber 1892-1915	2.75	4.50	7.25	20.00	45.00	130.	220.	400.	925.	2100.	4900.	465.	5500.
Walking Liberty 1916-1947	2.50	2.75	3.25	4.85	5.75	7.00	11.00	46.50	80.00	115.	315.	375.	1250.
DOLLARS	**AG-3**	**G-4**	**VG-8**	**F-12**	**VF-20**	**EF-40**	**AU-50**	**MS-60**	**MS-63**	**MS-64**	**MS-65**	**Prf-60**	**Prf-65**
Flowing Hair 1794-1795	375.	715.	900.	1350.	2300.	4500.	8500.	17500.	30000.	—	—	*	*
Draped Bust Small Eagle 1795-1798	250.	620.	700.	925.	1575.	3050.	6050.	12500.	24500.	31000.	60000.	*	*
Draped Bust Heraldic Eagle 1798-1803	125.	280.	390.	510.	750.	1400.	3700.	6900.	17000.	22000.	45000.	32500.	105000.
Gobrecht 1836-1839	—	—	—	—	2900.	4300.	5600.	6850.	9000.	14000.	18500.	6200.	20000.
Seated Liberty - No Motto 1840-1866	30.00	64.00	77.50	115.	165.	260.	375.	700.	2650.	4800.	13500.	1250.	12950.
Seated Liberty - With Motto 1866-1873	32.50	70.00	85.00	150.	185.	275.	400.	950.	2900.	4900.	13750.	1250.	12450.
Morgan Dollar 1878-1921	8.90	9.65	9.70	9.75	9.90	10.25	11.50	20.00	42.50	115.	410.	800.	10150.
Peace Dollar 1921-1935	8.70	9.60	9.65	10.50	11.00	11.50	12.50	20.00	37.50	130.	550.	*	*
U.S. Trade Dollar 1873-1885	27.50	41.50	55.00	61.00	73.00	150.	265.	525.	1450.	3100.	8200.	850.	11800.
GOLD DOLLARS		**F-12**	**VF-20**	**EF-40**	**AU-50**	**MS-60**	**MS-63**	**MS-64**	**MS-65**	**Prf-60**	**Prf-63**	**Prf-64**	**Prf-65**
Liberty Head Coronet 1849-1854		150.	155.	180.	230.	730.	2325.	5000.	12100.	*	*	*	*
Indian Head Small Head 1854-1856		225.	350.	575.	1250.	4350.	10000.	17000.	34000.	*	*	*	*
Indian Head Large Head 1856-1889		145.	155.	170.	230.	615.	2100.	3500.	5900.	1450.	4000.	5750.	13000.
QUARTER EAGLES		**F-12**	**VF-20**	**EF-40**	**AU-50**	**MS-60**	**MS-63**	**MS-64**	**MS-65**	**Prf-60**	**Prf-63**	**Prf-64**	**Prf-65**
Capped Bust Right - No Stars 1796		9500.	16000.	20000.	29000.	42500.	62500.	85000.	—	*	*	*	*
Capped Bust Right - 1796-1807		2850.	4000.	4900.	9750.	16500.	23500.	32500.	52500.	*	*	*	*
Capped Draped Bust Left - Large 1808		8500.	13500.	19500.	26000.	48500.	70000.	95000.	185000.	*	*	*	*

Major U.S. type coin values (continued)

	F-12	VF-20	EF-40	AU-50	MS-60	MS-63	MS-64	MS-65	Prf-60	Prf-63	Prf-64	Prf-65
QUARTER EAGLES (continued)												
Capped Head Left - Small 1821-1834	3050.	4050.	4850.	7500.	13250.	16500.	28500.	40000.				
Classic Head 1834-1839	220.	260.	415.	835.	2000.	4500.	9000.	21500.			37500.	60000.
Coronet 1840-1907	180.	195.	220.	265.	750.	1800.	3500.	6850.	1850.	5250.	10000.	22500.
Indian Head 1908-1929	170.	190.	205.	240.	390.	1350.	3450.	8250.	3150.	8500.	11500.	22000.
THREE DOLLARS												
Indian Head 1854-1889	430.	495.	650.	1000.	2850.	6600.	9950.	20950.	4750.	10000.	22500.	36500.
FOUR DOLLAR (Stella)												
Flowing Hair - 1879-1880									28500.	41000.	50000.	67500.
HALF EAGLES												
Capped Bust - Small Eagle 1795-1798	5250.	7500.	10500.	14500.	22500.	31000.	45000.	67500.				
Capped Bust - Heraldic Eagle 1795-1807	1125.	1650.	2700.	4300.	8000.	16500.	23500.	36500.				
Capped Draped Bust 1807-1812	1100.	1600.	2300.	4000.	7200.	15000.	23000.	37500.				
Capped Head 1813-1834	1400.	1950.	2850.	4650.	8400.	17500.	28000.	45500.				
Classic Head 1834-1838	245.	295.	425.	950.	2450.	4950.	13000.	23500.				
Coronet - No Motto 1839-1866	165.	185.	190.	365.	1525.	3950.	9250.	21000.	5100.	8000.	18500.	40000.
Coronet 1866-1908	150.	160.	165.	200.	360.	1950.	5500.	12500.	2850.	7500.	16500.	31500.
Indian Head 1908-1929	210.	220.	235.	300.	815.	3750.	8650.	21400.	4000.	10000.	17500.	30000.
EAGLES												
Capped Bust - Small Eagle 1795-1797	5800.	8250.	10500.	19000.	26500.	43500.	70000.	95000.				
Capped Bust - Heraldic Eagle 1797-1804	2100.	3000.	4350.	6650.	11000.	19150.	40000.	67500.				
Coronet - No Motto 1838-1866	310.	330.	400.	520.	2350.	6750.	23500.	55000.	7500.	17500.	32500.	65000.
Coronet - 1866-1907	250.	275.	280.	315.	410.	2500.	6250.	14000.	3400.	9000.	21500.	42000.
Indian Head - No Motto 1907-1908	460.	495.	510.	550.	795.	2650.	6300.	13200.	—			
Indian Head - 1908-1933	435.	455.	470.	490.	730.	2325.	6050.	12850.	5500.	16000.	24500.	44000.
DOUBLE EAGLES												
Coronet - NM 1849-1866	530.	550.	590.	700.	1775.	4200.	9250.	21500.				
Coronet - (Twenty D.) 1866-1876	485.	515.	555.	590.	725.	2500.	8750.	24500.	11000.	20000.	42500.	85000.
Coronet - (Twenty Dollars) 1877-1907	465.	495.	515.	535.	580.	1700.	4400.	11500.	9500.	18500.	37500.	80000.
Saint-Gaudens - RN HR 1907	2750.	3000.	4000.	5500.	8000.	13500.	18500.	32000.	5500.	15500.	34000.	75000.
Saint-Gaudens - AN NM 1907-1908	490.	510.	530.	550.	610.	1100.	1825.	3675.	8750.	17000.	34000.	62500.
Saint-Gaudens - 1908-1933	490.	510.	530.	550.	600.	1125.	1850.	3700.				

Values

7 Mintages

The mintage figures that follow are based on years of study by various numismatists, including *Coin World* staff members. The figures were compiled from official Mint Reports, data from the National Archives, conversations with other experts and in some cases, an educated guess. In many instances the figures given are based on the best information available to researchers today. Prior to 1950 the generally accepted source of mintage figures was the *U.S. Mint Report.* Since the Mint Report for many years was simply a bookkeeper's record of how many coins were issued in a given year, the figures given often had no relation to the actual number of coins struck with each date (Proof mintages appear in Chapter 11).

Mintage figures should not be mistaken for survival figures. For example, 12,000 1895 Morgan dollars were recorded as having been struck, but none are known today; it is likely that all were melted before any entered circulation. Similarly, some coins' survival rate may suggest higher mintages than are recorded.

The mintage figures in this book differ from those in other works, particularly for coins struck since 1965. A coinage shortage in the mid-1960s led Mint officials to suspend the use of Mint marks from 1965-67. Three facilities — the Philadelphia and Denver Mints and the San Francisco Assay Office — struck coins but their separate products are indistinguishable from each other. For that reason, price guides traditionally have combined mintages despite the confusion this may cause future numismatists. For example, many collectors refer to the 40 percent silver Kennedy half dollars without Mint marks struck between 1965 and 1970 as "Philadelphia" strikes. However, not a single 40 percent silver half dollar was ever struck at the Philadelphia Mint during that period.

This book also clarifies mintage figures of more recent years, particularly for coins struck at the former San Francisco Assay Office and West Point Bullion Depository (both received Mint status in 1988). Like most Philadelphia coins struck until

1979-80, none have Mint marks. For various reasons, in most price guides and other numismatic works, mintages for coins struck at the West Point and San Francisco facilities have been added to the Philadelphia mintages, since no Mint marks were used on any of the coins.

This book differs. Separate mintage figures are given for all coins by striking facility; we have not combined mintage figures just because the coins have no Mint marks. To indicate those coins which do not have Mint marks, the Mint mark letter is enclosed in parentheses [a coin indicated by a P has a P Mint mark; one indicated by (P) does not have a Mint mark but was struck at the Philadelphia Mint].

The mintage figures used here have appeared in all five editions of the *Coin World Almanac*. As noted, changes have been made to reflect new information and to list mintages by facility where warranted.

Half cents

Year	Mintage
1793	35,334
1794	81,600
1795	139,690
1796	1,390
1797	127,840
1800	202,908
1802	20,266
1803	92,000
1804	1,055,312
1805	814,464
1806	356,000
1807	476,000
1808	400,000
1809	1,154,572
1810	215,000
1811[9]	63,140
1825	63,000
1826	234,000
1828	606,000
1829	487,000
1831[15]	2,200
1832	154,000[16]
1833	120,000[16]
1834	141,000[16]
1835	398,000[16]
1836[21]	0
1840-48 (P)[30]	0
1849 (P)[15]	43,364
1850 (P)	39,812
1851 (P)	147,672
1852(P)[30]	0
1853(P)	129,694
1854 (P)	55,358
1855 (P)	56,500
1856 (P)[15]	40,430
1857 (P)[15]	35,180

Cents

Year	Mintage
1793	110,512[1]
1794	918,521
1795	538,500
1796	473,200[3]
1797	897,510
1798	1,841,745
1799	42,540
1800	2,822,175
1801	1,362,837
1802	3,435,100
1803	3,131,691
1804	96,500[6]
1805	941,116
1806	348,000
1807	829,221
1808	1,007,000
1809	222,867
1810	1,458,500
1811	218,025
1812	1,075,500
1813	418,000
1814	357,830
1816	2,820,982
1817	3,948,400
1818	3,167,000
1819	2,671,000
1820	4,407,550
1821	389,000
1822	2,072,339
1823[9]	68,061
1824	1,193,939
1825	1,461,100
1826	1,517,425
1827	2,357,732
1828	2,260,624
1829	1,414,500
1830	1,711,500

Cents (Cont.)

Year	Mintage
1831	3,539,260
1832	2,362,000
1833	2,739,000
1834	1,855,100
1835	3,878,400
1836	2,111,000
1837	5,558,300
1838 (P)	6,370,200
1839 (P)	3,128,661
1840 (P)	2,462,700
1841 (P)	1,597,367
1842 (P)	2,383,390
1843 (P)	2,425,342
1844 (P)	2,398,752
1845 (P)	3,894,804
1846 (P)	4,120,800
1847 (P)	6,183,669
1848 (P)	6,415,799
1849 (P)	4,178,500
1850 (P)	4,426,844
1851 (P)	9,889,707
1852 (P)	5,063,094
1853 (P)	6,641,131
1854 (P)	4,236,156
1855 (P)	1,574,829
1856(P)	2,690,463[41]
1857 (P)	17,783,456[42]
1858 (P)	24,600,000
1859 (P)	36,400,000[44]
1860 (P)	20,566,000
1861 (P)	10,100,000
1862 (P)	28,075,000
1863 (P)	49,840,000
1864(P)	52,973,714[47]
1865 (P)	35,429,286
1866 (P)	9,826,000
1867 (P)	9,821,000
1868 (P)	10,266,500
1869 (P)	6,420,000

1870 (P)	5,275,000
1871 (P)	3,929,500
1872 (P)	4,042,000
1873(P)[88]	11,676,500
1874 (P)	14,187,500
1875 (P)	13,528,000
1876 (P)	7,944,000
1877 (P)	852,000
1878 (P)	5,797,500
1879 (P)	16,228,000
1880 (P)	38,961,000
1881 (P)	39,208,000
1882 (P)	38,578,000
1883 (P)	45,591,500
1884 (P)	23,257,800
1885 (P)	11,761,594
1886 (P)	17,650,000
1887 (P)	45,223,523
1888 (P)	37,489,832
1889 (P)	48,866,025
1892 (P)	37,647,087
1893 (P)	46,640,000
1894 (P)	16,749,500
1895 (P)	38,341,574
1896(P)	39,055,431
1897(P)	50,464,392
1898(P)	49,821,284
1899(P)	53,598,000
1900 (P)	66,821,284
1901(P)	79,609,158
1902(P)	8,374,704
1903(P)	85,092,703
1904 (P)	61,326,198
1905 (P)	80,717,011
1906 (P)	96,020,530
1907 (P)	108,137,143
1908 (P)	32,326,367
1908-S	1,115,000
1909 (P)	115,063,470[89]
1909-S	2,618,00[90]
1910 (P)	146,798,813
1910-S	6,045,000
1911 (P)	101,176,054
1911-D	12,672,000
1911-S	4,026,000
1912 (P)	68,150,915
1912-D	10,411,000
1912-S	4,431,000
1913 (P)	76,529,504
1913-D	15,804,000
1913-S	6,101,000
1914 (P)	75,237,067
1914-D	1,193,000
1914-S	4,137,000
1915 (P)	29,090,970
1915-D	22,050,000
1915-S	4,833,000
1916 (P)	131,832,627
1916-D	35,956,000
1916-S	22,510,000

1917 (P)	196,429,785
1917-D	55,120,000
1917-S	32,620,000
1918 (P)	288,104,634
1918-D	47,830,000
1918-S	34,680,000
1919 (P)	392,021,000
1919-D	57,154,000
1919-S	139,760,000
1920 (P)	310,165,000
1920-D	49,280,000
1920-S	46,220,000
1921 (P)	39,157,000
1921-S	15,274,000
1922-D[87]	7,160,000
1923 (P)	74,723,000
1923-S	8,700,000
1924 (P)	75,178,000
1924-D	2,520,000
1924-S	11,696,000
1925 (P)	139,949,000
1925-D	22,580,000
1925-S	26,380,000
1926 (P)	157,088,000
1926-D	28,020,000
1926-S	4,550,000
1927 (P)	144,440,000
1927-D	27,170,000
1927-S	14,276,000
1928 (P)	134,116,000
1928-D	31,170,000
1928-S	17,266,000
1929 (P)	185,262,000
1929-D	41,730,000
1929-S	50,148,000
1930 (P)	157,415,000
1930-D	40,100,000
1930-S	24,286,000
1931 (P)	19,396,000
1931-D	4,480,000
1931-S	866,000
1932 (P)	9,062,000
1932-D	10,500,000
1933 (P)	14,360,000
1933-D	6,200,000
1934 (P)	219,080,000
1934-D	28,446,000
1935 (P)	245,388,000
1935-D	47,000,000
1935-S	38,702,000
1936 (P)	309,632,000
1936-D	40,620,000
1936-S	29,130,000
1937 (P)	309,170,000
1937-D	50,430,000
1937-S	34,500,000
1938 (P)	156,682,000
1938-D	20,010,000
1938-S	15,180,000
1939 (P)	316,466,000

1939-D	15,160,000
1939-S	52,070,000
1940 (P)	586,810,000
1940-D	81,390,000
1940-S	112,940,000
1941 (P)	887,018,000
1941-D	128,700,000
1941-S	92,460,000
1942 (P)	657,796,000
1942-D	206,698,000
1942-S	85,590,000
1943(P)[102]	684,628,670
1943-D	21,766,000
1943-S	191,550,000
1944 (P)	1,435,400,000
1944-D	430,578,000
1944-S	282,760,000
1945 (P)	1,040,515,000
1945-D	226,268,000
1945-S	181,770,000
1946 (P)	991,655,000
1946-D	315,690,000
1946-S	198,100,000
1947 (P)	190,555,000
1947-D	194,750,000
1947-S	99,000,000
1948 (P)	317,570,000
1948-D	172,630,500
1948-S	81,735,000
1949 (P)	217,775,000
1949-D	153,132,500
1949-S	64,290,000
1950 (P)	272,635,000
1950-D	334,950,000
1950-S	118,505,000
1951 (P)	294,576,000
1951-D	625,355,000
1951-S	136,010,000
1952 (P)	186,765,000
1952-D	746,130,000
1952-S	137,800,004
1953 (P)	256,755,000
1953-D	700,515,000
1953-S	181,835,000
1954 (P)	71,640,050
1954-D	251,552,500
1954-S	96,190,000
1955 (P)	330,580,000
1955-D	563,257,500
1955-S	44,610,000
1956 (P)	420,745,000
1956-D	1,098,210,100
1957 (P)	282,540,000
1957-D	1,051,342,000
1958 (P)	252,525,000
1958-D	800,953,300
1959 (P)	609,715,000
1959-D	1,279,760,000
1960 (P)	586,405,000
1960-D	1,580,884,000

Mintages

Cents (cont.)

Year	Mintage
1961 (P)	753,345,000
1961-D	1,753,266,700
1962 (P)	606,045,000
1962-D	1,793,148,400
1963 (P)	754,110,000
1963-D	1,774,020,400
1964(P)[104]	2,648,575,000
1964-D	3,799,071,500
1965(P)[104]	301,470,000
1965 (D)	973,364,900
1965 (S)	220,030,000
1966(P)[104]	811,100,000
1966 (D)	991,431,200
1966 (S)	383,355,000
1967(P)[104]	907,575,000
1967 (D)	1,327,377,100
1967 (S)	813,715,000
1968 (P)	1,707,880,970
1968-D	2,886,269,600
1968-S	258,270,001
1969 (P)	1,136,910,000
1969-D	4,002,832,200
1969-S	544,375,000
1970 (P)	1,898,315,000
1970-D	2,891,438,900
1970-S	690,560,004
1971 (P)	1,919,490,000
1971-D	2,911,045,600
1971-S	525,130,054
1972 (P)	2,933,255,000
1972-D	2,655,071,400
1972-S	380,200,104
1973 (P)	3,728,245,000
1973-D	3,549,576,588
1973-S	319,937,634
1974 (P)	4,232,140,523
1974-D	4,235,098,000
1974-S	409,421,878
1975 (P)	3,874,182,000
1975-D	4,505,275,300
1975-S	0(53)
1975 (W)	1,577,294,142
1976 (P)	3,133,580,000
1976-D	4,221,592,455
1976-S	0(53)
1976 (W)	1,540,695,000
1977 (P)	3,074,575,000
1977-D	4,194,062,300
1977-S	0(53)
1977 (W)	1,395,355,000
1978 (P)	3,735,655,000
1978-D	4,280,233,400
1978 (S)	291,700,000
1978 (W)	1,531,250,000
1979 (P)	3,560,940,000
1979-D	4,139,357,254
1979 (S)	751,725,000
1979 (W)	1,705,850,000
1980 (P)	6,230,115,000
1980-D	5,140,098,660

Cents (cont.)

Year	Mintage
1980 (S)	1,184,590,000
1980 (W)	1,576,200,000
1981 (P)	6,611,305,000
1981-D	5,373,235,677
1981 (S)	880,440,000
1981 (W)	1,882,400,000
1982[114](P)	9,125,280,000
1982-D	6,012,979,368
1982 (S)	1,587,245,000
1982 (W)	1,990,005,000
1983 (P)	7,571,590,000
1983-D	6,467,199,428
1983 (S)	180,765,000
1983 (W)	2,004,400,000
1984 (P)	6,114,864,000
1984-D	5,569,238,906
1984 (W)	2,036,215,000
1985 (P)	4,951,904,887
1985-D	5,287,399,926
1985 (W)	696,585,000
1986 (P)	4,490,995,493
1986-D	4,442,866,698
1986 (W)	400,000
1987 (P)	4,682,466,931
1987-D	4,879,389,514

Two cents

Year	Mintage
1864 (P)[56]	19,847,500
1865 (P)	13,640,000
1866 (P)	3,177,000
1867 (P)	2,938,750
1868 (P)	2,803,750
1869 (P)	1,546,500
1870 (P)	861,250
1871 (P)	721,250
1872 (P)	65,000
1873(P)[88]	0(74)

Three cent

(copper-nickel)

Year	Mintage
1865 (P)	11,382,000
1866 (P)	4,801,000
1867 (P)	3,915,000
1868 (P)	3,252,000
1869 (P)	1,604,000
1870 (P)	1,335,000
1871 (P)	604,000
1872 (P)	862,000
1873 (P)[88]	1,173,000
1874 (P)	790,000
1875 (P)	228,000
1876 (P)	162,000
1877 (P)	0[53]
1878 (P)	0[53]
1879 (P)	38,000
1880 (P)	21,000
1881 (P)	1,077,000
1882 (P)	22,200

Three cents (Cont.)

Year	Mintage
1883 (P)	4,000
1884 (P)	1,700
1885 (P)	1,000
1886 (P)	0[53]
1887 (P)	5,001
1888 (P)	36,501
1889 (P)	18,125

Three cent

(silver)

Year	Mintage
1851 (P)	5,447,400
1851-O	720,000
1852 (P)	18,663,500
1853 (P)[34]	11,400,000
1854 (P)	671,000
1855 (P)	139,000
1856 (P)	1,458,000
1857 (P)	1,042,000
1858 (P)	1,604,000
1859 (P)	365,000
1860 (P)	286,000
1861 (P)	497,000
1862 (P)	343,000
1863 (P)	21,000[54]
1864 (P)	12,000[55]
1865 (P)	8,000
1866 (P)	22,000
1867 (P)	4,000
1868 (P)	3,500
1869 (P)	4,500
1870 (P)	3,000
1871 (P)	3,400
1872 (P)	1,000
1873 (P)[88]	0(53)

Five cents

Year	Mintage
1866 (P)	14,742,500
1867 (P)	30,909,500[84]
1868 (P)	28,817,000
1869 (P)	16,395,000
1870 (P)	4,806,000
1871 (P)	561,000
1872 (P)	6,036,000
1873 (P)[88]	4,550,000
1874 (P)	3,538,000
1875 (P)	2,097,000
1876 (P)	2,530,000
1877 (P)	0[53]
1878 (P)	0[53]
1879 (P)	25,900
1880 (P)	16,000
1881 (P)	68,800
1882 (P)	11,473,500
1883 (P)	22,952,000[86]
1884 (P)	11,270,000
1885 (P)	1,472,700
1886 (P)	3,326,000
1887 (P)	15,260,692

Mintages

Five cents (Cont.)

1888 (P)	10,715,901
1889 (P)	15,878,025
1890 (P)	16,256,532
1891 (P)	16,832,000
1892 (P)	11,696,897
1893 (P)	13,368,000
1894 (P)	5,410,500
1895 (P)	9,977,822
1896 (P)	8,841,058
1897 (P)	20,426,797
1898 (P)	12,539,292
1899 (P)	26,027,000
1900 (P)	27,253,733
1901 (P)	26,478,228
1902 (P)	31,478,561
1903 (P)	28,004,935
1904 (P)	21,401,350
1905 (P)	29,825,125
1906 (P)	38,612,000
1907 (P)	39,213,325
1908 (P)	22,684,557
1909 (P)	11,585,763
1910 (P)	30,166,948
1911 (P)	39,557,639
1912 (P)	26,234,569
1912-D	8,474,000
1912-S	238,000
1913 (P)[90]	60,849,186[91]
1913-D	9,493,000[91]
1913-S	3,314,000[91]
1914 (P)	20,664,463
1914-D	3,912,000
1914-S	3,470,000
1915 (P)	20,986,220
1915-D	7,569,500
1915-S	1,505,000
1916 (P)	63,497,466
1916-D	13,333,000
1916-S	11,860,000
1917 (P)	51,424,029
1917-D	9,910,800
1917-S	4,193,000
1918 (P)	32,086,314
1918-D	8,362,000
1918-S	4,882,000
1919 (P)	60,868,000
1919-D	8,006,000
1919-S	7,521,000
1920 (P)	63,093,000
1920-D	9,418,000
1920-S	9,689,000
1921 (P)	10,663,000
1921-S	1,557,000
1923 (P)	35,715,000
1923-S	6,142,000
1924 (P)	21,620,000
1924-D	5,258,000
1924-S	1,437,000
1925 (P)	35,565,100
1925-D	4,450,000

Five cents (Cont.)

1925-S	6,286,000
1926 (P)	44,693,000
1926-D	5,638,000
1926-S	970,000
1927 (P)	37,981,000
1927-D	5,730,000
1927-S	3,430,000
1928 (P)	23,411,000
1928-D	6,436,000
1928-S	6,936,000
1929 (P)	36,446,000
1929-D	8,370,000
1929-S	7,754,000
1930 (P)	22,849,000
1930-S	5,435,000
1931-S	1,200,000
1934 (P)	20,213,003
1934-D	7,480,000
1935 (P)	58,264,000
1935-D	12,092,000
1935-S	10,300,000
1936 (P)	118,997,000
1936-D	24,814,000
1936-S	14,930,000
1937 (P)	79,480,000
1937-D	17,826,000
1937-S	5,635,000
1938 (P)	19,496,000
1938-D	12,396,000[100]
1939 (P)	120,615,000
1939-D	3,514,000
1939-S	6,630,000
1940 (P)	176,485,000
1940-D	43,540,000
1940-S	39,690,000
1941 (P)	203,265,000
1941-D	53,432,000
1941-S	43,445,000
1942 (P)P	107,662,000[101]
1942-D	13,938,000
1942-S	32,900,000
1943-P	271,165,000
1943-D	15,294,000
1943-S	104,060,000
1944-P[103]	119,150,000
1944-D	32,309,000
1944-S	21,640,000
1945-P	119,408,100
1945-D	37,158,000
1945-S	58,939,000
1946 (P)	161,116,000
1946-D	45,292,200
1946-S	13,560,000
1947 (P)	95,000,000
1947-D	37,822,000
1947-S	24,720,000
1948 (P)	89,348,000
1948-D	44,734,000
1948-S	11,300,000

Five cents (Cont.)

1949 (P)	60,652,000
1949-D	36,498,000
1949-S	9,716,000
1950 (P)	9,796,000
1950-D	2,630,030
1951 (P)	28,552,000
1951-D	20,460,000
1951-S	7,776,000
1952 (P)	63,988,000
1952-D	30,638,000
1952-S	20,572,000
1953 (P)	46,644,000
1953-D	59,878,600
1953-S	19,210,900
1954 (P)	47,684,050
1954-D	117,136,560
1954-S	29,384,000
1955 (P)	7,888,000
1955-D	74,464,100
1956 (P)	35,216,000
1956-D	67,222,640
1957 (P)	38,408,000
1957-D	136,828,900
1958 (P)	17,088,000
1958-D	168,249,120
1959 (P)	27,248,000
1959-D	160,738,240
1960 (P)	55,416,000
1960-D	192,582,180
1961 (P)	73,640,000
1961-D	229,342,760
1962 (P)	97,384,000
1962-D	280,195,720
1963 (P)	175,776,000
1963-D	276,829,460
1964 (P)[104]	1,024,672,000
1964-D	1,787,297,160
1965 (P)[104]	12,440,000
1965 (D)	82,291,380
1965 (S)	39,040,000
1966 (P)[104]	0
1966 (D)	103,546,700
1966 (S)	50,400,000
1967 (P)[104]	0
1967 (D)	75,993,800
1967 (S)	31,332,000
1968 (P)	0
1968-D	91,227,880
1968-S	100,396,001
1969 (P)	0
1969-D	202,807,500
1969-S	120,165,000
1970-D	515,485,380
1970-S	238,832,004
1971 (P)	106,884,000
1971-D	316,144,800
1971-S	0[93]
1972 (P)	202,036,000
1972-D	351,694,600
1972-S	0[93]

Five cents (Cont.)

1973 (P)	384,396,000
1973-D	261,405,400
1973-S	0[53]
1974 (P)	601,752,000
1974-D	277,373,000
1974-S	0[53]
1975 (P)	181,772,000
1975-D	401,875,300
1976 (P)	367,124,000
1976-D	563,964,147
1976-S	0[53]
1977 (P)	585,376,000
1977-D	297,313,422
1977-S	0[53]
1978 (P)	391,308,000
1978-D	313,092,780
1978-S	0[53]
1979 (P)	463,188,000
1979-D	325,867,672
1979-S	0[53]
1980 (P)	593,004,000
1980-D	502,323,448
1980-S	0[53]
1981-P	657,504,000
1981-D	364,801,843
1981-S	0[53]
1982-P	292,355,000
1982-D	373,726,544
1982-S	0[53]
1983-P	561,615,000
1983-D	536,726,276
1983-S	0[53]
1984-P	746,769,000
1984-D	517,675,146
1984-S	0[53]
1985-P	647,114,962
1985-D	459,747,446
1985-S	0[53]
1986-P	536,883,493
1986-D	361,819,144
1986-S	0[53]
1987-P	371,499,481
1987-D	410,590,604
1987-S	0[53]

Half dimes

Year	Mintage
1794	7,756
1795	78,660
1796	10,230
1797	44,527
1800	24,000
1801	33,910
1802	13,010
1803	37,850
1805	15,600
1829	1,230,000
1830	1,240,000
1831	1,242,700
1832	965,000
1833	1,370,000

Half dimes (Cont.)

1834	1,480,000
1835	2,760,000
1836	1,900,000
1837	2,276,000[23]
1838 (P)	2,255,000
1838-O[28]	115,000
1839 (P)	1,069,150
1839-O	981,550
1840 (P)	1,344,085
1840-O	935,000
1841 (P)	1,150,000
1841-O	815,000
1842 (P)	815,000
1842-O	350,000
1843 (P)	1,165,000
1844 (P)	430,000
1844-O	220,000
1845 (P)	1,564,000
1846 (P)	27,000
1847 (P)	1,274,000
1848 (P)	668,000
1848-O	600,000
1849 (P)	1,309,000
1849-O	140,000
1850 (P)	955,000
1850-O	690,000
1851 (P)	781,000
1851-O	860,000
1852 (P)	1,000,500
1852-O	260,000
1853 (P)[34]	13,345,020[35]
1853-O	2,360,000[36]
1854 (P)	5,740,000
1854-O	1,560,000
1855 (P)	1,750,000
1855-O	600,000
1856 (P)	4,880,000
1856-O	1,100,000
1857 (P)	7,280,000
1857-O	1,380,000
1858 (P)	3,500,000
1858-O	1,660,000
1859 (P)	340,000
1859-O	560,000
1860 (P)[48]	798,000
1860-O	1,060,000
1861 (P)	3,360,000
1862 (P)	1,492,000
1863 (P)	18,000
1863-S	100,000
1864 (P)	48,000[55]
1864-S	90,000
1865 (P)	13,000
1865-S	120,000
1866 (P)	10,000
1866-S	120,000
1867 (P)	8,000
1867-S	120,000
1868 (P)	88,600
1868-S	280,000

Half dimes (Cont.)

1869 (P)	208,000
1869-S	230,000
1870 (P)	535,600
1871 (P)	1,873,000
1871-S	161,000
1872 (P)	2,947,000
1872-S	837,000
1873 (P)[58]	712,000
1873-S[58]	324,000

Dimes

Year	Mintage
1796	22,135
1797	25,261
1798	27,550
1800	21,760
1801	34,640
1802	10,975
1803	33,040
1804	8,265
1805	120,780
1807	165,000
1809	51,065
1811	65,180
1814	421,500
1820	942,587
1821	1,186,512
1822	100,000
1823	440,000
1824	100,000
1825	410,000
1827	1,215,000
1828	125,000
1829	770,000
1830	510,000
1831	771,350
1832	522,500
1833	485,000
1834	635,000
1835	1,410,000
1836	1,190,000
1837	1,042,000[22]
1838 (P)	1,992,500
1838-O[28]	406,034
1839 (P)	1,053,115
1839-O	1,323,000
1840 (P)	1,358,580
1840-O	1,175,000
1841 (P)	1,622,500
1841-O	2,007,500
1842 (P)	1,887,500
1842-O	2,020,000
1843 (P)	1,370,000
1843-O	50,000
1844 (P)	72,500
1845 (P)	1,755,000
1845-O	230,000
1846 (P)	31,300
1847 (P)	245,000
1848 (P)	451,500
1849 (P)	839,000

Dimes (Cont.)

1849-O	300,000
1850 (P)	1,931,500
1850-O	510,000
1851 (P)	1,026,500
1851-O	400,000
1852 (P)	1,535,500
1852-O	430,000
1853 (P)[34]	12,173,010[37]
1853-O[34]	1,100,000[37]
1854 (P)	4,470,000
1854-O	1,770,000
1855 (P)	2,075,000
1856 (P)	5,780,000
1856-O	1,180,000
1856-S	70,000
1857 (P)	5,580,000
1857-O	1,540,000
1858 (P)	1,540,000
1858-O	290,000
1858-S	60,000
1859 (P)	430,000
1859-O	480,000
1859-S	60,000
1860 (P)[46]	606,000
1860-O	40,000
1860-S	140,000
1861 (P)	1,883,000
1861-S	172,500
1862 (P)	847,000
1862-S	180,750
1863 (P)	14,000
1863-S	157,500
1864 (P)	11,000[45]
1864-S	230,000
1865 (P)	10,000
1865-S	175,000
1866 (P)	8,000
1866-S	135,000
1867 (P)	6,000
1867-S	140,000
1868 (P)	464,000
1868-S	260,000
1869 (P)	256,000
1869-S	450,000
1870 (P)	470,500
1870-S	50,000
1871 (P)	906,750
1871-CC	20,100
1871-S	320,000
1872 (P)	2,395,500
1872-CC	35,480
1872-S	190,000
1873 (P)[60]	3,945,700[73]
1873-CC[60]	31,191[73]
1873-S[60]	455,000[73]
1874 (P)	2,940,000
1874-CC	10,817
1874-S	240,000
1875 (P)	10,350,000
1875-CC	4,645,000

Dimes (Cont.)

1875-S	9,070,000
1876 (P)	11,460,000
1876-CC	8,270,000
1876-S	10,420,000
1877 (P)	7,310,000
1877-CC	7,700,000
1877-S	2,340,000
1878 (P)	1,678,000
1878-CC	200,000
1879 (P)	14,000
1880 (P)	36,000
1881 (P)	24,000
1882 (P)	3,910,000
1883 (P)	7,674,673
1884 (P)	3,365,505
1884-S	564,969
1885 (P)	2,532,497
1885-S	43,690
1886 (P)	6,376,684
1886-S	206,524
1887 (P)	11,283,229
1887-S	4,454,450
1888 (P)	5,495,655
1888-S	1,720,000
1889 (P)	7,380,000
1889-S	972,678
1890 (P)	9,910,951
1890-S	1,423,076
1891 (P)	15,310,000
1891-O	4,540,000
1891-S	3,196,116
1892 (P)	12,120,000
1892-O	3,841,700
1892-S	990,710
1893 (P)	3,340,000
1893-O	1,760,000
1893-S	2,491,401
1894 (P)	1,330,000
1894-O	720,000
1894-S	0[51]
1895 (P)	690,000
1895-O	440,000
1895-S	1,120,000
1896 (P)	2,000,000
1896-O	610,000
1896-S	575,056
1897 (P)	10,868,533
1897-O	666,000
1897-S	1,342,844
1898 (P)	16,320,000
1898-O	2,130,000
1898-S	1,702,507
1899 (P)	19,580,000
1899-O	2,650,000
1899-S	1,867,493
1900 (P)	17,600,000
1900-O	2,010,000
1900-S	5,168,270
1901 (P)	18,859,665
1901-O	5,620,000

Dimes (Cont.)

1901-S	593,022
1902 (P)	21,380,000
1902-O	4,500,000
1902-S	2,070,000
1903 (P)	19,500,000
1903-O	8,180,000
1903-S	613,300
1904 (P)	14,600,357
1904-S	800,000
1905 (P)	14,551,623
1905-O	3,400,000
1905-S	6,855,199
1906 (P)	19,957,731
1906-D	4,060,000
1906-O	2,610,000
1906-S	3,136,640
1907 (P)	22,220,000
1907-D	4,080,000
1907-O	5,058,000
1907-S	3,178,470
1908 (P)	10,600,000
1908-D	7,490,000
1908-O	1,789,000
1908-S	3,220,000
1909 (P)	10,240,000
1909-D	954,000
1909-O	2,287,000
1909-S	1,000,000
1910 (P)	11,520,000
1910-D	3,490,000
1910-S	1,240,000
1911 (P)	18,870,000
1911-D	11,209,000
1911-S	3,520,000
1912 (P)	19,350,000
1912-D	11,760,000
1912-S	3,420,000
1913 (P)	19,760,000
1913-S	510,000
1914 (P)	17,360,230
1914-D	11,908,000
1914-S	2,100,000
1915 (P)	5,620,000
1915-S	960,000
1916 (P)	40,670,000[83]
1916-D	264,000[93]
1916-S	16,270,000[93]
1917 (P)	55,230,000
1917-D	9,402,000
1917-S	27,330,000
1918 (P)	26,680,000
1918-D	22,674,800
1918-S	19,300,000
1919 (P)	35,740,000
1919-D	9,939,000
1919-S	8,850,000
1920 (P)	59,030,000
1920-D	19,171,000
1920-S	13,820,000
1921 (P)	1,230,000

Dimes (Cont.)

1921-D	1,080,000
1923 (P)	50,130,000
1923-S	6,440,000
1924 (P)	24,010,000
1924-D	6,810,000
1924-S	7,120,000
1925 (P)	25,610,000
1925-D	5,117,000
1925-S	5,850,000
1926 (P)	32,160,000
1926-D	6,828,000
1926-S	1,520,000
1927 (P)	28,080,000
1927-D	4,812,000
1927-S	4,770,000
1928 (P)	19,480,000
1928-D	4,161,000
1928-S	7,400,000
1929 (P)	25,970,000
1929-D	5,034,000
1929-S	4,730,000
1930 (P)	6,770,000
1930-S	1,843,000
1931 (P)	3,150,000
1931-D	1,260,000
1931-S	1,800,000
1934 (P)	24,080,000
1934-D	6,772,000
1935 (P)	58,830,000
1935-D	10,477,000
1935-S	15,840,000
1936 (P)	87,500,000
1936-D	16,132,000
1936-S	9,210,000
1937 (P)	56,860,000
1937-D	14,146,000
1937-S	9,740,000
1938 (P)	22,190,000
1938-D	5,537,000
1938-S	8,090,000
1939 (P)	67,740,000
1939-D	24,394,000
1939-S	10,540,000
1940 (P)	65,350,000
1940-D	21,198,000
1940-S	21,560,000
1941 (P)	175,090,000
1941-D	45,634,000
1941-S	43,090,000
1942 (P)	205,410,000
1942-D	60,740,000
1942-S	49,300,000
1943 (P)	191,710,000
1943-D	71,949,000
1943-S	60,400,000
1944 (P)	231,410,000
1944-D	62,224,000
1944-S	49,490,000
1945 (P)	159,130,000
1945-D	40,245,000

Dimes (Cont.)

1945-S	41,920,000
1946 (P)	255,250,000
1946-D	61,043,500
1946-S	27,900,000
1947 (P)	121,520,000
1947-D	46,835,000
1947-S	34,840,000
1948 (P)	74,950,000
1948-D	52,841,000
1948-S	35,520,000
1949 (P)	30,940,000
1949-D	26,034,000
1949-S	13,510,000
1950 (P)	50,130,114
1950-D	46,803,000
1950-S	20,440,000
1951 (P)	102,880,102
1951-D	56,529,000
1951-S	31,630,000
1952 (P)	99,040,093
1952-D	122,100,000
1952-S	44,419,500
1953 (P)	53,490,120
1953-D	136,433,000
1953-S	39,180,000
1954 (P)	114,010,203
1954-D	106,397,000
1954-S	22,860,000
1955 (P)	12,450,181
1955-D	13,959,000
1955-S	18,510,000
1956 (P)	108,640,000
1956-D	108,015,100
1957 (P)	160,160,000
1957-D	113,354,330
1958 (P)	31,910,000
1958-D	136,564,600
1959 (P)	85,780,000
1959-D	164,919,790
1960 (P)	70,390,000
1960-D	200,160,400
1961 (P)	93,730,000
1961-D	209,146,550
1962 (P)	72,450,000
1962-D	334,948,380
1963 (P)	123,650,000
1963-D	421,476,530
1964 (P)[104]	929,360,000
1964-D	1,357,517,180
1965 (P)[104]	845,130,000
1965 (D)	757,472,820
1965 (S)	47,177,750
1966 (P)[104]	622,550,000
1966 (D)	683,771,010
1966 (S)	74,151,947
1967 (P)[104]	1,030,110,000
1967 (D)	1,156,277,320
1967 (S)	57,620,000
1968 (P)	424,470,400
1968-D	480,748,280

Dimes (Cont.)

1968-S	0[63]
1969 (P)	145,790,000
1969-D	563,323,870
1969-S	0[63]
1970 (P)	345,570,000
1970-D	754,042,100
1970-S	0[63]
1971 (P)	162,690,000
1971-D	377,914,240
1971-S	0[63]
1972 (P)	431,540,000
1972-D	330,290,000
1972-S	0[63]
1973 (P)	315,670,000
1973-D	455,032,426
1973-S	0[63]
1974 (P)	470,248,000
1974-D	571,083,000
1974-S	0[63]
1975 (P)	513,682,000
1975-D	313,705,300
1975 (S)	71,991,900
1976 (P)	568,760,000
1976-D	695,222,774
1976-S	0[63]
1977 (P)	796,930,000
1977-D	376,607,228
1977-S	0[63]
1978 (P)	663,980,000
1978-D	282,847,540
1978-S	0[63]
1979 (P)	315,440,000
1979-D	390,921,184
1979-S	0[63]
1980 (P)	735,170,000
1980-D	719,354,321
1980-S	0[63]
1981-P	676,650,000
1981-D	712,284,143
1981-S	0[63]
1982-P[115]	519,475,000
1982-D	542,713,584
1982-S	0[63]
1983-P	647,025,000
1983-D	730,129,224
1983-S	0[63]
1984-P	856,669,000
1984-D	704,803,976
1984-S	0[63]
1985-P	705,200,962
1985-D	587,979,970
1985-S	0[63]
1986-P	682,649,693
1986-D	473,326,974
1986-S	0[63]
1987-P	762,709,481
1987-D	653,203,402
1987-S	0[63]

Twenty cents

Year	Mintage
1875 (P)	38,500
1875-CC	133,290
1875-S	1,155,000
1876 (P)	14,750
1876-CC	10,000[78]
1877 (P)	0[83]
1878 (P)	0[83]

Quarter dollars

Year	Mintage
1796	6,146
1804	6,738
1805	121,394
1806	286,424
1807	140,343
1815	89,235
1818	361,174
1819	144,000
1820	127,444
1821	216,851
1822	64,080
1823	17,800
1824	24,000
1825	148,000
1827	0[14]
1828	102,000
1831	398,000
1832	320,000
1833	156,000
1834	286,000
1835	1,952,000
1836	472,000
1837	252,400
1838 (P)	832,000[25]
1839 (P)	491,146
1840 (P)	188,127
1841 (P)	120,000
1841-O	452,000
1842 (P)	88,000
1842-O	769,000
1843 (P)	645,600
1843-O	968,000
1844 (P)	421,200
1844-O	740,000
1845 (P)	922,000
1846 (P)	510,000
1847 (P)	734,000
1847-O	368,000
1848 (P)	146,000
1849 (P)	340,000
1849-O	16,000
1850 (P)	190,800
1850-O	396,000
1851 (P)	160,000
1851-O	88,000
1852 (P)	177,060
1852-O	96,000
1853 (P)[34]	15,254,220[38]
1853-O[34]	1,332,000[38]

Quarters (Cont.)

Year	Mintage
1854 (P)	12,380,000
1854-O	1,484,000
1855 (P)	2,857,000
1855-O	176,000
1855-S	396,400
1856 (P)	7,264,000
1856-O	968,000
1856-S	286,000
1857 (P)	9,644,000
1857-O	1,180,000
1857-S	82,000
1858 (P)	7,368,000
1858-O	520,000
1858-S	121,000
1859 (P)	1,344,000
1859-O	260,000
1859-S	80,000
1860 (P)	804,400
1860-O	388,000
1860-S	56,000
1861 (P)	4,853,600
1861-S	96,000
1862 (P)	932,000
1862-S	67,000
1863 (P)	191,600
1864 (P)	93,600
1864-S	20,000
1865 (P)	58,800
1865-S	41,000
1866 (P)	16,800
1866-S	28,000
1867 (P)	20,000
1867-S	48,000
1868 (P)	29,400
1868-S	96,000
1869 (P)	16,000
1869-S	76,000
1870 (P)	86,400
1870-CC	8,340
1871 (P)	117,200
1871-CC	10,890
1871-S	30,900
1872 (P)	182,000
1872-CC	22,850
1872-S	83,000
1873 (P)[88]	1,483,160[72]
1873-CC[88]	16,462[72]
1873-S[88]	156,000[72]
1874 (P)	471,200
1874-S	392,000
1875 (P)	4,292,800
1875-CC	140,000
1875-S	680,000
1876 (P)	17,816,000
1876-CC	4,944,000
1876-S	8,596,000
1877 (P)	10,911,200
1877-CC	4,192,000
1877-S	8,996,000
1878 (P)	2,260,000

Quarters (Cont.)

Year	Mintage
1878-CC	996,000
1878-S	140,000
1879 (P)	14,450
1880 (P)	13,600
1881 (P)	12,000
1882 (P)	15,200
1883 (P)	14,400
1884 (P)	8,000
1885 (P)	13,600
1886 (P)	5,000
1887 (P)	10,000
1888 (P)	10,001
1888-S	1,216,000
1889 (P)	12,000
1890 (P)	80,000
1891 (P)	3,920,000
1891-O	68,000
1891-S	2,216,000
1892 (P)	8,236,000
1892-O	2,640,000
1892-S	964,079
1893 (P)	5,444,023
1893-O	3,396,000
1893-S	1,454,535
1894 (P)	3,432,000
1894-O	2,852,000
1894-S	2,648,821
1895 (P)	4,440,000
1895-O	2,816,000
1895-S	1,764,611
1896 (P)	3,874,000
1896-O	1,484,000
1896-S	188,039
1897 (P)	8,140,000
1897-O	1,414,800
1897-S	542,229
1898 (P)	11,100,000
1898-O	1,868,000
1898-S	1,020,592
1899 (P)	12,624,000
1899-O	2,644,000
1899-S	708,000
1900 (P)	10,016,000
1900-O	3,416,000
1900-S	1,858,585
1901 (P)	8,892,000
1901-O	1,612,000
1901-S	72,664
1902 (P)	12,196,967
1902-O	4,748,000
1902-S	1,524,612
1903 (P)	9,669,309
1903-O	3,500,000
1903-S	1,036,000
1904 (P)	9,588,143
1904-O	2,456,000
1905 (P)	4,967,523
1905-O	1,230,000
1905-S	1,884,000
1906 (P)	3,655,760

Quarters (Cont.)

1906-D	3,280,000
1906-O	2,056,000
1907 (P)	7,192,000
1907-D	2,484,000
1907-O	4,560,000
1907-S	1,360,000
1908 (P)	4,232,000
1908-D	5,788,000
1908-O	6,244,000
1908-S	784,000
1909 (P)	9,268,000
1909-O	5,114,000
1909-O	712,000
1909-S	1,348,000
1910 (P)	2,244,000
1910-D	1,500,000
1911 (P)	3,720,000
1911-D	933,600
1911-S	988,000
1912 (P)	4,400,000
1912-S	708,000
1913 (P)	484,000
1913-D	1,450,800
1913-S	40,000
1914 (P)	6,244,230
1914-D	3,046,000
1914-S	264,000
1915 (P)	3,480,000
1915-D	3,694,000
1915-S	704,000
1916 (P)	1,840,000[82]
1916-D	6,540,800[82]
1917 (P)	22,620,000[85]
1917-D	7,733,600[85]
1917-S	7,504,000[85]
1918 (P)	14,240,000
1918-D	7,380,000
1918-S	11,072,000
1919 (P)	11,324,000
1919-D	1,944,000
1919-S	1,836,000
1920 (P)	27,860,000
1920-D	3,586,400
1920-S	6,380,000
1921 (P)	1,916,000
1923 (P)	9,716,000
1923-S	1,360,000
1924 (P)	10,920,000
1924-D	3,112,000
1924-S	2,860,000
1925 (P)	12,280,000
1926 (P)	11,316,000
1926-D	1,716,000
1926-S	2,700,000
1927 (P)	11,912,000
1927-D	976,400
1927-S	396,000
1928 (P)	6,336,000
1928-D	1,627,600
1928-S	2,644,000

Quarters (Cont.)

1929 (P)	11,140,000
1929-D	1,358,000
1929-S	1,764,000
1930 (P)	5,632,000
1930-S	1,556,000
1932 (P)	5,404,000
1932-D	436,800
1932-S	408,000
1934 (P)	31,912,052
1934-D	3,527,200
1935 (P)	32,484,000
1935-D	5,780,000
1935-S	5,660,000
1936 (P)	41,300,000
1936-D	5,374,000
1936-S	3,828,000
1937 (P)	19,696,000
1937-D	7,189,600
1937-S	1,652,000
1938 (P)	9,472,000
1938-S	2,832,000
1939 (P)	33,540,000
1939-D	7,092,000
1939-S	2,628,000
1940 (P)	35,704,000
1940-D	2,797,600
1940-S	8,244,000
1941 (P)	79,032,000
1941-D	16,714,800
1941-S	16,080,000
1942 (P)	102,096,000
1942-D	17,487,200
1942-S	19,384,000
1943 (P)	99,700,000
1943-D	16,095,600
1943-S	21,700,000
1944 (P)	104,956,000
1944-D	14,600,800
1944-S	12,560,000
1945 (P)	74,372,000
1945-D	12,341,600
1945-S	17,004,001
1946 (P)	53,436,000
1946-D	9,072,800
1946-S	4,204,000
1947 (P)	22,556,000
1947-D	15,338,400
1947-S	5,532,000
1948 (P)	35,196,000
1948-D	16,766,800
1948-S	15,960,000
1949 (P)	9,312,000
1949-D	10,068,400
1950 (P)	24,920,126
1950-D	21,075,600
1950-S	10,284,004
1951 (P)	43,448,102
1951-D	35,354,800
1951-S	9,048,000
1952 (P)	38,780,093

Quarters (Cont.)

1952-D	49,795,200
1952-S	13,707,800
1953 (P)	18,536,120
1953-D	56,112,400
1953-S	14,016,000
1954 (P)	54,412,203
1954-D	42,305,500
1954-S	11,834,722
1955 (P)	18,180,181
1955-D	3,182,400
1956 (P)	44,144,000
1956-D	32,334,500
1957 (P)	46,532,000
1957-D	77,924,160
1958 (P)	6,360,000
1958-D	78,124,900
1959 (P)	24,384,000
1959-D	62,054,232
1960 (P)	29,164,000
1960-D	63,000,324
1961 (P)	37,036,000
1961-D	83,656,928
1962 (P)	36,156,000
1962-D	127,554,756
1963 (P)	74,316,000
1963-D	135,288,184
1964 (P)[104]	560,390,585
1964-D	704,135,528
1965 (P)[104]	1,082,216,000
1965 (D)	673,305,540
1965 (S)	61,836,000
1966 (P)[104]	404,416,000
1966 (D)	367,490,400
1966 (S)	46,933,517
1967 (P)[104]	873,524,000
1967 (D)	632,767,848
1967 (S)	17,740,000
1968 (P)	220,731,500
1968-D	101,534,000
1968-S	0[93]
1969 (P)	176,212,000
1969-D	114,372,000
1969-S	0[93]
1970 (P)	136,420,000
1970-D	417,341,364
1970-S	0[93]
1971 (P)	109,284,000
1971-D	258,634,428
1971-S	0[93]
1972 (P)	215,048,000
1972-D	311,067,732
1972-S	0[93]
1973 (P)	346,924,000
1973-D	232,977,400
1973-S	0[93]
1974 (P)[108]	801,456,000
1974-D	353,160,300
1974-S	0[93]
1976 (P)[109,110]	809,408,016
1976-D	860,118,839

230 —Mintages

Quarters (Cont.)

1976-S	0[111]
1976 (W)	376,000
1977 (P)	461,204,000
1977-D	256,524,978
1977-S	0[63]
1977 (W)	7,352,000
1978 (P)	500,652,000
1978-D	287,373,152
1978-S	0[63]
1978 (W)	20,800,000
1979 (P)	493,036,000
1979-D	489,789,780
1979-S	0[63]
1979 (W)	22,672,000
1980-P[112]	635,832,000
1980-D	518,327,487
1980-S	0[63]
1981-P	601,716,000
1981-D	575,722,833
1981-S	0[63]
1982-P	500,931,000
1982-D	480,042,788
1982-S	0[63]
1983-P	673,535,000
1983-D	617,806,446
1983-S	0(53)
1984-P	676,545,000
1984-D	546,483,064
1984-S	0[63]
1985-P	775,818,962
1985-D	519,962,888
1985-S	0[63]
1986-P	551,199,333
1986-D	504,298,660
1986-S	0[63]
1987-P	582,499,481
1987-D	655,595,696
1987-S	0[63]

Half dollars

Year	Mintage
1794	23,464
1795	299,680
1796	934
1797	2,984
1801	30,289
1802	29,890
1803	188,234
1805	211,722
1806	839,576
1807	1,051,576[12]
1808	1,368,600
1809	1,405,810
1810	1,276,276
1811	1,203,644
1812	1,628,059
1813	1,241,903
1814	1,039,075
1815	47,150
1817	1,215,567

Halves (Cont.)

1818	1,960,322
1819	2,208,000
1820	751,122
1821	1,305,797
1822	1,559,573
1823	1,694,200
1824	3,504,954
1825	2,943,166
1826	4,004,180
1827	5,493,400
1828	3,075,200
1829	3,712,156
1830	4,764,800
1831	5,873,660
1832	4,797,000
1833	5,206,000
1834	6,412,004
1835	5,352,006
1836	6,546,200[26]
1837	3,629,820
1838 (P)	3,546,000
1838-O	0[24]
1839 (P)	3,334,560[28]
1839-O	162,976
1840 (P)	1,435,008
1840-O	855,100
1841 (P)	310,000
1841-O	401,000
1842 (P)	2,012,764
1842-O	957,000
1843 (P)	3,844,000
1843-O	2,268,000
1844 (P)	1,766,000
1844-O	2,005,000
1845 (P)	589,000
1845-O	2,094,000
1846 (P)	2,210,000
1846-O	2,304,000
1847 (P)	1,156,000
1847-O	2,584,000
1848 (P)	580,000
1848-O	3,180,000
1849 (P)	1,252,000
1849-O	2,310,000
1850 (P)	227,000
1850-O	2,456,000
1851 (P)	200,750
1851-O	402,000
1852 (P)	77,130
1852-O	144,000
1853 (P)[34]	3,532,708[35]
1853-O	1,328,000[35]
1854 (P)	2,982,000
1854-O	5,240,000
1855 (P)	759,500
1855-O	3,688,000
1855-S	129,950
1856 (P)	938,000
1856-O	2,658,000
1856-S	211,000

Halves (Cont.)

1857 (P)	1,988,000
1857-O	818,000
1857-S	158,000
1858 (P)	4,226,000
1858-O	7,294,000
1858-S	476,000
1859 (P)	748,000
1859-O	2,834,000
1859-S	566,000
1860 (P)	302,700
1860-O	1,290,000
1860-S	472,000
1861 (P)	2,887,400
1861-O	2,532,633[52]
1861-S	939,500
1862 (P)	253,000
1862-S	1,352,000
1863 (P)	503,200
1863-S	916,000
1864 (P)	379,100
1864-S	658,000
1865 (P)	511,400
1865-S	675,000
1866 (P)	744,900
1866-S	1,054,000
1867 (P)	449,300
1867-S	1,196,000
1868 (P)	417,600
1868-S	1,160,000
1869 (P)	795,300
1869-S	656,000
1870 (P)	633,900
1870-CC	54,617
1870-S	1,004,000
1871 (P)	1,203,600
1871-CC	153,950
1871-S	2,178,000
1872 (P)	880,600
1872-CC	257,000
1872-S	580,000
1873 (P)[68]	2,616,350[71]
1873-CC[68]	337,060[71]
1873-S[68]	233,000[71]
1874 (P)	2,359,600
1874-CC	59,000
1874-S	394,000
1875 (P)	6,026,800
1875-CC	1,008,000
1875-S	3,200,000
1876 (P)	8,418,000
1876-CC	1,956,000
1876-S	4,528,000
1877 (P)	8,304,000
1877-CC	1,420,000
1877-S	5,356,000
1878 (P)	1,377,600
1878-CC	62,000
1878-S	12,000
1879 (P)	4,800
1880 (P)	8,400

Halves (Cont.)

1881 (P)	10,000
1882 (P)	4,400
1883 (P)	8,000
1884 (P)	4,400
1885 (P)	5,200
1886 (P)	5,000
1887 (P)	5,000
1888 (P)	12,001
1889 (P)	12,000
1890 (P)	12,000
1891 (P)	200,000
1892 (P)	934,245
1892-O	390,000
1892-S	1,029,028
1893 (P)	1,826,000
1893-O	1,389,000
1893-S	740,000
1894 (P)	1,148,000
1894-O	2,138,000
1894-S	4,048,690
1895 (P)	1,834,338
1895-O	1,766,000
1895-S	1,108,086
1896 (P)	950,000
1896-O	924,000
1896-S	1,140,948
1897 (P)	2,480,000
1897-O	632,000
1897-S	933,900
1898 (P)	2,956,000
1898-O	874,000
1898-S	2,358,550
1899 (P)	5,538,000
1899-O	1,724,000
1899-S	1,686,411
1900 (P)	4,762,000
1900-S	2,744,000
1900-S	2,560,322
1901 (P)	4,268,000
1901-O	1,124,000
1901-S	847,044
1902 (P)	4,922,000
1902-O	2,526,000
1902-S	1,460,670
1903 (P)	2,278,000
1903-O	2,100,000
1903-S	1,920,772
1904 (P)	2,992,000
1904-O	1,117,600
1904-S	553,038
1905 (P)	662,000
1905-O	505,000
1905-S	2,494,000
1906 (P)	2,638,000
1906-D	4,028,000
1906-O	2,446,000
1906-S	1,740,154
1907 (P)	2,598,000
1907-D	3,856,000
1907-O	3,946,600

Halves (Cont.)

1907-S	1,250,000
1908 (P)	1,354,000
1908-D	3,280,000
1908-O	5,360,000
1908-S	1,644,828
1909 (P)	2,368,000
1909-O	925,400
1909-S	1,764,000
1910 (P)	418,000
1910-S	1,948,000
1911 (P)	1,406,000
1911-D	695,080
1911-S	1,272,000
1912 (P)	1,550,000
1912-D	2,300,800
1912-S	1,370,000
1913 (P)	188,000
1913-D	534,000
1913-S	604,000
1914 (P)	124,230
1914-S	992,000
1915 (P)	138,000
1915-D	1,170,400
1915-S	1,604,000
1916 (P)	608,000
1916-D	1,014,400
1916-S	508,000
1917 (P)	12,292,000
1917-D	2,705,400[*]
1917-S	6,506,000[*]
1918 (P)	6,734,058
1918-D	3,853,040
1918-S	10,282,000
1919 (P)	962,000
1919-D	1,165,000
1919-S	1,552,000
1920 (P)	6,372,000
1920-D	1,551,000
1920-S	4,624,000
1921 (P)	246,000
1921-D	208,000
1921-S	548,000
1923-S	2,178,000
1927-S	2,392,000
1928-S	1,940,000
1929-D	1,001,200
1929-S	1,902,000
1933-S	1,786,000
1934 (P)	6,964,000
1934-D	2,361,400
1934-S	3,652,000
1935 (P)	9,162,000
1935-D	3,003,800
1935-S	3,854,000
1936 (P)	12,614,000
1936-D	4,252,400
1936-S	3,884,000
1937 (P)	9,522,000
1937-D	1,676,000
1937-S	2,090,000

Halves (Cont.)

1938 (P)	4,110,000
1938-D	491,600
1939 (P)	6,812,000
1939-D	4,267,800
1939-S	2,552,000
1940 (P)	9,156,000
1940-S	4,550,000
1941 (P)	24,192,000
1941-D	11,248,400
1941-S	8,098,000
1942 (P)	47,818,000
1942-D	10,973,800
1942-S	12,708,000
1943 (P)	53,190,000
1943-D	11,346,000
1943-S	13,450,000
1944 (P)	28,206,000
1944-D	9,769,000
1944-S	8,904,000
1945 (P)	31,502,000
1945-D	9,996,800
1945-S	10,156,000
1946 (P)	12,118,000
1946-D	2,151,000
1946-S	3,724,000
1947 (P)	4,094,000
1947-D	3,900,600
1948 (P)	3,006,814
1948-D	4,028,600
1949 (P)	5,614,000
1949-D	4,120,600
1949-S	3,744,000
1950 (P)	7,742,123
1950-D	8,031,600
1951 (P)	16,802,102
1951-D	9,475,200
1951-S	13,696,000
1952 (P)	21,192,093
1952-D	25,395,600
1952-S	5,526,000
1953 (P)	2,668,120
1953-D	20,900,400
1953-S	4,148,000
1954 (P)	13,188,203
1954-D	25,445,580
1954-S	4,993,400
1955 (P)	2,498,181
1956 (P)	4,032,000
1957 (P)	5,114,000
1957-D	19,966,850
1958 (P)	4,042,000
1958-D	23,962,412
1959 (P)	6,200,000
1959-D	13,053,750
1960 (P)	6,024,000
1960-D	18,215,812
1961 (P)	8,290,000
1961-D	20,276,442
1962 (P)	9,714,000
1962-D	35,473,281

Halves (Cont.)

Year	Mintage
1963 (P)	22,164,000
1963-D	67,069,292
1964 (P)[104]	273,304,004
1964-D	156,205,446
1965 (P)[104]	0
1965 (D)	63,049,366
1965 (S)	470,000
1966 (P)[104]	0
1966 (D)	106,439,312
1966 (S)	284,037
1967 (P)[104]	0
1967 (D)	295,046,978
1967 (S)	0
1968-D	246,951,930
1968-S	0[63]
1969-D	129,881,800
1969-S	0[63]
1970-D	2,150,000[105]
1970-S	0[63]
1971 (P)	155,164,000
1971-D	302,097,424
1971-S	0[63]
1972 (P)	153,180,000
1972-D	141,890,000
1972-S	0[63]
1973 (P)	64,964,000
1973-D	83,171,400
1973-S	0[63]
1974 (P)	201,596,000
1974-D	79,066,300
1974-S	0[63]
1976 (P)[109,110]	234,308,000
1976-D	287,565,248
1976-S[111]	0
1977 (P)	43,598,000
1977-D	31,449,106
1977-S	0[63]
1978 (P)	14,350,000
1978-D	13,765,799
1978-S	0[63]
1979 (P)	68,312,000
1979-D	15,815,422
1979-S	0[63]
1980 (P)	44,134,000[112]
1980-D	33,456,449
1980-S	0[63]
1981-P	29,544,000
1981-D	27,839,533
1981-S	0[63]
1982-P	10,819,000
1982-D	13,140,102
1982-S	0[63]
1983-P	34,139,000
1983-D	32,472,24
1983-S	0[63]
1984-P	26,029,000
1984-D	26,262,158
1984-S	0[63]
1985-P	18,706,962
1985-D	19,814,034

Halves (Cont.)

Year	Mintage
1985-S	0[63]
1986-P	13,107,633
1986-D	15,366,145
1986-S	0[63]
1987-P	0[117]
1987-D	0[117]
1987-S	0[63]

Silver dollars

Year	Mintage
1794	1,758
1795	203,033[2]
1796	72,920
1797	7,776
1798	327,536[9]
1799	423,515
1800	220,920
1801[7]	5,445
1802[7]	41,650
1803[7]	85,634
1804	0[8]
1805	0[19]
1836	1,600[19]
1839 (P)	300[19]
1840 (P)	61,005[29]
1841 (P)	173,000[29]
1842 (P)	184,618[29]
1843 (P)	165,100[29]
1844 (P)	20,000[29]
1845 (P)	24,500[29]
1846 (P)	110,600[29]
1846-O	59,000
1847 (P)	140,750[29]
1848 (P)	15,000[29]
1849 (P)	62,600[29]
1850 (P)	7,500[29]
1850-O	40,000
1851 (P)	1,300[29]
1852 (P)	1,100[29]
1853 (P)	46,110[29]
1854 (P)	33,140
1855 (P)	26,000
1856 (P)	63,500
1857 (P)	94,000
1858 (P)	0[63]
1859 (P)	256,500
1859-O	360,000
1859-S	20,000
1860 (P)	217,600
1860-O	515,000
1861 (P)	77,500
1862 (P)	11,540
1863 (P)	27,200
1864 (P)	30,700
1865 (P)	46,500
1866 (P)	48,900
1867 (P)	47,900
1868 (P)	162,100
1869 (P)	423,700
1870 (P)	415,000

Silver dollars (Cont.)

Year	Mintage
1870-CC	12,462
1870-S	0[67]
1871 (P)	1,073,800
1871-CC	1,376
1872 (P)	1,105,500
1872-CC	3,150
1872-S	9,000
1873 (P)[68]	293,000
1873-CC[63]	2,300
1873-S[68]	700[70]
1878 (P)[78]	10,508,550
1878-CC	2,212,000
1878-S	9,774,000
1879 (P)	14,806,000
1879-CC	756,000
1879-O	2,887,000
1879-S	9,110,000
1880 (P)	12,600,000
1880-CC	591,000
1880-O	5,305,000
1880-S	8,900,000
1881 (P)	9,163,000
1881-CC	296,000
1881-O	5,708,000
1881-S	12,760,000
1882 (P)	11,100,000
1882-CC	1,133,000
1882-O	6,090,000
1882-S	9,250,000
1883 (P)	12,290,000
1883-CC	1,204,000
1883-O	8,725,000
1883-S	6,250,000
1884 (P)	14,070,000
1884-CC	1,136,000
1884-O	9,730,000
1884-S	3,200,000
1885 (P)	17,786,837
1885-CC	228,000
1885-O	9,185,000
1885-S	1,497,000
1886 (P)	19,963,000
1886-O	10,710,000
1886-S	750,000
1887 (P)	20,290,000
1887-O	11,550,000
1887-S	1,771,000
1888 (P)	19,183,000
1888-O	12,150,000
1888-S	657,000
1889 (P)	21,726,000
1889-CC	350,000
1889-O	11,875,000
1889-S	700,000
1890 (P)	16,802,000
1890-CC	2,309,041
1890-O	10,701,000
1890-S	8,230,373
1891 (P)	8,693,556
1891-CC	1,618,000

Silver dollars (Cont.)

1891-O	7,954,529
1891-S	5,296,000
1892 (P)	1,036,000
1892-CC	1,352,000
1892-O	2,744,000
1892-S	1,200,000
1893 (P)	378,000
1893-CC	677,000
1893-O	300,000
1893-S	100,000
1894 (P)	110,000
1894-O	1,723,000
1894-S	1,260,000
1895 (P)	12,000[82]
1895-O	450,000
1895-S	400,000
1896 (P)	9,976,000
1896-O	4,900,000
1896-S	5,000,000
1897 (P)	2,822,000
1897-O	4,004,000
1897-S	5,825,000
1898 (P)	5,884,000
1898-O	4,440,000
1898-S	4,102,000
1899 (P)	330,000
1899-O	12,290,000
1899-S	2,562,000
1900 (P)	8,830,000
1900-O	12,590,000
1900-S	3,540,000
1901 (P)	6,962,000
1901-O	13,320,000
1901-S	2,284,000
1902 (P)	7,994,000
1902-O	8,636,000
1902-S	1,530,000
1903 (P)	4,652,000
1903-O	4,450,000
1903-S	1,241,000
1904 (P)	2,788,000
1904-O	3,720,000
1904-S	2,304,000
1921 (P)	45,696,473[88]
1921-D	20,345,000[88]
1921-S	21,695,000[88]
1922 (P)	51,737,000
1922-D	15,063,000
1922-S	17,475,000
1923 (P)	30,800,000
1923-D	6,811,000
1923-S	19,020,000
1924 (P)	11,811,000
1924-S	1,728,000
1925 (P)	10,198,000
1925-S	1,610,000
1926 (P)	1,939,000
1926-D	2,348,700
1926-S	6,980,000
1927 (P)	848,000

Silver dollars (Cont.)

1927-D	1,268,900
1927-S	866,000
1928 (P)	360,649
1928-S	1,632,000
1934 (P)	954,057
1934-D	1,569,500
1934-S	1,011,000
1935 (P)	1,576,000
1935-S	1,964,000

Trade dollars

Year	Mintage
1873 (P)[88]	396,635
1873-CC[88]	124,500
1873-S[88]	703,000
1874 (P)	987,100
1874-CC	1,373,200
1874-S	2,549,000
1875 (P)	218,200
1875-CC	1,573,700
1875-S	4,487,000
1876 (P)	455,000
1876-CC	509,000
1876-S	5,227,000
1877 (P)	3,039,200
1877-CC	534,000
1877-S	9,519,000
1878 (P)	0[78]
1878-CC	97,000
1878-S	4,162,000
1879 (P)	0[78]
1880 (P)	0[78]
1881 (P)	0[78]
1882 (P)	0[78]
1883 (P)	0[78]
1884 (P)	0[78]
1885 (P)	0[78]

Clad dollars

Year	Mintage
1971 (P)	47,799,000
1971-D	68,587,424
1971-S[106]	0
1972 (P)	75,890,000
1972-D	92,548,511
1972-S[106]	0
1973 (P)[107]	2,000,056
1973-D	2,000,000
1973-S[106]	0
1974 (P)[108]	27,366,000
1974-D	45,517,000
1974-S[106]	0
1976 (P)[110]	117,337,000
1976-D	103,228,274
1976-S[111]	0
1977 (P)	12,596,000
1977-D	32,983,006
1977-S	0[63]
1978 (P)	25,702,000
1978-D	33,012,890
1978-S	0[63]

Clad dollars (Cont.)

1979-P[113]	360,222,000
1979-D	288,015,744
1979-S	109,576,000
1980-P	27,610,000
1980-D	41,628,708
1980-S	20,422,000
1981-P[118]	3,000,000
1981-D	3,250,000
1981-S	3,492,000

Gold dollars

Year	Mintage
1849 (P)	688,567
1849-C	11,634
1849-D	21,588
1849-O	215,000
1850 (P)	481,953
1850-C	6,966
1850-D	8,382
1850-O	14,000
1851 (P)	3,317,671
1851-C	41,267
1851-D	9,882
1851-O	290,000
1852 (P)	2,045,351
1852-C	9,434
1852-D	6,360
1852-O	140,000
1853 (P)	4,076,051
1853-C	11,515
1853-D	6,583
1853-O	290,000
1854 (P)	1,639,445[39]
1854-D	2,935[39]
1854-S	14,632[39]
1855 (P)	758,269
1855-C	9,803
1855-D	1,811
1855-O	55,000
1856 (P)[40]	1,762,936
1856-D[40]	1,460
1856-S[40]	24,600
1857 (P)	774,789
1857-C	13,280
1857-D	3,533
1857-S	10,000
1858 (P)	117,995
1858-D	3,477
1858-S	10,000
1859 (P)	168,244
1859-C	5,235
1859-D	4,952
1859-S	15,000
1860 (P)	36,514
1860-D	1,566
1860-S	13,000
1861 (P)	527,150
1861-D	0[51]
1862 (P)	1,361,355
1863 (P)	6,200
1864 (P)	5,900

Gold dollars (Cont.)

Year	Mintage
1865 (P)	3,700
1866 (P)	7,100
1867 (P)	5,200
1868 (P)	10,500
1869 (P)	5,900
1870 (P)	6,300
1870-S	3,000[68]
1871 (P)	3,900
1872 (P)	3,500
1873 (P)[68]	125,100
1874 (P)	198,800
1875 (P)	400
1876 (P)	3,200
1877 (P)	3,900
1878 (P)	3,000
1879 (P)	3,000
1880 (P)	1,600
1881 (P)	7,620
1882 (P)	5,000
1883 (P)	10,800
1884 (P)	5,230
1885 (P)	11,156
1886 (P)	5,000
1887 (P)	7,500
1888 (P)	16,501
1889 (P)	28,950

Quarter eagles

Year	Mintage
1796	1,395
1797	427
1798	1,094
1802	3,035
1804	3,327
1805	1,781
1806	1,616
1807	6,812
1808	2,710
1821	6,448
1824	2,600
1825	4,434
1826	760
1827	2,800
1829	3,403
1830	4,540
1831	4,520
1832	4,400
1833	4,160
1834	117,370[68]
1835	131,402
1836	547,986
1837	45,080
1838 (P)	47,030
1838-C	7,908
1839 (P)	27,021
1839-C	18,173
1839-D	13,674
1839-O	17,781
1840 (P)	18,859

$2.50 (Cont.)

Year	Mintage
1840-C	12,838
1840-D	3,532
1840-O	33,580
1841 (P)	0[31]
1841-C	10,297
1841-D	4,164
1842 (P)	2,823
1842-C	6,737
1842-D	4,643
1842-O	19,800
1843 (P)	100,546
1843-C	26,096
1843-D	36,209
1843-O	368,002
1844 (P)	6,784
1844-C	11,622
1844-D	17,332
1845 (P)	91,051
1845-D	19,460
1845-O	4,000
1846 (P)	21,598
1846-C	4,808
1846-D	19,303
1846-O	62,000
1847 (P)	29,814
1847-C	23,226
1847-D	15,784
1847-O	124,000
1848 (P)	8,886[32]
1848-C	16,788
1848-D	13,771
1849 (P)	23,294
1849-C	10,220
1849-D	10,945
1850 (P)	252,923
1850-C	9,148
1850-D	12,148
1850-O	84,000
1851 (P)	1,372,748
1851-C	14,923
1851-D	11,264
1851-O	148,000
1852 (P)	1,159,681
1852-C	9,772
1852-D	4,078
1852-O	140,000
1853 (P)	1,404,668
1853-D	3,178
1854 (P)	596,258
1854-C	7,295
1854-D	1,760
1854-O	153,000
1854-S	246
1855 (P)	235,480
1855-C	3,677
1855-D	1,123
1856 (P)	384,240
1856-C	7,913
1856-D	874
1856-O	21,100

$2.50 (Cont.)

Year	Mintage
1856-S	71,120
1857 (P)	214,130
1857-D	2,364
1857-O	34,000
1857-S	69,200
1858 (P)	47,377
1858-C	9,056
1859 (P)	39,444
1859-D	2,244
1859-S	15,200
1860 (P)	22,563
1860-C	7,469
1860-S	35,600
1861 (P)	1,272,428
1861-S	24,000
1862 (P)	98,508
1862-S	8,000
1863 (P)	0[63]
1863-S	10,800
1864 (P)	2,824
1865 (P)	1,520
1865-S	23,376
1866 (P)	3,080
1866-S	38,960
1867 (P)	3,200
1867-S	28,000
1868 (P)	3,600
1868-S	34,000
1869 (P)	4,320
1869-S	29,500
1870 (P)	4,520
1870-S	16,000
1871 (P)	5,320
1871-S	22,000
1872 (P)	3,000
1872-S	18,000
1873 (P)[68]	178,000
1873-S[68]	27,000
1874 (P)	3,920
1875 (P)	400
1875-S	11,600
1876 (P)	4,176
1876-S	5,000
1877 (P)	1,632
1877-S	35,400
1878 (P)	286,240
1878-S	178,000
1879 (P)	88,960
1879-S	43,500
1880 (P)	2,960
1881 (P)	640
1882 (P)	4,000
1883 (P)	1,920
1884 (P)	1,950
1885 (P)	800
1886 (P)	4,000
1887 (P)	6,160
1888 (P)	16,005
1889 (P)	17,600
1890 (P)	8,720

$2.50 (Cont.)

Year	Mintage
1891 (P)	10,960
1892 (P)	2,440
1893 (P)	30,000
1894 (P)	4,000
1895 (P)	6,000
1896 (P)	19,070
1897 (P)	29,768
1898 (P)	24,000
1899 (P)	27,200
1900 (P)	67,000
1901 (P)	91,100
1902 (P)	133,540
1903 (P)	201,060
1904 (P)	160,790
1905 (P)	217,800
1906 (P)	176,330
1907 (P)	336,294
1908 (P)	564,821
1909 (P)	441,760
1910 (P)	492,000
1911 (P)	704,000
1911-D	55,680
1912 (P)	616,000
1913 (P)	722,000
1914 (P)	240,000
1914-D	448,000
1915 (P)	606,000
1925-D	578,000
1926 (P)	446,000
1927 (P)	388,000
1928 (P)	416,000
1929 (P)	532,000

Three dollars

Year	Mintage
1854 (P)	138,618
1854-D	1,120
1854-O	24,000
1855 (P)	50,555
1855-S	6,600
1856 (P)	26,010
1856-S	34,500
1857 (P)	20,891
1857-S	14,000
1858 (P)	2,133
1859 (P)	15,638
1860 (P)	7,036
1860-S	4,408[45]
1861 (P)	5,959
1862 (P)	5,750
1863 (P)	5,000
1864 (P)	2,630
1865 (P)	1,140
1866 (P)	4,000
1867 (P)	2,600
1868 (P)	4,850
1869 (P)	2,500
1870 (P)	3,500
1870-S	0[46]
1871 (P)	1,300
1872 (P)	2,000

$3 (Cont.)

Year	Mintage
1873 (P)[88]	0[88]
1874 (P)	41,800
1875 (P)	0[75]
1876 (P)	0[53]
1877 (P)	1,468
1878 (P)	82,304
1879 (P)	3,000
1880 (P)	1,000
1881 (P)	500
1882 (P)	1,500
1883 (P)	900
1884 (P)	1,000
1885 (P)	800
1886 (P)	1,000
1887 (P)	6,000
1888 (P)	5,000
1889 (P)	2,300

Half eagles

Year	Mintage
1795	8,707
1796	6,196
1797	3,609
1798	24,867[8]
1799	7,451
1800	37,628
1802	53,176
1803	33,506
1804	30,475
1805	33,183
1806	64,093
1807	84,093[11]
1808	55,578
1809	33,875
1810	100,287
1811	99,581
1812	58,087
1813	95,428
1814	15,454
1815	635
1818	48,588
1819	51,723
1820	263,806
1821	34,641
1822	17,796[13]
1823	14,485
1824	17,340
1825	29,060
1826	18,069
1827	24,913
1828	28,029
1829	57,442
1830	126,351
1831	140,594
1832	157,487
1833	193,630
1834	707,601[17]
1835	371,534
1836	553,147
1837	207,121
1838 (P)	286,588

$5 (Cont.)

Year	Mintage
1838-C	19,145
1838-D	20,583
1839 (P)	118,143
1839-C	17,235
1839-D	18,939
1840 (P)	137,382
1840-C	19,028
1840-D	22,896
1840-O	38,700
1841 (P)	15,833
1841-C	21,511
1841-D	30,495
1841-O	50
1842 (P)	27,578
1842-C	27,480
1842-D	59,608
1842-O	16,400
1843 (P)	611,205
1843-C	44,353
1843-D	98,452
1843-O	101,075
1844 (P)	340,330
1844-C	23,631
1844-D	88,982
1844-O	364,600
1845 (P)	417,099
1845-D	90,629
1845-O	41,000
1846 (P)	395,942
1846-C	12,995
1846-D	80,294
1846-O	58,000
1847 (P)	915,981
1847-C	84,151
1847-D	64,405
1847-O	12,000
1848 (P)	260,775
1848-C	64,472
1848-D	47,465
1849 (P)	133,070
1849-C	64,823
1849-D	39,036
1850 (P)	64,491
1850-C	63,591
1850-D	43,984
1851 (P)	377,505
1851-C	49,176
1851-D	62,710
1851-O	41,000
1852 (P)	573,901
1852-C	72,574
1852-D	91,584
1853 (P)	305,770
1853-C	65,571
1853-D	89,678
1854 (P)	160,675
1854-D	39,283
1854-D	56,413
1854-O	46,000
1854-S	268

1855 (P)	117,098
1855-C	39,788
1855-D	22,432
1855-O	11,100
1855-S	61,000
1856 (P)	197,990
1856-C	28,457
1856-D	19,786
1856-O	10,000
1856-S	105,100
1857 (P)	98,188
1857-C	31,360
1857-D	17,046
1857-O	13,000
1857-S	87,000
1858 (P)	15,136
1858-C	38,856
1858-D	15,362
1858-S	18,600
1859 (P)	16,814
1859-C	31,847
1859-D	10,366
1859-S	13,220
1860 (P)	19,763
1860-C	14,813
1860-D	14,635
1860-S	21,200
1861 (P)	688,084
1861-C	6,879[60]
1861-D	1,597
1861-S	18,000
1862 (P)	4,430
1862-S	9,500
1863 (P)	2,442
1863-S	17,000
1864 (P)	4,220
1864-S	3,888
1865 (P)	1,270
1865-S	27,612
1866 (P)	6,700
1866-S	43,920[62]
1867 (P)	6,870
1867-S	29,000
1868 (P)	5,700
1868-S	52,000
1869 (P)	1,760
1869-S	31,000
1870 (P)	4,000
1870-CC	7,675
1870-S	17,000
1871 (P)	3,200
1871-CC	20,770
1871-S	25,000
1872 (P)	1,660
1872-CC	16,980
1872-S	36,400
1873 (P)[58]	112,480
1873-CC[58]	7,416
1873-S[58]	31,000
1874 (P)	3,488

1874-CC	21,198
1874-S	16,000
1875 (P)	200
1875-CC	11,828
1875-S	9,000
1876 (P)	1,432
1876-CC	6,887
1876-S	4,000
1877 (P)	1,132
1877-CC	8,680
1877-S	26,700
1878 (P)	131,720
1878-CC	9,054
1878-S	144,700
1879 (P)	301,920
1879-CC	17,281
1879-S	426,200
1880 (P)	3,166,400
1880-CC	51,017
1880-S	1,348,900
1881 (P)	5,708,760
1881-CC	13,886
1881-S	969,000
1882 (P)	2,514,520
1882-CC	82,817
1882-S	969,000
1883 (P)	233,400
1883-CC	12,958
1883-S	83,200
1884 (P)	191,030
1884-CC	16,402
1884-S	177,000
1885 (P)	601,440
1885-S	1,211,500
1886 (P)	388,360
1886-S	3,268,000
1887 (P)	0[63]
1887-S	1,912,000
1888 (P)	18,202
1888-S	293,900
1889 (P)	7,520
1890 (P)	4,240
1890-CC	53,800
1891 (P)	61,360
1891-CC	208,000
1892 (P)	753,480
1892-CC	82,968
1892-O	10,000
1892-S	298,400
1893 (P)	1,528,120
1893-CC	60,000
1893-O	110,000
1893-S	224,000
1894 (P)	957,880
1894-O	16,600
1894-S	55,900
1895 (P)	1,345,855
1895-S	112,000
1896 (P)	58,960
1896-S	155,400

1897 (P)	867,800
1897-S	354,000
1898 (P)	633,420
1898-S	1,397,400
1899 (P)	1,710,630
1899-S	1,545,000
1900 (P)	1,405,500
1900-S	329,000
1901 (P)	615,900
1901-S	3,648,000
1902 (P)	172,400
1902-S	939,000
1903 (P)	226,870
1903-S	1,855,000
1904 (P)	392,000
1904-S	97,000
1905 (P)	302,200
1905-S	880,700
1906 (P)	348,735
1906-D[83]	320,000
1906-S	598,000
1907 (P)	626,100
1907-D[83]	888,000
1908 (P)	999,719[86]
1908-D	148,000[86]
1908-S	82,000[86]
1909 (P)	627,060
1909-D	3,423,560
1909-O	34,200
1909-S	297,200
1910 (P)	604,000
1910-D	193,600
1910-S	770,200
1911 (P)	915,000
1911-D	72,500
1911-S	1,416,000
1912 (P)	790,000
1912-S	392,000
1913 (P)	916,000
1913-S	408,000
1914 (P)	247,000
1914-D	247,000
1914-S	263,000
1915 (P)	588,000
1915-S	164,000
1916-S	240,000
1929 (P)	662,000

Eagles

Year	Mintage
1795	5,583
1796	4,146
1797	14,555[4]
1798	1,742
1799	37,449
1800	5,999
1801	44,344
1803	15,017
1804	3,757
1838 (P)	7,200
1839 (P)[27]	38,248

Coin	Mintage		Coin	Mintage		Coin	Mintage
1840 (P)	47,338		1867 (P)	3,090		1887-S	817,000
1841 (P)	63,131		1867-S	9,000		1888 (P)	132,924
1841-O	2,500		1868 (P)	10,630		1888-O	21,335
1842 (P)	81,507		1868-S	13,500		1888-S	648,700
1842-O	27,400		1869 (P)	1,830		1889 (P)	4,440
1843 (P)	75,462		1869-S	6,430		1889-S	425,400
1843-O	175,162		1870 (P)	3,990		1890 (P)	57,980
1844 (P)	6,361		1870-CC	5,908		1890-CC	17,500
1844-O	118,700		1870-S	8,000		1891 (P)	91,820
1845 (P)	26,153		1871 (P)	1,790		1891-CC	103,732
1845-O	47,500		1871-CC	8,085		1892 (P)	797,480
1846 (P)	20,095		1871-S	16,500		1892-CC	40,000
1846-O	81,780		1872 (P)	1,620		1892-O	28,688
1847 (P)	762,258		1872-CC	4,600		1892-S	115,500
1847-O	571,500		1872-S	17,300		1893 (P)	1,840,840
1848 (P)	145,484		1873 (P)[88]	800		1893-CC	14,000
1848-O	35,850		1873-CC[88]	4,543		1893-O	17,000
1849 (P)	653,618		1873-S[88]	12,000		1893-S	141,350
1849-O	23,900		1874 (P)	53,140		1894 (P)	2,470,735
1850 (P)	291,451		1874-CC	16,767		1894-O	107,500
1850-O	57,500		1874-S	10,000		1894-S	25,000
1851 (P)	176,328		1875 (P)	100		1895 (P)	567,770
1851-O	263,000		1875-CC	7,715		1895-O	98,000
1852 (P)	263,106		1876(P)	687		1895-S	49,000
1852-O	18,000		1876-CC	4,696		1896 (P)	76,270
1853 (P)	201,253		1876-S	5,000		1896-S	123,750
1853-O	51,000		1877 (P)	797		1897 (P)	1,000,090
1854 (P)	54,250		1877-CC	3,332		1897-O	42,500
1854-O	52,500		1877-S	17,000		1897-S	234,750
1854-S	123,826		1878 (P)	73,780		1898 (P)	812,130
1855 (P)	121,701		1878-CC	3,244		1898-S	473,600
1855-O	18,000		1878-S	26,100		1899 (P)	1,262,219
1855-S	9,000		1879 (P)	384,740		1899-O	37,047
1856 (P)	60,490		1879-CC	1,762		1899-S	841,000
1856-O	14,500		1879-O	1,500		1900 (P)	293,840
1856-S	68,000		1879-S	224,000		1900-S	81,000
1857 (P)	16,606		1880 (P)	1,644,840		1901 (P)	1,718,740
1857-O	5,500		1880-CC	11,190		1901-O	72,041
1857-S	26,000		1880-O	9,200		1901-S	2,812,750
1858 (P)	2,521		1880-S	506,250		1902 (P)	82,400
1858-O	20,000		1881 (P)	3,877,220		1902-S	469,500
1858-S	11,800		1881-CC	24,015		1903 (P)	125,830
1859 (P)	16,093		1881-O	8,350		1903-O	112,771
1859-O	2,300		1881-S	970,000		1903-S	538,000
1859-S	7,000		1882 (P)	2,324,440		1904 (P)	161,930
1860 (P)	15,055		1882-CC	6,764		1904-O	108,950
1860-O	11,100		1882-O	10,820		1905 (P)	200,992
1860-S	5,000		1882-S	132,000		1905-S	369,250
1861 (P)	113,164		1883 (P)	208,700		1906 (P)	165,420
1861-S	15,500		1883-CC	12,000		1906-D	981,000
1862 (P)	10,960		1883-O	800		1906-O	86,895
1862-S	12,500		1883-S	38,000		1906-S	457,000
1863 (P)	1,218		1884 (P)	76,890		1907 (P)	1,443,305[85]
1863-S	10,000		1884-CC	9,925		1907-D	1,030,000[85]
1864 (P)	3,530		1884-S	124,250		1907-S	210,500[85]
1864-S	2,500		1885 (P)	253,462		1908 (P)	374,870[87]
1865 (P)	3,980		1885-S	228,000		1908-D	1,046,500[87]
1865-S	16,700		1886 (P)	236,100		1908-S	59,850[87]
1866-S	3,750		1886-S	826,000		1909 (P)	184,789
1866-S	20,000[81]		1887 (P)	53,600		1909-D	121,540

$10 (Cont.)

1909-S	292,350
1910 (P)	318,500
1910-D	2,356,640
1910-S	811,000
1911 (P)	505,500
1911-D	30,100
1911-S	51,000
1912 (P)	405,000
1912-S	300,000
1913 (P)	442,000
1913-S	66,000
1914 (P)	151,000
1914-D	343,500
1914-S	208,000
1915 (P)	351,000
1915-S	59,000
1916-S	138,500
1920-S	126,500
1926 (P)	1,014,000
1930-S	96,000
1932 (P)	4,463,000
1933 (P)[88]	312,500

Double eagles

Year	Mintage
1849 (P)[33]	0
1850 (P)	1,170,261
1850-O	141,000
1851 (P)	2,087,155
1851-O	315,000
1852 (P)	2,053,026
1852-O	190,000
1853 (P)	1,261,326
1853-O	71,000
1854 (P)	757,899
1854-O	3,250
1854-S	141,468
1855 (P)	364,666
1855-O	8,000
1855-S	879,675
1856 (P)	29,878
1856-O	2,250
1856-S	1,189,780
1857 (P)	439,375
1857-O	30,000
1857-S	970,500
1858 (P)	211,714
1858-O	35,250
1858-S	846,710
1859 (P)	43,597
1859-O	9,100
1859-S	636,445
1860 (P)	577,611
1860-O	6,600
1860-S	544,950
1861 (P)[47]	2,976,387
1861-O	17,741[48]
1861-S	768,000[48]
1862 (P)	92,098
1862-S	854,173
1863 (P)	42,760

$20 (Cont.)

1863-S	966,570
1864 (P)	204,235
1864-S	973,660
1865 (P)	351,175
1865-S	1,042,500
1866 (P)[58]	698,745
1866-S	842,250[66]
1867 (P)	251,015
1867-S	920,750
1868 (P)	98,575
1868-S	837,500
1869 (P)	175,130
1869-S	686,750
1870 (P)	155,150
1870-CC	3,789
1870-S	982,000
1871 (P)	80,120
1871-CC	17,387
1871-S	928,000
1872 (P)	251,850
1872-CC	26,900
1872-S	780,000
1873 (P)[88]	1,709,800
1873-CC[88]	22,410
1873-S[88]	1,040,600
1874 (P)	366,780
1874-CC	115,000
1874-S	1,214,000
1875 (P)	295,720
1875-CC	111,151
1875-S	1,230,000
1876 (P)	583,860
1876-CC	138,441
1876-S	1,597,000
1877 (P)[77]	397,650
1877-CC	42,565
1877-S	1,735,000
1878 (P)	543,625
1878-CC	13,180
1878-S	1,739,000
1879 (P)	207,600
1879-CC	10,708
1879-O	2,325
1879-S	1,223,800
1880 (P)	51,420
1880-S	836,000
1881 (P)	2,220
1881-S	727,000
1882 (P)	590
1882-CC	39,140
1882-S	1,125,000
1883 (P)	0[53]
1883-CC	59,962
1883-S	1,189,000
1884 (P)	0[53]
1884-CC	81,139
1884-S	916,000
1885 (P)	751
1885-CC	9,450
1885-S	683,500

$20 (Cont.)

1886 (P)	1,000
1887 (P)	0[53]
1887-S	283,000
1888 (P)	226,164
1888-S	859,600
1889 (P)	44,070
1889-CC	30,945
1889-S	774,700
1890 (P)	75,940
1890-CC	91,209
1890-S	802,750
1891 (P)	1,390
1891-CC	5,000
1891-S	1,288,125
1892 (P)	4,430
1892-CC	27,265
1892-S	930,150
1893 (P)	344,280
1893-CC	18,402
1893-S	996,175
1894 (P)	1,368,940
1894-S	1,048,550
1895 (P)	1,114,605
1895-S	1,143,500
1896 (P)	792,535
1896-S	1,403,925
1897 (P)	1,383,175
1897-S	1,470,250
1898 (P)	170,395
1898-S	2,575,175
1899 (P)	1,669,300
1899-S	2,010,300
1900 (P)	1,874,460
1900-S	2,459,500
1901 (P)	111,430
1901-S	1,596,000
1902 (P)	31,140
1902-S	1,753,625
1903 (P)	287,270
1903-S	954,000
1904 (P)	6,256,699
1904-S	5,134,175
1905 (P)	58,919
1905-S	1,813,000
1906 (P)	69,596
1906-D	620,250
1906-S	2,065,750
1907 (P)	1,824,703[84]
1907-D	842,250[84]
1907-S	2,165,800[84]
1908 (P)	4,427,809[85]
1908-D	1,013,250[85]
1908-S	22,000[85]
1909 (P)	161,215
1909-D	52,500
1909-S	2,774,925
1910 (P)	482,000
1910-D	429,000
1910-S	2,128,250
1911 (P)	197,250

1911-D	846,500	1920-S	558,000	1926-D	481,000
1911-S	775,750	1921 (P)	528,500	1926-S	2,041,500
1912 (P)	149,750	1922 (P)	1,375,500	1927 (P)	2,946,750
1913 (P)	168,780	1922-S	2,658,000	1927-D	180,000
1913-D	393,500	1923 (P)	566,000	1927-S	3,107,000
1913-S	34,000	1923-D	1,702,250	1928 (P)	8,816,000
1914 (P)	95,250	1924 (P)	4,323,500	1929 (P)	1,779,750
1914-D	453,000	1924-D	3,049,500	1930-S	74,000
1914-S	1,498,000	1924-S	2,927,500	1931 (P)	2,938,250
1915 (P)	152,000	1925 (P)	2,831,750	1931-D	106,500
1915-S	567,500	1925-D	2,938,500	1932 (P)	1,101,750
1916-S	796,000	1925-S	3,776,500	1933 (P)ᵃˢ	445,000
1920 (P)	228,250	1926 (P)	816,750		

Mintage notes

1. 1793 cent: Flowing Hair obverse, Chain reverse: 36,103; Flowing Hair obverse, Wreath reverse: 63,353; Liberty Cap obverse; Wreath reverse: 11,056.

2. 1795 silver dollar: Flowing Hair type: 160,295; Draped Bust type: 42,738.

3. 1796 cent: Liberty Cap: 109,825; Draped Bust: 363,375.

4. 1797 $10: Mintage includes both reverse types.

5. 1798 $5: Mint Report of 24,867 coins includes Small Eagle reverse coins dated 1798, as well as Heraldic Eagle coins dated 1795, 1797 and 1798. This mixture of mulings is the result of an emergency coinage late in 1798 after the Mint had been closed for a while due to yellow fever. Quantities struck of each are unknown and can only be a guess.

6. 1798 silver dollar: Mintage includes both reverse designs.

7. 1801, 1802, and 1803 silver dollar: All three dates were restruck in Proof in 1858 with a plain edge, using obverse dies made in 1834-5 and the reverse die from the Class I 1804 dollar, which was also made in 1834. Due to the scandal caused by the private issue of 1804 dollars in 1858, these coins were not offered for sale to collectors until 1875, by which time their edges had been lettered.

8. 1804 silver dollar: Although the Mint Report lists 19,570 dollars for this year it is assumed that they were all dated 1803. The 1804 dollars were first struck in 1834-35 for inclusion in diplomatic presentation sets. A few pieces, possibly flawed Proofs or production overruns, reached collectors via trades with the Mint or in circulation and the coin was popularized as a rarity. In 1858 the son of a Mint employee used the obverse die prepared in 1834 and a newly prepared reverse die plus a plain collar to secretly strike 1804 dollars, a few of which were sold to collectors. While the Mint had intended to do exactly the same thing with dollars dated 1801-04, Mint officials were forced to cancel the project due to the public scandal over the privately-issued 1804s. The privately struck coins were recalled, and all but one (which went to the Mint Cabinet collection) were allegedly melted. Instead, they and the plain edged 1801-03s were put in storage and offered for sale in 1875, by which time their edges had been mechanically lettered.

9. 1804, 1823 cent, and 1811 half cent: Counterfeits, called restrikes, exist which were made outside the Mint, using old, genuine but mis-matched Mint dies.

10. 1805 silver dollar: The 321 dollars listed in the Mint Report for 1805 were older dollars which were found in deposits of Spanish-American silver and which were re-issued through the Treasury. On the basis of this misinformation a few coins have been altered to this date in the past.

11. 1807 $5: Capped Bust type: 32,488; Capped Draped Bust type: 51,605.

12. 1807 half dollar: Draped Bust type: 301,076; Capped Bust type: 750,500.

13. 1822 $5: Although the Mint Report says 17,796 coins were struck, only three pieces are known and it is likely that most of this mintage was from dies dated 1821.

14. 1827 quarter dollar: Although the Mint Report lists a mintage of 4,000 pieces for this year, it is likely that all of these coins were dated 1825 except for a few Proofs. Later this date was unofficially (but intentionally) restruck at the Mint using an obverse die dated 1827 and a reverse die which had been used in 1819, and which had a Square Base 2 in quarter dollar, rather than the Curled Base 2 of the original 1827.

15. 1831, 1849, 1856 and 1857 half cent: Originally struck in Proof and Uncirculated, the Proofs were restruck for collectors in later years.

16. 1832-35 half cent: The figures shown are listed in the Mint Report for 1833-36 instead, but are assumed to be misplaced.

17. 1834 $5: Total of 732,169 coins struck. This includes 50,141, of the Capped Head design struck and released; 24,568 of the Capped Head struck but melted; and 657,460 of the Classic Head design (and weight), all released.

18. 1834 $2.50: Mintage includes 4,000 of the Capped Head, of which most or all were melted. It may be that all survivors are Proofs and circulated Proofs.

19. 1836, 1838, and 1839 silver dollar: Gobrecht dollars, some patterns and some intended for circulation, were struck in these years. Also, some varieties were restruck in later years, making mintage figures questionable. Varieties exist with or without stars and/or the de-signer's name, some of them exceedingly scarce. The 1,600 mintage figure for 1836 represents 1,000 struck for circulation on the 1836 standard of 416 grains, and 600 struck in 1837 (dated 1836) on the new standard of 412.5 grains.

20. 1836 half dollar: Mintage includes 6,545,000 Capped Bust, Lettered Edge coins and 1,200 pieces with a reeded edge and no motto E PLURIBUS UNUM. (The latter was actually a pattern of the design adopted the following year, but much of the mintage was placed into circulation.)

21. 1836 half cent: Originally struck in Proof only, this date was restruck in Proof in later years to provide collectors with specimens of a coin that was listed in the Mint Report but which couldn't be found in circulation. See 16.

22. 1837 dime: Capped Bust type: 359,500; Seated Liberty Without Stars on obverse: 682,500.

23. 1837 half dime: Capped Bust type: 871,000; Seated Liberty, Without Stars on obverse: 1,405,000.

24. 1838-O half dollar: Twenty specimen pieces were struck to celebrate the opening of the New Orleans Mint.

25. 1838 quarter dollar: Capped Bust type: 366,000; Seated Liberty type: 466,000.

26. 1838-O dime and half dime: Both are of Seated Liberty, Without Stars design (type of 1837). 1838 Philadelphia coins have stars, as do all others through 1859.

27. 1839 $10: Includes first design head (type of 1838) and modified head (type of 1840-1907).

28. 1839-(P), O half dollar: Capped Bust type: (P): 1,362,160; O: 178,976. Seated Liberty type: (P): 1,972,400. (Note: Although Christian Gobrecht's half dollar design was slightly modified during 1839 by the addition of a small drapery fold beneath the elbow, the design was never as fully modified as the other Seated Liberty denominations were in 1840. In subsequent years individual dies would occasionally be over-polished, thus removing this small drapery fold. Coins struck from these inferior dies are sometimes referred to as having a "No-Drapery design," when in fact no design change was intended or made.)

29. 1840-53 silver dollar: Proof restrikes exist for all dates.

30. 1840-48 and 1852 half cent: Originally struck in Proof only, all dates were restruck in Proof for sale to collectors.

31. 1841-(P) $2.50: Struck in Proof only, possibly at a later date. Unlisted in Mint Report .

32. 1848-(P) $2.50: Approximately 1,389 coins were counterstamped CAL. above the eagle to show that they were made from California gold. This was done while the coins were resting on an inverted obverse die on a worktable. This virtually eliminated distortion of the obverse, which will probably show on a genuine coin with a fake counterstamp.

33. 1849 $20: One specimen in gold survives of a small number of trial strikes produced in December 1849. The dies were rejected, allegedly because of improper high relief, but in actuality to discredit Longacre in an attempt to force his removal. The attempt failed and Longacre eventually produced a second set of dies, but they were not completed until the following month and so they were dated 1850. The one known gold specimen is in the National Numismatic Collection at the Smithsonian Institution and all others were melted.

34. 1853 silver coinage: In early 1853 the weight of all fractional silver coins was reduced by about 7 percent, to prevent hoarding and melting. To distinguish between the old and new weights, arrows were placed on either side of the date on the half dime through half dollar, and rays were put around the eagle on the quarter and half dollar. The rays were removed after 1853, and the arrows after 1855. Much of the old silver was withdrawn from circulation and melted. The exception to all this was the silver 3-cent piece, which was

decreased in weight but increased in fineness, making it intrinsically worth more than before and proportionate with the other fractional silver coins. No coins of the new weight were struck until 1854, at which time an olive branch and a cluster of arrows was added to the reverse.

35. 1853-(P), O half dollar: All 1853-(P) and virtually all 1853-O half dollar are of the new weight. Two or three 1853-O are known without the arrows and rays. Beware of alterations from 1858-O.

36. 1853-(P), O quarter dollar: Without Arrows and Rays: (P): 44,200. With Arrows and Rays: (P): 15,210,020; O: 1,332,000.

37. 1853-(P), O dime: Without Arrows: (P): 95,000. With Arrows: (P): 12,078,010; O: 1,100,000.

38. 1853-(P), O half dime: Without Arrows: (P): 135,000. O: 160,000. With Arrows: (P): 13,210,020; O: 2,200,000.

39. 1854-(P), D, S gold dollar: (P): Coronet 736,709; Indian (small head) 902,736. All 1854-D and S are Coronet design.

40. 1856-(P), D, S gold dollar: All P and D-Mint are Indian (large head); all S-Mint are Indian (small head).

41. 1856 cent: More than 1,000 1856 Flying Eagle cents were struck in Proof and Uncirculated, in this and later years. As they were patterns they are not included in the Mint Report or this figure.

42. 1857 cent: large cents: 333,456; small cents: 17,450,000.

43. 1858 silver dollar: It is estimated that 80 Proofs were struck, some of them possibly at a later date.

44. 1859 cent: This year only comes with a reverse design without a shield. All other Indian cents (1860-1909) have a shield.

45. 1860-S $3: Out of 7,000 coins struck, 2,592 pieces were not released because of short weight. They were melted in 1869 for use in other denominations.45. 1860-S $3: Out of 7,000 coins struck, 2,592 pieces were not released because of short weight. They were melted in 1869 for use in other denominations.

46. 1860-(P), O, S dime and half dime: Beginning in 1860 (with the exception of the 1860-S dime), the half dime and dime were redesigned by eliminating the stars, moving the legend UNITED STATES OF AMERICA to the obverse, and using a larger, more elaborate wreath on the reverse. A number of fabrications with the obverse of 1859 and the reverse of 1860 (thereby omitting the legend UNITED STATES OF AMERICA), were struck by order of the Director of the Mint. These consist of half dimes dated 1859 or 1860, and dimes dated 1859. Although they are considered by some to be patterns, that designation is doubtful as the intentions of the Director were highly questionable.

47. 1861-(P) $20: A few trial pieces are known with a reverse as engraved by Paquet, with taller, thinner letters and a narrow rim. The design was judged unacceptable because the narrow reverse rim would not stack easily. (See 49.)

48. 1861-O $20: Mintage includes 5,000 coins struck by the USA; 9,750 by the State of Louisiana; and 2,991 by the Confederate States of America. It is impossible to prove the issuer of any given coin.

49. 1861-S $20: Mintage includes 19,250 pieces struck with the Paquet

reverse and released into circulation. (See 47.) Most of these were recalled and melted during the next few years, but specie hoarding during the Civil War probably preserved a number of them until later years when the problem was forgotten.

50. 1861-C $5: Mintage includes 5,992 pieces coined by USA and 887 by CSA. It is impossible to prove the issuer.

51. 1861-D gold dollar: A small number were struck by the CSA.

52. 1861-O half dollar: Mintage includes 330,000 struck by the USA; 1,240,000 by the State of Louisiana; and 962,633 by the CSA. It is impossible to tell them apart. One obverse die is identifiable as having been used with the CSA reverse to strike four pattern coins, but there is no way of telling when that die was used with a regular reverse die or who issued the coins struck from it.

53. Struck in Proof only.

54. 1863 silver 3 cents: It is possible that all of these non-Proofs were dated 1862. Proof coins dated 1863/2 were struck in 1864. Obviously these were hard times at the Mint.

55. 1864-(P) dime, half dime and silver 3 cents: These figures, like many others in the years 1861-1871, are highly controversial due to extraordinary bookkeeping methods used in the Mint in this era.

56. 1864 2 cents: Struck with Large and Small Motto IN GOD WE TRUST.

57. 1864 cent: Mintage includes 13,740,000 copper-nickel and 39,233,714 bronze pieces. The bronze coins come with and without the designer's initial L, which appears on all subsequent issues. The 1864 variety With L is the scarcer.

58. 1866 coinage: It was decided to add the motto IN GOD WE TRUST to the reverse of all double eagles, eagles, half eagles, silver dollars, half dollars and quarter dollars beginning in 1866. Early in the year, before the new reverse dies had arrived, the San Francisco Mint produced $20, $10, $5, and half dollar coins without the motto. These are regular issue coins and are not patterns or errors. They are not to be confused with a peculiar set of Philadelphia Mint silver coins without motto, consisting of two dollars, one half dollar and one quarter dollar, which was clandestinely struck inside (but not by) the Mint for sale to a collector. A three-piece set containing the unique quarter dollar and half dollar and one of the two known silver dollars was stolen from the Willis H. DuPont collection in 1967 and never recovered. Beware of regular coins with motto or Mint mark removed.

59. 1866-(P), S $20: When the reverse of the double eagle was altered to include the motto there were also a few minor changes made in the scrollwork, the most prominent being the change in the shield from flat-sided to curved. Check any alleged 1866-S No Motto $20 for this feature.

60. 1866-S $20: Includes 120,000 No Motto coins.

61. 1866-S $10: Includes 8,500 No Motto coins.

62. 1866-S $5: Includes 9,000 No Motto coins.

63. 1866-S half dollar: Includes 60,000 No Motto coins.

64. 1867 copper-nickel 5 cents: Struck with rays on reverse (type of 1866) and without rays (type of 1868-83).

65. 1870-S $3: Not included in the Mint Report, supposedly one piece was struck for inclusion in the cornerstone of the new San Francisco Mint. One piece is known in a private collection, and the present whereabouts of the cornerstone piece is unknown. It is possible there is only one piece.

66. 1870-S gold dollar: 2,000 coins were struck without a Mint mark. It is unknown if they were melted and recoined or released as is and included in the Mint Report figure of 3,000 coins.

67. 1870-S silver dollar: Not listed in the Mint Report, but a few pieces may have been struck as souvenirs of the opening of the new Mint.

68. 1873 coinage: Early in the year a relatively closed style of 3 was used in the date on all denominations. In response to complaints that the 3 looked like an 8, a new, more open 3 was introduced. Most types were struck with both styles, except for those which were created or discontinued by the Coinage Act of Feb. 12, 1873. This law created the Trade dollar and eliminated the standard silver dollar, the silver 5-cent piece, the 3-cent piece and the 2-cent piece. The weight of the dime, quarter dollar and half dollar were slightly increased, and the heavier coins were marked by arrows for the remainder of 1873 and all of 1874.

69. 1873 $3: Struck in Proof only, later restruck in Proof more than once.

70. 1873-S silver dollar: Presumably all or most were melted at the Mint after production of standard silver dollars was suspended.

71. 1873-(P), CC, S half dollar: Without Arrows: (P): 801,200; CC: 122,500; S: 5,000. With Arrows: (P) 1,815,150; CC: 214,560; S: 228,000. (Note: The 1873-S Seated Liberty, Without Arrows half dollar is unknown in any condition in any collection. Presumably they were all melted with the 1873-S silver dollars. Beware of any regular 1873-S with the arrows removed. The difference in weight between the two issues is insignificant, and useless in checking a suspected altered coin.)

72. 1873-(P), CC, S quarter dollar: Without Arrows: (P): 212,000; CC: 4,000. With Arrows: (P): 1,271,160; CC: 12,462; S: 156,000.

73. 1873-(P), CC, S dime: Without Arrows: (P): 1,568,000; CC: 12,400. With Arrows: (P): 2,377,700; CC: 18,791; S: 455,000. (Note: Only one 1873-CC Without Arrows is known, all others presumably were melted.)

74. 1873 2 cents: Originally struck in Proof only early in 1873 with a Closed 3. Later restruck in Proof with an Open 3.

75. 1875 $3: Struck in Proof only, later restruck in Proof.

76. 1876-CC 20 cents: Virtually all remelted at the Mint. A few escaped, possibly as souvenirs given to visitors. Fewer than 20 are known today.

77. 1877 $20: In this year the master hubs were redesigned slightly, raising the head and changing TWENTY D. to TWENTY DOLLARS.

78. 1878-(P), 1879-85 Trade dollar: The P-Mint Trade dollars from 1878 to 1883 were struck and sold in Proof only. Ten 1884 and five 1885 coins were struck in Proof in the Mint for private distribution, by person or persons unknown. They are not listed in the Mint Report.

79. 1878-(P) silver dollar: Three slightly different designs were used for

both the obverse and reverse of this date, including some dies with the second designs impressed over the first. All 1878-CC and 1878-S are from the second designs. Most 1879-1904 dollars are of the third design, except for some second design reverses on 1879-S and 1880-CC coins. New, slightly different master hubs were prepared for 1921.

80. 1883 copper-nickel 5 cents: Shield type: 1,451,500; Liberty Head, No CENTS on reverse: 5,474,300; Liberty Head, With CENTS on reverse: 16,026,200.

81. 1894-S dime: Twenty-four specimen strikings were made for private distribution by the Superintendent of the San Francisco Mint. Twelve can be traced today.

82. 1895 silver dollar: Apparently virtually all business strike coins were never issued and were probably melted in the great silver melt of 1918. One circulated business strike coin has reportedly been authenticated. Beware of altered dates and removed Mint marks.

83. 1906-D and 1907-D $5: These were, of course, struck at the Denver Mint. This is the only design which was struck at both Dahlonega and Denver.

84. 1907-(P), D, S $20: Coronet: 1,451,786 P-Mint and all D and S-Mint coins. Saint-Gaudens type: 11,250 medium-high relief, Roman Numeral date coins and 361,667 lower-relief, Arabic date coins. A few extremely-high relief patterns were also made.

85. 1907-(P), D, S $10: Coronet: 1,203,899 P-Mint and all D and S-Mint coins. Indian Head type: 239,406.

86. 1908-(P), D, S $20: Without motto IN GOD WE TRUST: (type of 1907) (P): 4,271,551; D: 663,750. With motto: (type of 1909-33) (P): 156,258; D: 349,500; S: 22,000.

87. 1908-(P), D, S $10: Without motto IN GOD WE TRUST: (type of 1907) (P): 33,500; D: 210,000. With motto: (type of 1909-33) (P): 341,370; D: 836,500; S: 59,850.

88. 1908-(P), D, S $5: Coronet: 421,874 P-Mint coins. Indian Head: 577,845 P-Mint and all D and S-Mint coins.

89. 1909-(P), S cent: Indian Head : (P): 14,368,470; S: 309,000. Lincoln Head with designer's initials V.D.B.: (P): 27,994,580; S: 484,000. Lincoln Head without V.D.B.: (P): 72,700,420; S: 1,825,000.

90. 1913 Liberty Head copper-nickel 5 cents: Five unauthorized pieces were struck by person or persons unknown, using Mint machinery and dies. All five accounted for by some sources, although numismatic researcher Walter Breen states that one piece is missing. Beware of forgeries. (See also 91.)

91. 1913-(P), D, S Indian Head copper-nickel 5 cents: Variety with the bison standing on a solid mound: (P): 3 0,992,000; D: 5,337,000; S: 2,105,000. Variety with the Bison on Plain, with the base of the mound recessed so as to protect the Mint mark and FIVE CENTS: (P): 29,857,186; D: 4,156,000; S: 1,209,000.

92. 1916-(P), D quarter dollar: Barber Head type: 1,788,000 P-Mint and all D-Mint. Standing Liberty type: 52,000 P-Mint.

93. 1916-(P), D, S dime: Barber Head type: (P): 18,490,000; S: 5,820,000. Winged Liberty Head type: (P): 22,180,080; D: 264,000; S: 10,45

0,000.

94. 1917-D, S half dollar: With Mint mark on obverse (type of 1916): D: 765,400; S: 952,000. On reverse (type of 1918-47): D: 1,940,000; S: 5,554,000.

95. 1917-(P), D, S quarter dollar: Variety 1 (type of 1916, with partially nude figure): (P): 8,740,000; D: 1,509,200; S: 1,952,000. Variety 2 (type of 1918, with fully clothed figure and eagle higher on reverse): (P): 13,880,000; D: 6,224,400; S: 5,552,000.

96. 1921-(P), D, S silver dollar: Morgan type: 44,690,000 P-Mint and all D and S Mints. Peace type: 1,006,473 P-Mint. The 1921 Peace dollars, (and a very few Proof 1922s), are of a higher relief than the 1922-35s.

97. 1922 "Plain" cent: No cents were struck in Philadelphia in 1922. Some 1922-D cents are found with the Mint mark missing due to obstructed dies. Beware of altered coins.

98. 1933 $20: This issue was officially never released, so the coins are considered illegal to own. A few are reported to exist, including one in the National Numismatic Collection at the Smithsonian Institution. Most late-date gold never filtered down through the banks and so it was returned to the Mint for melting.

99. 1933 $10: Very few of these were issued, perhaps several dozens known. Beware of counterfeits.

100. 1938-D copper-nickel 5 cents: Indian Head: 7,020,000. Jefferson: 5,376,000.

101. 1942-1945-(P), P, D, S 5 cents: To conserve nickel during the war, the composition of the 5-cent piece was changed to a 56 percent copper, 35 percent silver, and 9 percent manganese alloy. Coins of this alloy were marked with a large Mint mark over the dome of Monticello, including those from Philadelphia. They consist of some 1942-P, all 1942-S, and all 1943-45 coins. The 1942 Philadelphia coins were made either way, as follows: copper-nickel: 49,789,000; wartime alloy: 57,873,000. Many wartime alloy 5-cent coins have been melted for their silver content.

102. 1943-(P), D, S cent: All 1943 cents were made of zinc-plated steel. A few 1943 bronze and 1944 steel cents were made by accident. Many fakes of these have been produced. Test any suspected off-metal 1943 or 1944 cent with a magnet to see if it has been plated, and check the date for alterations. Cents struck on steel planchets produced in 1942 weigh 41.5 grains, while those struck on planchets produced later in 1943 weigh 42.5 grains.

103. 1944 copper-nickel 5 cents: Coins without a Mint mark are counterfeits made for circulation, as any 1923-D or 1930-D dimes. Not all counterfeits are of rare dates, meant to sell at high prices. Some were meant to circulate.

104. 1964-67 coinage: All coins dated 1965-67 were made without Mint marks. Many coins dated 1964-66 were struck in later years.

105. 1970-D half dollar: Struck only for inclusion in Mint sets. Not a regular issue coin.

106. S-Mint clad dollars: Struck only for sale to collectors. In 1971-72 struck in 40 percent clad silver in Proof and Uncirculated for

individual sale. Beginning in 1973 a copper-nickel clad dollar was added to the Proof sets.

107. 1973-(P), D copper-nickel dollar: Struck only for inclusion in Mint sets. Not a regular issue coin. 1,769,258 Mint sets were sold. 439,899 excess dollars melted, presumably of near-equal distribution. 21,641 coins were kept for possible replacement of defective sets and may have been melted.

108. 1974-dated dollars, half dollars and quarter dollars: Includes coins struck in calendar years 1974 and 1975.

109. 1975-dated dollars, half dollars and quarter dollars: Absolutely none struck. 1975 Proof and Mint sets contain Bicentennial dollars, half dollars and quarters.

110. 1976-dated dollars, half dollars and quarter dollars: Includes coins struck in calendar years 1975 and 1976.

111. 1976-S dollars, half dollars and quarter dollars: Includes copper-nickel clad Proofs sold in 1975 and 1976 in six-piece Proof sets, and 40 percent silver clad Proofs and Uncirculateds of which 15 million pieces of each denomination were struck.

112. P Mint mark: The P Mint mark, placed on the 1979 Anthony dollar, was added to all 1980 denominations from the Philadelphia Mint except for the cent.

113. Anthony dollar: The Anthony design was introduced, replacing the larger Eisenhower dollar. All Philadelphia Mint dollars have a P Mint mark.

114. 1982 cent: The composition of the cent changed from 95 percent copper, 5 percent zinc to 97.5 percent zinc, 2.5 percent copper (composed of a planchet of 99.2 percent zinc, 0.8 percent copper, plated with pure copper). Some 1982 cents were struck in late 1981.

115. 1982 No-P dimes: Some 1982 dimes were released without a Mint mark, although dimes have been Mint marked since 1980. Distribution of the coins, many found in the Sandusky, Ohio, area, indicates they were from the Philadelphia Mint.

116. Anthony dollars: Anthony dollars were sold in three-coin sets only in 1981. None were released into circulation.

117. 1987 half dollar: No 1987 Kennedy half dollars were struck for circulation. The coins were struck for Uncirculated sets, Proof sets and Souvenir Mint sets only.

8 How coins are made

The various coining facilities of the United States Mint are factories, whose products happen to be coinage of the realm. Like any other metal-working factory, the U.S. Mint has a variety of presses, engraving and reducing machines and metal-working equipment.

Like any metal product, coins just don't happen. A number of intricate steps must be taken, from the preparation of the raw metal used in the coins to the actual striking of the coins. And before the coins can be struck, dies must be produced.

The dies used for striking coins start out as an approved sketch in the Engraving Department at the Philadelphia Mint. The sculptor-engraver makes a plasticene (modeling wax) model in bas-relief (with the design portions raised above the surface of the coin) from the sketch. The model will be anywhere from three to 12 times as large as the finished coin. Next, a plaster-of-paris negative is cast from the model. The negative is touched up and details are added. Then a plaster-of-paris positive is made. The positive is used as the model to be approved by the Mint Director and the Secretary of the Treasury. If pictures are required for such approval, they are taken of this positive.

When final approval is received another negative is made and a hard epoxy positive model is prepared. The epoxy model replaces the copper galvano (a large metallic version of a coinage design from which the design was traced and cut into the metal of the hub) once used by the U.S. Mint.

Coin making

The cutting edge of coin production

Janvier reducing machine transfers image from large epoxy model at right to coin-sized steel hub at left

The completed epoxy model is then mounted on a Janvier transfer engraving machine. This machine cuts the design into soft tool steel — tracing the exact details of the epoxy model — and produces a positive replica of the model called a "hub." The hub, which is the exact size of the coin, is then heat treated to harden it and is placed in a hydraulic press. The hub is slowly pressed into a blank piece of soft die steel several times until a negative replica is made, called a master die. The original hub is carefully stored in a safe place to ensure against loss of the original reduction.

Working hubs are made from the master die in the hydraulic press, and similarly hardened in the same way as the original, master hub.

Working dies are made from the working hubs in the same way. A blank piece of soft die steel is impressed with the working hub, an act which hardens the metal. Two to three cycles may be required to properly impress all details into the steel blank, and annealing (heating the dies to soften them to make the hubbing easier) is usually needed between hubbings.

The working dies for non-Proofs and commemoratives are now complete in every detail except the addition of the Mint mark (not all dies are Mint marked). Mint marks are added by using a hand punch, although the commemorative coins and Proof coins have the Mint mark placed at the initial modeling stage. Following the placement of the Mint mark, the dies are now ready to strike coins.

Modern United States coins have their beginnings in the private sector, where a number of companies produce some coinage planchets and all coils of strip metal the Mint purchases. Planchets are the blank, circular pieces of metal that become coins when struck between the dies. The Mint produced its own strip metal as late as Fiscal Year 1982 at the Philadelphia Mint, but the operations were closed officially in Fiscal 1983. The Mint still produces some of its coin planchets.

Coinage strip is fed into blanking press

In preparing the raw metals used in coining, the coinage metals are assayed, melted and formed into slabs which are then rolled to the proper thickness. For clad coinage, bonding operations are required to bond the two layers of copper-nickel to the core of pure copper. The strip is then coiled and shipped to the Mint for blanking.

Planchets are produced on blanking presses, which are simply punch presses similar to those found in any machine shop. They have a bank of punches (or rams) which travel downward through the strip of coinage metal and into a steel bedplate which has holes corresponding to the punches. The presses punch out planchets each time the punches make their downward cycle. The planchets made at this stage are slightly larger than the finished coins. Because of the shearing action of the punches, the planchets have rough edges. Most of the rough edges (or burrs) are removed during succeeding operations.

The planchets (also called flans or blanks) are next passed over sorting screens which are supposed to eliminate all of the defective planchets. Thin and incomplete planchets will fall through the screens. Rejected planchets are remelted.

During the finish rolling and blanking press operations

Coin making

the planchets have again been hardened and must now be softened. The planchets are passed through a cylinder which has spiral grooves in its walls. As the cylinder turns, the planchets are forced from one end to the other by the spirals. As they move along the cylinder walls, the planchets are heated to controlled temperatures, approximately 1400 degrees Fahrenheit, changing their crystal structure to a softer state. Planchets are "frozen" into that state by a water quench bath. The annealing process prolongs the life of the coining dies by ensuring well-struck coins with lower striking pressures.

Despite a protective atmosphere, annealing causes some discoloration on the surfaces of the planchets which must be removed. The planchets are tumbled against each other and passed through a chemical bath. Then they are dried by forced hot air. The planchets are now completed Type I planchets and if they happen to bypass the coining presses you will see them as flat disks. Their next stop is an upsetting mill.

The upsetting mill consists of a rotating wheel with a groove on its edge. The grooved edge of the wheel fits into a curved section (or shoe) which has a corresponding groove. The distance between the wheel and the shoe gets progressively narrower so that, as the planchet is rolled along the groove, a raised rim is formed on both sides of the planchet. This raised rim serves several purposes. It sizes and shapes the planchet for better feed at the press and it work-hardens the edge to prevent escape of metal between the obverse die and the collar.

The planchets are now called Type II planchets and are ready to be struck into coins on the Mint's coining presses.

Coining presses are designed for a fixed class of work, not for a specific denomination of coin. Dies and collars are interchangeable and striking pressures are adjustable for the various denominations and metals. The collar forms the wall of the coining chamber and one die forms the bottom. The dies impress the various designs and devices on the obverse and reverse for the coin while the collar forms the edge of the coin, flat and

Die is mirror-image of coin

smooth on cents and 5-cent pieces and reeded on the larger denominations. The collar, which is five-thousandths of an inch larger in diameter than the dies, is mounted on springs which allow slight vertical movement.

It is generally assumed that the reverse die is the lower (or anvil) die while the obverse die is the upper (or hammer) die; however, there are exceptions to this general rule. Both dies can be adjusted both horizontally and vertically. Horizontal adjustments center the design of the coin on the planchet. Vertical adjustments determine how well the dies are impressed into the planchet.

Planchets are fed by gravity from a basin attached to the press through a cylindrical tube. This tube will stack 20 or so planchets and from this stack the bottom planchet is fed into the press by the feed fingers.

The feed fingers are two parallel pieces of metal joined in such a way that they can open and close. On one end of the two pieces is a covered recessed slot and in the center is a hole. The lower die at this point is stationary. As the upper die moves downward it impresses the designs of both sides into the planchet and then completes its cycle by moving upward to its original position. Now the lower die starts to move upward, actuated by an eccentric cam, raising the struck coin out of the coining chamber.

At about the same time the feeder fingers, in a closed posi-

Double-pair feeder fingers in a cent press setup

tion, start to move forward with a planchet lying in the center hole. At this time the lower die reaches the top of its cycle, the recessed slot (ejection slot) slides over the struck coin, and pushes the coin away from the coining chamber. The cam action now causes the lower die to move downward to its stationary position.

The feed fingers have completed their forward movement and now the center hole is moving towards the coining chamber. Having imparted movement to the struck coin, that coin continues onward until it hits a shield which deflects it into the struck coin hopper. The feed fingers open, allowing the planchet to fall into the coining chamber. Then the feed fingers reverse direction to return to their original position.

Frequently, while a press is in operation, the press attendant will pick up a finished coin for inspection. He makes the inspection under a magnifier and it reveals any defects made in the die during operation. Another attempt is made to prevent improperly shaped coins from reaching circulation by passing them through a second riddler.

Throughout the minting process, computers track such statistics as the productivity of each press operator, any repairs to a coining press, quantities of coins struck per press, plus installation, movement and destruction of the dies.

After the coins have been struck they are ready for a final inspection. After passing the inspection, they are counted automatically by machines, weighed and bagged. The bags are sewn shut and are ready for shipment from the Mint to the Federal Reserve Banks for distribution.

9 Errors

Error coins are products of the United States Mint that Treasury officials would rather did not exist. An error coin deviates from the norm as a result of a mishap in the minting processes; in effect, an error represents a "substandard" product of the Mint. Some collectors prefer these substandard items, however, over normal coins.

Although it sometimes may seem that the Mint produces inordinate amounts of error coins, the numbers are generally relatively small when compared to the total numbers of pieces released. Those small numbers in part account for the values some collectors place on error numismatic material. Of course, values for error coins depend on the same factors affecting normal numismatic merchandise: supply, demand and condition. Obviously, errors are in very short supply when compared to total mintages. However, error collectors represent a fraction of the total number of collectors, so demand is less for most items. Some error coins, such as the 1955 Lincoln, Doubled Die cent, because of press publicity and dealer promotion, cross over and become popular with general collectors; thus, demand is higher for a fixed supply, and the values are correspondingly higher. Condition is important, although error collectors seem less concerned with "perfection" than other collectors.

Rare does not necessarily mean great value. Many error coins, struck in small quantities, are available for a few dollars. Even errors which are considered unique are often available for several dollars. Unfortunately, many persons not familiar with errors, including some dealers, place unrealistically high values on error coins and notes.

Any discussion of error coins and notes must include a discussion of varieties. A numismatic variety is defined as the difference between individual dies or hubs of the same basic design or type. The differences between two varieties of the same type are generally intentional; the 1917 Standing Liberty quarter dollar with Liberty baring her breast is a different variety than the 1917 Standing Liberty quarter with Liberty's breast covered by a coat of chain mail, for example, although both have the same basic design.

Can an error also be a variety? There are some who believe so, especially for certain die errors. Some die error coins have been accepted as varieties and are considered by many as part of the regular series; among these are the 1955 and 1972 Lincoln, Doubled Die cents, and the 1937-D Indian Head, Three-Legged 5-cent piece ("Buffalo nickel"). Others believe that no distinction should be made between varieties or errors; they believe that all errors are varieties.

Error coins can be found in circulation, unlike many other collectors' items. Some collectors go to banks and obtain large quantities of coins or notes to search through; coins and notes not bearing errors are returned to the bank. Many errors, particularly of the minor classification, can be discovered simply by going through pocket change and wallets. All it takes are sharp eyes and a knowledge of what to look for.

Many error collectors also practice what they call "cherry picking." They use their superior knowledge of errors and varieties when going through a dealer's stock to obtain scarcer pieces at prices less than what a specialist might pay.

Some of that knowledge comes from a clear understanding of the minting process. The minting of a coin is a manufacturing process, and should be fully understood by anyone interested in collecting and studying error coins (see Chapter 8, "How coins are made"). Many forms of alteration and damage received outside the Mint resemble certain types of errors, but none precisely duplicate genuine Mint errors. Collectors who understand the minting process should be better able to distinguish between errors and damage and alteration than collectors who have never studied the manufacturing process.

The causes of error coins are discussed in the section that follows. The section is divided into three parts — die errors, planchet errors and striking errors.

Die errors are those produced due to a mishap involving the die or hub. Planchet errors are the result of defective or improper planchets, and striking errors are created during the actual coining process.

Die errors

BIE: The term commonly used for minor errors affecting the letters of the word LIBERTY on Lincoln cents. A small break in the die between the letters, especially BE, often

BIE error is result of die break

resembles the letter I, hence the BIE designation. Such errors are much more common on the coins of the 1950s and early 1960s than more recent issues. Collectors tend to be less interested in such errors in the 1980s than they were 20 years ago.

Clashed dies: When during the striking process two dies come together without a planchet between them, the dies clash (come into direct contact). Depending on the force with which the dies come together and the nature of the designs, a portion of the obverse design is transferred to the reverse, and a portion of the reverse is transferred to the obverse. Coins struck from the clashed dies will show signs of the transferred designs. Although the cause of this type of error occurs during the striking process, the die is affected; thus it is considered a die error.

Clashed dies

Cuds: A "cud" is a type of major die break. It occurs when the die breaks at the rim and a piece of the die falls out of the press. The metal of coins struck from that die flows up into the missing area, resulting in a raised blob of metal bearing no image; these are nicknamed "cud" errors. The side of the coin opposite the cud is weak and indistinct; this is because metal flows along the path of least resistance, prefer-

Cud

ring to travel into the broken area and not the recesses of the other die. A retained cud occurs when the die breaks at the rim, but the piece does not fall out. Coins struck from these dies show the break, but also depict the image inside the break.

Die breaks, chips, cracks, gouges, scratches: Dies, like any other piece of steel, are subject to all sorts of damage. Any incused mark on the die leaves raised areas on coins. Breaks and cracks are similar, appearing on coins as raised lines. A die break affects a larger area than the die crack, and often breaks result in pieces of the die falling out (see "cud"). A die chip occurs when a small portion of the die breaks away, while gouges and scratches generally occur when a foreign object scores the surface of the die.

Die chip

Die crack

Doubled dies: If during the hubbing and die making process, a misalignment between hub and partially completed

Doubled die

die occurs, overlapping, multiple images may appear on the die. Coins struck from that die will show overlapping images as well. Die doubling on coins with raised designs feature a rounded second image; on coins with incused designs, the second image is flat and shelf-like. At the corners of the overlapping images, there are distinct "notches" on coins with raised designs. A tripled die is caused by the same misalignment, but bears a tripled image.

Engraving errors: While more common on the dies of the 18th and 19th centuries, engraving errors have been made on modern dies. On the earlier dies, numerals and letters were often recut to strengthen the design,

Engraving error

punched in upside down or otherwise out of alignment, and sometimes, wrong letters or numbers were punched into the die. On more modern dies, engraving errors include the use of the wrong size Mint mark by mistake and Mint marks placed too close to design elements or too far from their intended locations. Other "engraving" errors, discussed in separate sections, include doubled dies, overdates and multiple Mint marks.

Filled dies: The Mint is a factory, and like most metal-working factories, has more than its share of dirt, grease and other lubricants, and metal filings. The recessed areas of the dies sometimes fill up with a combination of this foreign material, preventing the metal of the coins from flowing into the incused areas. This results in weak designs or missing design details, and is probably the most common type of error.

Filled die

Misaligned dies: Although one side of the coin appears to have been struck off-center, it is not a striking error. A misaligned die occurs when one die is horizontally displaced to the side, causing only a partial image to appear on that side of the coin. However, unlike the off-center coin which it resembles, only one side is affected. The other side is normal.

Multiple Mint marks: Mint marks are punched into each individual working die (for coins issued for circulation) by hand with mallet and punch. Several blows to the punch are needed to properly sink the Mint mark into the die. If the punch is not properly placed after the first blow, a multiple image may result. These are commonly known as doubled D and doubled S Mint marks, for the Denver and San Francisco Mints. To help combat this type

Misaligned dies

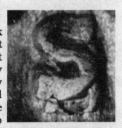

Multiple Mint marks

of error, beginning in 1986 all Proof and commemorative coins have had the Mint mark placed on the plasticene model.

Overdates: When one or more numerals in the date are engraved, punched or hubbed over a different numeral or

Overdate

numerals, both the original date and the second date can be seen. Examples include the 1943/2-P Jefferson 5-cent piece, the 1942/1 Winged Liberty Head dime and the 1958/7 Lincoln cent. Another overdate occurs when two dies with the same date, but of different varieties, are used. Prime examples of this are the 1960 Lincoln, Large Date Over Small Date cents.

Over Mint marks: A form of multiple Mint mark, but when punches of two different Mints are used. Examples include the 1944-D/S Lincoln cent and the 1938-D/S Jefferson 5-cent piece.

Over Mint mark

Polished dies: Mint employees polish dies to extend their working life and to remove such things as clash marks, die scratches, dirt and grease. If the die is polished too much, details may be erased, or small raised lines may appear on the coins. Most over-polished errors have little value, but there are exceptions, including the 1937-D Indian Head, Three-Legged 5-cent coin.

Polished die

Rotated dies: Most U.S. coins have the obverse and reverse sides oriented so each side is upright when rotated vertically. The alignment between the two is 180 degrees. However, if the dies are aligned at anything other than 180 degrees, the dies are considered rotated. Coins rotated 5 degrees or less are considered within tolerance levels by the Mint.

Worn dies: Dies have a set life, based on the hardness of the coinage metal being struck and

Worn die

the striking pressures involved. When a die wears beyond a certain point, details around the rim tend to flow into the rim, while other details weaken. The surface of the die becomes scarred, as though very heavily polished. Coins struck from worn dies rarely have collector value as die errors.

Planchet errors

Alloy errors: All U.S. coins are produced from alloyed metals, mixed when molten to strict specifications. If mixed incorrectly, the metals may cool in non-homogeneous form, with streaks of different metals appearing on the surface of the coin.

Alloy error

Damaged planchets: Planchets are subject to various sorts of damage, including cracks (not to be confused with die cracks), holes and major breaks. (A planchet is an unstruck piece of metal that when struck between coining dies, becomes a coin.)

Damaged planchet

Fragments, scrap struck: Small pieces of coinage metal — fragments and scrap leftover from the blanking process — sometimes fall between the dies and are struck. Fragments must be struck on both sides and weigh less than 25 percent of a normal coin's weight to qualify as a struck fragment. Planchet scrap is generally larger than a fragment, and usually has straight or curved edges as a result of the blanking process.

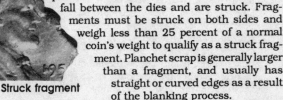

Struck fragment

Incomplete planchets: Often, though erroneously, called a "clip," an incomplete planchet results from a mishap in the blanking process. If the planchet strip does not advance far enough after a bank of punches rams through the metal, producing planchets, the punches

Incomplete planchet

come down and overlap the holes where the planchets were already punched out. Where the overlapping takes place, there is a curved area that appears to be "missing" from the planchet. The word "clip," commonly used, suggests a piece of the planchet was cut off, which is not the cause. "Clip," when properly used, refers to the ancient process of cutting small pieces of metal from the edges of precious metals coins for the bullion; that is why U.S. gold and silver coins have lettered or reeded edges, to make it more difficult to clip a coin.

An "incomplete clip" occurs when the punch does not completely punch out a planchet, but leaves a circular groove. If the strip advances improperly, planchets overlapping the incomplete punch will bear a curved groove; the groove remains visible after the coin is struck.

Most incomplete planchet errors have a "signature" known as the Blakesley effect. The area of the rim 180 degrees opposite the "clip" is weak or non-existent since the rim-making process in the upset mill is negated by the "clip." The lack of pressure in the upset mill at the clip results in improper formation of the rim on the opposite side.

Laminations: During the preparation of the planchet strip, foreign materials — grease, dirt, oil, slag or gas — may become trapped just below the surface of the metal. Coins struck from this strip later may begin to flake and peel since adhesion is poor in the location of the trapped material. The Jefferson, Wartime 5-cent pieces are particularly susceptible to lamination, due to the poor mixing qualities of the metals used during the war metal emergency.

Lamination

Split planchets: Planchets can split due to deep internal laminations, or in the case of clad coinage, because of poor adhesion of the copper-nickel outer layers to the copper core.

Split before strike

Planchets may split before or after striking. Those splitting before generally exhibit weak details due to lack of metal to fill the dies, while those split afterwards usually depict full detailing. On non-clad coins, the inner portion of the split shows parallel striations typical of the interior structure of coinage metal.

Split after strike

Thick and thin planchets: Planchets of the wrong thickness are produced from strip that was not rolled properly. Too little pressure can result in planchet stock that is too thick; too much pressure can result in a thin planchet. If the rollers are out of alignment on one side, a tapered planchet — one that is thicker on one side than the other — is created.

Thin planchet

Unplated planchets: New in U.S. coinage, unplated planchets became possible in 1982 with the introduction of the copper-plated zinc cent (and briefly in 1943 with the zinc-plated steel cents). The zinc-copper alloy planchets are plated after they are punched from the strip but some planchets miss the plating process. Coins struck on the unplated planchets are grayish-white in color. Beware of cents which have had their plating removed after leaving the Mint. Although beyond the ability of a neophyte to detect, any of the authentication services currently operating should be able to distinguish between a genuine piece and an altered version.

Wrong metal, planchet, stock: There are several types of errors in this series. A wrong metal error is a coin struck on a planchet intended for a denomination of a different composition. This includes 5-cent pieces struck on cent planchets, cents struck on dime planchets, and higher denominations struck on cent and 5-cent planchets.

A second type is the wrong planchet error, defined as a coin struck on a planchet of the correct composition, but

Wrong planchet

Double denomination

Foreign coin planchet

the wrong denomination. These include quarter dollars struck on dime planchets, half dollars struck on quarter and dime planchets, and dollars struck on other clad planchets.

A third type is the wrong planchet stock error. It occurs when clad coinage strip rolled to the thickness of one denomination is fed into the blanking press of another denomination; the diameter is correct, but the thickness is greater or less than normal. The most common appears to be quarter dollars struck on planchet stock intended for dimes.

A fourth, rarer form is the double denomination. It occurs when a coin is struck on a previously struck coin, such as a cent struck over a dime. Since the U.S. Mint has struck coins for foreign governments in the past, it has been possible to find in circulation U.S. coins struck on planchets intended for foreign coins, as well as U.S. coins struck on previously struck foreign coins.

Another rare type of wrong metal error is called the transitional error. It occurs as the composition of a coin changes. Some 1965 coins are known struck on silver planchets of 1964 composition, while some 1964 coins were struck on clad planchets (1964 coins were struck through 1965, with planchets for both types of coins available side by side).

One fact true for all errors of this broad category is that the planchets must be of an equal size or smaller than the intended planchet. A 5-cent planchet, for example, would not fit between the dies of the smaller cent.

Striking errors

Broadstrikes: If the surrounding collar is pushed below the surface of the lower die during the moment of striking, the metal of the coin being struck is free to expand be-

Broadstrike

yond the confines of the dies. The design of the coin is normal at center, but as it nears the periphery, becomes distorted due to the uncontrolled spread of metal.

Brockage and capped die strikes: If a newly struck coin sticks to the surface of one of the dies, it acts as a die itself — called a die cap — and produces images on succeeding coins. The image produced by any die is the

direct opposite on a coin, and brockages are no different. Since the image is raised on the coin adhering to the die, the image on the brockage is incused and reversed — a true mirror image. The first brockage strikes, perfect mirror images and undistorted, are most prized. As additional coins are struck from the capped die, the die cap begins to spread and thin under

Capped die strike

the pressures of striking, distorting its image. At some point, as the die cap becomes more distorted, the coins struck cease to be brockages and are known as capped die strikes. While a brockage image is undistorted or relatively so, images on capped die strikes are increasingly malformed. Although the image is still recognizable, the design expands, producing an image that can be several times the actual size of a normal image. Finally, the die cap breaks off or is pounded so thin it ceases to affect succeeding strikes. Sometimes, the die caps fall off early and in a relatively undistorted state. Die caps resemble bottle caps, with the metal wrapping around the surface of the die. Die caps are very rare and collectible, much more so than capped die strikes.

Double and multiple strikes: Double strikes are coins struck more than once. If the coin rotates slightly between strikes, but remains inside the collar, two images will appear on both sides of the coin. The first strike will be

almost totally obliterated by the second strike, and the first strike will be flattened and have almost no relief. Sometimes, a struck coin will flip — somewhat like a pancake on a hot griddle — and fall upside down onto the surface of the die; thus, the second strike has an obverse image obliterating the original reverse, and a reverse image flattening the first obverse image. If the coin falls partially

Multiple strike

outside the dies after the first strike, the second image is only partial. The partial second strike obliterates the original image beneath it, but the rest of the first strike is undistorted, except in the immediate vicinity of the second strike. A saddle strike is generally not a true double strike, but usually the result of having a planchet fall partially between two pairs of dies on a multi-die press. Saddle strikes have two partial images, and an expanse of unstruck planchet between the struck areas.

What happens twice can happen three times or more, though rarely. However, examples of coins struck three or four times are known.

Indented errors: An indented error is a coin struck with another coin or planchet lying partially on its surface. The area covered by the planchet does not come into contact with the die, and thus is blank if indented by a planchet, or shows a partial brockage if indented by a struck coin. The most desirable of the indented errors are larger coins with the indentation of a smaller planchet centered on one side.

Indented error

Machine, strike doubling: A form of doubling, this is probably the most common type of Mint error and is considered non-collectible by a majority of hobbyists. Some noted authorities do not consider it an error, but believe it to be a form of Mint-caused damage since it occurs immediately after

Strike doubling

the strike. The most common cause is a certain looseness of the die or other parts in the press which causes the die to bounce across the surface of the newly struck coin. In bouncing, the die shoves the metal of the raised designs to one side, creating the doubled image. On coins with raised designs, the doubling is flat, like a shelf.

Off-center coins: If a planchet lies partially outside of the dies during the striking, it receives an off-center strike. Each coin struck off center is unique, but due to the large numbers available, are very inexpensive in the lower denominations. Off-center coins with dates are more valuable than coins without dates. Generally, on dated coins, the greater the off-center strike, the more it is worth. Some collectors collect off-center coins by their "clock" positions. Hold the coin with portrait upright and look for the direction the strike lies. If it is at 90 degrees, the strike is at 3 o'clock; if it lies at 270 degrees, the strike is at 9 o'clock.

Off-center strike

Partial collar: Often known as "railroad rim" errors, the edge, not the rim, is the portion of the coin affected. It occurs when the collar is pushed somewhat below the surface of the lower die, so that the upper portion of the coin is free to expand beyond the confines of the collar, while the lower portion is restrained. On coins struck from a reeded collar, partial reeding

Partial collar

exists on the area restrained by the collar. The error gets the nickname "railroad rim" from its appearance— the coin, viewed edge-on, resembles the wheel from a railroad car.

Struck-through errors: Filled-die errors and indented coins are related to struck-through errors, which occur when foreign objects fall between die and planchet during striking. In addition to the grease of a filled-die error and the planchet of an indented error, pieces of cloth, metal fragments, wire, slivers of reeding, wire bristles (from wire brushes used to clean dies, resembling staples), die covers and other objects may fall between the dies and the coin as it is being struck. Sometimes, an incused letter or number of a die will fill up with grease, which solidifies under constant pressure. If the blob of grease — shaped like a letter or number — drops out of the die, it may be

Struck-through

struck into the surface of the coin, leaving the impression of the affected letter or number. The most collectible struck-through errors are those with the foreign object still embedded in th surface of the coin.

Weak strikes: Weak strikes often resemble coins struck from grease-filled dies, but can be identified. They occur either when the press has been turned off—it tends to cycle through several strikings, each with less pressure than the previous — or when the press is being set up by the operators who test the placement of the dies at lower coining pressure. On reeded coins, weak strikes generally have poorly formed reeding (it is strong on filled dies). Depending on the pressure used, the image may be only slightly weak, or practically nonexistent, or any stage in between.

Weak strike

About Collectors' Clearinghouse

Coin World's Collectors' Clearinghouse was founded in 1960, shortly after *Coin World* was first published. The weekly full-page column focuses on error coins and varieties, illustrating and discussing the latest finds of readers.

During the years, the Collectors' Clearinghouse pages have featured discussions and illustrations of thousands of error coins and varieties, helping to teach the numismatic community about this fascinating subject.

Collectors' Clearinghouse also provides a free attribution service for readers who want their error coins explained. Although the department does not authenticate coins of any kind, it will provide an explanation about the coin for the price of return postage.

Before sending any error coins to Collectors' Clearinghouse, we recommend you write first. The address is *Coin World*, Collectors' Clearinghouse, P.O. Box 150, Dept. 02, Sidney, Ohio 45365.

10 Building a type set

There are many ways to collect United States coins. The most popular way is to collect a date and Mint mark set; that is, the collector obtains an example of each date and Mint mark in any given series. Others collect by date only, selecting an example of each date for any given series, giving no concern to Mint mark varieties. One very interesting way to collect is by type and variety, building over the years what is generally called a "type set."

The phrase "type set" is a misnomer. Most collectors include significant varieties in the type collection. Before examining type sets, one must address the meanings of "type" and "variety" as they apply to numismatics.

A type coin is one which shares the same overall characteristics of design with another coin. For example, a Shield 5-cent coin is a different type from a Liberty Head 5-cent coin and both are different types than an Indian Head 5-cent coin. Each type has a distinct design: on the Shield, one will find a shield on the obverse and the numeral 5 surrounded by 13 stars on the reverse; on the Liberty Head, an allegorical bust of Liberty appears on the obverse and on the reverse, the Roman numeral V surrounded by a wreath; and on the Indian Head coin, an American Indian appears on the obverse and a bison appears on the reverse.

However, each of the three types of 5-cent coins have several distinct varieties. A variety is a minor change within a specific type; the overall basic design is unchanged, but has been modified to a greater or lesser degree. Despite the modification, however, it is still identifiable as a distinct type. In the examples cited earlier, for example, two major varieties exist for each type. The Shield coin exists with rays extending between the 13 stars on the reverse and without the rays. In the Liberty Head series, the reverse on the first-year issue — 1883 — comes both with and without the word CENTS; the word was added after a few individuals plated it with gold and passed the 5-cent coin as a $5 gold coin. The reverse of the Indian Head coin also exists with two varieties issued in the

Type/variety

No CENTS variety   **With CENTS variety**

See the difference?

first year, 1913: on the first variety, the bison stands on a mound; on the second variety, the bison stands on a flat plain.

In addition to design varieties there are varieties involving specifications (changes in weight and alloy), lettering and dates (different sizes), and placement of such devices as stars and berries on a wreath. Varieties are much more prevalent on U.S. coins struck from 1792-1832 than on those struck in the latter half of the 19th century and the 20th century. The major decrease in varieties came about as a result in the way dies were produced with the move from the first Philadelphia Mint to the second facility in 1833. Prior to the move, all dies were made by hand, with individual digits of the date and letters of the inscriptions punched by hand, and other devices often engraved directly into the die steel. Following the wholesale mechanization of the die making process, models were placed on an engraving reduction machine and multiple copies made. That procedure, refined to reflect 20th century technology, is still used at the Philadelphia Mint today.

These other varieties — involving shifts in the placement of stars, letters and digits — are not to be included in the type/variety set recommended here. That is not to say they could not be included if a collector desired to add them. Instead, our suggested type/variety set focuses on distinct types, major design varieties and changes in alloy. The type/variety set is divided into three parts, each covering an individual century: the 18th, the 19th and the 20th. There may be duplication between the 18th and 19th century type/variety sets, and duplication between the 19th and 20th century sets because several design types spanned more than one century.

Each century is divided in metallic categories. Beginning collectors may be surprised to find, for example, that from

1857 through mid-1864, cents were composed of copper-nickel, with a distinctly different color than found today. Thus, copper-nickel cents are listed separately from copper and bronze cents. Modern clad coinage is listed under copper-nickel coins, separate from the silver versions of the same denominations.

The first one or two words which follow the date represent the design type; words set off by a comma represent the specific variety.

18th century type set

Copper:
Half cents: 1793 Liberty Cap; 1794-97 Liberty Cap; 1800-1808 Draped Bust.

Cents: 1793 Flowing Hair, Chain; 1793 Flowing Hair, Wreath; 1793-96 Liberty Cap; 1796-1807 Draped Bust.

Silver:
Half dimes: 1792; 1794-95 Flowing Hair; 1796-97 Draped Bust, Small Eagle; 1800-1805 Draped Bust, Heraldic Eagle.

Dimes: 1796-97 Draped Bust, Small Eagle; 1798-1807 Draped Bust, Heraldic Eagle.

Quarter dollars: 1796 Draped Bust, Small Eagle.

Half dollars: 1794-95 Flowing Hair; 1796-97 Draped Bust, Small Eagle.

Silver dollars: 1794-95 Flowing Hair; 1795-98 Draped Bust, Small Eagle; 1798-1803 Draped Bust, Heraldic Eagle.

Gold:
Quarter eagles: 1796-98 Draped Bust.

Half eagles: 1795-98 Capped Bust, Small Eagle; 1795-1807 Capped Bust, Heraldic Eagle.

Eagles: 1795-97 Capped Bust, Small Eagle; 1797-1804 Capped Bust, Heraldic Eagle.

19th century

Copper:
Half cents: 1800-1808 Draped Bust; 1809-36 Classic Head; 1840-57 Coronet.

Cents: 1796-1807 Draped Bust; 1808-14 Classic Head; 1815-57 Coronet; 1864-1909 Indian.

2 cents: 1864-73.

Copper-nickel:

Cents: 1857-58 Flying Eagle; 1859 Indian; 1860-64 Indian.

3 cents: 1865-89 Liberty Head.

5 cents: 1865-83 Shield; 1883 Liberty Head, No CENTS; 1883-1912 Liberty, With CENTS.

Silver:

3 cents: 1851-53; 1854-58; 1859-73.

Half dimes: 1800-05 Draped Bust, Heraldic Eagle; 1829-37 Capped Bust; 1837-38, 1856-59 Seated Liberty, No Stars; 1838-53 Seated Liberty, With Stars; 1853-55 Seated Liberty, Arrows; 1860-73 Seated Liberty, Obverse Legend.

Dimes: 1798-1807 Draped Bust, Heraldic Eagle; 1809-28 Capped Bust, Large Planchet; 1829-37 Capped Bust, Small Planchet; 1837-38 Seated Liberty, No Stars; 1838-53, 1856-60 Seated Liberty, With Stars; 1853-55 Seated Liberty, With Arrows; 1860-73, 1875-91 Seated Liberty, Obverse Legend; 1873-74 Seated Liberty, Obverse Legend, With Arrows.

20 cents: 1875-78 Seated Liberty.

Quarter dollars: 1804-07 Draped Bust, Heraldic Eagle; 1815-28 Capped Bust, Large Planchet; 1831-38 Capped Bust, Small Planchet; 1838-53, 1856-65 Seated Liberty, No E PLURIBUS UNUM; 1853 Seated Liberty, With Arrows and Rays; 1854-55 Seated Liberty, With Arrows, No Rays; 1866-73, 1875-91 Seated Liberty, With IN GOD WE TRUST; 1873-74 Seated Liberty, With Arrows; 1892-1916 Barber design.

Half dollars: 1801-07 Draped Bust, Heraldic Eagle; 1807-36 Capped Bust, Lettered Edge; 1836-37 Capped Bust, Reeded Edge, 50 CENTS; 1838-39 Capped Bust, Reeded Edge, HALF DOL.; 1839-53, 1856-65 Seated Liberty, No E PLURIBUS UNUM; 1853 Seated Liberty, With Arrows and Rays; 1854-55 Seated Liberty, With Arrows, No Rays; 1866-73, 1875-91 Seated Liberty, With IN GOD WE TRUST; 1873-74 Seated Liberty, With Arrows; 1892-1915.

Silver dollars: 1798-1803 Draped Bust, Heraldic Eagle; 1836 Gobrecht, Old Weight; 1836 Gobrecht, New Weight; 1839 Gobrecht, Obverse Stars; 1840-65 Seated Liberty, No IN GOD WE TRUST; 1866-73 Seated Liberty, With IN GOD WE TRUST; 1873-83 Trade; 1878-1904, 1921 Morgan.

Gold:

Gold dollars: 1849-54 Coronet; 1854-56 Indian, Small Head; 1856-89 Indian, Large Head.

Quarter eagles: 1796-98 Capped Bust, Right; 1808 Capped Bust, Left; 1821-27 Capped Head, Large Planchet; 1829-34 Capped Head, Small Planchet; 1834-39 Classic Head; 1840-1907 Coronet.

$3: 1854-89 Indian.

Half eagles: 1795-1807 Capped Bust; 1807-12 Capped Draped Bust; 1813-29 Capped Head, Small Planchet; 1829-34 Capped Head, Large Planchet; 1834-38 Classic Head; 1838-66 Coronet; 1866-1908 Coronet, With IN GOD WE TRUST.

Eagles: 1797-1804 Capped Bust, Heraldic Eagle; 1838-66 Coronet; 1866-1907 Coronet, With IN GOD WE TRUST.

Double eagles: 1850-66 Coronet; 1866-76 Coronet, TWENTY D.; 1877-1907 Coronet, TWENTY DOLLARS.

20th century

Copper:

Cents: 1864-1909 Indian; 1909-42, 1944-1958 Lincoln, Wheat Ears; 1959-82 Lincoln, Memorial.

Steel:

Cents: 1943 Lincoln.

Copper-plated Zinc:

Cents: 1982-date Lincoln.

Copper-nickel:

5 cents: 1883-1912 Liberty Head; 1913 Indian, Bison on Mound; 1913-38 Indian, Bison on Plain; 1938-42, 1946-date Jefferson.

Dimes: 1965-date Roosevelt.

Quarter dollars: 1965-date Washington.

Half dollars: 1971-date Kennedy.

Dollars: 1971-74, 1977-78 Eisenhower; 1976 Eisenhower, Bicentennial; 1979-81 Anthony.

Silver:

5 cents: 1942-45 Jefferson.

Dimes: 1892-1916 Barber; 1916-45 Winged Liberty Head; 1946-64 Roosevelt.

Quarter dollars: 1892-1916 Barber; 1916 Standing Liberty, Bare Breast; 1916-30 Standing Liberty, Mailed Breast; 1932-64 Washington; 1976 Washington, Bicentennial.

Half dollars: 1892-1915 Barber; 1916-47 Walking Liberty; 1948-63 Franklin; 1964 Kennedy, 90 percent silver; 1965-70 Kennedy, 40 percent silver.

Dollars: 1971-74 Eisenhower; 1976 Eisenhower, Bicentennial; 1986-date American Eagle.

Gold:

Quarter eagles: 1840-1907 Coronet; 1908-29 Indian.

Half eagles: 1866-1908 Coronet; 1908-29 Indian; 1986-date American Eagle.

Eagles: 1866-1907 Coronet; 1907-08 Indian, No IN GOD WE TRUST; 1908-33 Indian, With IN GOD WE TRUST; 1986-date American Eagle.

Double eagles: 1876-1907 Coronet; 1907 Saint-Gaudens, Roman Numerals; 1907-08 Saint-Gaudens, Arabic Numerals, No IN GOD WE TRUST; 1908-33 Saint-Gaudens, With IN GOD WE TRUST.

$25: 1986-date American Eagle.

$50: 1986-date American Eagle.

11 Proof and Unc. sets

The United States Mint has had a long-standing relationship with American coin collectors. Although the primary business of the Mint is to produce sufficient coinage for use in commerce, it has produced special collectors' products for much of its 197-year existence. It has struck commemorative coins (see Chapter 12) since 1892. Medals — many duplicates of congressional awards — have been produced for sale to the public since 1861; however, medals are beyond of the scope of this book.

The Mint's most popular collectors' products, no doubt, are Proof coins and sets and Uncirculated Mint sets.

Proof coins are produced using special minting and processing techniques, resulting in coins with special finishes. They have been sold separately in the past, and since 1950, have been offered only in sets although Proof versions of recent commemorative coins and the American Eagle bullion coins are offered.

Uncirculated Mint sets contain coins produced under standard conditions, and which are packaged as a set and sold for a nominal fee over the coins' face value. The sets provide collectors with Uncirculated examples of each coin struck for circulation that year, and in some cases, examples of coins struck for the Uncirculated Mint sets only.

The first Uncirculated Mint sets, dated 1947, were offered in 1948. After the 1947 sets sold out, 1948-dated sets were offered to the public. Sets were again offered in 1949, but none were offered in 1950 due to a Treasury decision to conserve apppropriations and manpower during the Korean War, and because Uncirculated coins were available from banks. From 1951 through 1964, sets were offered every year. The numbers of coins offered fluctuated from year to year, depending upon what denominations were being struck for circulation.

Before 1959, the sets were individually packaged in cardboard folders; each set containing two specimens of each coin struck that year. Beginning in 1959, sets were packaged in polyethylene packets, and contained just one example of

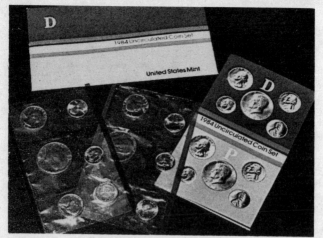

U.S. Mint Uncirculated Mint set

each coin struck that year.

No Uncirculated Mint sets or Proof sets were offered from 1965-67 because of a major coin shortage sweeping the country. However, Mint officials did offer Special Mint sets, featuring coins not the quality of Proofs but better than those found in the pre-1964 Uncirculated Mint sets.

Production and sales of Uncirculated Mint sets resumed in 1968. From 1973-78, Philadelphia and Denver Mint specimens of the Eisenhower dollar were contained in the set. In 1979, the Eisenhower dollar was replaced by the Anthony dollar, and a San Francisco Assay Office specimen added. No Uncirculated Mint sets were offered in 1982-83, with Mint officials blaming budgetary cutbacks. Congress passed a law in 1983, however, requiring annual sales of both Uncirculated Mint sets and Proof sets.

As noted earlier, some Uncirculated Mint sets contain coins not struck for circulation. This generally increases the values of the sets because collectors saving an example of each coin struck each year will be unable to find the needed coins in circulation. In 1970, no half dollars were struck for circulation; thus, the 1970-D Kennedy half dollar could only be found in the set. In 1973, no Eisenhower dollars were struck for circulation, but were included in the set. The only way to obtain the three 1981 Anthony dollars was to buy the Uncirculated Mint set of that year, and in 1987, no Kennedy half dollars were struck for circulation but were included in the set.

Proof coins and sets

While coins in Uncirculated Mint sets are no different than those struck for circulation, Proof coins are a special breed. A Proof coin is struck on specially prepared planchets, using special minting techniques, generally on a specialized coining press.

The term "Proof" means different things to many collectors, dealers and other hobbyists. Some believe Proof is the top level of preservation, or grade — it is not. Others believe Proof coins are particularly shiny coins destined for collectors rather than circulation — they are only partly correct.

"Proof" in numismatics refers to a special manufacturing process designed to result in coins of the highest quality produced especially for collectors. "Proof" is not a grade, as many beginning collectors think, although there is a growing movement by some dealers and other hobbyists to assign Proof coins a numerical grade such as Proof 63 or Proof 65.

Proof coins result from the same basic processes used in producing the dies and planchets used in producing business strikes for circulation. Business strikes refer to the everyday coin, struck for use in circulation. However, Mint employees use special techniques in preparing the surfaces of the dies and planchets intended for Proof coins. Special presses and striking techniques are also used in the production of Proof coins.

The Proof coins sold by the United States Mint today are Frosted Proofs. The flat fields are mirror-like, reflective and shiny. The frosting refers to the white, textured, non-reflective finish found on the raised devices, lettering and other points in relief. Both the frosted and mirror finishes are the results of the special techniques used in preparing the dies.

All dies are produced at the Philadelphia Mint although the surfaces of Proof dies used at the San Francisco Mint are prepared in San Francisco. Remember, a die features a mirror-image, incused version of the finished coin's design. Points that are raised on the coin are incused on the die. Points incused on the coin are in relief on the die.

To prepare a Frosted Proof die, the die is first sandblasted with an aluminum oxide and glass bead compound. This imparts a rough, textured finish to the entire die. After the sandblasting is completed, cellophane tape is placed over the entire surface. The person preparing the die then removes the cellophane tape from around the incused areas in the die; in effect, the fields are uncovered and the incused areas are protected by the cellophane.

The uncovered surfaces are then polished to a high sheen while the textured finish on the incused areas is left intact. Once the polishing is completed, the die receives a light plating of chrome, two- to three-thousandths of an inch thick. The chrome is then buffed. The finished die now has mirror-like fields and textured relief, and will impart the same finishes to the coins it strikes.

The planchets used to strike the Proof coins also receive special treatment. The planchets are run through a burnishing process, by tumbling the planchets in a media of carbon steel balls, water and an alkaline soap. The process cleans and polishes the planchets. The burnished planchets are rinsed in clear water and towel-dried by hand, then go through another cleaning and hand-drying process. Compressed air is used to blow lint and dust from the planchets.

Proof coins are struck on special hand-fed presses which operate at slower speeds than the high-speed presses used for striking business-strike coinage. The Proof coining presses tend to impress the design from the dies onto the planchet; the production of a business strike is a much more rapid, violent event. The striking of a Proof coin has been compared more to pressing out a hamburger patty than to cracking a nut. Each Proof coin is struck two or more times, depending on the size of the coin, the design and the composition of the metal. The multiple striking ensures that the detail is brought up fully on each coin. Business strikes are struck only once (although some U.S. business strikes in the past have been struck more than once, most notably the 1907 Saint-Gaudens, High Relief double eagle).

Proof coins are then sealed into plastic capsules or plastic holders to protect their surfaces from potentially damaging environmental factors.

Although most collectors of modern U.S. Proof coins are familiar with the Frosted Proofs in vogue today, there are many other types of Proof finishes. Some no longer used by the U.S. Mint include the Matte Proof, used in the early 20th century. The entire surface of the coin is uniformly dull or granular; the surface results from the struck coin being pickled in acid. A Satin Finish Proof coin has a matte, satiny surface; the finishing process, used in the early 20th century, is currently unknown. A Sandblast Proof is a type of Matte Proof in which the surface of the coin is sandblasted, not pickled in acid. A

U.S. Mint Proof set

Roman Finish Proof was used on gold Proofs of 1909-10 and is similar to the Satin Finish Proof. A Brilliant Proof is one in which the entire surface is mirror-like; any frosted devices are accidental, found generally only on the first few strikes of the die. Brilliant Proofs were produced by the U.S. Mint until the late 1970s and early 1980s, when Mint officials began taking care to produce the Frosted Proofs.

The Philadelphia Mint struck its first true Proof coins in 1817, not for collectors but as presentation pieces. The Class I 1804 dollars, for example, were produced in 1834 for placement in sets of coins to be presented as diplomatic gifts to the King of Siam and the Sultan of Muscat. From 1817 to 1859, Proof coins were made in small batches whenever a number of orders had accumulated.

Proof coins were first offered to the public at large in 1858, thanks to a decision by Mint Director John Ross Snowden. It was not until 1860, however, that mintages jumped as collector interest caught hold and the Mint began anticipating demand rather than striking the Proof coins to order.

Coins were sold individually and in complete sets, the latter in limited quantities. Sets were sometimes broken into sets of minor coins and gold coins in addition to the complete sets.

From 1907-16, the Mint began experimenting with various Proof finishes, including the afore-mentioned Matte Proof, Sandblast Proof and Roman Finish Proof finishes.

The Mint stopped offering Proof coins in 1916. Walter Breen in his *Encyclopedia of United States and Colonial Proof*

Coins: 1722-1977 notes: "At first ostensibly because of the war, later more likely because of administration changes (there being no coin collectors in high office until William H. Woodin became Secretary of the Treasury), no Proofs were publicly sold. The few made went to VIPs and most are controversial."

Proof coinage resumed in 1936 with the production of Brilliant Proofs. Coins were sold by the piece with five denominations making a complete set. Mintages of the Proof sets from 1936 through 1942 are based on the coin with the largest mintage. Abandoned were the experiments with Matte Proofs and other experimental finishes. Proof production halted again at the end of 1942 because of World War II, and did not resume until 1950.

Beginning in 1950, customers could no longer purchase single coins. The five-coin sets were housed in individual cellophane envelopes, stapled together and placed into a cardboard box. The box and envelope combination was not meant to be a permanent resting place for the coins, a fact collectors learned after the staple began to rust. The Mint changed to new packaging in mid-1955 (the 1955 set is available each way): a plastic soft-pack inserted into an envelope. This packaging remained in use through 1964.

No Proof sets were struck in 1965-67 because of the massive coin shortage haunting the nation. As noted earlier, Special Mint sets were sold in place of the Proof and Uncirculated Mint sets normally offered.

Proof set production resumed in 1968, but at a new location. Prior to 1968, most Proof coins were struck at the Philadelphia Mint. All earlier branch Mint Proof coins were and are rare. Production was moved to the San Francisco Assay Office (the San Francisco Mint became an Assay Office in 1962, and a Mint again in 1988), and the S Mint mark was added to the coins. Also, the coins were housed in a hard-plastic holder.

Proof sets have been struck every year since 1968, with a Proof version of the Eisenhower copper-nickel dollar first placed in the set in 1973. A 40 percent silver version of the Proof Eisenhower dollar was offered in a separate package from 1971 through 1974.

Special Proof and Uncirculated sets were offered in recognition of the 1976 Bicentennial of American Independence. The Bicentennial event was numismatically celebrated with changes in the reverse designs of the Washington quarter dollar, Kennedy half dollar and Eisenhower dollar. Copper-nickel versions of all three were issued for circulation and for the regular Proof set.

Collectors were offered two three-coin sets of the same coins struck in a 40 percent silver composition, in Proof and Uncirculated versions. The silver collectors' coins were first offered Nov. 15, 1974, at prices of $15 for the Proof set and $9 for the Uncirculated set. In the 12 years of sales for the two three-coin sets, from November 1974 to Dec. 31, 1986, prices for the three-coin sets were changed no fewer than five times due to rising and falling silver prices. Mint officials reduced the prices for the Proof set Jan. 19, 1975, to $12. On Sept. 20, 1979, Mint officials suspended sales of the Bicentennial Uncirculated set because of the rising price of silver; the bullion value of the three coins in the set exceeded the Mint's price of $9. Sales of the Bicentennial Proof set were suspended in December 1979 as silver rose to even greater heights. When sales of the two Bicentennial sets were resumed Aug. 4, 1980, the prices rose to $15 for the Uncirculated sets and $20 for the Proof sets. Falling silver prices permitted the introduction of lower prices Sept. 1, 1981: $15 for the Proof set, $12 for the Uncirculated set. In September 1982, prices for the coins dropped even lower — to $12 for the Proof set, and $9 for the Uncirculated set.

Prices maintained those levels until sales of the sets ceased: in 1985 for the Proof set, and on Dec. 31, 1986, for the Uncirculated set.

Final mintages for the Bicentennial sets are 3,998,621 for the Proof set, and 4,908,319 for the Uncirculated set.

From 1976-81, standard Proof sets were issued with either the Eisenhower dollar or Anthony dollar. With the resumption of commemorative coinage production in 1982, and the introduction of American Eagle bullion coins in 1986, Proof production was spread to all four coining facilities, in Philadelphia, Denver, San Francisco and West Point. The San Francisco Mint continues to strike the regular five-coin Proof set in addition to Proof

U.S. Mint Prestige Proof set

commemorative and bullion coins. Prestige Proof sets were offered in 1983, 1984, 1986, 1987 and 1988, containing the regular set and one or more Proof commemorative coins.

Another change occurred in 1986, in the Proof die production process. Since Mint marks were first used in 1838, the marks have been punched into the individual working dies. However, the inadvertent release of a 1983 Proof dime with no "S" Mint mark prompted Mint officials to place the Mint mark on the master die in an attempt to prevent this type of error from occurring again (it also happened in 1968, 1970, 1971 and, according to some sources, 1975). In 1986, the Mint mark was included on the plasticene model stage for all Proof coins, including commemoratives; thus, the Mint mark appears at every stage of the modeling and die-making process of all collectors' coins.

The following series of charts is meant to show the quantities struck of U.S. Proof coins from 1817 to the present. In years prior to 1860, when Proof mintages were small and were not recorded, an asterisk marks those issues that are known or are thought to exist. In many instances from 1860 to 1922 the figures shown are approximate, the result of incomplete records, restrikes and the melting of unsold Proofs.

Branch Mint Proofs

Until 1968, branch Mint Proofs were rare. From 1968 to 1983, all Proofs were struck in San Francisco. Since 1984, Proofs have been produced in Philadelphia, Denver, San Francisco and West Point for special coin programs

1838-O half dollar: It is thought that 20 specimens were struck as souvenirs in honor of the opening of the New Orleans Mint. No regular issue coins of this date and Mint were struck, and it is possible that these were struck in 1839.

1839-O half dollar: Three or four known.

1844-O half eagle: One known, reason for issue unknown.

1844-O eagle: One known, reason for issue unknown.

1852-O eagle: Three pieces known, reason for issue unknown.

1853-O eagle: Mintage unknown, reason for issue unknown.

1854-S double eagle: One known, in the Smithsonian Institution. Struck in honor of the opening of the San Francisco Mint.

1855-S quarter dollar: One known, presumably struck to celebrate the beginning of silver coinage at the San Francisco Mint.

1855-S half dollar: Three known, same occasion as for the quarter dollar.

1856-O half dime: One known, reason for issue unknown.

1860-O half dime: Three known, reason for issue unknown.

1861-O half dollar: Three to six known, probably struck under the authority of either the state of Louisiana or the Confederate States of America.

1870-CC silver dollar: Mintage unknown, possibly struck to mark first Carson City dollar coinage.

1875-S 20 cents: Six to seven known, probably struck to celebrate the first (or last) year of this denomination at this Mint.

1879-O silver dollar: Two now known of 12 struck to celebrate the re-opening of the New Orleans Mint.

1882-CC silver dollar: Mintage unknown, reason for issue unknown.

1883-CC silver dollar: Mintage unknown, reason for issue unknown.

1883-O silver dollar: One now known of 12 struck for presentation to various local dignitaries. Occasion uncertain.

1884-CC silver dollar: One reported, reason for issue unknown.

1891-O quarter dollar: Two known, probably struck to celebrate the resumption of fractional silver coinage at this Mint.

1893-CC silver dollar: 12 struck for presentation to Mint officials to mark the closing of the Carson City Mint.

1894-S dime: Twenty-four struck for private distribution by the Superintendent of the San Francisco Mint. Approximately 12 are currently known, including two circulated pieces.

1895-O half dollar: Issued to mark reopening of New Orleans Mint.

1899-S half eagle: One or two known, reason for issue unknown.

1906-D dime: Struck in honor of the opening of the Denver Mint.

1906-D eagle: Struck in honor of the opening of the Denver Mint.

1906-D double eagle: Two now known of 12 struck in honor of the opening of the Denver Mint.

1907-D double eagle: One known, possibly struck as a specimen of the last year of this design.

Proof coin mintages through 1942

Half cents

Year	Mintage
1825	*
1826	*
1828	*
1829	*
1831	*[1]
1832	*
1833	*
1834	*
1835	*
1836	*[1]
1840	*[1]
1841	*[1]
1842	*[1]
1843	*[1]
1844	*[1]
1845	*[1]
1846	*[1]
1847	*[1]
1848	*[1]
1849	*[1]
1850	*
1851	*
1852	*[1]
1854	*
1855	*
1856	*[1]
1857	*[1]

Cents

Year	Mintage
1817	*
1818	*
1819	*
1820	*
1821	*
1822	*
1823	*[2]
1825	*
1826	*
1827	*
1828	*
1829	*
1830	*
1831	*
1832	*
1833	*
1834	*
1835	*
1836	*
1837	*
1838	*
1839	*
1840	*

Cents (Cont.)

Year	Mintage
1841	*
1842	*
1843	*
1844	*
1845	*
1846	*
1847	*
1848	*
1849	*
1850	*
1852	*
1854	*
1855	*
1856	*[3]
1857	*[4]
1858	*
1859	*
1860	1,000
1861	1,000
1862	550
1863	460
1864	470[5]
1865	500
1866	725
1867	625
1868	600
1869	600
1870	1,000
1871	960
1872	950
1873	1,100[6]
1874	700
1875	700
1876	1,150
1877	510[7]
1878	2,350
1879	3,200
1880	3,955
1881	3,575
1882	3,100
1883	6,609
1884	3,942
1885	3,790
1886	4,290
1887	2,960
1888	4,582
1889	3,336
1890	2,740
1891	2,350
1892	2,745
1893	2,195
1894	2,632
1895	2,062
1896	1,862
1897	1,938
1898	1,795

Cents (Cont.)

Year	Mintage
1899	2,031
1900	2,262
1901	1,985
1902	2,018
1903	1,790
1904	1,817
1905	2,152
1906	1,725
1907	1,475
1908	1,620
1909	4,793[8]
1910	2,405
1911	1,733
1912	2,145
1913	2,848
1914	1,365
1915	1,150
1916	1,050
1917	*
1936	5,569
1937	9,320
1938	14,734
1939	13,520
1940	15,872
1941	21,100
1942	32,600

Two cents

Year	Mintage
1864	100[9]
1865	500
1866	725
1867	625
1868	600
1869	600
1870	1,000
1871	960
1872	950
1873	1,100[10]

Three cents

(copper-nickel)

Year	Mintage
1865	400
1866	725
1867	625
1868	600
1869	600
1870	1,000
1871	960
1872	950
1873	1,100[6]
1874	700

Year	Mintage
1875	700
1876	1,150
1877	510'
1878	2,350
1879	3,200
1880	3,955
1881	3,575
1882	3,100
1883	6,609
1884	3,942
1885	3,790
1886	4,290
1887	2,960[11]
1888	4,582
1889	3,336

Three cents

(silver)

Year	Mintage
1851	*
1852	*
1854	*
1855	*
1856	*
1857	*
1858	*
1859	*
1860	1,000
1861	1,000
1862	550
1863	460[12]
1864	470
1865	500
1866	725
1867	625
1868	600
1869	600
1870	1,000
1871	960
1872	950
1873	600*

Five cents

Year	Mintage
1866	125
1867	625[13]
1868	600
1869	600
1870	1,000
1871	960
1872	950
1873	1,100*
1874	700
1875	700
1876	1,150
1877	510'
1878	2,350
1879	3,200

Year	Mintage
1880	3,955
1881	3,575
1882	3,100
1883	17,421[14]
1884	3,942
1885	3,790
1886	4,290
1887	2,960
1888	4,582
1889	3,336
1890	2,740
1891	2,350
1892	2,745
1893	2,195
1894	2,632
1895	2,062
1896	1,862
1897	1,938
1898	1,795
1899	2,031
1900	2,262
1901	1,985
1902	2,018
1903	1,790
1904	1,817
1905	2,152
1906	1,725
1907	1,475
1908	1,620
1909	4,763
1910	2,405
1911	1,733
1912	2,145
1913	3,034[15]
1914	1,275
1915	1,050
1916	600
1917	
1936	4,420
1937	5,769
1938	19,365
1939	12,535
1940	14,158
1941	18,720
1942	57,200[16]

Half dimes

Year	Mintage
1829	*
1830	*
1831	*
1832	*
1833	*
1834	*
1835	*
1836	*
1837	*
1838	*
1839	*

Year	Mintage
1840	*
1841	*
1842	*
1843	*
1844	*
1845	*
1846	*
1847	*
1848	*
1849	*
1850	*
1851	*
1852	*
1853	*[17]
1854	*
1855	*
1856	*
1857	*
1858	*
1859	*
1860	1,000
1861	1,000
1862	550
1863	460
1864	470
1865	500
1866	725
1867	625
1868	600
1869	600
1870	1,000
1871	960
1872	950
1873	600*

Dimes

Year	Mintage
1820	*
1821	*
1822	*
1823	*[2]
1824	*
1825	*
1827	*
1828	*
1829	*
1830	*
1831	*
1832	*
1833	*
1834	*
1835	*
1836	*
1837	*
1838	*
1839	*
1840	*
1841	*

Dimes (Cont.)

Year	Mintage
1842	^
1843	^
1844	^
1845	^
1846	^
1847	^
1848	^
1849	^
1850	^
1851	^
1852	^
1853	*17
1854	^
1855	^
1856	^
1857	^
1858	^
1859	^
1860	1,000
1861	1,000
1862	550
1863	460
1864	470
1865	500
1866	725
1867	625
1868	600
1869	600
1870	1,000
1871	960
1872	950
1873	1,400[18]
1874	700
1875	700
1876	1,150
1877	510
1878	800
1879	1,100
1880	1,355
1881	975
1882	1,100
1883	1,039
1884	875
1885	930
1886	886
1887	710
1888	832
1889	711
1890	590
1891	600
1892	1,245
1893	792
1894	972
1895	880
1896	762
1897	731
1898	735
1899	846
1900	912
1901	813

Dimes (Cont.)

Year	Mintage
1902	777
1903	755
1904	670
1905	727
1906	675
1907	575
1908	545
1909	650
1910	551
1911	543
1912	700
1913	622
1914	425
1915	450
1916	^
1936	4,130
1937	5,756
1938	8,728
1939	9,321
1940	11,827
1941	16,557
1942	22,329

Twenty cents

Year	Mintage
1875	1,200
1876	1,150
1877	510
1878	600

Quarter dollars

Year	Mintage
1818	^
1820	^
1821	^
1822	^
1823	*2
1824	^
1825	^
1827	*1
1828	^
1831	^
1832	^
1833	^
1834	^
1835	^
1836	^
1837	^
1838	^
1839	^
1840	^
1841	^
1842	^
1843	^
1844	^
1845	^
1846	^

Quarters (Cont.)

Year	Mintage
1847	^
1848	^
1849	^
1850	^
1851	^
1852	^
1853	*17
1854	^
1855	^
1856	^
1857	^
1858	^
1859	^
1860	1,000
1861	1,000
1862	550
1863	460
1864	470
1865	500
1866	725
1867	625
1868	600
1869	600
1870	1,000
1871	960
1872	950
1873	1,140[18]
1874	700
1875	700
1876	1,150
1877	510
1878	800
1879	250[20]
1880	1,355
1881	975
1882	1,100
1883	1,039
1884	875
1885	930
1886	886
1887	710
1888	832
1889	711
1890	590
1891	600
1892	1,245
1893	792
1894	972
1895	880
1896	762
1897	731
1898	735
1899	846
1900	912
1901	813
1902	777
1903	755
1904	670
1905	727
1906	675

Quarters (Cont.)

Year	Mintage
1907	575
1908	545
1909	650
1910	551
1911	543
1912	700
1913	613
1914	380
1915	450
1917	*
1936	3,837
1937	5,542
1938	8,045
1939	8,795
1940	11,246
1941	15,287
1942	21,123

Half dollars

Year	Mintage
1817	*21
1818	*
1819	*
1820	*
1821	*
1822	*
1823	*
1824	*
1825	*
1826	*
1827	*
1828	*
1829	*
1830	*
1831	*
1832	*
1833	*1
1834	*1
1835	*1
1836	*22
1837	*
1838	*
1839	*23
1840	*
1841	*
1842	*
1843	*
1844	*
1845	*
1846	*
1847	*
1848	*
1849	*
1850	*
1852	*
1853	*17
1854	*
1855	*
1856	*

Halves (Cont.)

Year	Mintage
1857	*
1858	*
1859	*
1860	1,000
1861	1,000
1862	550
1863	460
1864	470
1865	500
1866	725
1867	625
1868	600
1869	600
1870	1,000
1871	960
1872	950
1873	1,150*24
1874	700
1875	700
1876	1,150
1877	510
1878	800
1879	1,100
1880	1,355
1881	975
1882	1,100
1883	1,039
1884	875
1885	930
1886	886
1887	710
1888	832
1889	711
1890	590
1891	600
1892	1,245
1893	792
1894	972
1895	880
1896	762
1897	731
1898	735
1899	846
1900	912
1901	813
1902	777
1903	755
1904	670
1905	727
1906	675
1907	575
1908	545
1909	650
1910	5 51
1911	543
1912	700
1913	627
1914	380
1915	450
1916	*

Halves (Cont.)

Year	Mintage
1936	3,901
1937	5,728
1938	8,152
1939	8,808
1940	11,279
1941	15,412
1942	21,120

Silver dollars

Year	Mintage
1836	*25
1838	*25
1839	*25
1840	*1
1841	*1
1842	*1
1843	*1
1844	*1
1845	*1
1846	*1
1847	*1
1848	*1
1849	*1
1850	*1
1851	*1
1852	*1
1853	*26
1854	*
1855	*
1856	*
1857	*
1858	*27
1859	*
1860	1,330
1861	1,000
1862	550
1863	460
1864	470
1865	500
1866	725
1867	625
1868	600
1869	600
1870	1,000
1871	960
1872	950
1873	600*
1878	1,000*28
1879	1,100
1880	1,355
1881	975
1882	1,100
1883	1,039
1884	875
1885	930
1886	886
1887	710
1888	832
1889	811

Dollars (Cont.)

1890	590
1891	650
1892	1,245
1893	792
1894	972
1895	880
1896	762
1897	731
1898	735
1899	846
1900	912
1901	813
1902	777
1903	755
1904	650
1921	*
1922	*

Trade dollars

Year	Mintage
1873	865*
1874	700
1875	700
1876	1,150
1877	510
1878	900
1879	1,541
1880	1,987
1881	960
1882	1,097
1883	979
1884	10*
1885	5*

Gold dollars

Year	Mintage
1849	*
1854	*31
1855	*
1856	*
1857	*
1858	*
1859	*
1860	154
1861	349
1862	35
1863	50
1864	50
1865	25
1866	30
1867	50
1868	25
1869	25
1870	35
1871	30
1872	30
1873	25*
1874	20

Gold dollars (Cont.)

1875	20
1876	45
1877	20
1878	20
1879	30
1880	36
1881	87
1882	125
1883	207
1884	1,006
1885	1,105
1886	1,016
1887	1,043
1888	1,079
1889	1,779

Quarter eagles

Year	Mintage
1821	*
1824	*
1825	*
1826	*
1827	*
1829	*
1830	*
1831	*
1832	*
1833	*
1834	*32
1835	*
1836	*
1837	*
1840	*
1841	*33
1842	*
1843	*
1844	*
1845	*
1846	*
1847	*
1848	*
1849	*
1854	*
1855	*
1856	*
1857	*
1858	*
1859	*
1860	112
1861	90
1862	35
1863	30
1864	50
1865	25
1866	30
1867	50
1868	25

$2.50 (Cont.)

1869	25
1870	35
1871	30
1872	30
1873	25*
1874	20
1875	20
1876	45
1877	20
1878	20
1879	30
1880	36
1881	51
1882	67
1883	82
1884	73
1885	87
1886	88
1887	122
1888	92
1889	48
1890	93
1891	80
1892	105
1893	106
1894	122
1895	119
1896	132
1897	136
1898	165
1899	150
1900	205
1901	223
1902	193
1903	197
1904	170
1905	144
1906	160
1907	154
1908	236
1909	139
1910	682
1911	191
1912	197
1913	165
1914	117
1915	100

Three dollars

Year	Mintage
1854	*
1855	*
1856	*
1857	*
1858	*
1859	*
1860	119
1861	113
1862	35

$3 (Cont.)

Year	Mintage
1863	39
1864	50
1865	25
1866	30
1867	50
1868	25
1869	25
1870	35
1871	30
1872	30
1873	25[34]
1874	20
1875	20[1]
1876	45
1877	20
1878	20
1879	30
1880	36
1881	54
1882	76
1883	89
1884	106
1885	110
1886	142
1887	160
1888	291
1889	129

Half eagles

Year	Mintage
1820	*
1821	
1823	
1824	*
1825	*35
1826	
1827	
1828	*36
1829	
1830	
1831	
1832	
1833	
1834	*37
1835	
1836	
1837	
1838	
1839	
1840	
1841	
1842	
1843	
1844	
1845	
1846	
1847	
1848	
1855	

$5 (Cont.)

Year	Mintage
1856	*
1857	*
1858	
1859	*
1860	62
1861	66
1862	35
1863	30
1864	50
1865	25
1866	30
1867	50
1868	25
1869	25
1870	35
1871	30
1872	30
1873	25[8]
1874	20
1875	20
1876	45
1877	20
1878	20
1879	30
1880	36
1881	42
1882	48
1883	61
1884	48
1885	66
1886	72
1887	87
1888	94
1889	45
1890	88
1891	53
1892	92
1893	77
1894	75
1895	81
1896	103
1897	83
1898	75
1899	99
1900	230
1901	140
1902	162
1903	154
1904	136
1905	108
1906	85
1907	92
1908	167[38]
1909	78
1910	250
1911	139
1912	144
1913	99
1914	125
1915	75

Eagles

Year	Mintage
1838	*
1839	*39
1840	*
1841	
1842	
1843	
1844	
1845	
1846	
1847	
1848	
1855	
1856	
1857	
1858	
1859	
1860	50
1861	69
1862	35
1863	30
1864	50
1865	25
1866	30
1867	50
1868	25
1869	25
1870	35
1871	30
1872	30
1873	25[8]
1874	20
1875	20
1876	45
1877	20
1878	20
1879	30
1880	36
1881	42
1882	44
1883	49
1884	45
1885	67
1886	60
1887	80
1888	72
1889	45
1890	63
1891	48
1892	72
1893	55
1894	43
1895	56
1896	78
1897	69
1898	67
1899	86
1900	120
1901	85

$10 (Cont.)

Year	Mintage
1902	113
1903	96
1904	108
1905	86
1906	77
1907	74[40]
1908	116[41]
1909	74
1910	204
1911	95
1912	83
1913	71
1914	50
1915	75

Double eagles

Year	Mintage
1849	1[42]
1850	[43]
1856	[a]
1858	[a]
1859	[a]
1860	59
1861	66
1862	35
1863	30

$20 (Cont.)

Year	Mintage
1864	50
1865	25
1866	30
1867	50
1868	25
1869	25
1870	35
1871	30
1872	30
1873	25[a]
1874	20
1875	20
1876	45
1877	20
1878	20
1879	30
1880	36
1881	61
1882	59
1883	92
1884	71
1885	77
1886	106
1887	121
1888	102
1889	41
1890	55

$20 (Cont.)

Year	Mintage
1891	52
1892	93
1893	59
1894	50
1895	51
1896	128
1897	86
1898	75
1899	84
1900	124
1901	96
1902	114
1903	158
1904	98
1905	90
1906	94
1907	78[44]
1908	101[41]
1909	67
1910	167
1911	100
1912	74
1913	58
1914	70
1915	50

Proof set mintages — 1950-1988

Proof coins sold in complete sets only, 1950-1988

Year Minted	Sets Sold	Selling Price	Face Value
1950	51,386	2.10	0.91
1951	57,500	2.10	0.91
1952	81,980	2.10	0.91
1953	128,800	2.10	0.91
1954	233,350	2.10	0.91
1955	378,200	2.10	0.91
1956	669,384	2.10	0.91
1957	1,247,952	2.10	0.91
1958	875,652	2.10	0.91
1959	1,149,291	2.10	0.91
1960	1,691,602	2.10	0.91[45]
1961	3,028,244	2.10	0.91
1962	3,218,019	2.10	0.91
1963	3,075,645	2.10	0.91
1964	3,950,762	2.10	0.91

Production Suspended during 1965, 1966, 1967

Year Minted	Sets Sold	Selling Price	Face Value
1968	3,041,506	5.00	0.91[46]
1969	2,934,631	5.00	0.91
1970	2,632,810	5.00	0.91[47]
1971	3,220,733	5.00	0.91[48]
1972	3,260,996	5.00	0.91
1973	2,760,339	7.00	1.91
1974	2,612,568	7.00	1.91
1975	2,845,450	7.00	1.91[49]
1976	4,123,056	7.00	1.91[49]
1977	3,236,798	9.00	1.91

290 —Proof and Uncirculated sets

Proof set mintages (Cont.)

Year Minted	Sets Sold	Selling Price	Face Value
1978	3,120,285	9.00	1.91
1979	3,677,175	9.00	1.91[51]
1980	3,554,806	10.00	1.91
1981	4,063,083	11.00	1.91
1982	3,857,479	11.00	0.91[52]
1983	3,138,765	11.00	0.91[53]
1984	2,748,430	11.00	0.91
1985	3,362,821	11.00	0.91
1986	2,411,180	11.00	0.91
1987†	3,715,041	11.00	0.91
1988	Pending	11.00	0.91

† Sales through July 29, 1988

40% silver clad dollars

Struck in San Francisco

	Uncirculated	Proof
1971	6,868,530	4,265,234
1972	2,193,056	1,811,631
1973	1,883,140	1,013,646
1974	1,900,156	1,306,579

Special Mint Sets

Year Minted	Sets Sold	Selling Price	Face Value
1965	2,360,000	4.00	0.91
1966	2,261,583[50]	4.00	0.91
1967	1,863,344	4.00	0.91

Uncirculated sets

Year Minted	Sets Sold	Selling Price	Face Value
1947	12,600	4.87	4.46
1948	17,000	4.92	4.46
1949	20,739	5.45	4.96
1951	8,654	6.75	5.46
1952	11,499	6.14	5.46
1953	15,538	6.14	5.46
1954	25,599	6.19	5.46
1955	49,656	3.57	2.86
1956	45,475	3.34	2.64
1957	34,324	4.40	3.64
1958	50,314	4.43	3.64
1959	187,000	2.40	1.82
1960	260,485	2.40	1.82
1961	223,704	2.40	1.82
1962	385,285	2.40	1.82
1963	606,612	2.40	1.82
1964	1,008,108	2.40	1.82
1965	2,360,000	4.00	0.91
1966	2,261,583	4.00	0.91
1967	1,863,344	4.00	0.91
1968	2,105,128	2.50	1.33
1969	1,817,392	2.50	1.33
1970	2,038,134	2.50	1.33

Year Minted	Sets Sold	Selling Price	Face Value
1971	2,193,396	3.50	1.83
1972	2,750,000	3.50	1.83
1973	1,767,691	6.00	3.83
1974	1,975,981	6.00	3.83
1975	1,921,488	6.00	3.82
1976	1,892,513	6.00	3.82
1977	2,006,869	7.00	3.82
1978	2,162,609	7.00	3.82
1979	2,526,000	8.00	4.82
1980	2,815,066	9.00	4.82
1981	2,908,145	11.00	4.82
1984	1,832,857	7.00	1.82
1985	1,710,571	7.00	1.82
1986	1,153,536	7.00	1.82
1987†	2,834,717	7.00	1.82
1988	Pending	7.00	1.82

† Sales as of July 29, 1988
Source: United States Mint

Bicentennial sets

Final mintages are 3,998,621 for the Proof set, and 4,908,319 for the Uncirculated set.

Notes

Proof $10 eagles dated 1804 are restrikes made in 1834-35 for inclusion in Proof sets meant to be given as diplomatic presents. The 1804 dollar was first struck at this time for this occasion, also in Proof. The 1804 dolar was restruck in Proof in the late 1850s. The Proof dollars of 1801-03 were first struck at this time.

Many different Proof issues before 1880 were restruck in Proof one or more times. In some instances, as with the 1873 $3 gold piece, there are more coins of this date known than were "officially" struck.

1. (Various dates): Known to have been restruck at least once.
2. 1823 cent, dime, quarter dollar: Exists with overdate, 1823/2.
3. 1856 cent: Includes several large cents and many hundreds of Flying Eagle cent patterns. The Flying Eagle cent pattern was restruck in later years.
4. 1857 cent: Includes both small and large cents.
5. 1864 cent: Breakdown by varieties; thought to be about 300 to 350 copper-nickel and about 100 to 150 bronze coins without the designer's initial L. Bronze coins with the L are rare in Proof, possibly 20 or less struck.
6. (Most 1873 Proofs): All Proofs are of the relatively Closed 3 variety.
7. 1877 minor coinages: Estimates for this year vary considerably, usually upwards. For lack of any records, the number shown is that of the silver Proofs of this year, conforming with the method used in the

preceding years. These figures may be considerably low.

8. 1909 cent: Includes 2,175 Indian Head type; 420 Lincoln Head type with VDB; and 2,198 Lincoln Head without VDB on reverse.

9. 1864 2 cents: Includes Small Motto and Large Motto varieties. The Small Motto in Proof is rare.

10. 1873 2 cents: All originals have the Closed 3. It is estimated that 500 restrikes were made, all of them with an Open 3.

11. 1887 copper-nickel 3 cents: Many struck from an overdated die, 1887/6.

12. 1863 silver 3 cents: Proofs struck from an overdated die, 1863/2, were struck in 1864.

13. 1867 5 cents: Approximately 25 Proofs struck With Rays on reverse (type of 1866), and 600 Without Rays (type of 1868-83).

14. 1883 5 cents: It has been estimated that 5,419 Shield type; 5,219 Liberty Head, No CENTS; and 6,783 Liberty Head, With CENTS were struck. Other estimates exist.

15. 1913 5 cents: Does not include the five privately struck 1913 Liberty Head 5-cent coins. The Indian Head Proofs are thought to be divided into 1,520 Bison on Mound and 1,514 Bison on Plain varieties.

16. 1942 5 cents: Includes 29,600 pre-war alloy, and 27,600 wartime alloy.

17. 1853 half dollar, quarter dollar, dime, half dime. All Proofs are of the new weight, With Arrows (and Rays on the quarter dollar and half dollar).

18. 1873 dime: No Arrows, Closed 3: 600. With Arrows, Open 3: 800.

19. 1873 quarter dollar: No Arrows, Closed 3: 600. With Arrows, Open 3: 540.

20. 1879 quarter dollar: This figure is official, but may be wrong. The true number might be near or equal to 1,100.

21. 1817 half dollar: Only one Proof known, with overdate 1817/3.

22. 1836 half dollar: Includes both Lettered Edge coins and Reeded Edge patterns.

23. 1839 half dollar: Includes all three varieties, Capped Bust and Seated Liberty, With or Without Drapery.

24. 1873 half dollar: No Arrows, Closed 3: 600. With Arrows, Open 3: 550.

25. 1836, 1838, 1839 silver dollar: All are Gobrecht dollars which were struck in Proof in several different varieties, many of which were restruck in later years. Records indicate that 1,900 of the originals were struck for circulation.

26. 1853 silver dollar: All Proofs are restrikes, made 1864-5.

27. 1858 silver dollar: Estimated that 80 pieces were struck, some of them possibly at a later date.

28. 1878 silver dollar: Includes 700 of the 8 Tail Feathers variety and 300 of the 7 Tail Feathers, flat eagle breast variety. Beware of any early strike, prooflike surface Morgan dollar being sold as a Proof.

29. 1873 Trade silver dollar: All Proofs are of the Open 3 variety.

30. 1884-85 Trade dollar: Struck in Proof in the Mint for private distribution by person or persons unknown. Not listed in the Mint Report.

31. 1854 gold dollar: Includes both Coronet and Indian Head.
32. 1834 $2.50: Includes both Capped Head and Classic Head types.
33. 1841 $2.50: Nine known, several of them circulated or otherwise impaired.
34. 1873 $3: All original Proofs are of the more Open 3 variety. There were two restrikes with the Closed 3 and one with the Open 3.
35. 1825 $5: Struck from the regular overdated dies. 1825/4, one known, and 1825/1, two known.
36. 1828 $5: Includes at least one overdate, 1828/7.
37. 1834 $5: Includes both Capped Head and Classic Head types.
38. 1908 $5: All are Indian Head type.
39. 1839 $10: Proofs are of the type of 1838, with large letters and different hair style.
40. 1907 $10: Figure shown is for Coronet coins. An unknown number of Indian Head patterns were also struck in Proof.
41. 1908 $20 and $10: All Proofs have the motto IN GOD WE TRUST on the reverse.
42. 1849 $20: The one known trial strike still surviving is a Proof.
43. 1850 $20: One Proof was once owned by the engraver, James B. Longacre. Whereabouts presently unknown.
44. 1907 $20: Figure shown is for Coronet coins. An unknown number of Saint-Gaudens type coins of pattern or near-pattern status were also struck in Proof.
45. 1960 cent: Includes Large Date and Small Date varieties. As in the regular issues, the Small Date is the scarcer.
46. 1968 dime: Some Proof sets contain dimes which were struck from a Proof die without a Mint mark. This was an engraver's oversight and is not a filled die. It has been unofficially estimated that only 20 specimens from this die are known. Beware of sets opened and reclosed with "processed" P-Mint coins inserted. Check the edge of the case for signs of tampering.
47. 1970 dime: Same engraver's oversight as above. Official estimate is that 2,200 sets were released with this error.
48. 1971 5 cents: Same type of error as above. Official estimate of 1,655 sets released.
49. Including Bicentennial quarters, halves and dollars.
50. 1966 5-cent piece: Two Proof Jefferson 5-cent pieces were struck to mark the addition of designer Felix Schlag's initials, F.S., to the obverse design. At least one coin was presented to Schlag; the other may have been retained by the Mint.
51. 1979 Proof set: The Anthony dollar replaced the Eisenhower dollar. During latter 1979, a new, clearer Mint mark punch was used on the dies. Sets with all six coins bearing the new Mint mark command a premium.
52. 1982 Proof set: A new Mint mark punch with serifs was introduced.
53. 1983 10-cent piece: Some 1983 sets were issued with dimes missing the S Mint mark, similar to errors on 1968, 1970, 1971 and 1975 Proof coins.

12 Souvenirs of history

America's commemorative coins are graphic reminders of the United States' past, honoring its history, its heros and its accomplishments. Commemorative coins are also examples of individual greed, and the willingness of Congress to oblige special interest groups.

Commemorative coins are special coinage issues, authorized by acts of Congress to recognize the people and events which have shaped the United States. They occasionally honor an individual, like Ulysses S. Grant. They may honor a historical event such as the Battle of Gettysburg. Or they may honor a more recent event such as the 1984 Olympic Games in Los Angeles.

They are rarely issued for circulation — although the 1932 Washington quarter dollar is a commemorative issue, as are the 1776-1976 Bicentennial coins, and all were struck for circulation — but are sold directly to collectors, often with a portion of the proceeds from sales going to special-interest groups.

Congressional catering to special-interest groups spelled the doom of America's commemorative coinage program after the 1930s (although two coins honoring two Black Americans — Booker T. Washington and George Washington Carver — were issued between 1946 and 1954). Much of the money raised from sales of the various coins went into the pockets of the organizers of minor local events being honored with a national commemorative, or paid the bills of such events as the World's Columbian Exposition of 1892-93.

Members of the administration, Congress and the Treasury Department were angered by such issues as the 1936 Robinson-Arkansas Centennial half dollar, one of four commemorative coins to depict a living individual. President Calvin Coolidge appears on 1926 Sesquicentennial of American Independence half dollar, Sen. Carter Glass appears on the 1936 Lynchburg (Va.) Sesquicentennial half dollar, Sen. Joseph T. Robinson appears on the 1936 Robinson-Arkansas half dollar and Alabama Gov. Thomas E. Kilby appears on the 1921

Alabama Centennial half dollar. All four coins were issued while the individuals were still living, in violation of federal law.

Angry Treasury officials eventually withdrew their support for all commemorative coinage, with backing from the White House (presidents eventually vetoed commemorative coinage legislation authorized by Congress). Today, with the resumption of the U.S. commemorative program, concerns similar to those that led to the end of the initial program are being raised again.

The history of America's commemorative coin program is not quite a century old. Ironically, the first two U.S. commemorative coins do not honor Americans. The first is a half dollar struck in 1892 and 1893 for the World's Columbian Exposition, held in Chicago to celebrate the 400th anniversary of Christopher Columbus' first voyage to the New World; it depicts Columbus and one of his three ships. The second is an 1893 quarter dollar honoring Queen Isabella of Spain, the monarch whose financial and political support of Columbus made his 1492 voyage possible.

The third commemorative —in yet a third denomination, a silver dollar — honors both an American and an European:

First U.S. commemorative

George Washington and the Marquis de Lafayette. The coin was struck in December 1899; the date, 1900, appearing on the coin refers to the Paris Exposition also honored by the coin. (Incidentally, Washington has appeared on four U.S. commemorative coins, more than any other individual: the Lafayette-Washington silver dollar, the 1926 American Independence Sesquicentennial half dollar, the 1932 Washington quarter dollar celebrating the president's 200th birthday, and the 1982 half dollar celebrating his 250th birthday.)

Following the Lafayette-Washington silver dollar, the next commemorative coins were struck in 1903, when yet another denomination was added: two gold dollars honoring the Louisiana Purchase Exposition, held in St. Louis in 1904. Two additional denominations were added in 1915, when a series of gold and silver coins was struck honoring the Panama-Pacific Exposition, held that year in San Francisco and celebrating the opening of the Panama Canal. In addition to the silver half dollar and gold dollar struck in 1915, a gold quarter eagle ($2.50 piece) and two gold $50 coins were struck. The $50

Commemorative or con?

coins were struck in round and octagonal varieties, the latter being the only non-round U.S. coin.

After several more gold commemoratives were struck in the late 1910s and early 1920s, Congress and the Mint turned to the silver half dollar as the commemorative denomination of choice. From 1918 to 1954, commemorative half dollars were struck honoring a wide and varied series of events, several of national interest but most of local, state or regional significance.

Some were of no significance whatsoever, the worst being the 1936 Cincinnati Musical Center half dollar. The coin purportedly honors Cincinnati's quite justified claim as an early music center but depicts Stephen Foster, whose only connection to the Queen City was three years as a bookkeeper for his brother in Cincinnati. No specific event is honored on the coin, and the date, 1936, is an anniversary of nothing. So why did Congress authorize the coin? A small group of influential coin collectors in Ohio dreamed up the issue, basically for their own financial benefit.

Abuses like the Cincinnati half dollar led to a greatly reduced commemorative program. From 21 different half dollars in 1936, the number of coins dropped to five half dollars in 1937, four in 1938 and one in 1939 (and of those 10 coins, seven were simply new dates of coins struck in earlier years; only three were new). Following 1939, only two more commemoratives were struck: the Booker T. Washington half dollar,

Commemoratives

struck from 1946 through 1951, and the George Washington Carver-Booker T. Washington half dollar, struck from 1951 through 1954.

In 1939, Congress took corrective action when it voted to prohibit the striking of new dates of any pre-1939 commemorative coins. Still, Congress continued to authorize new issues. President Truman approved the Booker T. Washington and Washington-Carver half dollars, but was the last president to approve a commemorative coinage program for more than 30 years; he joined Presidents Hoover and Franklin Roosevelt in vetoing other commemorative coinage legislation. President Eisenhower, too, exercised his veto powers, killing three commemorative coin bills on Feb. 3, 1954, calling for coins celebrating the tercentennials of New York City and Northampton, Mass., and the 250th anniversary of the Louisiana Purchase. Eisenhower outlined in a message accompanying his vetoes the same arguments used by Treasury officials for nearly three decades in opposing new legislation: commemorative coins cause confusion among the public and

facilitate counterfeiting; public interest in the coins had been lagging with many coins unsold and consigned to the melting pot; and the authorization of just a few commemoratives results in a "flood" of additional commemorative issues.

Neither the Kennedy half dollar or the Eisenhower dollar are considered commemorative coins by a majority of hobbyists although both coins were issued in the waves of public sentiment that followed the deaths of those two popular presidents.

When the 1976 Bicentennial quarter dollars, half dollars and dollars were issued in 1975-76, Treasury officials carefully avoided any and all use of the word "commemorative," although clearly the coins were commemorative in nature. The official policy remained as stated by Eisenhower in 1954.

Rebirth in 1982

It came as a surprise, then, when in 1981 United States Treasurer Angela M. Buchanan announced Treasury Department support for a commemorative half dollar honoring George Washington's 250th birthday in 1982. Buchanan said that Treasury "has not objected to special coinage authorized by Congress for the government's own account," referring specifically to the 40 percent silver versions of the Bicentennial coinage. Buchanan said that Treasury had always objected to "the issuance of commemorative coins for the benefit of private sponsors and organizations." Congress passed the Washington half dollar bill and President Reagan signed it into law. Thus the commemorative coin program in the United States was reborn.

Since 1982, commemorative coins have been issued in every year but 1985. In 1983 and 1984, a three-coin program honored the 1984 Summer Olympic Games in Los Angeles. In 1986, the Centennial of the Dedication of the Statue of Liberty was honored, with three coins: one honoring the Statue, one honoring the Ellis Island immigration facility and one honoring

Surcharge bonanza

the contributions of immigrants to America. In 1987, a two-coin series was issued to honor the Bicentennial of the U.S. Constitution, and in 1988, two coins were authorized honoring the participation of American athletes during the 1988 Olympic Games.

Have Congress and the Treasury Department avoided the abuses of the earlier commemorative program? The concept of surcharges was conceived in the 1983-84 program, with a fee (not deductible on one's income tax return) added to the price of each coin by the order of Congress; the surcharges went to the United States Olympic Committee, the Los Angeles Olympic Organizing Committee and foreign Olympic committees. Surcharges were also added on the Statue of Liberty coins (to go to the restoration effort on the

Statue and the Ellis Island facilities), the Constitution coins (to reduce the national debt) and the 1988 Olympic coins (to go to the USOC again). Already, some members of the numismatic community have voiced their objections to surcharges. In addition, authorities in Canada and South Korea have objected to the 1988 U.S. Olympic coin program, claiming that massive sales by a non-host country like the United States will harm the official programs in those two host countries.

The future of the commemorative coinage program is uncertain. As this book goes to press, there are proposals for programs honoring the Bicentennial of Congress, the admittance of various states to the Union and the 500th anniversary of Columbus' 1492 voyage. Whether President Eisenhower's old concerns about a "flood" of commemorative programs are cause for new concerns remains to be seen.

Commemorative coins
1892-1988

Date	Title	Net Mintage	Designers
1892	Columbian Exposition	950,000	Charles Barber, G. Morgan
1893	Columbian Exposition	1,548,300	Barber, George Morgan
1893	Isabella quarter	24,191	Barber
1900	Lafayette dollar	36,000	Barber
1915-S	Panama-Pacific Exposition	27,134	Barber
1918	Illinois Centennial	100,000	Morgan, John Sinnock
1920	Maine Centennial	50,000	Anthony de Francisci
1920	Pilgrim Tercentenary	152,000	Cyrus Dallin
1921	Pilgrim Tercentenary	20,000	Dallin
1921	Missouri Centennial 2★4	5,000	Robert Aitken
1921	Missouri Centennial, no 2★4	15,400	Aitken
1921	Alabama Centennial, with 2x2	6,000	Fraser
1921	Alabama Centennial, no 2x2	59,000	Fraser
1922	Grant Memorial, Star	4,250	Laura Fraser
1922	Grant Memorial, No Star	67,350	Fraser
1923-S	Monroe Doctrine Centennial	274,000	Chester Beach
1924	Huguenot Walloon Tercentenary	142,000	Morgan
1925	Lexington Concord Sesquicentennial	161,914	Beach
1925	Stone Mountain Memorial	1,314,000	Gutzon Borglum
1925-S	California Diamond Jubilee	86,394	Jo Mora
1925	Fort Vancouver Centennial	14,966	Fraser
1926	American Sesquicentennial	140,592	Sinnock
1926	Oregon Trail Memorial	47,925	L. and James Fraser
1926-S	Oregon Trail Memorial	83,000	Fraser
1928	Oregon Trail Memorial	6,000	Fraser
1933-D	Oregon Trail Memorial	5,008	Fraser

Commemoratives

Date	Title	Net Mintage	Designers
1934-D	Oregon Trail Memorial	7,000	Fraser
1936	Oregon Trail Memorial	10,000	Fraser
1936-S	Oregon Trail Memorial	5,000	Fraser
1937-D	Oregon Trail Memorial	12,000	Fraser
1938	Oregon Trail Memorial	6,000	Fraser
1938-D	Oregon Trail Memorial	6,000	Fraser
1938-S	Oregon Trail Memorial	6,000	Fraser
1939	Oregon Trail Memorial	3,000	Fraser
1939-D	Oregon Trail Memorial	3,000	Fraser
1939-S	Oregon Trail Memorial	3,000	Fraser
1927	Vermont Sesquicentennial	28,108	Charles Keck
1928	Hawaiian Sesquicentennial	10,000	Juliette Frazer, Beach
1934	Maryland Tercentenary	25,000	Hans Schuler
1934	Texas Centennial	61,350	Pompeo Coppini
1935	Texas Centennial	9,988	Coppini
1935-D	Texas Centennial	10,000	Coppini
1935-S	Texas Centennial	10,000	Coppini
1936	Texas Centennial	8,903	Coppini
1936-D	Texas Centennial	9,032	Coppini
1936-S	Texas Centennial	9,057	Coppini
1937	Texas Centennial	6,566	Coppini
1937-D	Texas Centennial	6,599	Coppini
1937-S	Texas Centennial	6,630	Coppini
1938	Texas Centennial	3,775	Coppini
1938-D	Texas Centennial	3,770	Coppini
1938-S	Texas Centennial	3,808	Coppini
1934	Daniel Boone Bicentennial	10,000	Augustus Lukeman
1935	Daniel Boone Bicentennial	10,000	Lukeman
1935-D	Daniel Boone Bicentennial	5,000	Lukeman
1935-S	Daniel Boone Bicentennial	5,000	Lukeman
1935	Daniel Boone Bicentennial, 1934	10,000	Lukeman
1935-D	Daniel Boone Bicentennial	2,000	Lukeman
1935-S	Daniel Boone Bicentennial	2,000	Lukeman
1936	Daniel Boone Bicentennial	12,000	Lukeman
1936-D	Daniel Boone Bicentennial	5,000	Lukeman
1936-S	Daniel Boone Bicentennial	5,000	Lukeman
1937	Daniel Boone Bicentennial	9,800	Lukeman
1937-D	Daniel Boone Bicentennial	2,500	Lukeman
1937-S	Daniel Boone Bicentennial	2,500	Lukeman
1938	Daniel Boone Bicentennial	2,095	Lukeman
1938-D	Daniel Boone Bicentennial	2,095	Lukeman
1938-S	Daniel Boone Bicentennial	2,095	Lukeman
1935	Connecticut Tercentenary	25,000	Henry Kreis
1935	Arkansas Centennial	13,000	Edward Burr
1935-D	Arkansas Centennial	5,500	Burr
1935-S	Arkansas Centennial	5,500	Burr
1936	Arkansas Centennial	9,650	Burr
1936-D	Arkansas Centennial	9,650	Burr
1936-S	Arkansas Centennial	9,650	Burr

Commemoratives

Date	Title	Net Mintage	Designers
1937	Arkansas Centennial	5,500	Burr
1937-D	Arkansas Centennial	5,500	Burr
1937-S	Arkansas Centennial	5,500	Burr
1938	Arkansas Centennial	3,150	Burr
1938-D	Arkansas Centennial	3,150	Burr
1938-S	Arkansas Centennial	3,150	Burr
1939	Arkansas Centennial	2,100	Burr
1939-D	Arkansas Centennial	2,100	Burr
1939-S	Arkansas Centennial	2,100	Burr
1936	Arkansas Centennial (Robinson)	25,000	Kreis, Burr
1935	Hudson, N.Y., Sesquicentennial	10,000	Beach
1935-S	San Diego, California-Pacific Exp.	70,000	Aitken
1936-D	San Diego, California-Pacific Exp.	30,000	Aitken
1935	Old Spanish Trail 1535-1935	10,000	L.W. Hoffecker
1936	Rhode Island Tercentenary	20,000	Graham Carey, John Benson
1936-D	Rhode Island Tercentenary	15,000	Carey, Benson
1936-S	Rhode Island Tercentenary	15,000	Carey, Benson
1936	Cleveland, Great Lakes Exposition	50,000	Brenda Putnam
1936	Wisconsin Centennial	25,000	Benjamin Hawkins
1936	Cincinnati Musical Center	5,000	Constance Ortmayer
1936-D	Cincinnati Musical Center	5,000	Ortmayer
1936-S	Cincinnati Musical Center	5,000	Ortmayer
1936	Long Island Tercentenary	81,773	Adolp Weinman
1936	York County, Maine, Centennial	25,000	Walter Rich
1936	Bridgeport, Conn., Centennial	25,000	Kreis
1936	Lynchburg, Va., Sesquicentennial	20,000	Keck
1936	Elgin, Illinois, Centennial	20,000	Trygve Rovelstad
1936	Albany, New York	17,658	Gertrude Lathrop
1936-S	San Francisco-Oakland Bay Bridge	71,369	Jacques Schnier
1936	Columbia, S.C., Sesquicentennial	9,000	Wolfe Davidson
1936-D	Columbia, S.C., Sesquicentennial	8,000	Davidson
1936-S	Columbia, S.C., Sesquicentennial	8,000	Davidson
1936	Delaware Tercentenary	20,978	Carl Schmitz
1936	Battle of Gettysburg 1863-1938	26,900	Frank Vittor
1936	Norfolk, Va. Bicentennial	16,923	Wm. and Marjorie Simpson
1937	Roanoke Island, N.C., 1587-1937	29,000	Simpson
1937	Battle of Antietam 1862-1937	18,000	Simpson
1938	New Rochelle, N.Y., 1688-1938	15,251	Lathrop
1946	Iowa Centennial	100,000	Adam Pietz
1946	Booker T. Washington	1,000,546	Isaac Hathaway
1946-D	Booker T. Washington	200,113	Hathaway
1946-S	Booker T. Washington	500,279	Hathaway
1947	Booker T. Washington	100,017	Hathaway
1947-D	Booker T. Washington	100,017	Hathaway
1947-S	Booker T. Washington	100,017	Hathaway
1948	Booker T. Washington	8,000	Hathaway
1948-D	Booker T. Washington	8,000	Hathaway
1948-S	Booker T. Washington	8,000	Hathaway
1949	Booker T. Washington	6,000	Hathaway

Commemoratives

Date	Title	Net Mintage	Designers
1949-D	Booker T. Washington	6,000	Hathaway
1949-S	Booker T. Washington	6,000	Hathaway
1950	Booker T. Washington	6,000	Hathaway
1950-D	Booker T. Washington	6,000	Hathaway
1950-S	Booker T. Washington	512,091	Hathaway
1951	Booker T. Washington	510,082	Hathaway
1951-D	Booker T. Washington	7,000	Hathaway
1951-S	Booker T. Washington	7,000	Hathaway
1951	Washington-Carver	110,018	Hathaway
1951-D	Washington-Carver	10,004	Hathaway
1951-S	Washington-Carver	10,004	Hathaway
1952	Washington-Carver	2,006,292	Hathaway
1952-D	Washington-Carver	8,006	Hathaway
1952-S	Washington-Carver	8,006	Hathaway
1953	Washington-Carver	8,003	Hathaway
1953-D	Washington-Carver	8,003	Hathaway
1953-S	Washington-Carver	108,020	Hathaway
1954	Washington-Carver	12,006	Hathaway
1954-D	Washington-Carver	12,006	Hathaway
1954-S	Washington-Carver	122,024	Hathaway
1982-D	George Washington	2,210,458	Elizabeth Jones
1982-S	George Washington	4,894,044	Jones
1983-P	Olympic dollar, Unc.	294,543	Jones
1983-D	Olympic dollar, Unc.	174,014	Jones
1983-D	Olympic dollar, Unc.	174,014	Jones
1983-S	Olympic dollar, Proof	1,577,025	Jones
1984-P	Olympic dollar, Unc.	217,954	Robert Graham
1984-D	Olympic dollar, Unc.	116,675	Graham
1984-S	Olympic dollar, Unc.	116,675	Graham
1984-S	Olympic dollar, Proof	1,801,210	Graham
1986-D	Immigrant, Unc.	928,008	Edgar Steever, Sherl Winter
1986-S	Immigrant, Proof	6,925,627	Steever, Winter
1986-P	Ellis Island dollar, Unc.	723,635	John Mercanti, Matthew Peloso
1986-S	Ellis Island dollar, Proof	6,414,638	Mercanti, Peloso
1987-P	Constitution dollar, Unc.	†448,069	Marcel Jovine
1987-S	Constitution dollar, Proof	†2,716,497	Patricia Verani
1988-D	Olympic dollar, Unc.	pending	Verani, Winter
1988-S	Olympic dollar, Proof	pending	Verani, Winter

All coins listed above are half dollars unless otherwise indicated. All are .900 fine silver except for the 1986 Immigrant half dollar, which is copper-nickel clad. Known meltings have been subtracted where available. † As of July 1988.

Gold commemoratives

Date	Title	Net Mintage	Designers
1903	Louisiana Purchase Jefferson dollar	17,375	Barber
1903	Louisiana Purchase McKinley dollar	17,375	Barber
1904	Lewis and Clark Expo dollar	9,997	Barber
1905	Lewis and Clark Expo dollar	10,000	Barber
1915-S	Panama Pacific Exposition dollar	15,000	Keck
1915-S	Panama Pacific Exposition $2.50	6,749	Barber

Date	Title	Net Mintage	Designers
1915-S	Panama Pacific $50 Round	483	Aitken
1915-S	Panama Pacific $50 Octagonal	645	Aitken
1916	McKinley Memorial dollar	9,977	Barber, Morgan
1917	McKinley Memorial dollar	10,000	Barber, Morgan
1922	Grant Memorial dollar With Star	5,000	Fraser
1922	Grant Memorial dollar No Star	5,000	Fraser
1926	U.S. Sesquicentennial $2.50	45,793	Sinnock
1984-P	Olympic eagle, Proof	33,309	James Peed, John Mercanti
1984-D	Olympic eagle, Proof	34,533	Peed, Mercanti
1984-S	Olympic eagle, Proof	48,551	Peed, Mercanti
1984-W	Olympic eagle, Proof	381,085	Peed, Mercanti
1984-W	Olympic eagle, Unc.	75,886	Peed, Mercanti
1986-W	Statue of Liberty half eagle, Unc.	95,248	Jones
1986-W	Statue of Liberty half eagle, Proof	404,013	Jones
1987-W	Constitution half eagle, Unc.	†214,130	Jovine
1987-W	Constitution half eagle, Proof	†650,810	Jovine
1988-W	Olympic half eagle, Unc.	pending	Jones, Jovine
1988-W	Olympic half eagle, Proof	pending	Jones, Jovine

† As of July 1988.

Commemoratives

13 Classic rarities

Through the years, certain "coins" have achieved a certain notoriety in the numismatic field because of their rarity, their mysterious background and dealer promotion. These are coins which when sold bring prices in the six figures and which when displayed at a show, bring a gleam to the eyes of even the most experienced numismatists.

Ironically, many of these "coins" are in reality fantasies, produced under cloudy circumstances, usually at the U.S. Mint but without official sanction, a move that if practiced today would bring congressional investigations and condemnation. During the mid-19th century, a number of Mint employees profited from the sale of fantasy pieces produced for collectors. The famed 1804 dollar is a fantasy; it was never produced in 1804 and although several were produced with semi-official approval, many were struck expressly for wealthy collectors. The 1913 Liberty Head 5-cent coin — five known — is also a fantasy, produced at the Mint without approval, again almost certainly for collector sale. The 1894-S Barber dimes, according to numismatist James G. Johnson — the founder of *Coin World's* Collectors' Clearinghouse column — were produced under the authority of the Superintendent of the San Francisco Mint for special friends, including three for the Superintendent himself and three for his young daughter.

Then there are the legitimate coins, produced under official sanction but consigned to the melting pot before they ever entered circulation. Examples include the 1964 Peace dollar and the 1974 Lincoln cent struck in aluminum. Patterns — proposed coin designs or denominations not adopted for circulation in the year in which they are struck, possibly never — normally listed in most price guides along with the regular coinage are listed here. Among those patterns listed here are the 1856 Flying Eagle cent and the Stella, a proposed $4 gold coin that never got beyond the pattern stage. Not all patterns are listed, however.

Nor are all of the Proof-only coins listed. This list generally cites those Proof-only coins that were produced after the fact, in the years following the date shown on the coin.

These fantasies, patterns and others, listed in most price guides, are not listed in this book with their more legitimate brethren. However, their stories are fascinating and deserve to be told. A listing of many of these mysterious pieces follows, with details about their origin noted, when known. The listing is by denomination.

Half cents

1831-36, 1840-49, 1852 Coronet half cents: None were struck for circulation; all were struck for sale to collectors. They are characterized as Original strikes and Restrikes, with the latter struck in the period of 1858-59. (A restrike is a coin struck from the original dies by the original minting authority, but in a later year than appears on the coin; restrikes are generally produced specifically for collectors and not for circulation.)

Cents:

1795 Liberty Cap, Jefferson Head cent: Opinions differ concerning this piece. Many believe it was struck outside of the U.S. Mint by an individual hoping to obtain a contract to strike U.S. coinage at a time when some congressional leaders tried to eliminate the Mint. If true, the piece is a contemporary counterfeit.

Jefferson Head cent

1804 Draped Bust, Restrike cent: A counterfeit produced about 1860 outside of the Mint, using genuine though mismatched dies. The reverse design is of the type used in 1820, and the obverse die was altered from an 1803 die.

1823 Coronet, Restrike cent: A counterfeit struck at the same time as the 1804 counterfeit, using mismatched dies. The reverse die was originally used for 1813 cents.

1856 Flying Eagle cent: A pattern, struck before the Act of Feb. 21, 1857, authorized the replacement of the copper

Rarities

large cent with a smaller copper-nickel cent. The 1856 patterns were produced to show congressmen what the proposed smaller cent would look like.

1974 Lincoln, Aluminum cent: The 1974 aluminum cent was struck by Mint officials in 1973 as copper prices rose to a point where the copper content became worth more than its face value. A total of 1,579,324 1974 aluminum cents were struck. Like the 1856 Flying Eagle cent, a number were given to congressmen and their staff members to illustrate what an aluminum cent would look like. But when the copper crisis passed and Mint officials asked for the aluminum cents back, approximately a dozen were missing. Not all of the cents have been returned and presumably are "hidden or lost" somewhere, although one was turned over by a congressional aide to the Smithsonian Institution for the National Numismatic Collection. All Mint specimens were destroyed.

Two-cent coins:

1873 Open 3 2-cent coin: A restrike and companion piece to the 1873 Closed 3 2-cent coin. Both varieties were struck in Proof only.

Five -cent coins ("nickel"):

1913 Liberty Head 5-cent coin: A fantasy. The Liberty Head design was replaced with the Indian Head design (more commonly known as the "Buffalo nickel") in 1913. Five pieces turned up in 1919 in the hands of a former U.S. Mint employee, who left the Mint in November 1913. Dies were apparently prepared in 1913 for the Liberty Head coinage but were never officially used. Somehow, someone at the Mint managed to strike five of the coins. (The term "nickel" as used for the copper-nickel 5-cent coin is a common nickname but has never been the official name for the denomination. In fact, the cents of 1857-64 and the copper-nickel 3-cent coins were also called "nickels" by their 19th century users.)

Half dimes:

1859 and 1860 Seated Liberty, Transitional half dime: The so-called "transitional" coins, struck without the legend UNITED STATES OF AMERICA. The legend was moved from the reverse to the obverse in 1860, but a small number of pieces were struck from pairs of dies not bearing the legend. Numismatic researcher and author Walter Breen labels them fantasies.

Dimes:

1859 Seated Liberty, Transitional dime: A fantasy. See explanation for similar half dime.

1894-S Barber dime: According to former *Coin World* Collectors' Clearinghouse Editor James G. Johnson, San Francisco Mint Superintendent J. Daggett was approached by a banking friend and asked to strike a small number of dimes in 1894. No dimes were scheduled to be struck in San Francisco that year. Daggett apparently complied with the request, and 24 coins were struck and distributed among eight individuals. Daggett reportedly received three coins, as did his daughter.

Quarter dollars:

1866 Seated Liberty, No Motto quarter dollar: The motto IN GOD WE TRUST was added to the reverse of the quarter dollar, half dollar and dollar in 1866. However, at least four coins were struck with the 1866 date and no motto. The quarter dollar and half dollar are unique, and there are two of the silver dollars. There are no Mint records of the coins having been struck.

Half dollars:

1866 Seated Liberty, No Motto half dollar: See quarter dollars above.

Silver dollars:

1804 Draped Bust dollar: A fantasy. The Mint Report for 1804 records 19,570 silver dollars being struck. However, the 1804 dollar is one of the greatest of U.S. rarities, with just 15 pieces known, and one of those still missing from a 1967 robbery. So what happened to all those dollars struck in 1804?

Rumors about the coins abounded in the 19th century. One story is linked to 19th century terrorism in the Middle East. That story claims that all of the 1804 dollars were sent to the Barbary pirates as ransom for the release of American hostages captured in 1804 when

1804 dollar in King of Siam presentation set

the *USS Philadelphia* ran aground in Tripoli Harbor. Another rumor said all of the dollars were relegated to the melting pot. None of the rumors, however, had any basis in fact.

In fact, none of the dollars struck in 1804 bore that date. It was common practice to use dies dated for one year in later years in the early days of the U.S. Mint. This saved materials and expense, and cut down on the number of new dies that had to be made containing the new year's date. This was particularly important for silver dollar coinage in the first years of the Mint.

Mintages for the silver dollar dropped annually from 1798 to 1804. The Spanish Pillar dollar was considered legal tender in the United States at that time, even though it contained less silver than the U.S. dollar. Also, the silver dollar was the basic unit in payment for commercial goods shipped from overseas. Thus, dollars were shipped abroad almost as quickly as they could be struck. Dollar production was halted between 1805 (although a few 1803-dated dollars were struck in 1805) and 1835.

Meanwhile, in 1832, the U.S. government was seeking to establish diplomatic relationships with several countries in the Far East. At that time, rulers of many countries expected foreign diplomats to bring gifts to them. Gifts of coins were one of the more popular gifts, so diplomatic officials requested that complete sets of coins be struck and placed in suitable presentation cases.

Dollar production still had not resumed at this time. Mint officials, desiring to place a dollar coin in the set, examined Mint records and found that silver dollars were last struck in 1804. What they failed to account for was that those coins were dated 1803, not 1804. Nevertheless, silver dollar dies dated 1804 were prepared in 1834 and several coins struck. Several of the presentation sets were given to foreign rulers, notably the King of Siam and the Sultan of Muscat. The remaining 1804 dollar fantasies were held in Mint vaults.

The remaining specimens were gradually distributed, beginning in the early 1840s. One was sold to collector Matthew A. Stickney in 1843. A total of eight of the pieces struck about 1834, referred to as the Class I specimens, are known. Demand, however, quickly outstripped the supply and in 1858, additional pieces were struck for sale and trade to prominent collectors. The sole Class II coin known today was struck over an 1857 shooting taler from Switzerland, thus confirming its illegitimate birthday; it resides today in the National Coin Collection at the Smithsonian Institution. The six Class III pieces were all sold to collectors. Eventually, the scandal of striking and restriking rare coins for wealthy collectors became public and their production slowed but did not stop until about the turn of the century.

(The Proof 1801, 1802 and 1803 Draped Bust dollars date from the time of the Class I 1804 dollars, and are generally labeled restrikes.)

1836, 1838, 1839 Gobrecht, Restrike dollars: The Gobrecht dollar is one of the most confusing series in U.S. coinage history. Of the nine different varieties, three were struck for circulation, two are legitimate patterns and four are restrikes. Of the restrikes, they can be distinguished from the patterns and circulation issues by rotating the coin from obverse to reverse. If the eagle is flying level, it is a restrike. On the patterns and circulation pieces, the eagle is flying upward.

1866 Seated Liberty, No Motto dollar: See listing for quarter dollars.

1884, 1885 Trade dollars: Proof only, with none recorded as having been struck. Specimens did not appear until 1908 in the hands of dealer John W. Haseltine. They were apparently struck specifically for collectors. They may have been, however, a legitimate Proof issue of the Mint.

1964 Peace dollar: Even as Treasury officials considered proposals to eliminate silver from U.S. coinage in 1964, special-interest groups persuaded Congress to authorize the striking of Peace dollars, last struck in 1935. A total of 45 million coins were authorized by the Act of Aug. 3, 1964, and 316,076 pieces were struck at the Denver Mint. However, those who recognized the reality of the silver shortage won out over the special-interest groups and none of the dollars were released into circulation. All were eventually melted although rumors persist that some escaped the Mint; none of these rumors has ever been confirmed. Treasury officials would probably consider it illegal to own any missing dollars.

$4 Stellas:

1879 and 1880 $4 Stellas: The $4 Stellas are patterns. However, these pieces are often listed with other gold coins, although only the gold patterns are cited. The off-metal pieces (aluminum, copper, white metal) are not listed in other price guides. A $4 gold coin was never issued for circulation.

Eagles:

1907 Indian Head, Wire Rim, Periods eagle: A pattern. Often referred to incorrectly as a Wire Edge variety. Often listed with circulation issues.

1907 Indian Head, Rounded Rim, Periods eagle: A pattern. Often incorrectly referred to as a Rounded Edge variety. The circulation issues do not have periods separating the words E PLURIBUS UNUM.

$4 Stella

Rarities

Double eagles:

1849 Coronet double eagle: A pattern piece, and unique. Often listed with circulation issues.

1907 Saint-Gaudens, Extremely High Relief double eagle: The 1907 double eagles bearing the Saint-Gaudens designs were struck in varying reliefs. The High Relief variety with Roman Numerals and the Low Relief variety with Arabic Numerals were struck for circulation. All of the Extremely High Relief pieces, however, are considered patterns. Often listed with circulation issues. (The differences between the High Relief and Low Relief varieties are obvious when compared side-by-side. The design areas on the Low Relief variety are raised the same height above the flat fields as on modern coins; on the High Relief variety, the relief rises much higher above the field.)

14 Necessity money

Americans today expect a federal coinage in sufficient quantities to meet the daily needs of commerce nationwide, a need the U.S. Mint is usually able to meet. It has not always been that way. Coinage shortages have occurred throughout American history, as recently as the mid-1960s. Periods of economic upheaval, rising bullion prices and war have driven the federal coinage from commerce into hiding, confirming the truth of Gresham's Law (that bad money drives the good money into hiding). Western expansion often outstripped the ability of the United States Mint to keep pace with coinage requirements. The situation was particularly bad before the American Civil War, when there was no federal paper money issue but a bewildering series of state notes and notes issued by individual banks and businesses. However, Americans are an inventive people, and have always risen to the occasion. Private coinage and tokens were common throughout most of the first six decades of the 19th century, until Congress closed a loophole in the U.S. Constitution during the Civil War and prohibited production of private coinage.

The story of the "other" coinages of the United States begins more than a century before the American Revolution brought 13 British Colonies together to form one nation. The first coins in circulation in the areas of North America ruled by France and England — used in a variety of unsuccessful colonies ranging from the St. Lawrence River to the Caribbean — were standard French and English issues. With the establishment of successful colonies in the early 17th century, the colonists began to trade with parent companies and the Spanish colonies of the Caribbean. The trade with England was highly restricted, and most English gold and silver that reached American shores soon returned to Europe in payment of taxes, customs duties and profit for the companies. The trade with Latin America was much less formal (thanks to smuggling), and provided much of the circulating coinage for the colonies.

But the foreign coinages in circulation in the British

Colonies were not enough. The Colonial governments were forced to take matters in their own hands and produce (or commission) coins themselves, not always with approval from the British throne. The Colony of Massachusetts was the first to experiment with its own coinage. Those first Colonial coins, struck in silver, were primitive even by contemporary standards, consisting merely of a disk of silver stamped with the inscription of NE (for New England) and the denomination, expressed in Roman numerals. A more sophisticated silver coinage followed in the Colony, the "Tree" coinages, depicting either a Willow, Oak or Pine tree. All of the Tree coinage but that from one die (dated 1662) is dated 1652, although the Pine Tree coinage was struck as late as 1682. The date 1652 may have been as a subterfuge. The king had been removed from the throne in 1849 by Oliver Cromwell and the Roundheads. Cromwell then ruled England and there was no king. Therefore, there was no kingly right of coinage, a theory placed into practice by the Massachusetts Colonial Assembly.

Other coinage and token issues followed, some with the approval of the king (finally restored to the throne) but most not. The 1688 American Plantations token was the first coinage authorized by the king for use in the Colonies; it was followed by the Rosa Americana coinage of William Woods, issued under a royal patent in the 1720s and 1730s. The next coinage authorized by the crown was issued in Virginia in 1773, on the eve of the Revolution.

Despite the infrequency of royal authorization, Colonial coins and token issues in Colonial America abounded. Many were struck by merchants, either in Europe or America. A bewildering series of foreign coins circulated, chief among the Spanish Pillar dollar, the silver 8-real piece struck in Spain's American Colonies in Latin America and the forerunner of the U.S. silver dollar.

Then came the Revolution. The various Colonial governments had experimented with paper money issues prior to the war with Britain. They continued issuing paper money during the conflict, as did the Continental government in the form of Continental Currency. However, the paper money was unbacked by a harder form of currency and the experiment failed disastrously. So disillusioned was the federal government that it would not attempt a circulating paper money again until 1861, shortly after the beginning of the Civil War.

The American victory in the Revolution resulted in the birth of a new nation, the United States of America. But the strong central government we know today did not yet exist. The

1787 Connecticut copper

states saw themselves as a loose confederation of individual states. Many distrusted the concept of a strong central government; that was, after all, what Americans had fought against in the Revolution. The Articles of Confederation controlling the United States reserved the right of coinage for both the national government, such as it was, and the states, although Congress had the power to regulate the value and alloy of coinage issues. Several states issued their own coinage in 1786-88: Massachusetts, Connecticut and New Jersey. A future state, then the independent Republic of Vermont, also issued its own coinage. Even the federal government issued its own copper coinage, the 1787 Fugio cents;

Fugio cent

these copper coins are considered the first true coins issued by the United States.

The Constitution changed all that. Those desiring a stronger central government won in Philadelphia during the summer of 1787. The Constitution, which upon ratification a year later, replaced the Articles of Confederation. Among the differences between the two documents was the awarding of coinage authority to the federal government, with states prohibited from issuing their own coins.

Private individuals, however, were not expressly forbidden to issue their own coins. This "loophole" in the Constitution led to some of the most interesting and rare gold coin issues of the 19th century: the pioneer gold coins.

America's first "gold rush" came not in California but in the Appalachian Mountains in 1828-45. The first authenticated gold discovery in the area came in 1799 near Charlotte, N.C., when a 17-pound gold nugget was found. Although mining in North Carolina continued through the 1820s, the gold rush did not begin in earnest until 1828. The first private individual to turn this Appalachian gold into coinage was Templeton Reid in Georgia in 1830, striking about 1,600 gold coins before closing his Milledgeville mint by the end of the year. The Bechtler family in North Carolina operated a private mint from 1830-52, striking gold coins in denominations of $1, $2.50 and $5.

Then came the California gold discoveries in 1848, causing thousands of hopeful men to leave their jobs, and some their families, in the hopes of striking it rich out West. California was not yet a state when the gold rush began, not entering the Union until 1850. With the Forty-Niners came an immense need for coinage. The practice of purchasing goods with gold dust and nuggets worked only briefly. Once again, private mints sprang up, the first in San Francisco in 1849; it issued coins under the name of Norris, Gregg & Norris for one year. Other, more successful private minters followed, with minting facilities in San Francisco and Sacramento. Other Western gold discoveries, in Oregon, Utah and Colorado, followed, and private mints sprang up in those areas. The establishment of the San Francisco Mint in 1854, a branch of—

Norris, Gregg & Norris California gold piece

the United States Mint, meant a gradual end to the private mints. The last private gold coins in California were struck in 1855, the last in Oregon in 1849. Gold coins were struck by the Mormons in Utah as late as 1860, and in Colorado, pioneer gold coins were struck through 1861.

Necessity coinage issues were not always struck in gold in the United States. Many token issues were produced in copper and copper alloys. Tokens — issued by merchants for advertising purposes and by others for political reasons — were issued throughout the 18th and 19th centuries and into the 20th. Two periods stand out: the Hard Times period of 1832-44 and the American Civil War of 1861-65. Both periods saw extensive use of privately coined tokens, made necessary by the withdrawal of federal coinage due to the fears of the nation's citizens.

The Hard Times period was one of economic upheaval. President Andrew Jackson had refused to renew the charter of the Bank of the United States. He campaigned in the 1832 presidential election as taking a stand against the only central bank of the United States. Jackson won the election and set about destroying the bank, whose charter was to end in 1836. First Jackson withdrew all of the federal specie (coinage) from the bank; then, he issued the Specie Circular, an 1836 presidential order requiring that public lands be paid for only in gold or silver coin. Thus began the Panic. Much of the gold and silver went westward, draining the East Coast of its specie. Coins were withdrawn from circulation, prompting a need for private token issues.

The first Hard Times token were political pieces, struck the same size as the large cent then current and focusing on the presidential battle between Jackson and Henry Clay. Then, as Jackson's economic policies spelled ruin for the country,

Hard Times token

the tokens became necessity money, many issued by private merchants and containing advertising messages. Hard Times tokens were issued by the thousands until economic recovery began in the 1840s and federal coinage once again entered circulation and stayed there.

The same type of events manifested themselves during the Civil War. A fearful public, uncertain about the length of the war and with the Union itself in doubt, withdrew all coinage from circulation and began hoarding it in preparation for the difficult times ahead. The federal government responded to the cost of the war by introducing the first federal paper money of the United States, even issuing fractional notes with denominations of less than a dollar. Encased postage stamps enjoyed a brief period of popularity; stamps were sandwiched between a brass case containing an advertising message and a clear mica window to show the stamp's denomination, and then circulated in lieu of coins. Copper tokens, most the size of the smaller Flying Eagle cent introduced in 1857, were introduced by private individuals. Both political (called patriotic tokens) and merchant (called store cards) tokens were issued, repeating the experience of the Hard Times era.

Merchants in cities throughout the North issued the small tokens, some bearing the legend NOT ONE CENT (but otherwise closely resembling the Indian Head cent) in an attempt to avoid charges of counterfeiting.

However, despite such legends, Congress had had enough of private money, both with the gold issues of the Appalachians and the West and the copper issues of the North. The Act of April 22, 1864, closed the loophole in the Constitution and made the private striking of coinage issues like pioneer gold, Hard Times tokens and Civil War tokens illegal. An interesting period of American coinage history had been brought to a close.

Patriotic Civil War token

Necessity

Index